U0943090

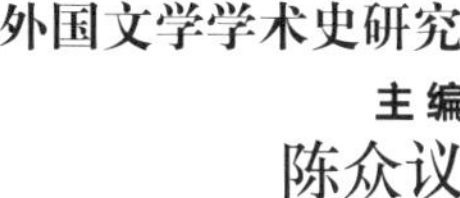
外国文学学术史研究

主编

陈众议

乔叟研究文集

A Collection of Criticism

肖明翰 编选

译林出版社

图书在版编目（CIP）数据

乔叟研究文集 / 肖明翰编选．—南京：译林出版社，2019.9
（外国文学学术史研究／陈众议主编）
ISBN 978-7-5447-7767-4

Ⅰ. ①乔… Ⅱ. ①肖… Ⅲ. ①乔叟（Chaucer, Geoffrey 约 1343—1400）—人物研究 ②乔叟（Chaucer, Geoffrey 约 1343—1400）—文学研究 Ⅳ. ①K835.615.6 ②I561.063

中国版本图书馆 CIP 数据核字（2019）第 099662 号

乔叟研究文集　肖明翰 / 编选

责任编辑　韩继坤
装帧设计　韦　枫
校　　对　蒋　燕
责任印制　颜　亮

出版发行　译林出版社
地　　址　南京市湖南路 1 号 A 楼
邮　　箱　yilin@yilin.com
网　　址　www.yilin.com
市场热线　025-86633278
排　　版　南京展望文化发展有限公司
印　　刷　江苏凤凰扬州鑫华印刷有限公司
开　　本　718 毫米 ×1000 毫米　1/16
印　　张　24.5
插　　页　4
版　　次　2019 年 9 月第 1 版　2019 年 9 月第 1 次印刷
书　　号　ISBN 978-7-5447-7767-4
定　　价　68.00 元

总序

在众多现代学科中，有一门过程学。在各种过程研究中，有一种新兴技术叫生物过程技术，它的任务是用自然科学的最新成就，对生物有机体进行不同层次的定向研究，以求人工控制和操作生命过程，兼而塑造新的物种、新的生命。文学研究很大程度上也是一种过程研究，从作家的创作过程到读者的接受过程，而作品则是其最为重要的介质或对象。问题是，生物有机体虽活犹死，盖因细胞的每一次裂变即意味着一次死亡；而文学作品却往往虽死犹活，因为莎士比亚是"说不尽"的，"一百个读者就有一百个哈姆雷特"。

换言之，文学经典的产生往往建立在对以往经典的传承、翻新乃至反动（或几者兼有之）的基础之上。传承和翻新不必说，即使反动，也每每无损以往作品的生命力，反而能使它们获得某种新生。这就使得文学不仅迥异于科学，而且迥异于它的近亲——历史。套用阿瑞提的话说，如果没有哥伦布，迟早会有人发现美洲；如果伽利略没有发现太阳黑子，也总会有人发现。同样，历史可以重写，也不断地在重写，用克罗齐的话说，"一切历史都是当代史"。但是，如果没有莎士比亚，又会有谁来创作《哈姆雷特》呢？有了《哈姆雷特》，又会有谁来重写它呢？即使有人重写，他们缘何不仅无损于莎士比亚的光辉，反而能使他获得新生，甚至更加辉煌灿烂呢？

这自然是由文学的特殊性所决定的，盖因文学是加法，是并存，是无数"这一个"之和。鲁迅谓文学最不势利，马克思关于古希腊神话的"童年说"和"武库说"更是众所周知。同时，文学是各民族的认知、价值、情感、审美和语言等诸多因素的综合体现。因此，文学既是民族文化及民族向心力、认同感的重要基础，也是使之立于世界之林而不轻易被同化的鲜活基因。也就是说，大到世界观，小到生活习俗，文学在各民族文化中起到了染色体的功用。独特的染色体保证了各民族在共通或相似的物质文明进程中保持着不断变化却又不可湮没的个性。惟其如此，世界文学和文化生态才丰富多彩，也才需要东西南北的相互交流和借鉴。同时，古今中外，文学终究是一时一地人心的艺术呈现，建立在无数个人基础之上，并潜移默化、润物无声地表达与传递、塑造与擢升着各民族活的灵魂。这正是文学不可或缺、无可取代的永久价值与恒久魅力之所在。

于是，文学犹如生活本身，是一篇亘古而来、今犹未竟的大文章。

此外，较之于创作，文学研究则更具有意识形态和上层建筑属性，因而更取决于生产力和社会形态、社会发展水平。这也是马克思主义的基本观点之一。如是，我国现代意义上的文学研究起步较晚，外国文学研究更是如此。虽然以鲁迅为旗手的新文学运动十分重视外国文学，但从实际成果看，1949 年前的外国文学研究却基本上属于旁批眉注、前言后记式的简单介绍，既不系统，也不深入。因此，我国的外国文学研究几乎可以说是在新中国成立以后全面展开的，而系统的外国文学学术史研究，这还是第一次。

一

学术史研究也是一种过程学，而且是一种相对纯粹的过程学。不具备一定的学术史视野，哪怕是潜在的学术史视野，任何经典作家作品研究几乎都是不能想象的。

然而，后现代主义解构的结果是绝对的相对性取代了相对的绝对性。于是，许多人不屑于相对客观的学术史研究而热衷于空洞的理论了。在一些人眼里，甚至连相对客观的真理观也消失殆尽了。于是，过去的“一里不同俗，十里言语殊”，成了如今的言人人殊。于是，众声喧哗，且言必称狂欢，言必称多元，言必称虚拟和不确定。这对谁最有利呢？也许是跨国资本吧。无论解构主义者初衷如何，解构风潮的实际效果是：不仅相当程度上消解了真善美与假恶丑的界限，甚至对国家意识形态，至少是某些国家的意识形态和民族凝聚力都构成了威胁。然而，所谓的“文明冲突”归根结底是利益冲突，而“人权高于主权”这样的时鲜谬论也只有在跨国公司时代才可能产生。

且说经典在后现代语境中首当其冲，成为解构对象，它们不是被迫

“淡出”,便是横遭肢解。所谓的文学终结论也正是在这样的背景下提出来的。它与其说指向创作实际,毋宁说是指向传统认知、价值和审美取向的全方位的颠覆。因此,经典的重构多少具有拨乱反正的意义。

正是基于上述缘由,中国社会科学院外国文学研究所于2004年着手设计“外国文学学术史研究工程”计划,并于翌年将该计划列入中国社会科学院“十一五规划”。这是一项向着重构的整合工程,它的应运而生,标志着外文所在原有的“三套丛书”(即20世纪60至90年代——“文革”时期中断——的“外国文学名著丛书”、“外国古典文艺理论丛书”和“马克思主义文艺理论丛书”)等工作的基础上又迈出了新的一步,也意味着我国的外国文学研究已开始对解构风潮之后的学术相对化、碎片化和虚无化进行较为系统的清算。

于是,关乎经典的一系列问题将在这一系统工程中被重新提出。比如,何为经典?经典是必然的还是偶然的?经典重在表现人类的永恒矛盾(用钱锺书的话说是“两足动物的基本根性”)呢,还是主要指向时代社会的现实矛盾?它们在认知方式、价值判断、审美取向方面有何特征?经典及经典批评与时代社会的生产力和生产关系、经济基础和上层建筑等关系何如?批评及批评家的作用(包括其立场、观点、方法及其与时代社会的一般和特殊关系)又如何?此外,经典作家的遭际与性情、阅历与禀赋,经典的内容与形式、继承与创新,以及文学的一般规律和文学经典的特殊性等诸如此类的问题,都将是本工程需要展示并探讨的。

且说世界文学一路走来,其规律并非羚羊挂角,无迹可寻。童年的神话、少年的史诗、青年的戏剧、中年的小说、老年的传记是一种概括。由高向低、由外而内、由强至弱、由大到小等等,也不失为一种轨辙。如是,文学从模仿到独白、从反映到窥隐、从典型到畸形、从审美到审丑、从载道到自慰、从崇高到渺小、从庄严到调笑……终于一头扎进了个人主义和主观主义的死胡同。小我取代了大我,观念取代了情节;“阿基琉斯的愤怒”变成了麦田里的脏话;“路漫漫其修远兮,吾将上下而求索”变成了“我做的馅饼是世界上最好吃的”;诸如此类,不一而足。是谓下现实主义。当然,这不能涵盖文学的复杂性和丰富性。事实上,认知与价值、审美与方法等等的背反或迎合、持守或规避所在皆是。况且,无论“六经注我”还是“我注六经”,经典是说不尽的,这也是由时代社会及经典本身的复杂性和丰富性所生发的。

二

众所周知,文学是人类文明的重要组成部分。马克思主义的经典作家向来重视文学,尤其是经典作家在反映和揭示社会本质方面的作用。马克思在分析英国社会时就曾指出,英国现实主义作家“向世界揭示的政治和社会真理,比一切职业政客和道德家加在一起所揭示的还要多”。恩格斯也说,他从巴尔扎克那里学到的东西,要比从“当时所有职业的历史学家、经济学家和统计学家那里学到的全部东西还要多”。列宁则干脆地称托尔斯泰是俄国革命的一面镜子。这并不是说只有文学才能揭示真理,而是说伟大作家所描绘的生活、所表现的情感、所刻画的人物往往不同于一般抽象的概括、数据的统计。文学更加具体、更加逼真,因而也更加感人、更加传神。其潜移默化、润物无声的载道与传道功能更不待言。站在世纪的高度和民族立场上重新审视外国文学,梳理其经典,展开研究之研究,将不仅有助于我们把握世界文明的律动和了解不同民族的个性,而且有利于深化中外文化交流,从而为我们借鉴和吸收优秀文明成果、为中国文学及文化的发展提供有益的“他山之石”。习近平总书记说过,我们要“不忘本来,吸收外来,面向未来”。这传承和丰富了“洋为中用”“古为今用”的“二为方针”。

“观乎天文以察时变,观乎人文以化成天下”;文学作为人文精神的重要基础和介质,既是人类文明的重要见证,同时也是一时一地人心、民心的最深刻、最具体的体现,而外国文学则是建立在外国各民族无数作家基础上的不同时代、不同民族的认识观、价值观和审美观的形象反映。研究人心自然不能停留在简单抽象的理念上,因此,走进经典永远是了解此时此地、彼时彼地人心、民心的最佳途径。换言之,文学创作及其研究指向各民族变化着的活的灵魂,而其中的经典(包括其经典化或非经典化过程)恰恰是这些变化着的活的灵魂的集中体现。

如是,“外国文学学术史研究”立足国情,立足当代,从我出发,以我为主,瞄准外国文学经典作家作品和思潮流派,进行历时和共时的梳理。第一辑、第二辑和第三辑由二十二部学术史研究专著、二十二部配套译著组成:第一辑涉及塞万提斯、歌德、雨果、左拉、庞德、高尔基、肖洛霍夫和海明威;第二辑包括普希金、茨维塔耶娃、康拉德、狄更斯、哈代、菲茨杰拉德、索尔·贝娄和芥川龙之介；第三辑涵盖陀思妥耶夫斯基、乔叟、简·奥斯丁、普鲁斯特、泰戈尔和希伯来经典。

三

格物致知，信而有证；厘清源流，以利甄别。"外国文学学术史研究"中的经典作家作品学术史研究系列，顾名思义都是学术史研究（或谓研究之研究）。学术史研究既是对一般博士论文的基本要求，也是一种行之有效的文学研究方法，更是一种切实可行的文化积累工程，同时还可以杜绝有关领域的低水平重复。每一部学术史研究著作通过尽可能抽丝剥茧式的梳理，即使不能见人所未见、言人所未言，至少也能老老实实地将有关作家作品的研究成果（包括有关研究家的立场、观点和方法）公之于众，以裨来者考。如能温故知新，有所创建，则读者幸甚，学界幸甚。相配套的经典论文翻译，则遴选有关作家作品研究的阶段性和标志性成果，其形式类似于外文所先前出版的"外国文学研究资料丛书"。

此次面世的"外国文学学术史研究"中的每一部学术史研究著作将由三部分组成。第一部分为经典作家（作品）的学术史梳理。这是相对客观的，但其中的艰难也不可小觑。首先，学术史梳理既不像平素泛舟书海，拾贝书海，尽意兴而为之的俯拾由己和随心所欲；其次，牵涉语种繁多，而且经过20世纪的形形色色的方法论和批评思潮的浸染，用汗牛充栋来形容经典作家作品研究成果已不为过。因此，要在浩如烟海的研究史料中攫取最有代表性的观点和方法，实在是件考验耐心和毅力的事情。战战兢兢，生怕挂一漏万，自不待言，且挂一漏万在所难免。因此，我们只能择要概述，甚至把侧重点放在经典作家的代表作上。不然纵使篇幅再大，也难以涵括浩瀚的文献资料。换言之，去芜杂的枝蔓和重复的敷衍，留精粹要义和真知灼见是必然的，但也是不容易做到的。它考验我们涉猎的深度和广度，而且也是检验我们学术水准和价值判断的重要环节。

第二部分研究之研究何啻是一大考验。都说20世纪是批评的世纪，在经历了现代主义的标新立异和后现代主义的解构风潮之后，在各种思潮、各种方法杂然纷呈的情况下，如何言之有物、言之成理、不炒冷饭，殊是不易；如何在前人的基础上有所发现、有所前进，就更是难上加难。反过来看，正因为文化相对主义的盛行和批评的多元，也才有了我们展示立场、发表见解的特殊理由和广阔余地。举个简单的例子，解构主义针对二元论的颠覆虽然是形而上学的，却不可谓不彻底。其结果是相当一部分学者怀疑甚至放弃了二元思维，但事实上，二元思维不仅难以消解，而且在可以想见的未来仍将是人类思维的主要方法。真假、善恶、美丑、你我、男女、东方和西方等等实际存在，并将继续存在。与此同时，作为中国学者，面对西方话语，我们并非无话可说。总之，从文学出发，关心小我与大我、外力与内因、形式与内容、反映与想象、情节与观念，以至于物质与精神、肉体与灵魂、西方与东方等诸如此类的二元问题，以及经典在民族和人类文明进程中的地位和作用，依然可以是我们的着力点。当然，二元论绝不是排中律，而是在辩证法的基础上融会二元关系及二元之间所蕴藏的丰富内涵和无限可能性。毋庸讳言，改革开放以来，学术界解放思想，广开言路，但日新月异中不乏矫枉过正、时髦是趋。比如大到存在与意识、物质与精神的辩证关系，小到客观与主观、客体与主体等等，都大有乾坤倒转、黑洞化吸之势。至于意识形态"淡化"之后，跨国资本主义的一元化意识形态更是有增无已；真假不辨、善恶不论、美丑混淆的现象所在皆是；个人主义大行其道，从而使抽象的人性淹没了社会性；普世主义势不可挡，以致文化相对主义甚嚣尘上。文学从大我到小我，从外向到内倾，从模仿到虚拟，从代言到众声喧哗；真实给虚幻让步，艺术向资本低头；对妖魔鬼怪和封建迷信津津乐道，任帝王将相和无厘头充斥视阈，能不发人深省？然而，经典作家是说不尽的，以上的任何一位作家都是无法穷尽的。用巴尔加斯·略萨的话说，伟大的经典具有"自我翻新"的本领。至于何为经典，虽然也是个说不尽的话题，但用简单的方式综观前人的观点，也许可以用两句话来概括：一是它们必须体现时代社会（及民族）的最高认知和一般价值（包括人类永恒的主题、永恒的矛盾）；二是其方法的魅力及审美的高度不会随着岁月的更迭而褪色或销蚀。当然这是将复杂问题简单化的一种说法。而本课题便是关乎经典之所以成为经典的一种较为复杂的论证方式。需要说明的是，经典不等于市场。用桑塔亚那的话说，经典不在于一时一地喜欢者的多寡，而在于喜欢者的喜欢程度。如果在此基础上再加上一个历史的维度，那么这话也就更加全面了。

学术史研究的最后部分为文献目录。它在尽可能详尽的基础上，还要有所选择。不然，展示一个经典作家的学术史，光文献目录就可以编辑厚厚的几大本。因此，去粗存精，是为重要或主要文献目录。

最后需要说明的是，“外国文学学术史研究”的中长期目标是在作家作品和流派思潮研究的同时，进行更具问题意识的学术史乃至学科史研究，以期点面结合，庶乎“既见树木，又见森林”；若能密切联系实际，促进中华学术的繁荣、发展和创新，则读者幸甚，我等幸甚。无疑，此工程面向全国高校及科研机构，希望有志于外国文学学术史研究的同仁踊跃加盟、不吝赐教。

陈众议

目录

编选者序

作为英语文学之父，杰弗里·乔叟保持着几项纪录，其中之一是他拥有英国文学史上最长久而且不间断的学术研究和文学批评。从他生前开始，六个多世纪来，文学界和学术界对他的评论和研究，尽管由于英语的巨大变化造成的语言障碍等因素，也曾在新古典主义时代出现过低潮，但从未中断过。

不过，乔叟虽然早在15世纪初就已被英格兰诗人们尊为"大师"(myster)和"父亲"(fadir)，六百多年来，他的形象却一直在不断变换；在不同的时代或不同的人眼里，他似乎呈现出很不同甚至相互对立的形象。在很大程度上，六个多世纪来的乔叟研究史就是一部乔叟形象的变迁史，或者更准确地说，是乔叟的形象越来越丰富，同时学者们在乔叟作品中所揭示出的"乔叟性"也越来越清晰的历史。

自与乔叟同时代的法国著名诗人德尚于14世纪80年代赞颂乔叟的诗作起，在诗人们的笔下，在学者们的研究中，在政治和宗教权威的评判里，乔叟的形象一直在变换发展，不断丰富。他被看作"伟大的翻译家"，"英语语言之父"，"哲学诗人"，"雄辩的修辞家"，"英语诗歌之父"，以及"英格兰的荷马、索福克勒斯和维吉尔"。在宗教改革运动中，由于乔叟在作品里批判和嘲讽了天主教会的修士与神职人员，他被塑造成一位"虔诚的神学家"、"新教徒"诗人、宗教改革运动的先驱和"当之无愧的威克里夫派"；有人说他的作品"寓教于乐最富成效"，"清除我们的罪孽"并用"美德之火／点燃我们的心灵"。1542年，英国颁布法案以"清除王国内所有异端邪说"，结果绝大多数书籍和文章都遭禁止，在文学界只有乔叟和高尔两位诗人的著作被容许阅读，在可以阅读的英国文学作品中只有《坎特伯雷故事》被专门提及。但另一方面，也有人谴责乔叟，说他的诗作"与基督和他的使徒们的教义直接对立"，教唆"淫乱"，"毒害青年心灵"，应被列为"禁书"；他们认为，阅读《坎特伯雷故事》如同"亵渎神灵、骂脏话、玩纸牌、掷色子”一样使人堕落，而《修女院教士的故事》中关于爱情的动物寓言更是“彻头彻尾的无聊、有毒的引诱和甜言蜜语的虚荣”。关于他的诗歌语言，有人说那是“清纯英语之源泉”，其韵律“自然流畅”；与之相反，也有人认为他使用的“未经提炼的粗俗语言完全不符合我们时代对高雅的要求”，而他的韵律更是“别扭粗俗”。有人赞扬他创造出“上帝的丰富多彩”；有人则责备他的作品杂乱无章、良莠不齐，完全不符合“得体”（decorum）的原则。到了20世纪，对乔叟的研究全方位展开，有学者深入探讨了乔叟所受的影响，认为他是欧洲大陆传统的传人；另有学者则认为他本质上是英格兰本土传统的承前启后者。有人相信薄伽丘对他影响最大；而有人认为他根本不知道薄伽丘其人，特别是他的代表作《坎特伯雷故事》根本没有受到《十日谈》影响。有学者认为他的创作发展分为法国时期、意大利时期和英国时期三个阶段；另外的学者则持相反观点，说他自始至终都是地道的英格兰诗人。有人认为他难能可贵地在中世纪突出地表达了女权思想，相反，却有人批判他贬低、丑化女性。有人指责他在《坎特伯雷故事》里表达了殖民主义思想，而有人却赞扬他为“9·11”后的美国指出了一条同伊斯兰国家建立正确关系的道路，等等。面对如此变幻莫测、如此不同甚至相互对立的形象，人们难免困惑：他们是同一个乔叟吗？

他们的确是同一个乔叟，这些似乎令人眼花缭乱的不同形象的确来自同一个乔叟或者说被安放在同一个乔叟身上。如此丰富多彩的形象是不同时代的人们眼中的乔叟，或者同一时代里不同的人从不同的立场、不同的角度所看到的乔叟的不同侧面，是各时代或者说各时代的评论家们同乔叟和乔叟作品在不同的历史文化语境中对话的产物，或者说是六个多世纪来历代学者运用各自的政治、宗教、哲学、文学思想和方法，根据自己对乔叟和乔叟作品的研究与理解所描绘、塑造出的无数的乔叟形象。实际上，上面所提到的仅仅是各时代的人们所塑造出的大量甚至多到难以计数的乔叟形象中的一小部分。在这些形象里，我们可以清楚地看到各时代的特征，这些形象折射出时代的变迁和人们立场思想之不同，同时也反映出文学批评的本质。

尽管这些形象差异如此之大，但只要深入仔细地观察，我们往往能在这些形象里发现伍尔夫所说的乔叟作品中特有的那种“统一性”。虽然这些形象无一不闪现着批评家自己的影子，但它们同时也来自乔叟，也都与乔叟的作品有一定血缘关系，都程度不同地带有那神秘而独特的“乔叟性”。这种乔叟性使这些形象不可能出现在高尔或者莎士比亚身上或他们的作品中。

乔叟性是乔叟在创作时不可避免地投射到作品中的那部分"诗人自我"。它不等同于伦敦海关那位税收官或者肯特郡的治安官,但与他们血肉相连。在作品中,它是一个复杂的综合体,在从创作意图、谋篇布局、情节安排、人物塑造到遣词造句、韵律使用等所有层面上,都发挥着作用。虽然这种乔叟性在乔叟不同的作品中不尽相同,但它具有相对稳定性,可以被专家们解码和识别。正是这种乔叟性使乔叟的作品有别于任何其他作家的作品。比如,同许多后辈文学家一样,莎士比亚也深深受惠于乔叟,而且他的有些剧作直接取材于乔叟作品。但即使这两位作家的同名作品《特洛伊罗斯与克瑞西达》也非常不同。

在很大程度上,对乔叟的学术研究就是既不断展现乔叟新的形象,也从不同的侧面和在不同的层面上揭示乔叟作品里的乔叟性。乔叟学术史表明,与对乔叟作品日益丰富的解读和乔叟不断变换的形象大体上同步发展的,正是乔叟作品中被揭示出来的乔叟性越来越突出,越来越清晰,并成为区分他的作品与其他作家的作品的标志。无论学者们对他的作品的解读差异有多大,也无论他们的观点如何对立,他们都不会认为《坎特伯雷故事》或小诗《真理》有可能是他人之作。

《乔叟研究文集》从大量英美乔叟研究成果中选择一批论文或书中章节,翻译编辑成册,其作者都是影响广泛的学者或重要的乔叟专家。文集收录了 19 篇文字,它们从不同角度、不同方面,在不同层面上研究乔叟,探讨其创作,分析其作品,都很有学术价值。它们既揭示出此前人们还没有发现或没有深入考察的乔叟的一些侧面或层面,进一步丰富了乔叟的形象,也因此而使乔叟性更为清晰生动。

这些论文大多由我已经毕业或在读的博士生以及湖南师范大学、四川师范大学等高校外语院系的老师翻译,我做了程度不同的修改;每篇论文后的编后记给出了译者的简介。汪家海查证和统一了大多数论文中《坎特伯雷故事》的引文,刘莉适当统一了人名等专有名词。对所有乔叟学术史课题的参与者,我在此表示衷心感谢。另外,由于这些论文选自各种专著、论文集和期刊,且时间跨度大,故一些论文里的文献注释格式不尽相同,为尊重原文,本论文集保留原文格式。

肖明翰

于密西西比河边一大学城

《现代批评观点：杰弗里·乔叟》序言

作者　[美国]哈罗德·布鲁姆

译者　肖明翰

I

如唐纳德·R. 霍华德[1]十分雄辩地表明，乔叟的公众生活特别有趣：参与了两场战争，在欧洲马不停蹄地游历，与他那个时代的国王们和上层贵族直接交往，并与许多著名的作家关系密切。莎士比亚，唯一超越乔叟的英语作家，从未上过战场，从未走出英国，而且在大多数情况下都十分谨慎地只同与戏剧界有关的权势人物来往。那倒不是因为莎士比亚的世界里没有暴行，而是因为莎士比亚总是尽其所能避免牵涉其中。我们有关于他的完整的法律文件，而那几乎全与经济事务有关。他那里绝没有那种多少具有刺激性的材料：某个塞西莉（Cecily）放弃关于乔叟强奸她的法庭指控，毫无疑问乔叟为此支付了一大笔现金。

在 14 世纪 80 年代，乔叟处于他的巅峰时期，理查德二世正为权力拼命搏斗，英格兰陷入混乱之中。在 1389 年至 1399 年那十年里，理查德逐渐处于下风，而乔叟仍然是他忠实的仆从。就文学赞助而言，虽然亨利四世废黜理查德可能并没有给乔叟造成什么损失，但那肯定使他难过。不管怎样，这位伟大的诗人在一年后去世。

在我们对乔叟的生平及其时代的了解与他的诗歌之间存在令人好奇

1 唐纳德·R. 霍华德（Donald R. Howard, 1927—1987），美国斯坦福大学教授，著名乔叟专家。本文原文中无注释，故本文中所有注释皆为译者注，下面不再说明。——译者注的差异，几乎就是一个断裂。那是一个充满暴力的时代，但乔叟是一位天才的讽刺家，而《坎特伯雷故事》和《特洛伊罗斯与克瑞西达》超越了它们的历史语境。G. K. 切斯特顿指出，乔叟的讽刺那样巨大，以至有时我们甚至感受不到。不论是在表达他自己的悲怆上，还是在承认其真正的文学前辈方面，乔叟都表现出异乎寻常的狡黠。但丁和薄伽丘，特别是薄伽丘，使乔叟成为可能，正如同他以其中一些相同方式使莎士比亚能为他的世界塑造相应人物一样。乔叟的故事是关于[1]故事之讲述，因为对于那种意识到自身是虚构的虚构作品，薄伽丘已经使其完美。那些在语言艺术上意识到它们的确是语言艺术的故事，与那些掩盖这种意识的故事，表现是不同的。很明显，乔叟那种升华了的故事意识，不论如何躲闪，都与《十日谈》有一定关系。

乔叟喜欢援引他虚构的权威，却从不提薄伽丘，但那使我们回到乔叟式讽刺。与薄伽丘不同，除非以笑话或自我戏仿的方式，乔叟不会表露他自己情感方面的意外。但丁、彼特拉克和薄伽丘向我们吐露他们的隐秘，而乔叟却把他的苦痛隐而不宣。乔叟之天才的一部分以他同自我保持距离和他那种喜剧性观察方式出现，那是莎士比亚式讽刺的先驱。乔叟的独特创作中异乎寻常的是他对性格的把握，那使巴思妇人、卖赎罪券教士甚至修女院院长（对此人我简直不喜欢！）每人都以其特有的声音讲述。成熟的莎士比亚创造的奇迹是福斯塔夫、哈姆雷特、伊阿古、克莉奥佩特拉以及他们的同伴们每人声音的个性化，而那有赖于乔叟对莎士比亚那正处于发展中的天赋的刺激。约翰·福斯塔夫爵士可以说就是巴思妇人的儿子，而伊阿古绝妙的虚无主义也早在卖赎罪券教士享受自己操纵他人之力量的愉悦中表露出来。

E. 塔尔博特·唐纳森[2]是现代乔叟专家中最敏锐的一位，他揭示出乔叟在其作品中的两个主要代理人形象：《坎特伯雷故事》里的香客乔叟和《特洛伊罗斯与克瑞西达》里的叙述者。香客乔叟讨所有人喜爱：他友好、超级宽容、兴趣盎然地接受每一个与他同行的有趣的恶棍，但也总是毫不迟疑地赞美真正的美德。《特洛伊罗斯与克瑞西达》的叙述者被塑造为一个想成为情人却很不幸的人，他深陷对克瑞西达的热恋之中，以至我们中

1 本文中字体变化的强调为原文所有，下面不再说明。

2 E. 塔尔博特·唐纳森（E. Talbot Donaldson），美国印第安纳大学英文系资深教授，著名中世纪文学和乔叟学者。

绝大多数人（至少男人是这样）都爱上她，正如乔叟毫无疑问爱上了她一样。香客乔叟是更伟大的讽刺家，而《特洛伊罗斯与克瑞西达》的叙述者最后竟如此地肝肠寸断，以至他超越了自己的讽刺。

II

乔叟是那些挫败几乎所有的文学批评的伟大作家之一，在这方面他与莎士比亚、塞万提斯和托尔斯泰相同。一些量级相似的作家——但丁、弥尔顿、华兹华斯、普鲁斯特——促使人们给予充满灵性的批评（它们处于其他大量无聊枯燥的批评之中），但乔叟，与他少有的那几位同仁一样，具有那种解除批评家武装的模仿力，使其要么无从下手，要么一切都得重新来过。关于乔叟的研究大多仅仅是历史批评，或者甚至是神学批评，似乎乔叟应该被作为中世纪基督教的超级版来阅读。但我自己并非乔叟专家，所以我是作为一个一般的文学批评家和乔叟的一位普通读者，来写这篇序言和编辑这部文集的。

同莎士比亚以及英语中很少几位最优秀的小说家一道，乔叟在表现现实上把英语语言运用得超出极限，将其带入不可想象的成功之中。卖赎罪券教士和巴思妇人，如同哈姆雷特和福斯塔夫一样，使当前流行的几乎所有批评理论全都遭到质疑。说卖赎罪券教士或者巴思妇人只不过是一堆比喻的构造，或者说他们所讲述的任何一个故事都几乎无限地推延其指涉，那究竟是什么意思？关于《坎特伯雷故事》的《总引》，那位最具乔叟性同时也是最优秀的乔叟批评家 E. 塔尔博特·唐纳森评论说：

> 这些人物形象最异乎寻常的特质是他们都充满活力，他们中每一位都给读者造成这个人物不是虚构而是一个真实的人的幻觉，所以诗人似乎不是在塑造而仅仅是在做记录。

作为一个批评论点，这是阅读乔叟不可或缺的起点，但当前各种文学阐释模式都否定这种有关活力的幻觉有任何价值。

去年 6 月，我同一个好友在法兰克福一座公园散步，他是法国一位批评理论的领军人物。我已经在法兰克福做了关于弗洛伊德的讲座；我朋友刚到，他是来做关于乔伊斯的《尤利西斯》的讲座。在散步中，我说，乔伊斯的利奥波德·布鲁姆似乎是我在所有小说中碰到的最有同情心、最富情感的人。我朋友对此感到恼怒和困惑，他回答说，博迪[1]不是一个人，所以我的说法毫无意义。虽然我并不同意，我也只是暗自想，无论我说什么，我与朋友之间的争执都不可能解决。对于他，《尤利西斯》甚至不是令人诚服的语言艺术，只不过是一系列比喻而已。而对于我，它关于博迪的个性超过其他一切。我再一次意识到，我朋友的解构论只不过是另外一种形式主义，一种非常坚定并怀疑一切的形式主义。但所有的形式主义批评都很快就会碰壁，如果小说作品足够优秀的话。众所周知，L. C. 奈茨[2]坚持认为，作为一个批评论题，麦克白夫人的孩子们，如同莎士比亚的女主人公们的少女时代一样，毫无意义；奈茨这个观点是追随E. E. 斯托尔，而后者，不论他自己是否知道，则是追随 E. A. 坡。[3]对奈茨而言，福斯塔夫"不是一个人，而是一个合唱式评论"。然而具有悖论意义的是，这个"合唱式评论"比我们更有活力，那实际上教导我们，福斯塔夫既非比喻也非评论，而是代表了一个人*可能是*的那样，如果那个人比奥斯卡·王尔德更有才，甚至比泽洛·莫斯特尔[4]更具汹涌澎湃的高昂精神的话。福斯塔夫、博迪、巴思妇人：他们是雪莱所说的那种"比真人更真实的形式"。

极具独创性的作家（这样的作家并不多）似乎没有先驱，因此似乎是没有父母的孩子。莎士比亚是无与伦比的例子，因为他将其先行者克里斯托弗·马洛一口吞下；而乔叟十分可爱地宣布一些虚构的权威，但实际上却广泛受益于真实的法国和意大利作家，特别是受益于薄伽丘。然而真实的情况可能是，乔叟是莎士比亚的伟大原型，正如他是斯宾塞的原型

1 利奥波德·布鲁姆是乔伊斯小说《尤利西斯》的主人公，博迪（Poldy）是其爱称。

2 L. C. 奈茨（L. C. Knights, 1906—1997），文学批评家和莎士比亚专家，曾发表著名论文《麦克白夫人有多少孩子？》（"How Many Children Had Lady Macbeth?", 1933），反对著名的莎士比亚学者布莱德利（Andrew Cecil Bradley, 1851—1935）关于莎士比亚悲剧塑造真实人物的观点。布鲁姆这里指的就是这篇论文。

3 E. E. 斯托尔（E. E. Stoll, 1874—1959），美国批评家和莎士比亚学者。E. A. 坡，即埃德加·爱伦·坡。

4 塞缪尔·乔尔·泽洛·莫斯特尔（Samuel Joel Zero Mostel, 1915—1977），美国著名喜剧演员。

一样。[1]但在莎士比亚那里,他的人物通过思考自己所说的话而改变自己,那的确是前人那里所没有的。在荷马、《圣经》和但丁那里,我们没有发现特定人物因其自身的语言而发生巨大改变,也就是说,没有那种在话语连绵产生时其个人用语和语气上的变化带来的巨大改变。但卖赎罪券教士和巴思妇人早已行进在朝向哈姆雷特和福斯塔夫的路上。他们对他人,以及对自己说的话,部分反映出他们是什么样的人,也在部分地使他们变成他们将成为的那样的人。也许更微妙和更有说服力的是,乔叟通过他们所讲故事的语言效果,暗示卖赎罪券教士和巴思妇人身上正在产生的不可避免的改变。

与乔叟和莎士比亚共有的这种才智相关的一些情况说明为什么文学批评不能解读他们,特别是如果那是一种形式主义批评,或者如果它太执着于研究符号、习俗以及当今所说的“语言”,不过也许那更适合叫作应用语言学,或者甚至叫作心理语言学。一个沉湎于现在所说的“语言优先于意义”的批评家不会太在意在人——不论是真实的还是想象的人——身上探寻意义。然而,既真实又是想象的人物是乔叟和莎士比亚的经验性艺术的本质性基础。乔叟和莎士比亚知道,不仅是知道,个人的自我是一座迷宫,在里面总是进行着多重自我的野餐。“诗人们先于我进入里面。”弗洛伊德说,也许尼采也应该如是说。

III

针对那些教父般的诠释者,塔尔博特·唐纳森正确地坚持说,乔叟主要是一位喜剧性作家。这一观点绝对不用限定,如果我们也认为创作上、下两部《亨利四世》的那个莎士比亚,以及菲尔丁、狄更斯和乔伊斯在本质上是喜剧性作家的话。这里说的“喜剧性作家”含义非常广泛,它包含那种更靠近比如说巴尔扎克而非但丁的“喜剧”,尽管乔叟深深受惠于但丁。如果卖赎罪券教士在本质上是一个喜剧性人物,那么伏脱冷[2]自然

1 埃德蒙·斯宾塞(Edmund Spenser, 1552—1599),英国文艺复兴时期重要诗人,代表作为史诗《仙后》。他曾告诉人们,乔叟是他的原型,乔叟的灵魂就在他体内。

2 伏脱冷(Vautrin),真实姓名为雅克·科兰(Jacques Collin),巴尔扎克的《人间喜剧》中几部作品里的人物。

也是。巴尔扎克的虚构性“现实主义”是一个广阔的世界，如波德莱尔所说，在那里每一个清洁工都是天才；那种“现实主义”与乔叟的虚构世界里到处洋溢的生命力极为类似。对《坎特伯雷故事》的《总引》最具洞察力的阐释者迄今为止仍然是威廉·布莱克，他与乔叟的类同极为深厚。这就是被叶芝在《幻象》里将他与拉伯雷和阿雷蒂诺[1]划归一类的那个布莱克；布莱克作为一个英雄般的生命主义者，其格言是“生机充盈就是美”，那也正是一个恰如其分的乔叟式口号。我承认卖赎罪券教士是一个负面性的生机充盈；而布莱克的评论表明，巴思妇人的生机充盈也有其负面意义。

喜剧性作品是那样广泛那样深刻，它似乎拒绝接受任何规则的文学批评。面对巴思妇人或福斯塔夫或那个超人般的博迪，一个批评家该如何着手其评论？还剩下什么可以做呢？一想到巴思妇人或福斯塔夫被解构，或想到他们那些拓展生命的矛盾遭受评判，我就一脸苦相。巴思妇人与差异［或者甚至是“延异”（differance）］？福斯塔夫与剩余价值？博迪与文本之外无物的教义？哈姆雷特与拉康的镜像阶段？一种不是关于人之本性而是人之可能性的超级模仿带来一种充分的人本愿景，此愿景那种英雄般而且使人充满生命力的情感要求一种在其视野和特色上都与之相应的批评。当然，那是一种审美策略，但正如王尔德教导我们，那也使之成为一个真正的道德问题。消解巴思妇人，或者福斯塔夫，或者博迪，最终也会矮化我们自己。

IV

一种主流诗歌传统从乔叟开始，到斯宾塞和弥尔顿，并经他们而到布莱克和华兹华斯，雪莱和济慈，勃朗宁、丁尼生和惠特曼，叶芝和史蒂文斯，D. H. 劳伦斯和哈特·克兰，现在这已经为批评界广泛接受。那个从邓恩和马维尔起，经德莱顿、蒲柏和拜伦，直到霍普金斯、艾略特和庞德的玄学派对抗传统的神话已被消除，它被看作是艾略特的虚构，其实也的确如此。莎士比亚太大了，不适合任何传统，乔叟也是如此。人们可

1 彼得罗·阿雷蒂诺（Pietro Aretino, 1492—1556），意大利作家和诗人。

以揣测，英语语言中那些即使是最伟大的小说家——理查森、奥斯丁、乔治·艾略特、狄更斯、亨利·詹姆斯和创作《哈克贝利·芬历险记》（就作为一部美国书或美国《圣经》而言，这才是《白鲸》和《草叶集》唯一真正的对手）的那个马克·吐温，或者这个世纪的康拉德、劳伦斯和福克纳——在塑造一般来说比我们更为人性的虚构人物上那种令人惊叹的艺术方面是否能接近莎士比亚和乔叟。文学批评也许已被亚里士多德的形式主义永远毁坏，几乎没有希望能够哪怕只是准确地描述这种艺术。阿里斯托芬、柏拉图和朗吉努斯[1]是那种更胜任评论乔叟和莎士比亚的更合适的榜样。

在攻击欧里庇得斯时，阿里斯托芬似乎也真的是在攻击未来的乔叟和莎士比亚，而柏拉图对荷马发动的战争，他对模仿的攻击，也预示了一场还没有进行的针对乔叟和莎士比亚的战争。不管怎样，荷马和欧里庇得斯明显就不是那种由乔叟和莎士比亚所构成的模仿丑闻；卖赎罪券教士和哈姆雷特的内向化与阿喀琉斯和美狄亚[2]的那种内向化本就不是一个类型。弗洛伊德自己没能赶上乔叟和莎士比亚，他只是到了蒙田和卢梭那里，那的确是深入内心世界的很长一段旅途。但卖赎罪券教士就是内心世界，甚至伊阿古，甚至戈纳瑞和里甘、康华尔和埃德蒙[3]在出入内心的途中都没能使我们更猛烈地感受到那种难以容忍的共鸣。唐纳森非常敏锐地评论道："那是卖赎罪券教士特有的悲剧：除了在教堂外，每个人都能把他一眼看穿。"这里的深刻之处是"除了在教堂外"。当他在教堂布道之时，究竟发生了什么，或者更准确地说，在他内心究竟发生了什么？那也不就是等于问：当濒临死亡的埃德蒙嘀咕"埃德蒙还是有人爱的"[4]，因此多少受到一点感动，试图做已经太迟而毫无结果的努力去救科迪利娅和李尔时，在他内心究竟发生了什么？有任何批评准则或者方法可能帮我们弄清卖赎罪券教士那种超越陀思妥耶夫斯基式的超自然信仰和匪夷所思的诡辩的混合吗？符号学或者甚至拉康式心理语言学能帮我们剖析埃德蒙吗？更别说里甘了。

---

1 朗吉努斯（Longinus），大约生活在公元1世纪，是希腊修辞学家和美学家，在西方世界颇有影响的名作《论崇高》（*On the Sublime*）据说出自他笔下。

2 美狄亚为欧里庇得斯的著名悲剧《美狄亚》（*Medea*）的女主人公。

3 戈纳瑞、里甘、康华尔和埃德蒙都是莎士比亚悲剧《李尔王》中的人物。

4 引文见：《李尔王》，第5幕第3场第287行。

我们要么在阅读乔叟和莎士比亚时成为经验性批评家，要么就毫不含糊地说绝不读他们。在这里，“经验性”当然是指对他人和我们自己进行人性化的观察，并随即在每一个与之明显相关的语境中对那样的观察进行检测。朗吉努斯是这种经验性批评的先祖，但其大师是塞缪尔·约翰逊、哈兹利特[1]和爱默生、罗斯金[2]、帕特[3]和王尔德。一个为批评方法发疯的世纪并没有为我们带来可以与他们一比的批评家，他们也不像会很快再次来临，虽然我们仍然还有诺思罗普·弗莱和肯尼斯·伯克[4]。

V

由于痴迷于批评方法，我们已经转向语言艺术（rhetoric），以至于我们中最优秀的批评家，已故的保罗·德·曼[5]，竭力敦促我们将文学与语言艺术等同，这样文学批评也许会再一次成为关于语言艺术的语言艺术（the rhetoric of rhetoric），而非伯克式的关于动机的语言艺术，或者弗莱式的关于欲望的语言艺术。在阐释《修女院教士的故事》时，塔尔博特·唐纳森指出“该故事讲述中那种语言上令人惊叹的详尽描绘”，并进而表达了对经验性批评的强有力洞见：

> 在这里，语言艺术被看作是人类建构来对付不可知的现实的不够有效的防御机制；语言艺术使人在最好的境况中视自己为英雄般

---

1 威廉·哈兹利特（William Hazlitt, 1778—1830），英国浪漫主义时期著名的作家、批评家和哲学家；他对乔叟、斯宾塞和莎士比亚等文学家发表了很有见地的观点，其论文《莎士比亚戏剧人物》（“Characters of Shakespeare’s Plays”, 1817）一文很有影响。

2 约翰·罗斯金（John Ruskin, 1819—1900），英国维多利亚时代重要的学者和批评家。

3 沃尔特·霍拉肖·帕特（Walter Horatio Pater, 1839—1894），英国维多利亚时代重要的文艺复兴专家、作家和批评家，其代表作为《文艺复兴：艺术与诗歌研究》（*The Renaissance: Studies in Art and Poetry*, 1873），其中关于名画《蒙娜丽莎》的论文被认为至今仍无人超越。

4 肯尼斯·杜瓦·伯克（Kenneth Duva Burke, 1897—1993），20 世纪美国很有影响的文学理论家。

5 保罗·德·曼（Paul de Man, 1919—1983），比利时出生的美国文学批评家，所谓“耶鲁四人帮”之一，在解构主义批评方面很有影响；1988 年后，因其二战期间在亲纳粹报刊上发表的反犹文章被发现而饱受诟病。

的存在——如同阿喀琉斯，或者如羌梯克利[1]——而在最糟糕的境况中能保持其尊严的最后一点可悲的剩余（作为一只公鸡，羌梯克利被叼在狐狸的嘴里，但作为一个英雄，他是在自欺）；语言艺术使人在其欲望和命运里都能发现重要意义，并对自己假装他对宇宙十分重要。语言艺术还有一个习惯，那就是在简单的常识面前分崩离析。[2]

但语言艺术，如唐纳森所暗示，如果还特别是乔叟的语言艺术的话，能成为一种不仅保护生命而且还提升生命的防卫机制。下面是引导莎士比亚的丰富性出现的那些著名乔叟段落之一，他表达出巴思妇人英雄般的悲凉，即使当她总结代价时，那也在拓展其存在：

耶稣基督啊，可是每当我想起
年轻时我那些寻欢作乐的事，
这回忆就强烈撩拨我的心弦——
直到今天都让我有一种快感，
因为年轻时品尝过人世欢情。
可是，能毒害人世一切的年龄
夺走了我的美貌和我的精力，
算啦，别了，让这些全都见鬼去！
面粉已经没有，没什么可说啦！
只剩下麦麸，可得好好卖一下；
虽然如此，对作乐我仍有贪图。[3]

对时间的反抗被那样高度地崇奉为对时间之报复的蔑视，也正是巴

1 羌梯克利（Chauntecleer）是《坎特伯雷故事》里的动物寓言《修女院教士的故事》中的主人公，一只公鸡。

2 引文出自《中世纪批评中的教父般诠释：反对观点》（"Patristic Exegesis in the Medieval Criticism: The Opposition"），那是唐纳森在1958年做的一次演讲，后收入：*Critical Approaches to Medieval Literature: Selected Papers from the English Institute 1958–1959*, The English Institute, 1960, pp. 1–26。

3 本文中所有《坎特伯雷故事》的引文译文都出自：乔叟：《坎特伯雷故事》，黄杲炘译，上海：上海译文出版社，2013年。这段引文译文出自：《巴思妇人的引子》，第469—479行。

思妇人对其不惜一切代价的生命意志的无畏表达。在语言艺术上,这个段落的中心是在她那种狂喜与失落的放声呐喊引发的令人震撼的回响里,即“因为年轻时品尝过人世欢情”(That I have had my world as in my time)。这里两次使用“我的”(my),表现出坚定的自信,然而“已经有过”(have had)却因暗含死亡之必然性而使之消散。如同福斯塔夫,这位妇人是悲怆、是生命在面对所有一切将我们置于虽生犹死境况的习俗时自我防卫的巨大比喻。唐纳森十分明智地警告我们,“但决不能让悲怆占上风”,并指出巴思妇人在其所讲故事末尾的祈福里的粗野力量:

> 我祈求耶稣基督赐福于我们,
> 让我们丈夫顺从又年轻力壮,
> 并且让我们活得比他们久长。
> 不仅如此,我还要向基督祈祷:
> 让不服妻子管教的人早死掉;
> 至于怒气冲冲的吝啬老东西,
> 但愿天主让他们早日得瘟疫。[1]

布莱克惧怕巴思妇人,因为他在她那里看到他所说的女性意志(Female Will)的化身。布莱克所说的女性意志是指自然女人或者自然男人的意志,也许是叔本华的劫掠性生命意志(Will to Live)或者是弗洛伊德关于内驱力的“边缘观念”(frontier concept)[2]的先驱。我想,对于这样的解读,乔叟不会与其争辩;但他会嘲讽布莱克对自然意志的惧怕或者叔本华对其劫掠性的恐惧。尽管人们竭尽全力将他吸纳进一种关于信仰的诗歌,但在推崇自然心灵(natural heart)上乔叟实际上甚至超过莎士比亚,而他与莎士比亚一样都超越了仅仅事关自然事物的幻觉。没有伟大的诗人不与乔叟一样是二元论者,而对于批评家们,没有任何其他东西比这使诗歌更为棘手,因为所有批评必然都是二元的。

令批评家和读者感到安慰的是,乔叟和莎士比亚、塞万提斯和托尔斯泰终于使我们相信,就发展出在表现这些绝对意义上的作家时不会弱化

1 引文译文出自:《巴思妇人的故事》,第1258—1264行。

2 “边缘观念”是弗洛伊德在讨论本能内驱力(instinctual drive)的性质时使用的一个术语,用弗洛伊德的话说,是指“介于肉体与意识之间边缘上的观念”。

或歪曲他们的那样一种充满活力并足够全面的文学批评而言，一切都还得从头做起。没有什么准则或者方法有助于我们阅读乔叟。批评家只能依靠她或他自己，依靠自己不得不成为一个激发活力的解读者以服务于那样一种艺术，其唯一的负担就是把更多的生命力带进一个没有局限的时代。

VI

《骑士的故事》是一个骑士传奇，或者说其意图如此；它既是传奇也是令人惬意的讽刺，是乔叟的喜剧性语言艺术的巨大成功，其意义一元，即提升生命力。塔尔博特·唐纳森令人心仪地对这部诗作的性质做了总结，认为那属于斯多葛派更胜于基督教："无论我们如何仔细瞧，也看不懂天命为什么要那样运作；我们所能做的对我们来说就是最好的，心甘情愿地做非做不可的事，享受一切美好的东西，并保持心情愉快。"用到大多数其他作家身上，唐纳森这些评论或许会显得陈腐。乔叟压倒一切地表现他眼前的现实，在那里我们同主人公们一道骑马行走，享受一切美好事物，自然变得更加心情愉快，那使唐纳森和蔼可亲的观点敏锐准确。由于香客乔叟同我们一道骑马前行，他自己的叙述声音得以充分展示，所以尽管他的叙述者们自有其权威，我们也能超越骑士讲述其故事的声音听到更多。

唐纳德·R. 霍华德令人钦佩地提出《坎特伯雷故事》的"观念"，即其整体愿景，使我们记住乔叟自己可能对《骑士的故事》持一种怀疑立场，只要我们发现作为叙述者的骑士的声音与乔叟的更为宏大的观念或者愿景有分歧的话：

> 由于这个观念，这部作品阻止我们赞同这些故事，阻止我们信任它们。几乎所有的故事都是在一个颠覆它的情形中讲述。即使是《骑士的故事》这样一个由一位理想人物讲述的高尚故事，都使我们有理由对其持怀疑态度。在这个故事里……乔叟让他自己的声音侵入骑士的声音中。这些讽刺性入侵有可能颠覆这个故事，或者骑士，或者故事叙述的风格与方式，或者它所代表的文化与文学传统。无论做怎样的解释，这一讽刺因素都会在读者心里引发故事无法解答

的问题。在其他一些情形中，我们对香客的了解也引出那样的问题。《磨坊主的故事》戏仿《骑士的故事》并嘲讽它的一些价值观念，但磨坊主并没有最终决定权，而我们也没有理由认为乔叟更多是站在他这一边——而且我们被告知，他是一个醉鬼和下流坯。不仅如此，管家的故事"终结"了磨坊主及其故事，用另外一个下三滥观点将两者颠覆。故事间相互颠覆，如同托钵僧和差役之间那样。修女院教士非常微妙地颠覆了修士的故事和此前的一些故事。大量的故事因表达各种相互冲突的观点而相互颠覆——骑士—磨坊主—管家这个系列就是一个例子，如同那个"婚姻组故事"一样。[1]

塔尔博特·唐纳森特别强调《骑士的故事》里的一个对句：

所以人们的言行要稳妥平静，
因为时时有意外相遇的情形。[2]

我记得，在一个普通的傍晚，我曾同广泛受人怀念的已故的唐纳森在纽黑文一道散步，我听到他引用这个对句，并随即重复他那段绝妙的释义："一个人能保持平和，的确很好，因为人总是在守候他从未定下的约会。"那似乎就是骑士的精神实质，乔叟的精神实质也可能是这样，并且那毫无疑问反映了波伊提乌的《哲学的慰藉》。正如唐纳森帮助我们认识到，乔叟是一位非常伟大的喜剧性作家——就像拉伯雷、塞万提斯、莎士比亚一样。乔叟远超我们能给他贴上的任何标签，并且也同莎士比亚一样，超越各种体裁。

F. 安妮·佩恩令人信服地说明"《骑士的故事》是以《哲学的慰藉》和浪漫传奇为模式的哲学戏仿，属于以梅尼普式讽刺为代表的那种严肃喜剧性传统"[3]。梅尼普式讽刺与其说是一种体裁，还不如说是一个包容

1 这段话引自：Donald R. Howard, *The Idea of* The Canterbury Tales, Berkeley: U of California P, 1976, p. 174。

2 引文译文出自：《骑士的故事》，第 665—666 行。

3 这句话引自：F. Anne Payne, *Chaucer and Menippean Satire*, Madison: U of Wisconsin P, 1981, p. 207。佩恩为美国纽约州布法罗大学英文系教授，专业领域为中世纪文学。梅尼普式讽刺（Menippean Satire）是由公元前 3 世纪的古希腊讽刺作家梅尼普（Menippus）所发展出的一种严肃喜剧性（seriocomic）而且包容丰富的讽刺。

丰富的混合体，其实质由卢奇安[1]典型化，他那些对话将其嘲讽同时指向几个方向。卢奇安与其说是讥刺家（satirist），还不如说是极端的讽刺家（extreme ironist），他所探讨的讽刺的那方面正是已故的保罗·德·曼所说的“意义之永恒合唱”。那种破坏一切确切意义的讽刺之讽刺正是《骑士的故事》的讽刺，在故事里没有东西能最终确定，但很多东西必须被接受。唐纳森在他那部杰出的封笔之作《泉边的天鹅：莎士比亚读乔叟》（*The Swan at the Well: Shakespeare Reading Chaucer*）里，将《仲夏夜之梦》中浪漫爱情之讽刺同《骑士的故事》中的讽刺相联系。迫克所说“主啊，人们真蠢得没法想”[2]，在讽刺上不及乔叟的忒修斯所说“除了恋爱中的人，谁能这么蠢？”[3]友谊被爱情毁灭——乔叟直接表现的故事——本身就是乔叟对意义被对哲学争论的喜好消解所使用的一个隐喻，而《骑士的故事》将这种喜好变成一个笑柄。那肯定就是莎士比亚为什么将他的忒修斯更多地基于乔叟的骑士而非乔叟的忒修斯之原因。骑士并非哲人，但在相当程度上却是一位骑士式的怀疑论者，而莎士比亚的忒修斯也是如此，同这位骑士一样，他不会超越自己的经验。

虽然骑士的怀疑主义没有延伸至他自己对故事的讲述，但在其叙事的复杂性与他坚持认为那只不过是一个很简单尽管也很悲伤的题材之间，总有显著的间隔。唐纳森视这种姿态为修女院教士的姿态，那教士殷勤地督促我们接受其故事的要旨，同时却要我们忽略其语言艺术的精妙，然而正是其语言艺术才赋予了它力量与普遍性。骑士就一个道德问题以那著名的突然转换话题把历代乔叟学者捆绑在一起：

> 你们也都恋爱过，我要问你们：
> 哪个更苦，阿塞特还是帕拉蒙？[4]

正如唐纳森所指出，这个问题提得不对，因为在那两个为爱发狂的高尚人士之间并没有真正的差别。这位骑士也许不是乔叟式讽刺家，但骑士的生活经验与我们中大多数人的生活经验之间的差异必然而且会讽刺

1 卢奇安（Lucian, 125—180?），希腊修辞家和讽刺作家。

2 引文出自：《仲夏夜之梦》，第3幕第2场第115行。迫克为该剧中人物。

3 引文译文出自：《骑士的故事》，第941行。

4 同上，第489—490行。

性地挫败我们试图解答这个问题的一切努力，除非我们真的是合格的经验性批评家。没有形式主义的或者以批评方法为基础的解读能将骑士的问题变成它所暗示的领悟，那就是，我们所有的人都必须面对并且接受最坏的可能性，不论那是多么的出乎意料和不应承受。

VII

如果乔叟是在我们的美国时代创作，他可能会写出《电视福音传道者的故事》，而非《卖赎罪券教士的故事》。另外，我们也没有当代的乔叟来为我们写出《电视福音传道者的引言》和《电视福音传道者的结语》，对此类作品的创作近来已经出现那么多妙不可言的材料。除各种新旧历史主义外，这就是我们看待乔叟的卖赎罪券教士的语境。他既猥亵得令人可怕，同时又是一个十分可笑的江湖骗子，于是在我们心中引发一些说不清道不明的矛盾感受，那同我们在家中的电视屏幕上看到某些有名的布道者时的感觉差不多。

我们在《坎特伯雷故事》的《总引》里第一次碰到卖赎罪券教士时，他是差役好色的伴侣，在酒栈里大声高唱"亲爱的，请你快快来到我身旁"[1]，而且与他的差役朋友一道弄出比喇叭声还高昂的声响。他头发蜡黄，薄而柔软，像亚麻布一样垂下，他声音尖细，加之没有胡子，这位卖赎罪券教士活脱脱就像一个太监。所以我们能理解，他为什么老是同那个真正猥亵的差役缠在一起，他似乎是为了以此沾上一点性色彩。在如此以猥亵的行为举止进行过分补偿——那其实谁也骗不了——的下面，卖赎罪券教士危险地接近成为死亡的象征，就如同他故事中那个神秘而可怕的老人一般。与阉割、盲目和死亡的联系——这在弗洛伊德那里是那样至关重要——在乔叟那里已经是既定事实，就如同卖赎罪券教士的布道具有的那种超越其明显的骗子花招的真实得令人奇怪的力量在《坎特伯雷故事》里证明陀思妥耶夫斯基那怪异的预见一样。一个专业的伪善人，然而又能引起人们对永恒的恐惧，而且这全都不由自主，这个卖赎罪券教士真是莎士比亚塑造出伊阿古和埃德蒙之前，我们在英语文学中所

1 引文译文出自：《总引》，第672行。

能发现的对人性堕落的最强有力表现。我认为，即便是塔尔博特·唐纳森也低估了卖赎罪券教士的自我毁灭的深度：

> 但这位卖赎罪券教士的秘密当然是他自己的秘密：不管怎样，香客乔叟立即猜到了这一点。但只要这个秘密不被说穿，卖赎罪券教士就会安全地待在他自己的幻觉之中，于是这个秘密对于他来说就是正当有效的。然而在他那令人恐怖的故事结束时，他毫无道理地危及——并摧毁了——他的自信赖以存在的脆弱结构。不管是出于什么原因——贪婪、友好、幽默——他在说出其欺诈伎俩之后，竟然还以向香客们兜售其赎罪品来结束其说教。颇具讽刺意味的是，他竟然挑选了一个不可能更糟的受害者，那个对不男不女的卖赎罪券教士可能会本能地感到厌恶的粗暴、最有男人味的男人。对旅店老板的智力的侮辱是卖赎罪券教士的智力的第一次也是最后的失败，因为店主狂怒的下流反应揭穿了卖赎罪券教士的秘密。于是，此人尽管有一条似乎能使他掌控一切局面的灵巧舌头，也被置于暴怒的无声之中。

我不认为，仅仅是出于"贪婪、友好、幽默"，卖赎罪券教士会如此厚颜无耻地侮辱哈利·贝利[1]这位在其所有听众之中最可能给予他不可避免的最冷酷回击的人。卖赎罪券教士在其故事讲述中被自己非同寻常的激情所感动，进入了一种眩晕的境况，将他为自己的欺诈伎俩感到的骄傲与来自恩典那超自然秩序的某种危险的真实东西混合在一起：

> 哦，可诅咒的罪恶充满了恶毒！
> 哦背信弃义、谋财害命的奸徒！
> 哦贪吃贪喝、骄奢淫逸和赌博！
> 还有，你这基督的凶恶亵渎者，
> 出于习惯和狂妄，胡乱地发誓！
> 人类啊，怎么可能发生这种事：
> 造物主创造了你们；你们有罪，

1 哈利·贝利 (Harry Bailly)，《坎特伯雷故事》里的旅店老板。

他用心头的宝血为你们赎罪，
你们对他竟如此虚伪和不仁！

哦各位，我但愿天主宽恕你们，
保佑你们不去犯贪婪的罪恶。
我的赎罪券一切罪孽都能赦，
只要你们肯拿出金币或银钱，
或是银子的胸针、汤匙和指环。
朝这份圣谕低下你们的脑袋！
来，妇女们，把羊毛捐些出来！
我马上把你们姓名写进文书，
保你们日后升天享天堂之福。
我大权在握，能赦免你们罪孽，
使你们就像出生时一样纯洁——
只要肯捐献。这就是我的说教。
耶稣基督把我们的灵魂治疗；
所以要接受他这种最好赦免——
这点上，我可不会把你们欺骗。[1]

他这些结尾的诗行毫无疑问表达出绝望的友好和某种绞刑架下的幽默。这里也同样表现出，卖赎罪券教士处于一种不由自主的境地，那还不仅仅是因为其故事的力量或者因为他自己作为说教者那种粗俗的雄辩。一种疯狂或者激情支配着他，迫使他进行弗洛伊德会视为“道德自虐”的那种社会性自杀，那是一种因为无意识的罪孽感而感到应受惩罚的需要，也许那甚至是一种可以解释其被阉割状态的追根溯源性自我认识。那种毁灭的冲动转向内部狂暴地攻击自我，于是在对一种社会性死亡的寻求中卖赎罪券教士得到了他应得的精神死亡的预兆。那或许可以解释卖赎罪券教士对他的香客同伴们说话时所给予的侮辱：

1 引文译文出自：《卖赎罪券教士的故事》，第567—590行。

对你们来说这也是一种荣幸，
能够与合格的赎罪教士同行；
因为你们骑着马走在这乡间，
毕竟有可能发生意外的事件——
你们中间有一两个人，说不定
会一头栽下马来，摔断了头颈。
你们看看，我能够与你们同路，
这为你们提供了多好的保护——
你们灵魂脱离肉体时，不管谁，
不管啥地位，我能赦免他的罪。[1]

对于这样的爆发，卖赎罪券教士还能期望什么样的回应呢？在卖赎罪券教士对旅店老板所说的话语里显然充斥着训斥的需要，而那远不只是自找麻烦：

就从旅店老板开始吧，我建议，
因为他的整个人，都在罪孽里。
你来头一个奉献吧，旅店主人，
付一个银币，每件圣物让你吻，
你还是赶快打开你的钱袋吧。[2]

旅店老板那妙不可言的暴怒回应，连同它里面亲吻肮脏的臀部和捏碎并拿走其睾丸等意象，正是那个如此精明的卖赎罪券教士不可能不预见到的。但这里的精明属于卖赎罪券教士潜意识中的死亡冲动；这个可怜虫那仅有意识的自我遭受打击，如同伊阿古那样陷入沉默之中。伊阿古最后说，他从此以后再不会说一个字。他真正的先驱，这位具有崇高美的罪恶的然而仍具喜剧性的卖赎罪券教士，同样也一个字都没有回答："卖赎罪券教士气得要死，/ 他一言不发，已根本不想说话。"[3]

---

1 引文译文出自：《卖赎罪券教士的故事》，第 603—612 行。
2 同上，第 613—617 行。
3 同上，第 628—629 行。

编后记

哈罗德·布鲁姆(Harold Bloom),耶鲁大学资深教授,美国当代著名学者和影响广泛的文学理论家与批评家。布鲁姆学识渊博、思想敏锐、眼光独到、著述丰富。为表达其学术思想和部分出自反击他所说的各种“憎恨学派”之目的,他还编辑出版了数百部关于西方各国经典作家和名著的论文集,其数量之大无人出其右。布鲁姆在《西方正典》等著作中高度评价乔叟,认为他是处于西方文学传统核心的莎士比亚受惠最多的前辈。另外,他还编辑出版了关于乔叟、《坎特伯雷故事》及其《总引》的几部古典和现当代论文集。本文是他为其新版《现代批评观点:杰弗里·乔叟》(*Modern Critical Views: Geoffrey Chaucer*, New York: Chelsea House, 2007)所写的《序言》(该书第1—14页)。

英语诗歌之父

作者　[英国]约翰·德莱顿

译者　肖明翰

[…………]

斯宾塞和费尔法克斯[1]在伊丽莎白时代都享有盛誉，是英语语言大师。比起那些随后出现的后继者们，对于诗歌之美，他们更具远见卓识。弥尔顿乃斯宾塞诗歌之传人，而沃勒[2]先生则承继费尔法克斯；如同一个家族，我们诗人也有自己的直系后裔和宗亲。斯宾塞不止一次暗示，乔叟的灵魂就在他体内，他是乔叟去世两百年后生下的儿子。弥尔顿曾向我承认，斯宾塞是他的原型。除我之外，还有不少人也听到大名鼎鼎的沃勒说，他诗歌的和谐之美来自由费尔法克斯先生译成英文的《布洛涅之戈弗雷》(*Godfrey of Bulloign*)[3]。现在言归正传。在翻译奥维德之后，我意识到，在许多方面，我们的前辈英语诗人乔叟与他相似，而且与之相比这位现代作家一点也不逊色；对此，我在下面比较他们时将尽力证明。我在

1 爱德华·费尔法克斯(Edward Fairfax, 1575?—1635)，英国诗人，其代表作《布洛涅之戈弗雷，或收复耶路撒冷》(*Godfrey of Bulloigne or the Recoverie of Jerusalem*, 1600)是用英雄对句体对同时代意大利诗人托尔夸多·塔索(Torquato Tasso, 1544—1595)的史诗《拯救耶路撒冷》(*Gerusalemme liberata*)的翻译或者说改写，对英诗中英雄对句体的发展做出了贡献。原文中没有注释，所以本文中所有注释都是译者注；下面不再说明。——译者注

2 埃德蒙·沃勒(Edmund Waller, 1606—1687)，英国诗人，其诗作为英雄对句体在英国诗坛的盛行做出了贡献。

3 原作者不详。戈弗雷(Godfrey of Bouillon, 1060—1100)是第一次十字军东征的统帅之一，十字军建立的耶路撒冷王国的第一任统治者。他认为耶路撒冷之王是耶稣，因此拒绝称王，而自封为“圣墓保护者”(Advocatus Sancti Sepulchri)。德莱顿时代人名的拼写与现在的通常拼法不尽相同；下同，不另加注。

推崇祖国之荣誉上从来不遗余力，所以我很快决定，将他们各自的长处进行对比。为此，我把《坎特伯雷故事》里的一些故事译成当今英语，[1] 因为英语现在已远更为优美。只有这样，将两位诗人置于同样的灯光下，身着同样的英语，故事对故事，读者才能在他们之间自行做出判断，而不用我把观点强加于他。如果我对我的同胞和桂冠前辈显得偏袒，站在古典作家一边的也大有人在：除许多学识渊博之士外，奥维德还拥有几乎全部多情郎和所有女性——他那些公开宣称的拥戴者们。[……] 从乔叟我想到薄伽丘，他不仅是其同时代人，而且也做着同样的探讨，创作了散文体长篇小说和大量诗歌作品，特别是据说还创造了八行押韵体，或者说八行诗节体。自那以后，这种诗体因一直为所有意大利诗人所运用而延续，他们也成为或者至少是被称作英雄史诗诗人。他和乔叟有许多共同点，其中之一是，他们都使其母语更加精妙。不同之处在于，在薄伽丘之前，但丁至少在诗歌中已经在打磨他们的语言；而且在这方面他从其大师彼特拉克处也获益匪浅；但意大利语散文的提高则的确有赖薄伽丘一人之力。他至今仍然是纯洁的意大利语之标准，虽然他的许多表达法现在已不多用，当然随时间推移那必然会发生。乔叟（如我们那位学识渊博的赖默 [2] 先生已告诉你们的那样）是用当时现代语言中最精美的普罗旺斯语修饰和丰富我们的贫乏语言之第一人，但这个话题已被这位值得我们这些同胞大加赞扬的杰出批评家充分探讨过了。考虑到乔叟与薄伽丘生活在同一时代以及他们的天赋相似这些原因，我决定将他们 [3] 都放到这本书里。[……]

我接下来说奥维德和乔叟，并只在与后者的相关性中才谈及前者。在奥维德那里，拉丁语的黄金时代结束；而乔叟则是纯粹英语之开端。两位诗人的风格也很相似，他们两人都教养良好、性格温和、情感丰富、思想开放，至少在他们的作品中是如此，他们在生活中也有可能是这样。他

---

1 德莱顿所翻译的乔叟作品是《坎特伯雷故事》中的《骑士的故事》、《巴思妇人的故事》、《修女院教士的故事》和《总引》里对堂区长的描写，另外还有那篇被误认为是乔叟诗作的《花与叶》（“The Flower and the Leaf”）。实际上，《花与叶》的译文是他对别人译稿的大幅度修改。

2 托马斯·赖默（Thomas Rymer, 1643—1713）是英国王朝复辟时代的新古典主义批评家，德莱顿同时代人。他在其代表作《简论悲剧》（*A Short View of Tragedy*, 1693）里，赞扬乔叟对英语的提高，说他完成了“一项赫拉克勒斯式重任”。

3 德莱顿指他在《寓言集》里翻译的乔叟和薄伽丘的故事。

们学问相同，致力于哲学和语文。他们都熟知天文，奥维德关于罗马节庆的作品[1]和乔叟关于星盘的论文[2]都是明证。但乔叟像一位占星家，就如同维吉尔、贺拉斯、佩尔西乌斯[3]和马尼利乌斯[4]一样。他们都行文流畅清晰；两人都不是伟大的原创者，因为奥维德仅抄录希腊寓言，而乔叟的大多数故事都来自意大利同时代作家，或者他们的前辈。薄伽丘先出版了《十日谈》，我们的英国诗人从中为《坎特伯雷故事》借用了许多故事。但《帕拉蒙和阿塞特》（*Palamon and Arcite*）[5]的故事，很有可能在那之前已由某位意大利才子创作；关于这一点，我后面将证明。《格里兹尔德的故事》（*Tale of Grizild*）是由彼特拉克首创，他交给薄伽丘，乔叟再从薄伽丘处借用。[6]《特洛伊罗斯与克瑞西达》也是一位伦巴第人创作，但经我们的英国译者大规模扩展和修饰润色。[7]一般来说，我们国人的天赋比较长于对已有创作的提高，而非原创。这不仅在我们的诗作中很明显，而且在许多制造业中也是如此。我发现，在还没轮到讨论薄伽丘之时我已经提前谈及了他。[……] 现在我很高兴回到奥维德和乔叟，关于他们我已没有太多的话要说。他们都站在别人的创作之上，然而乔叟毕竟还有一些是他自己的原创，如我这里已经翻译了的《巴思妇人的故事》、《公鸡与狐狸》（"The Cock and the Fox"）[8]以及其他一些作品；而我想不出奥维德有什么东西完全属于他自己，所以在这点上我有理由把我们这位同胞放在优先地位。他们都深谙创作之道，我是指创作激情；在更广的意义上说，

---

1 指奥维德未完成的拉丁语诗作《岁时记》（*Fasti*，英文名为 *Book of Days*），原计划 12 卷，每卷含一月，仅完成 6 卷（1—6 月），每卷根据神话和天文说明该月节日及其风俗习惯之来源。

2 指《论星盘》（"Treatise on the Astrolabe"），这是乔叟为儿子撰写的一篇关于使用天文观测仪的论文。

3 佩尔西乌斯（Aulus Persius Flaccus, 34—62），古罗马诗人和讽刺作家，其作品在中世纪十分流行。

4 马尼利乌斯（Marcus Manilius），公元 1 世纪人，生卒年不详，古罗马诗人和占星家。

5 即《骑士的故事》，其创作情况见后注。

6 即《学士的故事》。其实，该故事由薄伽丘用意大利语创作，是《十日谈》里最后一个故事；彼特拉克将其译成拉丁文，说明译自薄伽丘。乔叟在《学士的故事》里说，该故事来自彼特拉克。但乔叟的故事究竟直接来自薄伽丘还是彼特拉克，学界尚有争议，多数学者倾向于认为来自薄伽丘。值得指出的是，乔叟一生从未提及他受惠最多的薄伽丘，正如莎士比亚从未提及他受惠最多的乔叟一样。

7 其实，《特洛伊罗斯与克瑞西达》是乔叟以薄伽丘的《菲拉斯特拉托》（*Il Filostrato*）为蓝本拓展而成，但薄伽丘也是在自荷马以来历代文学家对该故事的发展的基础上创作的。

8 即《修女院教士的故事》。

是指对人物以及他们各自的装束和举止的描写。比如，我看见博西斯和腓利门[1]在我眼前，清晰生动，就像是某位古代画家画出的一般。同样，《坎特伯雷故事》里所有的香客，他们的气质，他们的相貌，他们的穿着打扮，全都那样清晰逼真，好像我刚同他们一道在萨瑟克的泰巴旅店[2]共进晚餐。然而即使在这方面，乔叟的人物形象也远更为生动，更为鲜明清晰。我这里没有时间就此加以具体说明，我只能求助于读者，我相信他能证明我公正无私。但要比较这两位诗人，则需要涉及他们的思想和语言。考虑到奥维德生活在拉丁语正值鼎盛之时，而乔叟却处于我们语言草创之初，那就省去了我一半功夫；因为语言方面的比较并不在同一水平上，正如把恩尼乌斯[3]的语言同奥维德的语言，或者将乔叟的英语同我们时代的英语相比一样。所以在语言比较上，我们这位还没有现代语言技巧的诗人只得拱手相让。需要加以比较的是思想，而那将只以其是否贴切来衡量，那就是说，要看思想是否是从所描写的人物在如此这般的场合中自然流露出来而定。在所有国家，十分之九的人为庸俗评判者；这些人把机巧（conceit）和响亮韵律称为智慧。他们看见奥维德那里充满这些东西，而乔叟那里却完全没有，将认定我近乎疯癫，竟然会把这位英国人放在那罗马人之上。但若获他们恩准，我不得不说，他们所赞美的东西只不过是一些闪亮的细枝末节，完全算不上智慧。在严肃的诗歌里，它们矫揉造作，毫不自然，只会令人难受。一个即将为爱赴死的人，难道会将其恋情描写得像纳西斯[4]那样？会去想“富足使我贫穷”[5]，以及一大堆那样的话，接二连三，一句紧跟一句，全都一个意思？如果这也算智慧，那么对于一个身处死亡之苦痛中的可怜虫，难道这也是显示其睿智之时？这正是《巴塞罗缪集市》里约翰・利特维特[6]那种（如他自己所说）把自己置于悲惨境地的机巧，一种不幸的机巧。在这样的情境中，诗人应尽其所能引起人们的怜悯；然而相反，奥维德却使你发笑。维吉尔在使你同情狄多之死

1 博西斯（Baucis）和腓利门（Philemon）是奥维德《变形记》中的人物。

2 萨瑟克（Southwark）是伦敦一个古老街区，在泰晤士河南岸，是从伦敦去东南方向的坎特伯雷必经之地。泰巴旅店在萨瑟克，乔叟的香客们就是在该旅店聚集，然后出发前往坎特伯雷朝圣的。

3 恩尼乌斯（Quintus Ennius, 239?—169? BC），被认为是古罗马诗歌之父。

4 纳西斯（Narcissus），即水仙，是奥维德《变形记》里为自己的美色而死的美男子。

5 原文为 inopem me copia fecit（拉丁文）。奥维德的水仙死前的话。

6 约翰・利特维特（John Littlewit）是本・琼生（Ben Jonson, 1572—1637）的喜剧《巴塞罗缪集市》（*Bartholomew Fair*）里的人物。

时决不使用这类手法；他不会毁掉他一步步做好的铺垫。乔叟使他的阿塞特为爱而发狂，为追求爱而不择手段；但在他临死之前，乔叟使他变得更理性。他不为他的爱情而忏悔，因为那会改变他的性格，而是承认他在追求爱情的过程中手段不当，并将艾米莉让给帕拉蒙。在这种场合，奥维德会怎么做呢？他一定会使阿塞特在濒死之时展示其睿智。他会抱怨说，触手可及却将其失去，以及一大堆诸如此类满是孩子气的蠢话。乔叟因那有损人物尊严而拒绝。那些与我意见相反的人，会认为卢坎[1]和奥维德比荷马和维吉尔优秀，而马提亚尔[2]则超过所有这四位。就措辞变换之丰富而言，奥维德的确无与伦比。措辞变换有时带来缺陷，有时带来美，全取决于是否运用得当。但在表达强烈情感时，一定要避免，因为情感是严肃的，容不得花哨。法国诗人十分看重措辞变换；我承认，当他们根据良好的判断力使用时，如他们所说，的确十分精妙。但乔叟写作更致力于简洁，更紧密地遵循自然，而不那么注重措辞变换。到目前为止，在双方的竞赛中，我自认为是一位公正的裁判；我并没有涉及他们作品的情节或具体处置，因为故事情节并非来自他们，而在具体处置上他们旗鼓相当。下面我需要特别谈一谈乔叟。

首先，因为他是英语诗歌之父，所以我对他的崇敬犹如希腊人对待他们的荷马，或者罗马人对待他们的维吉尔：他是永恒的智慧源泉，在所有领域都学识渊博，因而在任何题目上他的谈论都恰到好处。由于他清楚他需要说什么，所以他也知道应该在哪里打住。那是一种自我约束，没有多少作家能做到，在古代除维吉尔和贺拉斯外，更是鲜有人能如此克制。我们一位已故去的杰出诗人现已默默无闻，因为他从不放过他碰上的机巧，就像拖网一样，不论大小，全都一网打尽。那的确美宴丰盛，但菜肴却胡乱上席，孩子和女人的甜食一大堆，而给男人们的肉食少得可怜。这绝非因为缺乏知识，而是判断出了问题。在考察其他诗人之优劣时，他自然也不愿意看到那样出错；但当他自己忘情于写作中的享受之时，也许明知不对，却仍存侥幸，希望或许读者不会发现。正因为如此，尽管他似乎应该一直被视作伟大诗人，但实际

1 卢坎（Marcus Annaeus Lucanus, 39—65），古罗马诗人，其代表作是未完成的史诗《内战记》（*Pharsalia*），描述恺撒与庞培之间的内战，被认为是仅次于《埃涅阿斯纪》的最杰出的罗马史诗。

2 马提亚尔（Marcus Valerius Martialis, 40?—102?），古罗马诗人。

上他已不再被敬奉为好作家。这么多年来，他的作品重印了十次，但在目前每一年能卖出的几乎不到一百本。如我那已故的罗切斯特伯爵所说（此话虽说有点亵渎神灵），那是因为"他若不被奉为神，就难以立足"。

乔叟总是遵循自然；但他从未大胆到超越她。在诗人和太诗人化之诗人[1]之间是有巨大差别的；如果我们能相信卡图卢斯[2]的话，那如同谨言慎行与矫揉造作之间的差别一样大。我承认，对于我们，乔叟诗歌的音律并不和谐；但那符合，用塔西佗的话说，他"那个时代的音律"[3]。他同时代或稍后的人认为，他的诗律具有音乐美；如果将他的诗律与他同时代的莱德盖特和高尔[4]的诗律相比，我们至今仍然如此认为。他诗中带有那种苏格兰腔调的粗糙美，虽不完善，却自然，令人愉悦。最新版本的乔叟诗集出版者坚持要我们相信，乔叟诗作中的音律问题出在我们的耳朵，而且在我们只能找到九个音节的诗行里坚持说有十个音节，对此我的确不敢苟同。[5]但这种观点不值一驳；那是多么粗鄙并显而易见的错误，因为常识（除涉及信仰和神启外，在所有事情上遵循常识是一条规则）告诉读者，在乔叟时代，每个诗行的音节必须相等的格律，即我们所说的英雄对句，要么还没有出现，要么并不经常使用。[6]很容易就能炮制出成千上万他那种诗行，它们因缺少半个音步，有时是整个音步而残瘸，无论我们怎样发音都无济于事。我们只能说，他生活在我们诗歌的婴儿时代；没有任何东西一开始就已臻完美。我们只能先是孩子，然后才能长大成人。在维吉

1 原文为拉丁文，见下注。

2 卡图卢斯（Gaius Valerius Catullus, 84?—54 BC），古罗马诗人。有学者指出，"太诗人化之诗人"（nimis poeta，即 too much a poet，或 too poetical）并非出自卡图卢斯，而是出自马提亚尔（见前注）的《致利古里努斯》（*To Ligurinus*）。

3 原文为拉丁文。塔西佗（Publius Cornelius Tacitus, 56?—117），古罗马著名历史学家和政治家。

4 约翰·莱德盖特（John Lydgate, 1370?—1450?），15 世纪英国最著名的诗人；约翰·高尔（John Gower, 1340?—1408），乔叟的朋友；直到 16 世纪中后期，他们与乔叟大体齐名。

5 指 1687 年版，该版几乎就是斯培特（Thomas Speght, ?—1621）的 1602 年版乔叟诗集的重印。另外需要指出，德莱顿这里讲，乔叟诗行的节律不齐，其实那是由于英语的变化，有些词汇失去前缀或后缀，特别是结尾的 e 不再发音造成，并非因为乔叟时代不讲格律。

6 实际上，这种对仗工稳的英雄对句正是乔叟创造的，最先用于《贞女传奇》（*Legend of Good Women*）里。

尔和贺拉斯之前，先有恩尼乌斯，过了一段时期才出现卢基里乌斯[1]，然后是卢克莱修[2]。即使在乔叟之后还有斯宾塞、哈林顿[3]、费尔法克斯，然后才出现沃勒和德纳姆[4]。在最后这些人之前，我们的诗歌还未成年。关于乔叟的出身、生平和际遇，我无须多说，因为这些在他诗集的所有版本中都能找到。他受命出使外国，为爱德华三世、理查德二世和亨利四世所宠幸，我认为他也为他们写诗。在理查德时期，我怀疑他在平民起义中受到点牵连。他是刚特的约翰的连襟，因此我毫不奇怪，他随着那个家族之命运的变化而起伏，当亨利四世废黜其前任之后他也因此走运。[5][……]我们这位诗人在宗教上追随其保护人刚特的约翰，似乎比较倾向于威克里夫[6]的观点，他的一些观点出现在《农夫皮尔斯》的故事中。[7]但我不能因他如此痛骂那个时代的教会人士之罪恶而责备他，他们的骄傲，他们的野心，他们的虚浮，他们的贪婪，他们的世俗兴趣，都使他们理应遭受他那个故事以及《坎特伯雷故事》里大多数故事所给予他们的鞭笞。他的同时代人薄伽丘也没有放过他们。但这两位诗人当时都很受尊重，与他们相处的人很多就是教会里的优秀和圣洁人士。某些神父的丑行并不影响宗教的神圣。乔叟的修士，他的教士，他的托钵僧，并不损坏高尚的堂区长的形象。一个讽刺诗人不会像外行那样不加分析地对待坏神父。我们必须十分谨慎，不能把无辜之人与罪犯一起惩罚。[……]我重新回到

1 卢基里乌斯（Gaius Lucilius, 180?—103 BC），古罗马最早的讽刺作家。

2 卢克莱修（Titus Lucretius Carus, 99?—55? BC），古罗马诗人和哲学家。

3 约翰·哈林顿（John Harrington, 1561—1612），伊丽莎白时代的著名诗人和朝臣，代表作为长篇政治寓意诗《旧论新说：抽水马桶的蜕变》（*A New Discourse of a Stale Subject, called the Metamorphosis of Ajax*, 1596）。

4 约翰·德纳姆（John Denham, 1614?—1669），出生在爱尔兰的英国诗人，代表作为《库珀山》（*Cooper's Hill*, 1642）。

5 刚特的约翰（John of Ghent）是很有权势的兰开斯特公爵，乔叟的妻妹是公爵的情人，后成为公爵夫人，乔叟一直受公爵保护。在1381年的农民起义中，起义农民烧掉了豪华的公爵府，但乔叟并未像德莱顿所说的那样受到牵连。1399年，公爵的儿子亨利兵变，废黜理查德二世，登基为亨利四世，第二年乔叟去世，并未得到什么好处。

6 约翰·威克里夫（John Wycliffe, 1330?—1384），英国神学家，是欧洲宗教改革运动的先驱。

7 这里有可能是德莱顿的笔误，也可能是他把《农夫皮尔斯》（*Piers Plowman*）同《农夫的故事》（*Plowman's Tale*）搞混了，前者是威廉·朗格伦（William Langland, 1330?—1400?）的名著，后者出自14世纪末一位佚名作者，故事严厉批判罗马教会，明显表达了威克里夫的观点。这部作品在16世纪中期被误认为是乔叟作品，收入乔叟诗集中，德莱顿使用的版本就包括该作，直到19世纪它才被剔除。

乔叟。他肯定是一个本性杰出、无所不包的人，因为正如人们所清楚看到的，他把他那个时代整个英格兰民族中各种类型和各种气质的人（我们现在这样称呼他们）全都囊括于《坎特伯雷故事》的领域之中，没有遗漏任何人。他的香客们不仅在爱好上而且在长相乃至性格上全都各具特色，互不雷同。即使浸礼者波尔塔[1]也不可能像这位诗人那样通过表现他们各自的特点而更好地描绘他们的本性。他们的故事的内容与体裁，以及他们的叙事方式，完全适合他们各自不同的教育、气质和职业，以至于把其中任何一个故事放到另外任何一个人口中，都不适合。即使那些严肃庄重的人物也被用几种不同类型的庄重加以区分：他们的话语完全符合他们各自的年龄、职业和教养，完全适合他们，也只适合他们。他的有些人物邪恶，有些高尚，有些没有教养或者（如乔叟所说）下流，而有些则知识渊博。即使是下三流人物的猥亵也各具特色：管家、磨坊主和厨师那几个人，全都形象独特，差异明显，正如那个矫揉造作、贵妇般的修女院院长与那个出语粗俗、牙缝宽大的巴思妇人彼此不同一样。但这已经足够；如此繁多的景象涌现在我面前，令我眼花缭乱，无所适从。我只得引用谚语才足以说明：这是上帝般的丰富多彩。我们的男女先祖们，如同他们在乔叟时代那样，全都展现在我们面前；他们的主要特点仍然在人类中体现出来，甚至仍然存在于英格兰人身上，虽然他们有了其他叫法，而不再被称作修士、托钵僧、教士、修女院院长、修女；因为人类从来都是不变的，其本性中的东西从未失去，虽然所有的事物都在变化。我希望能容许我公正地对待自己（因为我的敌人不会这样对待我，而且他们那样坚决拒绝承认我是一个好诗人，以至否定我是一个基督徒，或者一个有道德的人），我是说我希望被容许告诉我的读者，我只会选那些不含粗俗的乔叟故事。如果我更想取悦而非教诲读者，《管家的故事》《磨坊主的故事》《船长的故事》《商人的故事》《差役的故事》，特别是《巴思妇人的故事》的“引子”，会为我赢得如同城里纵情享乐的情郎和女士们一样多的朋友和读者。[……] 我们的同胞，在描绘完他的人物后，在故事开始之前，对他许多故事里那些非常粗俗之处进行如此申辩：

1 波尔塔（John Baptista Porta，即 Giambattista della Porta，1537?—1615），文艺复兴时期的意大利学者，知识极为丰富，其代表作《自然魔法》（*Magiae Naturalis*）运用当时各学科知识，几乎是全方位探讨大自然和宇宙奥秘，他因此被称为“奥秘教授”（Professor of Secrets）。

但首先我要请你们宽宏大量，
不要怪我讲的话粗俗或肮脏，
因为我要在这方面实事求是，
向你们介绍他们的言谈举止，
有时甚至把他们的原话重复。
其实呢，你们同我也一样清楚，
无论是谁，要复述别人的故事，
就得尽量复述原话的每个字——
越接近越好，只要有这个能力，
哪怕说这样的话放肆又粗鄙——
要不然他就歪曲原来的故事，
或生出新枝节，用了新的语词。
哪怕是兄弟，他也容不得更改，
必须同样一字又一字说出来。
《圣经》里面基督的说话很朴素，
而你们知道，这完全不是粗俗。
柏拉图也说（读他书的都赞同）
语言和行动必须是一对亲弟兄。[1]

肮脏语言出自这些人之口，的确合适，但让人们听到却颇伤教化；如果有人去问薄伽丘或乔叟，他们为什么需要塑造这样的人物，我不知道他们会如何回答。正因为如此，我也不会选那些故事来讲述。这也是一个乔叟语言的例证，它已如此古奥，其意义已很难理解。同样，这里你有不止一个关于他的不整齐的节律的例子；关于这一点前面已经谈及。但他的许多诗行都包含十个音节，其词汇也与我们今天的英语相去不远。比如，请看下面描写木匠年轻的妻子那两行：

Wincing she was, as is a jolly Colt,
Long as a Mast, and upright as a Bolt.

---

1 引文译文出自：乔叟：《坎特伯雷故事》，黄杲炘译，上海：上海译文出版社，2013年，《总引》第725—742行。下面《坎特伯雷故事》的引文译文均出自此版本。

（她活泼好动像是马驹，箭一般
挺直的身材，细挑得像是桅杆。[1]）

在回应了一些有关我这本书的反对意见后，关于乔叟我已经没有多少可说。我发现，我把这些故事翻译成现代英语，很让一些人感到不快。因为他们认为乔叟的作品不值得我下功夫；他们把乔叟看作枯燥、过时的才子，不值得复活。我曾多次听到已故的莱斯特伯爵[2]说，考利[3]先生也持这种观点，他经伯爵要求读乔叟后，宣布不喜欢他。我不敢对这么一位如此杰出的作家之评判提出反对意见；但我认为让大众来决定是公正的。考利先生非常谦逊，把他视为独断专横之人是不对的。或许他因为被乔叟的古旧风格所震惊，从未深入考察过乔叟的深刻思想。我承认，乔叟只是一颗粗糙的钻石，他需要打磨才能发光。我并不否认，由于他生活在我们诗歌的草创期，他的作品并非都是和谐的统一体，他有时将一些琐碎之事同一些伟大的事件凑在一起。有时，但不经常，他同奥维德一样信马由缰，不知该在哪里打住。但除乔叟之外，还有许多其他了不起的才子，他们的问题是过分沉浸于未经很好选择的机巧之中。一个作家不需要写出一切他所能写，而需要写出一切他所应该写的东西。由于看到乔叟诗作里的冗余（一个平庸之人在一个更伟大的人身上找碴，总是很容易），我并没有试图逐字逐句地翻译，而是常常省去一些我认为不必要或者不配与更高雅的思想放在一起的内容。在有些地方我进行了更深入的推断，在我认为我们的诗人做得不够的地方增加了一些我自己的东西，那是因为在我们语言的初创阶段还缺乏词汇，他因此没能给予他的思想真正的光彩。在这方面我更为大胆（如果容许我这样说自己的话），因为我发现我和他心性相通，而且我和他从事同样的探索。其他诗人，身处于另外时代，也可如此对待我的作品，如果它们至少能留存时间够长，因而值得提高的话。有时也需要恢复乔叟的原意，因为那有可能由于印刷错误而失去或受到损害。对此，下面取自《帕拉蒙和阿塞特》的故事里描写戴安娜神庙之处的诗行足以说明；在我们这位作家所有版本的诗集里你都能找

1 引文译文出自：《磨坊主的故事》，第119—120行。

2 莱斯特伯爵（即 Philip Sidney，3rd Earl of Leicester，1619—1698），德莱顿的文学友人和赞助人。

3 亚伯拉罕·考利（Abraham Cowley，1618—1667），著名的玄学派诗人。

到这些诗行：

> 我看见达芙妮（Dane）变成一棵树，
> 我并非指戴安娜（Diane）女神，
> 而是维纳斯之女，她叫达芙妮。[1]

我稍微一想，发现应该修改，是河神皮内乌斯的女儿达芙妮被变成一棵树。我不敢如此大胆地对待奥维德，否则将来某个米尔本[2]会出现，说我错解诗人，读不懂他。

但另外一些评判者，出自几乎相反的考虑，也认为我不应该翻译乔叟。他们宣称，正是由于他古老的英语，他的诗歌有某种神圣性，而将其改变简直就是亵渎和冒犯。他们进一步认为，他的一些宝贵智慧将在这种转换中受损，而他大量的思想之美也必将丧失，因为他那些思想以古老的风格出现更为优美。持这种观点的人中有一位杰出人士，上面我已经提到他，那就是已故的莱斯特伯爵。他极为尊崇乔叟，就像考利极为鄙视乔叟一样。伯爵说服我放弃翻译乔叟（因为在他去世之前好几年，我就在想做这事），这些年是他的权威战胜了我，使我在他还活着的时候，推延了这项工作；但他反对的理由并没能说服我。如果一位作家的首要目的是被人读懂，那么当他的语言变得古奥，他的思想也随之变得难懂。许多现在已不再使用的词汇将复活，现在广为使用的词语将不被使用，如果语言的实际运用需要如此的话。话语的选择、规则和正确形式必须与实际运用一致。[3]如果一个古老的词因其发音和意义需要复活的话，我会以对古典事物应有的崇敬来恢复它。超出这点全是迷信。词汇并非地标，不是那么神圣以至一点也不能动。习惯在变，即使是法令，也因使之实行的原因消失而悄悄废除。至于反对理由的另外部分，即他那些思想会因词汇的更

---

1 引文出自18世纪之前老版《骑士的故事》，第1024—1026行。诗中Dane即Daphne。根据希腊神话，达芙妮不是维纳斯的女儿，而是河神皮内乌斯的女儿；达芙妮拒绝阿波罗求爱，情急之下，向父亲求救，皮内乌斯将她变成一棵桂树。所以，这里应该是皮内乌斯（Peneus）。德莱顿指出了此前各版本中这个错讹。现代版本的《坎特伯雷故事》都已经改成皮内乌斯。

2 指卢克·米尔本（Luke Milbourne, 1649—1720），他是一位牧师和诗人，曾攻击德莱顿对维吉尔的翻译。

3 原文为拉丁文。

新而失去其原有之优美，首先，如果它们再也不能被理解的话，而这正是我们面对的状况，那失去的就不仅是它们的优美，还有这些思想本身。我承认，在所有翻译中，都会失去一些东西，就是说，在所有的翻译里都会这样，但其中的智慧会保留，否则连智慧也将失去，或者至少会受损，如果除极少数人外，人们已经很难将其读懂的话。难道现在能阅读乔叟、能完美地理解他的人不是微乎其微吗？如果不能完美地理解，就会获益更少，而且没有愉悦。我下如此功夫，不是为那些撒克逊朋友，让他们忽视我的译作吧，因为他们并不需要它。我是为那些懂思想也懂诗的人下功夫，当乔叟的诗和思想被用他们能读懂的词汇来表达时，他们就能理解。我还会更进一步，会敢于添加；在有些地方，我会失去一些美，而在其他地方我会增添一些那里原本没有的美。在这点上，我可能是偏向于自己的喜好。让读者来判断吧，我将这交给他做决定。但我认为我有理由向有些人抱怨，他们因为能读懂乔叟，想剥夺他们更多的同胞们获取同样的好处；他们把他隐藏起来，就像吝啬鬼们对待他们老祖母的金子一样，只是自己观赏，却阻止他人受益。总的来说，我严正声明，从来没有也不会有人比我更崇敬乔叟。我翻译了一些他的作品，仅仅是为了让我的同胞们永远记住他，或者至少恢复对他的记忆。如果有任何地方因为我的改动而使他更优秀，我必须同时承认，没有他的作品我就完全无能为力。*在已创造出的东西上增色总是很容易*[1]，那绝非很高的赞扬，但我不会自负到认为我应获得比那更高的赞誉。[……]

最后让我们谈论薄伽丘，他和乔叟生活在同一时代，有相同的天赋，从事同样的事业：都创作小说，都提高他们的母语。但这两位现代作家之间最大的相同之处是他们接近现实的风格和用令人愉快的方式讲述喜剧故事。关于这方面，我省去不谈，因为我没有翻译薄伽丘这类作品。在创作严肃诗作方面，优势则完全在乔叟一方；因为尽管这位英国人从那意大利人处借用了许多故事，但薄伽丘那些故事一般来说似乎并非出自他自己的创作，而是取自先前时代的作家们，他仅仅是模仿他们。因此就创新而言，他们算是平手。但乔叟却使薄伽丘故事更为文雅，他对所借用的故事在叙述方式上进行改进。使用散文，思想上更自由，不受格律限制，表达上也更容易；尽管我们的同胞包袱沉重，但他仍然在不利条件下赢得

1 原文为拉丁文。

比赛。[1]我不奢求读者接受我的观点，因此我将把他们的两个主题相同的故事放在一起，让大家来评判。我先翻译了乔叟，从故事中选择了《巴思妇人的故事》。如前面所说，我不敢选她的引言，因为那部分太放肆。在故事里，乔叟塑造了一个出身贫贱的老女人，一位出身高贵的年轻骑士被迫娶她，因此对她深感厌恶。新婚之夜，老丑妇同他躺在床上，感到了他的厌恶，于是设法运用理智来赢得他的感情，为自己说好话（谁能责怪她呢？），希望以此平息新郎的满腔愠怒。她谈到贫穷的益处、老年和丑陋的优势、青年人的虚荣，以及拥有古老祖先和封号但没有内在美德的那种愚蠢骄矜，而真正的高贵是内在美德。在译完乔叟后，我回到奥维德，翻译了一些他的寓言故事，在那时我已经忘了《巴思妇人的故事》。当我着手翻译薄伽丘时，无意中在绮思梦达的故事[2]里碰到关于美德优于高贵出身和封号的相同观点。如果我还没有忘记乔叟故事的话，我肯定会因为这两个故事的相似而不去翻译它。读者可以对它们进行比较，如果他认为我偏袒乔叟，那么就请他为薄伽丘辩护。

在我们这位同胞的作品里，我喜爱那部高贵的诗作《帕拉蒙和阿塞特》远胜他其他所有的故事，那是史诗般的作品，也许比起《伊利亚特》和《埃涅阿斯纪》也逊色不多。其故事比那两部作品都更为有趣，其风格同样完美，用语同样富有诗意，知识同样深刻而丰富，所有处置也都同样十分巧妙。只不过它占据更长的时间，跨越了至少七个年头。但亚里士多德并没有确定一个行为的时间长度。通过叙述帕拉蒙回到雅典之前的事件，故事时间很容易就缩短到一年。为了我们民族的荣誉，特别是为他的荣誉——在他之后，虽然我并不够格，我戴上了他的桂冠——我曾以为这是一个诞生在英国的故事，是乔叟自己的创作。但薄伽丘使我看到真相。我无意间在他的第七日[3]的结尾，发现了第奥纽（Dioneo）（他自己就隐藏在这个名字后面）和菲亚美达（Fiametta）（她是他情妇——那不勒斯国王罗伯特的女儿——的化身）。关于他们，故事说：第奥纽和菲亚美达一道演唱了一支关于帕拉蒙和阿塞特的长长的曲子[4]。这似乎表明，那故事

1 德莱顿是指薄伽丘在《十日谈》里用的是散文，而乔叟在《坎特伯雷故事》里用的是诗体。

2 绮思梦达（Sigismonda，即 Ghismonda），薄伽丘《十日谈》里第四日的第一个故事里的女主人公。

3 指《十日谈》里第七日的故事。

4 原文为意大利语。

早在薄伽丘之前就已经被写出，但作者的姓名已经失去。[1] 现在乔叟成了原创者，但我相信这部诗作经他高贵的手而增色不少。除这个故事外，还有一个是他按普罗旺斯诗人们的风格自己创作的，被称作《花与叶》；[2] 我是那么喜爱该诗的创新和寓意，实在无法不把它推荐给我的读者。

[…………]

编后记

约翰·德莱顿（John Dryden, 1631—1700），英国著名的诗人、剧作家、文学批评家和翻译家，英国历史上第一位由国王（查理二世）正式册封的桂冠诗人（1668 年），也被尊为英国现代文学批评之父。他对乔叟十分尊崇，认为他是英语诗歌传统的源头，称其为英语诗歌之父。他从荷马、奥维德、乔叟和薄伽丘的作品中选出一些故事，用当时的英语翻译，再加上一些他自己的作品，放在一起，以《寓言集》（*Fables: Ancient and Modern*, 1700）为书名在他去世之前出版，完成了他一直想翻译乔叟以利于人们阅读英诗之父的夙愿，并因此而开启了长达 150 年之“现代化乔叟”运动。他为该书撰写的著名《序言》是英国历史上重要的文学批评和比较文学论文，也是乔叟学术史上第一篇特别重要的文献。在这篇《序言》里，德莱顿运用其批评思想和学识，将乔叟同其他几位经典作家，特别是奥维德和薄伽丘进行比较，认为乔叟在许多方面超越他们。德莱顿对乔叟的评价，广泛影响了历代乔叟学者和批评家，是乔叟学术史上被引用最多的文字。本文译自：John Dryden, “Preface to the *Fables*,” in Louis I. Bredvold (ed.), *The Best of Dryden*, New York: Ronald, 1933, pp. 502–529。标题为译者所加，译文中省略了一些与乔叟无关的内容。

1 其实，乔叟的《帕拉蒙和阿塞特》，即《骑士的故事》，是根据薄伽丘的史诗《苔塞伊达》（*Teseida*）创作，而《苔塞伊达》是薄伽丘根据古罗马诗人斯塔提乌斯（Statius, 45?—96）的史诗《底比斯战记》（*Thebaid*）和其他一些古代传说，以维吉尔史诗《埃涅阿斯纪》为蓝本创作。

2《花与叶》是一首优秀诗作，得到德莱顿和华兹华斯等杰出诗人高度赞扬。自 16 世纪起，它一直被误认为是乔叟作品，直到 19 世纪末才被认定是伪作，作者佚名。

古典文学对乔叟的影响

作者 ［美国］理查德·L. 霍夫曼
译者 刘莉

这里所谓的“古典文学”当然是指拉丁古典文学，因为实在遗憾得很，乔叟不可能真正意义上地读过古希腊文学，甚至乔叟熟悉并常引用的古罗马作家也没有专家们通常认为的那么多。

至少从德莱顿开始，无人试图否认乔叟最喜爱的古罗马诗人是奥维德，正如香农在《乔叟和古罗马诗人》一书结论的开头就指出的，“乔叟和古罗马诗人的关系，最主要的一个证据是他对奥维德诗歌细节异常熟悉”[1]。

乔叟其次熟悉的自然是维吉尔和他的《埃涅阿斯纪》。吉尔伯特·海伊特指出，《埃涅阿斯纪》的第一、二、四卷是乔叟的最爱。但他同时也提醒：第一，乔叟对《埃涅阿斯纪》第七到十二卷的内容的熟悉，确凿的证据仅限于《声誉之宫》第451—467行的简短总结；第二，很可能他不知道《牧歌》和《农事诗》。[2] 甚至修女院院长手镯上的座右铭“爱战胜一切”也不能肯定是来自《牧歌》第五卷第69行，因为那同样可能出自博韦的文森特的《历史之镜》（乔叟在《贞女传奇》G本第307行里提到文森特的《历史之镜》）。[3]

---

1 E. F. Shannon, *Chaucer and the Roman Poets*, Cambridge, Mass., 1929, p. 371.

2 Gilbert Highet, *The Classical Tradition: Greek and Roman Influences on Western Literature*, Oxford, 1957, p. 592.

3《历史之镜》（*Speculum historiale*）是法国学者博韦的文森特（Vincent of Beauvais, 1195?—1250?）的百科全书式巨著《大镜》（*Speculum majus*，即 *Great Mirror*）之一部，《大镜》包括《自然之镜》（*Speculum natural*）、《教理之镜》（转下页）

乔叟对斯塔提乌斯，特别是对《底比斯战记》的了解，半个多世纪前B. A. 怀斯（B. A. Wise）就已经澄清，更近一些，R. A. 普拉特（R. A. Pratt）也为我们指出了“乔叟的克劳迪安[1]影响”。

其他拉丁诗人的影响，坦白地说，更多地源自人们的一厢情愿而非事实。乔叟可能读过一些贺拉斯的作品，还至少知道瓦列里乌斯·弗拉库斯的《阿尔戈船英雄记》[2]的书名以及基本主题，并明显知悉卢坎的作品《内战记》可供他这样的诗人挖掘的东西甚少。或许可以肯定，乔叟读过部分尤维纳利斯（Juvenal）的《第十首讽刺诗》（*Tenth Satire*）[《人类欲望多虚幻》（“The Vanity of Human Wishes”）]，因为他分别在《特洛伊罗斯与克瑞西达》的第九卷第197—201行和《巴思妇人的故事》第1192—1194行里意译了该诗的第2—4行及第22行。乔叟可能读过佩尔西乌斯和卡图卢斯，但是缺乏明显的证据。没人提到马提亚尔和普罗佩提乌斯[3]对乔叟的影响。

拉丁散文作家中，乔叟受到下列作家不同形式不同程度的影响：西塞罗、李维、塞涅卡、瓦列里乌斯·马克西姆斯（Valerius Maximus）以及“卡托”（Cato）[人们认为是《卡托规诫儿子书》（*Dionysii Catonis disticha de moribus ad filium*）的作者，该书可能创作于公元3世纪到4世纪，但在中世纪被错误地认为是老卡托的作品]。最后，如果将马克罗比乌斯（Macrobius）和波伊提乌纳入古典文学家之列，我们应该记得，乔叟发现《西皮奥梦境之评注》（*Commentary on the Dream of Scipio*）很有用，[4]并且他还翻译出历史上《哲学的慰藉》的第二个英文译本。

（接上页）（*Speculum doctrinale*）和《历史之镜》，后人在14世纪初增加了《道德之镜》（*Speculum morale*）。学者们认为，在18世纪启蒙时代百科全书派著作问世之前，该书是欧洲最大的百科全书。乔叟在《修道士的故事》、《贞女传奇》和《巴思妇人的故事》里提及或引用过《历史之镜》。《贞女传奇》的“引子”有F和G两个稿本，霍夫曼在这里用的是G本。乔叟在该“引子”第307行提及《历史之镜》，所用书名为 *Estoryal Myrour*。——译者注

1 克劳迪安（Claudian, 370?—404?），古典时代晚期最杰出的拉丁诗人之一。——译者注

2 瓦列里乌斯·弗拉库斯（Gaius Valerius Flaccus），公元1世纪罗马诗人，其《阿尔戈船英雄记》（*Argonautica*）是献给即将启程参加不列颠战役的将领韦帕芗（Vespasian）的。——译者注

3 普罗佩提乌斯（Propertius, 50?—15 BC），古罗马诗人。——译者注

4 霍夫曼显然是指乔叟在《百鸟议会》的前面部分大段借用该书材料。——译者注

哈蒙德的《乔叟文献手册》[1]第84—105页列出了影响乔叟的全部拉丁作品；劳恩斯伯里在其著名的"乔叟的学识"那一章（第二卷第五章）里讨论了影响过乔叟的拉丁作家，很有帮助；[2]科赫（John Koch）关于乔叟阅读罗马古典文学的长篇论文仍然很有指导性，但须静心地读，谨慎地用，因为虽然科赫对乔叟的古典文学修养持着令人钦佩的怀疑态度，为狂热的乔叟研究者注上一剂良药，但却导致他产生了并不必要、不理性的疑虑。马古恩的字典很有帮助，搜集了乔叟作品中"古代、圣经世界里的地名和种族名"，包括"希腊神话里的地名"，"可以代表［乔叟］对相关神话的了解"。[3]

实际上，在斯基特（Skeat）和罗宾逊（Robinson）编的权威乔叟文集的脚注里和在鲁特（R. K. Root）编的《特洛伊罗斯》文本的脚注里已经标出乔叟受到古典文学的直接影响，包括语言类似和对古典原材料的改写。至于乔叟直接或间接借用的完整故事（即引自李维的医生故事、引自奥维德的伙食采购人的故事以及修道士讲述的赫拉克勒斯的故事），《乔叟之〈坎特伯雷故事〉的来源与类比用法》[4]必不可少，不仅给出原文本，而且还对偶尔复杂的文学关系做了全面的讨论。

奇怪的是，对乔叟受古罗马文学影响的研究，至今只有三本专著。怀斯的书分析了斯塔提乌斯对乔叟的影响，香农的专著分析了古罗马诗人对乔叟的影响，这两者在前面已经提到。拙著《奥维德与〈坎特伯雷故事〉》（*Ovid and* The Canterbury Tales）延续香农的结论——乔叟受奥维德的影响最大，同时又纠正香农的观点，即"乔叟所受古典文学影响的性质……意味着他对拉丁文学的直接引用会随着他步入当时广阔的生活领域而减少"[5]。香农因为相信奥维德对乔叟的主要影响止于《贞女传奇》（这部诗作以《女杰书简》为蓝本），他在书中只花了24页的篇幅探讨《坎特伯雷故事》受到奥维德和维吉尔的影响。由于我的研究试图用关

1 Eleanor P. Hammond, *Chaucer: A Bibliographical Manual*, New York: McMillan, 1908.

2 T. R. Lounsbury, *Studies in Chaucer: His Life and Writings*, 3 vols., New York, 1892, pp. 249–288.

3 F. P. Magoun, Jr., "Chaucer's Ancient and Biblical World," *MS*, XV, 1953, pp. 107–136; "Addenda," *MS*, XVI, 1954, pp. 152–156.

4 W. F. Bryan and Germaine Dempster (eds.), *Sources and Analogues of Chaucer's* Canterbury Tales, Chicago, 1941.

5 Shannon, *Chaucer and the Roman Poets*, p. 302.

于奥维德对《坎特伯雷故事》的影响之性质和程度方面的新证据来重新探讨这个重要问题，也由于拙著中使用了本人 11 篇已发表的相关短论和文章中的材料，我想在此主要介绍我的研究步骤和结论。

拙著的第一部分探讨了乔叟有可能从《变形记》习得其许多诗歌叙事技巧，继而在假定爱乃纵贯《坎特伯雷故事》的主题之基础上，考量了《岁时记》第四卷第 1 行中奥维德将维纳斯视作“双胞爱神之母”并向其祈祷的主题意义。第二部分分成 15 章，为了方便，按照乔叟援用奥维德而创作的引子和故事顺序安排。针对每个引用，书中将被引或被译的完整的奥维德原文同乔叟的改写和相似部分放在一起。而且，为了解释乔叟如何理解奥维德和为什么引用奥维德，这部分还仔细探究了中世纪对奥维德的权威解读，包括奥尔良的阿努尔夫 (Arnulf of Orléans)、加兰的约翰 (John of Garland)、乔瓦尼 · 德尔 · 韦尔吉利奥 (Giovanni del Vergilio)、彼得鲁斯 · 贝尔绍里乌斯 (Petrus Berchorius) 的著作。

第三部分对研究结果做出了大概总结：(1) 奥维德的影响显然没有在《贞女传奇》之后减少，因为《坎特伯雷故事》通篇充斥着各种奥维德材料——整个故事、神话和人物面貌细节、谚语以及其他道德格言——主要引自《变形记》、《爱的艺术》、《女杰书简》和《岁时记》；(2) 乔叟习惯将《变形记》作为神话手册；(3) 乔叟将奥维德视作伦理哲学家，而非仅仅是个讲故事的人；(4) 了解乔叟既关注奥维德寓言里的教益 (sentence) 或道德教益又重视它们的字面 (sense) 或表层意义，以及知悉中世纪鼎盛时期关于奥维德的权威道德评论 (那可以指引我们理解乔叟如何阅读奥维德)，都有益于解释乔叟文本语境中奥维德材料的意义；(5) 乔叟充分意识到对这位心仪的古罗马诗人的多方面依赖，似乎乐于将自己表现成英国的奥维德。

过去的半个世纪以来，毫不奇怪，大多数其他关于奥维德对乔叟之影响的研究都集中在《贞女传奇》；正如香农和所有编者所表明的，这是乔叟最明显最彻底的奥维德式作品。1918 年，洛斯发表了一篇才华横溢的文章，但由于材料缺乏，并未得出有效结论。[1] 该文指出乔叟在创作

1 John Livingston Lowes, “Chaucer and the *Ovide Moralisé*,” *PMLA*, XXXIII, 1918, pp. 302–325.

《菲罗墨拉传奇》[1] 时使用了《道德化奥维德》[2]，同时论证了《阿里阿德涅传奇》和《声誉之宫》第 405—426 行对忒修斯（Theseus）和阿里阿德涅的描述也有该作品的影子。在 1931 年，德 · 波尔（de Boer）已经出版了他编辑的《道德化奥维德》中洛斯所需要的那部分，同年桑福德 · 米奇证明了菲罗墨拉和阿里阿德涅的传奇故事带有"道德化了的奥维德的印记"[3]。但《声誉之宫》里对忒修斯和阿里阿德涅的描述，米奇指出不能确定是取自《道德化奥维德》还是马肖（Guillaume de Machaut）的《纳瓦尔王之公断》（*Jugement dou roy de Navarre*），因为乔叟"描述的几种情况在《变形记》第八卷和《女杰书简》第十封信札里都找不到"[4]。

与乔叟和《道德化奥维德》关系研究同样具有重要意义的是，米奇发现了《女杰书简》一个意大利译本，由一个名叫菲利波 · "瑟菲"（Flippo "Ceffi"）的人大约写于 1320 年到 1330 年之间。米奇这篇文章说服力很强，结论是乔叟"由于缺乏英文译本，在引用或改述《女杰书简》的故事来创作许珀耳涅斯特拉、菲利斯、美狄亚及狄多的传奇，以及《特洛伊罗斯》第一卷时，自然参照了菲利波 · '瑟菲' 的译本来理解原文，就像聪明的现代作家运用洛布文库[5] 那样"[6]。

诺曼 · 卡伦比较了乔叟和高尔对奥维德的提斯柏（Thisbe）传奇故事的不同处理方式，认为乔叟的版本更为高明，"并不是由于跟奥维德版本更接近、更完整，而是他对单个语句的改造更恰当"[7]。马文 · 拉胡德"试图表明乔叟在《贞女传奇》里怎样基督化源材料"[8]，将《鲁克丽斯传奇》

1 《菲罗墨拉传奇》（"The Legend of Philomela"）和下文的《阿里阿德涅传奇》（"The Legend of Ariadne"）均为乔叟的《贞女传奇》中的故事。——译者注

2 《道德化奥维德》（*Ovide moralisé*）是一部 14 世纪的法语诗作，是基督教道德思想对奥维德的《变形记》的翻译、改写和大幅度扩张。——译者注

3 Sanford B. Meech, "Chaucer and the *Ovide Moralisé*: A Further Study," *PMLA*, XLVI, 1931, p. 183.

4 同上。

5 洛布文库，即洛布经典文库（Loeb Classical Library），由哈佛大学出版社出版的以古希腊和拉丁重要文学作品为主，面向普通读者的丛书，形式上一般是左页为原文，右页为英文译文。——译者注

6 Meech, "Chaucer and an Italian Translation of the *Heroides*," *PMLA*, XLV, 1930, p. 128.

7 Norman Callan, "Thyn Owne Book: A Note on Chaucer, Gower and Ovid," *RES*, XXII, 1946, p. 274.

8 Marvin J. La Hood, "Chaucer's *The Legend of Lucrece*," *PQ*, XLIII, 1964, p. 274.

(“The Legend of Lucrece”)和奥维德在《岁时记》里的相关描述做了一番比较。最后,近期发表的埃莉诺·温莎(Eleanor Winsor)研究《女杰书简》和《贞女传奇》的博士论文,将重点放在修辞上,角度新颖。

由于《声誉之宫》和《狄多传奇》(“The Legend of Dido”)里维吉尔的影响最明显,所以它们自然吸引了古今大多数研究乔叟的维吉尔专家。阿尔伯特·C. 弗伦德没有试图否认维吉尔的直接影响,却将注意力转向《声誉之宫》里乔叟对埃涅阿斯的处理和西蒙·奥雷亚·卡普拉(Simon Aurea Capra)的《伊利亚斯》(*Ilias*)之间的相似之处——卡普拉是“在吉尔丁(Gilduin)(1155年去世)任院长期间进入巴黎圣维克托修道院的法国神职人员”[1]。弗伦德针对西蒙的《伊利亚斯》(该书很著名,并作为《埃涅阿斯纪》的评论而备受推崇)和《声誉之宫》第151—465行的11个段落做了细致的对比。虽然“乔叟当时是否手上有西蒙的著作”有待证实,但他指出,《伊利亚斯》和《埃涅阿斯纪》一样,都属于乔叟阅读的“背景知识”。[2]

E. B. 阿特伍德(E. B. Atwood)很久以前发表了一篇文章,探讨《狄多传奇》的第1114—1124行(狄多赠埃涅阿斯礼物的故事)以及第1326—1329行(埃涅阿斯夜里作别狄多的故事)。D. R. 布拉德利对该文进行了质疑,指出这些诗行并非“全是乔叟的独创”[3],而很有可能是乔叟仔细读过《埃涅阿斯纪》和《罗林森版〈特洛伊沦陷〉》(the Rawlinson *Excidium Troie*)的相关部分后,把材料紧凑地结合在一起的结果。[4]

研究乔叟在《声誉之宫》和《狄多传奇》里对《埃涅阿斯纪》的改编,最有意思的是路易斯·B. 霍尔采取的方式。他不仅把乔叟这两部著作进行对比,而且把依据“中世纪对《埃涅阿斯纪》的改编传统”的五个最典型版本纳入比较范围。[5]他的结论是“香农以及追溯单一影响源头的学者都忽略了一个事实:中世纪漫长的时间里已经形成了改编维吉尔的传统”,所以“研究乔叟对维吉尔的改编应该考虑到与整个传统的关系,而

1 Albert C. Friend, “Chaucer’s Version of the Aeneid,” *Speculum*, XXVIII, 1953, p. 317.

2 同上, p. 323。

3 D. R. Bradley, “Fals Eneas and Sely Dido,” *PQ*, XXXIX, 1960, p. 122.

4 同上, p. 125。

5 Louis B. Hall, “Chaucer and the Dido-and-Aeneas Story,” *MS*, XXV, 1963, p. 149.

不仅仅是与该传统的单部代表作的关系”。[1] 这句话不仅在霍尔研究的特定语境中很有意义，而且标出乔叟溯源研究的新方向——尝试建立一个传统或惯例，而非“发掘”单个的根源。

关于斯塔提乌斯和乔叟的关系，1911 年怀斯出版了具有里程碑意义的专著，自那以后，只有两篇重要文章。但考虑到这两篇文章的重要意义，有必要在这里详细讨论。第一篇是 F. P. 马古恩的《乔叟对斯塔提乌斯的〈底比斯战记〉第二到第十二卷的简述》。在《特洛伊罗斯》末尾（第五卷第 1457—1533 行），卡珊德拉为特洛伊罗斯阐释梦境，他曾梦见克瑞西达躺在一只野猪的怀里（第五卷第 1233—1241 行）。乔叟用简短的 26 行，即诗节 213—216，概括了《底比斯战记》的第二到第十二卷。《特洛伊罗斯》的所有版本手稿中，在第 214 和第 215 诗节之间，只有两个版本没有插入一段拉丁文《概要》（*Argument*）［作者很可能是拉克坦提乌斯（Lactantius）］。这段插入文由 12 个六音步诗行组成，凝练地一行总结一章。马古恩把这段插入文和乔叟的《特洛伊罗斯与克瑞西达》第五章第 213—216 诗节相对照，深信最初是乔叟本人而并非抄写员在此插入了《概要》；在此基础上，他指出《特洛伊罗斯》的所有版本都应该把“这部分拉丁文依原样保留，而英文翻译为了方便起见应该给出脚注或尾注”[2]。

马古恩还指出，乔叟在《特洛伊罗斯》里对《底比斯战记》的总结，不仅参考了这 12 个诗行，而且还参考了另外一组 11 个诗节的拉丁文提要，每个诗节 12 个诗行，一个诗节概括斯塔提乌斯的一卷。马古恩给出了原文以及翻译，逐卷分析[3] 后总结道，乔叟对《底比斯战记》前面各卷的概述主要参考这 11 个提要，后面各卷则更多参考出现在手抄稿中的《概要》，而对第八卷和第十卷的概括则似乎直接来自斯塔提乌斯的原文。最后，马古恩提到，对《底比斯战记》第一卷的拉丁文概要没能流传下来，并且很重要的是，卡珊德拉也没有表现出知悉斯塔提乌斯第一卷的内容，尽管第一卷提出了底比斯之战的全部起因。

保罗·M. 克洛甘也同样关注对斯塔提乌斯的评论。他的论文《乔

1 Hall, “Chaucer and the Dido-and-Aeneas Story,” pp. 148–149.

2 F. P. Magoun, Jr., “Chaucer’s Summary of Statius’ *Thebaid* II–XII,” *Traditio*, XI, 1955, p. 419.

3 同上，pp. 419–420。

叟与〈底比斯战记〉评注》[1]是在博士论文《乔叟与中世纪斯塔提乌斯》（"Chaucer and the Medieval Statius"）（包括对怀斯论点的修正，第25—75页）基础上的延伸，非常出色，专门研究"乔叟时代《底比斯战记》大多数手稿里的大量注释和评论"[2]。克洛甘深信"研究中世纪手稿是考察14世纪的人们怎样阅读、欣赏《底比斯战记》的最好方式"[3]，这样才能帮助"重新评价斯塔提乌斯对乔叟影响的程度和性质"[4]，因此他研究了现存的72份手稿中的18份——那些包含最完整评注的手稿。调查结果写在了论文的第二部分，[5]阐释这些手稿注释的特殊影响。论文的结论是，"在作品《声誉之宫》、《安妮丽达与阿塞特》、《特洛伊罗斯与克瑞西达》及《骑士的故事》里，乔叟很可能受到《底比斯战记》注释的影响"，但他"受那些包含在斯塔提乌斯作品的注释和评论里丰富的古典和神话知识"[6]的影响更多、更广泛。

克洛甘所采用的方法很实用，是乔叟专家如卡尔·扬（Karl Young）、R. A. 普拉特、J. 伯克·西弗斯（J. Burke Severs）和其他一些人通用的方法，他们长时间致力于建立起"乔叟图书馆"以考察"乔叟的学识"。克洛甘的论文还特别带有他老师普拉特的印记。普拉特1947年那篇研究"乔叟的克劳迪安影响"的论文为过去二十年的乔叟溯源研究指明了道路；论文里，他坦承目标是"使人们重新关注到中世纪手稿里去研究乔叟所受的影响的重要性"[7]。

普拉特在论文的开端就提醒我们，是卡尔·扬最先察觉到乔叟有可能知悉中世纪学校的标准读物；该读物被称作《卡托之书》（*Liber Catonianus*），包括"卡托"、塞奥杜鲁斯（Theodulus）、阿威阿努斯·马克西米亚努斯（Avianus Maximianus）、斯塔提乌斯以及克劳迪安的作品。[8]具有重要意义的是，普拉特指出，克劳迪安的《普罗塞尔皮娜的强奸》（*De raptu Proserpinae*）（经常带有注释）被包括在大多数《卡托之书》

1 Paul M. Clogan, "Chaucer and the *Thebaid* Scholia," *SP*, LXI, 1964, pp. 599–615.
2 同上，p. 599。
3 同上，p. 601。
4 同上，p. 603。
5 同上，pp. 603–614。
6 同上，p. 615。
7 R. A. Pratt, "Chaucer's Claudian," *Speculum*, XXII, 1947, p. 429.
8 同上，p. 420。

的13世纪手抄稿中，那表明这些手抄稿读物怎样使"重新估量克劳迪安对乔叟影响的性质和程度"[1]成为可能。为确定"乔叟以何种形式获知克劳迪安诗歌"[2]，普拉特先提供了一组包含《普罗塞尔皮娜的强奸》的中世纪手抄稿，然后逐一考察乔叟作品里那些表现出克劳迪安影响的段落。他总结说，虽然学者们发现克劳迪安有四首诗在乔叟作品中有相似之处，但其实只有两首；因为乔叟虽然毫无疑问知道《强奸》和《瑟伦娜颂》（*Laus Serenae*），但没有确切的证据表明他使用过《质问鲁菲努斯》（*In Rufinum*）以及《关于霍诺里乌斯·奥古斯都第六个执政官任期的颂词》（*Panegyricus de sexto consulatu Honorii Augusti*）。[3]

很遗憾，对于乔叟和贺拉斯的关系，评论界至今还没有一致的意见。五十多年前，哈里特·赛伯特指出，在学者们通常指出的那八处乔叟"明显借用了贺拉斯的诗句"的段落中，实际上只有五处有"便利的二手资料"证明。[4]赛伯特设法为余下三处中的两处找到"二手资料"，并认为仅剩的那处只是风传而将其排除。七年后，C. L. 雷恩重新审核了证据，认为"乔叟虽然不能说很熟悉贺拉斯，或者说对他无所不知，但他直接接触过《诗艺：致皮索》（*Epistola ad Pisones de arte poetica*）以及一首（有可能两首）颂诗"[5]。乔治·R. 柯福曼（George R. Coffman）发表了一篇很有意思但不完全让人信服的文章，把乔叟对古代的几处讨论同贺拉斯的《诗艺》第169—174行联系起来。

关于贺拉斯的影子，至少有一点，评论界似乎最终是肯定的。正如莱瑟姆（Latham）、基特里奇（Kittredge）以及滕·布林克（ten Brink）提出的，乔叟在《特洛伊罗斯》和《声誉之宫》里提到一个"我那名叫罗利乌斯（Lollius）的作家"作为特洛伊战争的权威，显然是对贺拉斯《信札》（*Epistola*）第一卷第二封信第1—2行的误解。但正如普拉特就"乔叟的罗利乌斯"做的注释中所暗示，乔叟很可能没有读过贺拉斯著作的手抄稿，而可能读的是（或者误读了）一本索尔兹伯里的约翰（John of Salisbury）的《论政府原理》（*Policraticus*）中贺拉斯的话，那是书中在一

1 Pratt, "Chaucer's Claudian," p. 420.

2 同上，p. 419。

3 同1。

4 Harriet Seibert, "Chaucer and Horace," *MLN*, XXXI, 1916, p. 304.

5 C. L. Wrenn, "Chaucer's Knowledge of Horace," *MLR*, XVIII, 1923, p. 292.

次谈论特洛伊的语境中的引用（或错误引用）。

早在专著出版十年前，香农就提出关于乔叟和卢坎的关系的论点，该论点能站得住脚：乔叟读过“大诗人卢坎”，但是在诗中很少借用，因为“卢坎《内战记》的话题和风格对这位讲故事的英国诗人不具有吸引力”。[1]

对卡图卢斯，乔叟更是知之甚少。麦克匹克指出：“不管我们多么愿意相信乔叟读过卡图卢斯，我们必须承认乔叟不知道这位伟大的前奥古斯都时期的抒情诗人，因为乔叟从未提到过他，也因为除了猜测之外，乔叟作品中也没有任何段落可以追溯到《歌集》（*Carmina*）。”[2]

乔叟熟知的少量“古典”散文家中，近年来只有“卡托”被仔细研究过。基于其博士论文《〈卡托对句〉的两个文本以及评论》（“Two Texts of the ‘Disticha Catonis’ and Its Commentary”），理查德·黑兹尔顿写了一篇很好的关于“乔叟和卡托”的文章，再次体现了普拉特的克劳迪安研究的影响。黑兹尔顿仔细研究了《卡托之书》的23个手抄稿，总结出这本著名的中世纪图书对乔叟，“如同对他同时代所有文人，不仅训练了他们的拉丁文，而且还是道德的入门书。因为《卡托之书》同其他语法学校课本一样，不仅仅旨在语言训练。此书所有的注释者都指出，这部书的材料为四大美德”[3]。自9世纪欧塞尔的勒米吉乌斯（Remigius of Auxerre）的注释开始，对“卡托”对句的评论就逐渐丰富，一直到16世纪，伊拉斯谟出版了包含《短评》（*Scholia perbrevia*）在内的“卡托”文集。黑兹尔顿说：“我正是从中世纪道德教育资料——围绕《卡托之书》出现的形形色色的‘学校材料’——中，致力于探讨乔叟对卡托的了解。”[4]

该研究的结果很有趣，也比较令人吃惊。乔叟似乎在很大程度上受惠于“卡托”，远远超过通常认为的“只是借用他的对句”。但是，与同时代的文人（如德尚、朗格伦以及高尔对“卡托”异常崇敬）相反，乔叟并没有“满心崇敬地将卡托作为伦理教条的源泉来利用，而是……戏仿卡托

1 E. F. Shannon, “Chaucer and Lucan’s *Pharsalia*,” *MP*, XVI, 1919, p. 614.

2 James A. S. McPeek, “Did Chaucer Know Catullus?” *MLN*, XLVI, 1931, p. 301.

3 Richard Hezelton, “Chaucer and Cato,” *Speculum*, XXXV, 1960, pp. 357–358.

4 同上，p. 359。

的道德教义”[1]。实际上，“乔叟最广泛最醒目的引用是对卡托公开不敬，有时候甚至是在嘲弄”。此类对“卡托”进行戏仿性和离奇运用的最著名例子出现在修女院教士、磨坊主、管家、商人以及伙食采购人的那些故事中。

最后，不久前，普拉特质疑了乔叟对塞涅卡和瓦列里乌斯·马克西姆斯的熟悉程度。他的论文《乔叟和他的施惠者》探讨了这一点，他认为乔叟很可能没有直接阅读他们，而是使用了威尔士的约翰（John of Wales）的《布道手册》（*Communiloquium*）——一本13世纪末的书，它“汇集了数千引文，主要来自《圣经》以及古典时期、教父时期和中世纪的作家，如西塞罗、贺拉斯、庞培·特洛古斯（Pompeius Trogus）、瓦列里乌斯·马克西姆斯、塞涅卡、安布罗斯（Ambrose）、哲罗姆、奥古斯丁、波伊提乌、伊西多尔（Isidore）、伟大的格列高利（Gregory the Great）、索尔兹伯里的约翰、安塞姆（Anselm）、亚历山大·尼克姆（Alexander Neckam）及教皇英诺森三世”[2]。普拉特发现，受这本书影响的主要诗作是《巴思妇人的引子》《巴思妇人的故事》《差役的故事》《卖赎罪券教士的故事》。[3]对我们来说，他的研究的最重要结论是，“有些作品因此完全从乔叟的书架上消失了”，它们中包括塞涅卡的戏剧和瓦列里乌斯·马克西姆斯的《言与行》（*De factis dictisque*）。[4]

诚然，这样走马观花般地总结乔叟对古典文学的运用，远非穷尽。在这里仅仅提供一个研究样本，总结那些特别是近二十年来在这方面（在我和其他人看来）最重要的研究成果。有大量的材料——其中不少很有价值——仍不得不忍痛割爱。有意在这方面继续深入探讨的研究者可以参考哈蒙德、格里菲斯（Griffith）、克劳福德（Crawford）以及《美国现代语言学协会会刊》（*PMLA*）的年度参考文献。最后，还有相当大一部分针对乔叟和古典文学的专著在这里不得不忽略，比如约翰·麦考尔（John McCall）关于《特洛伊罗斯》和古典神话的博士论文或者D. W. 罗伯逊（D. W. Robertson）的《乔叟引论》（*A Preface to Chaucer*），仅仅是提一下这两部作品对乔叟和古典文学传统的丰富渊源的探讨，就需要

1 Hezelton, “Chaucer and Cato,” p. 360.

2 R. A. Pratt, “Chaucer and the Hand that Fed Him,” *Speculum*, XLI, 1966, pp. 619–620. 另可参见：Harry M. Ayres, “Chaucer and Seneca,” *RR*, X, 1919, pp. 1–15。

3 Pratt, “Chaucer and the Hand that Fed Him,” p. 620.

4 同上，p. 638。

比本文更大的篇幅。

如果本文非要有结论，或者给读者一个印象，那当然是：爱好乔叟、古典拉丁文学并喜欢做历久弥新的影响溯源研究的学者们进入了新的领域。很明显，仅靠列出相似的动词用法来证明乔叟知悉克劳迪安或者"卡托"、奥维德或者斯塔提乌斯是远远不够的。我们已经开始翻开乔叟本人应该阅读过的古典文学手抄稿，越来越意识到注释和评论，同文本一样，都应纳入研究的范围。

这方面积极的关注自然会引发关于古典文学影响的性质和程度——这些术语在近期的研究文献里频频出现——的思考：乔叟是在什么形式中阅读这个作家？他怎样理解这个作家？为什么在这里引用这段？他从对这个作品的评论和注释里吸取了什么？这些怎样帮助我们理解乔叟的诗歌？总之，拉丁古典文学在乔叟的文学天分和艺术创作的发展过程中起到什么作用？

在我们认为能回答这些问题之前，还需要进行大量的工作。但如果从已经取得的成果来看，这方面的探讨将会颇具启发性，而如此付出的辛劳定会成果丰硕。

编后记

理查德·L. 霍夫曼（Richard L. Hoffman）曾任教于美国纽约大学、弗吉尼亚理工学院等多所大学，致力于中世纪英语语言和文学，特别是古典作家对中世纪英语文学和乔叟的影响等方面的研究，代表著述有《奥维德与〈坎特伯雷故事〉》等著作和文章。《古典文学对乔叟的影响》（"The Influence of the Classics on Chaucer"）译自：Beryl Rowland (ed.), *Companion to Chaucer Studies*, Toronto: Oxford UP, 1968, pp. 162–175。文中关于乔叟所受古典作家之影响应该在中世纪特定文化语境中研究的看法，特别有启发。他认为，乔叟所阅读和使用的拉丁作家著作显然包括大量中世纪学者的评论和注释，所以是这种已经被中世纪化了的古典著作极大地影响了乔叟。

乔叟承继的法兰西遗产

作者　[美国]阿迪斯·巴特菲尔德

译者　李兰生

现在讲英语的人难以相信，他们的语言曾经被另一种方言贬为卑贱的结巴之语。在中世纪，英格兰人从未有过一种沾沾自喜的语言优越感：此等殊荣属于那些写和说拉丁语和法语的人士。如果把现代法语与英语、美语，或现代瑞士德语与德语、法语，或马拉地语与印地语、英语之间的关系做一比较，我们便能较易想象出那时的语言情形。尽管所有这些情形间只有细微的差异，但是在每一种情形下，都有某些语言被视为强势语。这也促成了一种既能孕育大志，又可催生一些复杂的不安全感的文化模式。我认为类似这样的一些因素，是引发乔叟在诗中对自己英文的力所不及屡发议论的部分缘由。以《公爵夫人书》中的诗行为例：

> 我的英文和智能都不够用，
> 说也说不完善。[1]
>
> （第898—899行）[2]

一位作家不时对自己的技巧大发自贬之词：在他所有的作品中，乔叟六次将这种致歉的本能与自己的语言选择联系起来，这表明在他看来，这样做

1 此处汉译引自方重译《乔叟文集》，译文稍有改动。参见：乔叟：《乔叟文集》，方重译，上海：上海译文出版社，1979年，第19页。——译者注

2 其他例子参见：《骑士的故事》第1459—1460行，《律师的故事》第778—779行，《扈从的故事》第37—41行，《贞女传奇》F本“引子”第66—67行，以及《维纳斯怨诗》第80行。

不仅仅是个人的问题，而且也是文化的问题。

法语的文化优势及其对乔叟的意义是本文的论题。这不可等同于把法语文学当成乔叟的一种“背景”。回溯历史，乔叟以英语文学之父的伟大形象示人。如果从14世纪晚期的视角来看，即便在中世纪用法语所写的那些强势、数量可观的作品面前，他那些小规模的另类英语精彩作品似乎也是罕见的典范之作。基于这一点，我不想把法语文学作为理解乔叟的一种门径，而是要去追问法语文学的哪些方面塑造了乔叟（也涉及他的同代作家），又何以对其产生如此持久的吸引力。乔叟不但从法语文学中广纳博取，而且也参与构建一种跨越中世纪欧洲的博大的文学文化，这种文化是由法语作家激发、创造的。从中世纪的角度看，与其说法兰西文化是乔叟个人史的一部分，不如说乔叟是法兰西文化史的一部分。

首先我想用两种关联的方法来阐明这个问题，其一是采用更为广阔的政治观，其二是采用更加缜密、细致的语言观。大而言之，故事还得从11世纪诺曼人入侵英格兰说起。1066年之后，英格兰和法兰西建立了一种既亲密又敌对的关系，二者如此紧密交织，以至于两个民族常常很难分清彼此。这种情形部分由术语所造成：谈论“英格兰”和“法兰西”意味着它们之间存在着差异，而这种差异是后来——甚至是在回望历史时——才出现的。更确切地说，英格兰的文人文化群是由一群流动的贵族和神职人员所组成。这些人士云游欧洲，用的是法语；他们如果是神父，就用拉丁语来施政和统治。但是，这些文化人也与来自许多其他语群——如意大利语、佛兰芒语、德语、加泰罗尼亚语和西班牙语——的人们一同工作和生活。如果用“法语”来指称一个单一的语群，那么这个术语本身可能会产生歧义。只有到了14世纪晚期和15世纪，在巴黎和周边地区讲的那种法兰西岛方言（Francien）才赢得了更广泛的统治地位，因而成为“法语”的同义词。此前，“法语”有布列塔尼语、阿图瓦语、皮卡尔语、诺曼语等多种变体，这还不包括在南部地区讲的那些方言。英格兰使用的那种“法语”也有变体，本土化了的诺曼法语通常被称为盎格鲁-诺曼语。[1] 在12世纪和13世纪，这种语言特有的方言特征得到了发

1 布列塔尼语实际上指的是居住在法国西北部布列塔尼半岛上的人所讲的凯尔特语，这种语言源于英国康沃尔郡古凯尔特语。皮卡尔语是居住在法国北部皮卡尔迪（Picardy）地区的人讲的方言。盎格鲁-诺曼语（Anglo-Norman）也叫盎格鲁-诺曼法语，指的是诺曼征服（The Norman Conquest）之后在英格兰等不列颠群岛 （转下页）

展，然而到了 14 世纪中叶，随着大陆讲法语的人和作家的再度拥入，盎格鲁-诺曼语不断得到补充，那些方言特征也变得模糊不清。在乔叟时代的伦敦，在宫廷上下，所用的法语已经不是方言而是国际语了。

英格兰和法兰西既吵吵嚷嚷又亲密无间，这种关系也是一个事关亲缘关系和领地占有的问题。自亨利二世以降，无论在英格兰还是在法兰西，英王都是一些有臣服义务的君主（liege lords）。[1] 为了维护自己享有这一称号的权利和对阿基坦的直接统治权，他们在不同程度上投入了相当大的精力。阿基坦是法兰西西南部的一个大区，在 1152 年亨利二世迎娶阿基坦的埃莉诺（Eleanor of Aquitaine）时被纳入英国领地。爱德华二世、爱德华三世和理查德二世都从法兰西或邻近的埃诺（Hainault）迎娶过王后，她们分别为伊莎贝拉、菲利帕和伊莎贝拉。理查德二世 1367 年生于波尔多，其父“黑王子”在其法兰西领地上那些较长的统治时期里，在阿基坦拥有一座金碧辉煌的宫殿。英格兰在阿基坦的统治成为所谓的“百年战争”之冲突的一大主因：理查德在那里出生表明，他的身份认同感想必与法兰西密不可分。爱德华和理查德宫廷生活的许多方面与其说是对法国的模仿，不如说是道地的法兰西气派：众多来自法兰西和低地国家的贵族就住在王宫中或与王室联系密切。[2] 这些人中也包括爱德华三世的王后菲利帕从埃诺带来的那批随从侍臣和另外一些侍从，后者在 1356 年的普瓦捷战役（the battle of Poitiers）之后曾陪侍过那些被关押在英格兰的法兰西王室的人质。这些人质中有法王约翰二世（好人约翰），1360 年签署《布雷蒂尼和约》（the Treaty of Bretigny）之后，还有他的三个儿子，贝里公爵、勃艮第公爵和安茹公爵。

这种局面对乔叟的一大直接影响就是他娶了菲利帕王后的一位侍女

（接上页）地区使用的一种法语方言。作为英格兰上层社会的文学和行政语言，盎格鲁-诺曼语从 12 世纪一直使用到 15 世纪，对中古英语文学、文化的形成和发展起了至关重要的作用。——译者注

1 此说法似乎有误，亨利二世以及随后的几代英国国王在英格兰是“主权君主”（sovereign kings），而只是作为在他们那些法国领地上的君主，如诺曼底公爵、阿基坦公爵等，他们才是“有臣服义务的君主”（liege lord），也就是说他们不是作为英国国王，而是作为这些法国领地上的君主，他们才需要向法国国王表示忠诚和履行一些相应的义务。亨利二世本人曾专门对自己的 liege lord 的身份进行了限定。——译者注

2 “低地国家”（Low Countries）的所指有广义和狭义之分，广义上包括欧洲西北沿海地区的荷兰、比利时、卢森堡和法国北部与德国西部，狭义上指现今西欧的荷兰、比利时、卢森堡三国。——译者注

为妻，她也叫菲利帕。和这些人以及更多因公差经常往返于英格兰和大陆的外交官、神职人员、军人、职员、金融家们一起到来的，还有相同的社会价值观、耐用消费品以及审美期待。从服饰设计、烹饪方式、纺织物、建筑、手稿版式到盛大赛事、市民游行、宫廷和城市习俗，处处体现出一种超越国界的法兰西风范。有人推测，乔叟自己的家庭生活也是在用英语和大陆法语，或在英语和大陆法语间的商谈之中度过的，正好与他处理外交和商业事务时的情形一致（这里还要加上拉丁语）。

人们穿梭于英吉利海峡的政事活动促成了语言的交流。如果上面所描述的只是那广阔语言交流场景中的一角，那么从理查德自己使用的宫廷语言中，我们便能更加明确地认识到法兰西思维模式是如何塑造英国宫廷生活的。这种宫廷语言为我们理解"温文有礼"（curteisye）这个重要法语单词的深邃语义提供了一条途径。[1] 与爱德华三世相比，理查德创制的宫廷风格更加讲究礼节。法王约翰二世和查理五世坚持要求那些靠近他们的人一定要有毕恭毕敬的举止（查理五世尤其如此），理查德二世也和他们一样，他不仅要求增加礼仪，而且对别人如何称呼他这位国王也要求采用一套更加繁复的形式。像"陛下"（英语为 your majesty，法语为 vostre majeste）和"殿下"（英语为 your highness，法语为 votre hautesse）这样的话语都是在理查德统治时期推行的，在此之前称呼"正义仁慈的君王"（your rightful and gracious lord）也就足够了。弄臣们把这些叫法编成了充斥着阿谀奉承的形容词的冗长语句。一位主教在 1394 年的一封信的开始这样写道："最卓越、最崇敬、至尊的君主，我将自己托付给高尚的国王陛下"。[2] 使用形容词最高级和形容垂直高度的比喻说法在臣民与国王之间制造了一种距离感，这样的语言确立了作者或说话者的臣属身份。

此信是高雅宫廷文体的一个完美实例。"温文有礼"是法兰西文化在最雅致的细节层面上运作的一个范例，这表明乔叟继承的法兰西遗产

1 curteisye 是古法语词 curtesie 的一种变体拼写，其意为礼貌、谦恭，是中世纪时期法国最重要的宫廷礼节之一，在现代法语中拼写成 courtoisie。curteisye 在乔叟的作品特别是《坎特伯雷故事》中经常出现，是一个高频词，此词在他的作品中，除温文有礼之外，还含有慷慨、大方、高尚、崇高、高贵等语义。此词也常出现在其他中古英语文学作品中。——译者注

2 此人是索尔兹伯里主教约翰·沃尔萨姆（John Waltham）。参见：Nigel Saul, *Richard II*, New Haven/Lodon, 1997, pp. 340–341。

不只是文学的影响，而且还是更广阔的文化渗透过程的一部分。乔叟不仅向特定的作家学习，而且还与他们共享一套拥有在语言中乃至社会上运用之共同历史的语汇。

不过，认为乔叟的人物"温文有礼地"（curteisly）说话或写作仅仅是复制主教的信札写作风格，这种臆想是错误的。当然，也有许多例证显示，"温文有礼"常常和一整套相关的法语词汇放在一起——"荣誉"（honour）、"美德"（vertu）、"善良"（bountee）、"优雅"（gentilesse）、"大方"（fraunchise）、"和善"（benyngnytee），等等。[1] 例如：《修道士的故事》描绘那位皇帝有一位"老师……/ 教他怎样读书、如何温文有礼"（maister... / To teche hym letterure and curteisye）（第2495—2496行）。这说明"温文有礼"既是一种王宫上下都要学会的技能，又是一种与舞文弄墨相关的技艺。但是，乔叟也会把"温文有礼"置于某些特别不合适的地方："她品性温柔、庄重，举止温文典雅"（Curteys she was, discreet, and debonaire）是《修女院教士的故事》（第2871行）用来描述那只母鸡佩特洛特的语句；在《差役的故事》中，那个骗人的托钵僧刚刚在"全然彬彬有礼"（ful curteisly）、公然放肆亲吻自己主人的夫人之前，还"殷勤、温柔地"（curteisly and softe）对主人说话呢（第1771，1802行）。也许，最棒的例子要数《磨坊主的故事》中艾丽森对她的情人尼古拉说出的那个狡猾而又很痛苦的请求："放开手，请你！"（Do wey youre handes, for your curteisye!）（第3287行）乔叟作品中"温文有礼"的语境常常是滑稽的，而称呼国王的场合却高雅而庄重，我们怎样调和这些迥然相异的情形呢？

这个问题的答案部分与社会地位有关：社会等级越低，"温文有礼"的语言功能也就越不相同。这种社会差异作用于各个社会阶层，在国王与主教之间如此，在骑士与磨坊主、磨坊主与管家、木匠与牧师之间也一样。在其所有的作品中，乔叟以极其简洁的笔调对语言的这种社会影响力进行了探究。笔者这里的论点包括以下两个方面：其一，乔叟没有忽略语言与最高雅的社会行为之间的相关性；其二，他的探究方式完全是法兰西式的。

在本文的下一节，对法兰西素材做大体介绍之后，笔者将集中探讨法

1 这些词都是古法语词，相当于现代法语的 honneur, vertu, bonté, gentillesse, franchise 和 bénignité。——译者注

兰西素材给予乔叟和其他中世纪晚期或后中世纪时代作家的一件最重要的礼物，这件礼物就是对爱情语言的非常细致的探索所留下的遗产。

概述一下中世纪法兰西的一些主要作家和作品可能会有所帮助。那些叫作“新诗人”[1]的作家仍然最负盛名，从1100年至1300年，他们创作和演唱大都以爱情为主题的诗歌，这些诗歌已经在西方想象中回荡了九个世纪。“新诗人”们集中在法国南方，但是到了13世纪，他们在北方的那些被称作“吟游诗人”（trouvères）的同行们也纷纷效仿起来。这些“新诗人”和“吟游诗人”一共流传下来近五千首诗歌，其中的许多还配有音乐，这些诗歌处理爱情的方式精湛、含蓄、条分缕析，成为对后来法兰西文化发挥了重要作用的语言与思维之源。

除了吟游诗歌，统领13世纪诗坛的还有浪漫传奇诗与市井故事诗两大主要体裁。请让笔者依次对其加以讨论。法兰西浪漫传奇诗不仅囊括了所有亚瑟王传奇叙述诗，而且还包括许多其他骑士、贵妇人和孤儿的故事。这些孤儿穿过一片片森林，逃离无数险境，遭遇种种神秘或魔幻般的事件，最后回到各种不同形态的文明之中或和好如初。不过很显然，最著名的13世纪浪漫传奇诗却迥然相异。如果我们心中怀有上述这些期待，那么纪尧姆·德·洛里斯（Guillaume de Lorris）和让·德·莫恩（Jean de Meun）的《玫瑰传奇》（*Le Roman de la Rose*）所设的标题就有点让人困惑。此诗有三个令人意想不到之处：其一，它是由一位情人用第一人称写就；其二，那场历险都是心灵的历险；其三，此诗由完全不相称的两个部分构成，第二部分（让·德·莫恩所作）声称是属于同一部作品，而结果却是针对前一部分的一部庞大、睿智、反讽、才华横溢的评论集。

这部由两位作者写就的诗作对欧洲中世纪创作之重要性，无论怎么强调都不为过。此诗流传下来的手稿就有近300部（相比之下，《坎特伯雷故事》的完整手稿只有55部），而且被译成了几种欧洲语言，被数十个作家改写与模仿。一会儿我会描述更多细节，这里我只想强调此诗与“新诗人”和“吟游诗人”抒情诗之间的一些联系。此诗之所以独特和在形式上别出心裁，是因为纪尧姆将抒情诗写成了叙事诗。他没有用由五

---

1 在11世纪末，法国南部的普罗旺斯地区产生了一种以爱情为主题的诗歌，创作这一类诗歌的作者被称作“新诗人”（troubadours），他们传承了吟游诗人的传统，不仅创作而且还要吟唱和“表演”自己的诗歌作品。——译者注

至七个精心打造的诗节构成的短诗，以第一人称的语气来表达爱情的心理、情感创伤；相反，他创作了一首三千行的叙梦诗，把短诗紧凑的结构形式拉长并将其改造成一个貌似线性和无结局的篇什。于是，这个篇什因其既与抒情诗截然对立，又全然以抒情诗为基础而大功告成。

纪尧姆的独创之举不是孤立的，另一部《玫瑰传奇》差不多也在同一个十年内问世。这部传奇更像是传统历险故事，因而也就充当了前一部《玫瑰》的“替身”。让·勒纳尔（Jean Renart）所写的这部《玫瑰》也从抒情诗汲取了养料，这一次倒是把大量的短诗纳入了叙事框架内。和纪尧姆的一样，勒纳尔的这一举措影响深远。在整个13世纪，传奇诗作者继续将短诗植入叙事诗；到了14世纪，譬如像《特洛伊罗斯与克瑞西达》那样的爱情叙事诗，看起来像是摆在两部《玫瑰》之间的一个十字架，即一首叙事诗是从被嵌入了其他抒情诗的那种抒情诗中产生的。在14世纪，最重要的两个人物是纪尧姆·德·马肖和乔叟真正的同龄人让·傅华萨（Jean Froissart）。马肖不仅是一个出色的诗人和作曲家，也是一位爱情叙事诗（法语称作 dit amoureux）和抒情诗大师，这两种体裁既独立又可合而为一。对马肖、傅华萨和乔叟而言，诗歌是用来探究形式之限制的，即探究形式如何可能成为一种表达身份和自我投射的微妙变化的手段。在抒情诗形式上，马肖和傅华萨致力于构建一套崭新的固定模式，这套被称作“定式”（formes fixes）的模式主要包括回旋诗（rondeau）、三节联韵诗（ballade）和双韵短诗（virelai）（参见《贞女传奇》F本第423行）。与马肖不同的是，傅华萨到中年时放弃了诗歌，把余生用来创作散文史［其《编年史》（*Chroniques*）享有盛誉］。

如果在12世纪的“新诗”、13世纪的那些《玫瑰传奇》与14世纪的抒情诗和爱情叙事诗之间存在着一条清晰联结线的话，那么就必须将其放在与其他更具讽刺性、说教性、喜剧性的那一类作品相对照的语境中来进行审视。让·德·莫恩匠心巧运，把《玫瑰》扩展延长，广泛运用讽刺和深入细致地刻画喜剧性人物，成为这一方面的典范。他的这部作品创作于13世纪70年代，而市井故事诗的繁荣可以追溯到这个世纪中叶。大多数市井故事诗都与法国北部城镇特别是阿拉斯有关，那时这座城市是一个享誉国际的艺术中心。这些诗流传下来的有几百首，其情节常常涉及卑劣诡诈、三角婚恋和其他淫秽幽默。这些市井故事诗大多可能都是神职人员创作的，因此也成为法国文学中反宫廷风格的一个重要标志。许多叙事诗中的城镇场景使人们的阅读变得复杂化，关于狐狸列那的那一长篇故事集［《列那传奇》(*Le Roman de Renart*)］就是如此，这些故事向我们呈现了一个宫廷气派中散发着物欲和铜臭气息的世界。在那些诙谐、精明而非严肃、说教的作品中可以看出，世俗的欲望压倒了崇高的理想。在马肖和傅华萨的笔下，这样的故事出现得较少；但是在厄斯塔什·德尚(Eustache Deschamps)的作品中，这种故事经常出现。德尚与傅华萨和乔叟同时代，年纪比两人稍小，他的抒情诗涉猎了各式各样的讽刺、喜剧性题材。

除了这些作家和体裁之外，乔叟还借用了大量的法语说教性作品，如布道文、圣徒传、专题论文、道德哲学与科学译作、医学和炼金术文献。那时，各种百科全书也已编撰；像奥维德的《变形记》这样的拉丁文诗歌不仅已有译本，而且还配有大量的道德评论。

追索此种材料与乔叟之联系的传统方式是采用原始资料研究法。我们从乔叟的那些译作或语言的仿效之作入手，搜寻他似乎很密集地使用过的那些文本。以法语作品而论，乔叟干脆直译的做法见于他对纪尧姆《玫瑰传奇》的英译，见于他在《公爵夫人书》、《特洛伊罗斯与克瑞西达》和《贞女传奇》的序诗中对纪尧姆、马肖和傅华萨的频繁借用。[1] 他的短诗《维纳斯怨诗》(*The Complaint of Venus*)译自14世纪法国萨瓦军旅诗人奥通·德·格朗松(Oton de Grandson)所作的三首三节联韵诗，他好像还用过拉丁语和意大利语著作的法语译本，如《梅利别斯的故事》就取材于这些译本。法兰西市井故事诗给《管家的故事》和《船长的故事》的情节和结构提供了参照(其实它们就是市井故事诗)，《修女院教士的故事》取材于《列那传奇》中的狐狸寓言，《律师的故事》中关于康斯坦丝的故事源于一部盎格鲁-诺曼语编年史中的一部分。在主题、情节、结构和一些片段中，《医生的故事》、《巴思妇人的引子》及《商人的故事》与让·德·莫恩的《玫瑰传奇》的某些部分有类似之处，更松散的对应自然还有许多。由于原始资料来源相似使二者间的关系变得更间接，因此这种关系的重要性也越发难以评估；我们也必须考虑原始资料也许已经遗失的可能性。

1《贞女传奇》的“引子”描述了乔叟已经翻译过《玫瑰传奇》(F本第329—330行；G本第255—256行)；关于该诗现存的中古英语译作是否(或有多少)是乔叟所译仍然难以确定。

基于这种研究的结果，这样一种观点曾被广泛重复，即在最终找到自己真正的英国声音之前，乔叟经历了一个早期的法兰西阶段，后来又发展到偏爱意大利作家的阶段。这种分期还配有一份简单的年表：(1) 早期梦幻诗（法兰西时期）；(2) 中期梦幻诗和《特洛伊罗斯与克瑞西达》（意大利时期）；(3)《坎特伯雷故事》（英国时期）。然而，这种概括极具误导性。毋庸置疑，乔叟的《特洛伊罗斯》是以薄伽丘的《菲拉斯特拉托》和波伊提乌的《哲学的慰藉》为基础的，而且在整个创作生涯中，他广博的阅读面远远超出了法语作品。但是，他每一个特定的阅读期并没有抵消前一时期的趣味和影响。特别是在欧洲文化中，法兰西思维模式无处不在，很难被"淘汰"。这种年表不仅简单处理一位作家的阅读模式，而且还以"法兰西时期"、"意大利时期"和"英国时期"这种粗糙的概念为依归。这样的年表也仰仗一种看来已经日益僵化的原始资料研究模式，欲以此为门径来了解甲文本与乙文本之间的互动关系。在传统上，《公爵夫人书》被视为乔叟最明显的一部"法兰西"作品，因此笔者想通过这一文本来说明上述做法。

在索源批评中，估量操作是一种屡试不爽的策略。一只手拿着源文本，另一只手拿着新文本，然后追问：与源文本相比，"新"文本有多重？它保留了多少？它剔除了多少？我们从作者所做的种种改动中能推衍出什么？这些都是明智、的确也很重要的问题，但是我们也应该意识到这些问题可能含有不可靠的臆断。譬如，这样的操作会沦为一种平庸的算术游戏：把《特洛伊罗斯》中的《菲拉斯特拉托》减去，你就可以得出一个"真的"乔叟。我们中大多数人很难不去假定，一首诗最有趣的地方正是那些摆脱了源文"脚手架"的部分。我们所需做的全部工作，就阐释乔叟而言，似乎就是去评估他与其他文本的不同之处。

《公爵夫人书》很容易成为某些具有上述倾向的人利用的对象。这首 1 334 行的诗作有将近 1 000 行在文字上与大量法语诗和一部分拉丁语诗歌有相似之处。乔叟主要借用了纪尧姆·德·洛里斯版的《玫瑰传奇》、马肖的三部诗作和傅华萨的一部诗作。马肖的诗是《波希米亚王之公断》(*Le Jugement dou Roy de Behaingne*)、《爱情之泉》(*La Fonteinne Amoureuse*) 和《命运之慰藉》(*Le Remede de Fortune*)；傅华萨的诗标题为《爱情的天堂》(*Le Paradys d'Amour*)。从某种角度上看，乔叟的这首诗是对这些法语诗作的一种忠实的翻译。然而，如果仔细研究这些借用，就会发现他借用的方式是一种万花筒般的组合，而并非是从各种单个段落中截取片段。于是颇为反讽的是，他的英语诗是盘根错节地建立在法语诗行基础上的，因此我们必须退后看才能得到对其创作过程的任何整体印象。

我们显然能够精确细致地观察乔叟是如何一行一行地处理法语诗的，然而我们却发现那只不过是一种幻觉：文字上的相似只是一个大得多却不那么容易很快被觉察的各种关系之网的显象而已。乔叟的各种创作选择并非只是为回应马肖、傅华萨和纪尧姆·德·洛里斯而做出的，它们既是与这些诗人相伴而行，也是源于一种相似的文化立场。一段关于某一卧室的如下描绘即能说明这一点：房间色彩鲜艳、窗明几净，做梦者在进入梦乡时发现自己进入了这样的房间。窗户上显现着特洛伊的故事，墙壁上布满《玫瑰传奇》带有装饰的文本，缕缕金色光芒透过窗户洒落在他的床上。在这一生动、幻梦般的景致中，乔叟呈现了作者的一种形象，这个作者全身沉浸在《玫瑰》和古典神话的斑斓色彩之中。乔叟纵情、直接地获取激发想象的材料，这表明他与马肖、傅华萨是如何在更宏大、更古老的文化框架中进行创作。因此，这就营造了一种阅读的多元历史意识。马肖和傅华萨对《玫瑰》做出了充分的回应，正如乔叟对他们俩和《玫瑰》一起所做的回应一样，古典神话支撑着这种阅读与写作的一切。一位作者的身体被一个文本所包围，这一意象是理解文学关系的一种良策，比列出一系列相似之处要好。作为一个浸染的意象，它引领我们在考察文化取经中既重视特定的吸取，也关注包容一切。

作家也是读者；而且，他们也有自己的阅读顺序。我们如果去追索《特洛伊罗斯与克瑞西达》的源文本——乔瓦尼·薄伽丘在14世纪初所写的意大利诗《菲拉斯特拉托》，我们也会设法去弄清楚薄伽丘的源文本是什么；然而我们（毫无意外地）发现有好几个源文本又一次与乔叟的相一致。例如：除了波伊提乌和但丁的作品之外，薄伽丘和乔叟一样也如饥似渴地读过法兰西诗人的作品。薄伽丘、马肖和傅华萨并非惰性的“源文本”，而是一些像乔叟一样，对许许多多的文本做出能动反应的诗人。

虽然找寻源文本或认识到乔叟的文本为另一文本的忠实译作是了解他的文本语境的一条非常重要的途径，但是我们也需要对渗透在源文本和现文本之中的种种文化假设进行思考。断言乔叟在创作《特洛伊罗斯与克瑞西达》时从法兰西诗转向意大利诗，这等于忘记了薄伽丘的创作也受到《玫瑰传奇》的影响这一事实。在本文中，笔者将着力对法兰西影响中那些更深而非浅表的因素进行集中论述。乔叟向法兰西取经的那些具体时刻本身也许饶有趣味，而乔叟和其他中世纪晚期作家在更大的文化氛围中进行创作，把这些时刻当作这种文化氛围的重要印记来解读也是颇有价值的。

《公爵夫人书》再一次给出了一个出发点；的确，这首诗的第一个单词是"我"：

> 我的天哪，我委实不知道，
> 我将怎样活得下去……
>
> （第1—2行）[1]

就我所知，这是第一首以"我"开头的英语叙事诗。[2] 这会有什么意义呢？首要的意义是这个开头（毕竟）是借用的，这首诗的开头几行来自让·傅华萨的《爱情的天堂》。傅华萨自己通过以"我"作为一首爱情叙事诗的开头来进行创新：

> 我自己委实不知道，
> 我怎么活得下去……
>
> （第1—2行）[3]

从某种意义上说，这可以被视为乔叟所作的一篇盲目模仿之作，一首英语爱情叙事诗将要诞生。然而，我们一旦进行更深的探究就会发现，打算以此种方式来开始写一首诗的参照依据将会朝往昔后退很远。为了弄清14世纪英法两国在爱情诗中对第一人称声音的使用，我们需要回到新诗人时代。

笔者在前面论述新诗人时谈到，他们处理爱情的方式为中世纪晚期

---

1 此处汉译引自方重译《乔叟文集》，根据原文诗行略加调整。参见《乔叟文集》，第4页。——译者注

2 笔者在此没有把叙事短诗（一两首以"我"开头）和《猫头鹰与夜莺》（*The Owl and the Nightingale*）（创作于13世纪初）包括在内，后者是一首以一个松散的叙事短诗母题为基础而作的辩论诗。

3 引文译自法语，原文为：Je suis de moi en grant merveille / Comment je vifs...——译者注

欧洲温文尔雅的观念奠定了基础。然而,新诗人奠定的模式却又因矛盾冲突和悬而未决的对立分歧而陷入分裂。歌者可以以声称坠入爱河的形式来开唱自己的诗歌,但也可以突发一些厌女评论来为自己的诗歌作结,这也使人对他开唱时心醉神迷的姿态是否可信产生怀疑。或者他还可以发表哀叹,称那季节与他的情形不太契合:五月常被视为情人们心旌飘荡、兴高采烈的时节,可他的佳人不解风情、顽固不化,无奈他只好诅咒鲜花之无情。宫廷文学的概念本身会引发质疑:女人情感不专一引起的怨恨怎能催生宫廷诗呢?爱情激起矛盾:有时,歌者在倾诉衷肠时会表现出,他非但没有因为爱情而变得崇高,反而被这种情感伤害,遭到唾弃。诗人可以,常常是以滑稽的方式,被描绘成骗子。于是,在他的诗人身份和情人身份之间出现一条裂缝:那最终表明他不可能两者兼而有之。

如果理想的爱情意味着必须具有坚贞、纯洁、优雅和措辞崇高之品格,那么新诗人之诗则不能被描述为适合表达这种爱情的载体。一切追求高雅的姿态无一能长期保持亢奋,亦如常有的描述所示,这些姿态即刻就会受到嘲讽,遭到反驳,陷入混乱。此种情形罕有的一个例外在于这种诗体本身,这些诗歌以其细致精巧、技法艰难和擅长制造听觉效果而一直处于最佳水准。于是,也就很难把说者或歌者这个角色塑造成一种稳定声音。他(由于一些女新诗人[1]所写的诗歌流传了下来,所以有时候也是"她")获得了一个变换的身份,这种身份有时是在同佳人、恩主、(听)观众或自己撕心裂肺的心境对立中确定的。因此,第一人称说话者的身份总是具有争议性,不能被视为理所当然。

有一种假设这样认定,只是在晚期作家那里——甚至可能只是在乔叟笔下,一种能够戏仿或动摇典雅庄重的真正反讽的声音才得到发展。为了避免做出这种随意的假设,新诗人之诗的这些特色值得强调。在乔叟那里,很难找到任何修辞妙法、表演技法、文学自我意识或本能的反讽偏移,这些东西在新诗人那里也难以找到。

在如此回溯之后,我们已经遇到了一种既非惰性亦非静态的"背景"。正好相反,这一背景提醒我们不要认为在文学史上存在着一种由简至精的自然进化过程。后来对爱情语言的那些探讨绝非仅仅是把新诗人研究向前推进了一步:它们最好被视为阐释关于情感与表现的一种相似

1 "女新诗人"的法语原文是 trobairitz。——译者注

的症结意识的不同方式。在对新诗人说出来的爱情语言所发表的观点中,有两种观点在后来的诗人中引起了特别强烈的反响。一种观点认为写爱情诗是对创作过程本身所做的一种深刻比拟;另一种观点认为,温文尔雅不仅是一种生活方式,也是一种写作方式,同时既要生活又要写作就会有反讽,爱情诗则是表达这种反讽的一种极佳手段。

《玫瑰传奇》以巧妙而又极富想象力的方式对这两种思维方式进行了探索。从一开始,纪尧姆就把这部作品呈现为一部包含爱情艺术的著作:

> 不过倘若某男或某女发问
> 我希望怎样来称呼这部
> 现在我开始写作的传奇,
> 它叫作《玫瑰传奇》,
> 其中蕴含着全部爱的艺术。
>
> (第34—38行)[1]

如此说来,该诗的主题为爱情。它不仅将其当作一种情感或体验,而且也将其视为一种艺术。对后来的《玫瑰》读者而言,这一点反过来看也正确:《玫瑰》因其十分巧妙地阐明了爱情主题如何成为写作艺术而获得赞誉。这部作品采纳了新诗人诗歌中清晰表达过的身份与爱情语言,并使之在时空上受到对叙述更广泛的细致检验。作为对这一方法的补充,纪尧姆又增添一个由抽象、象征与拟人合成的基础结构,并把这一结构植入梦幻框架之中。在舒适宜人、无忧无虑的五月里,情人/做梦者在乐园中漫步。他看见一面布满了各种罪恶形象的墙壁(仇恨、重罪、嫉妒、哀伤);在由安逸(Oiseuse)引领穿过狭窄的大门而入时,他遇见了美丽(Beauté)、慷慨(Largesse)、谦恭(Courtoisie)和其他美人并与之起舞。他朝那纳西斯之泉里面望去,在那里的两颗水晶上面,他看到映出的一座玫瑰园和一朵玫瑰。他想拾起那朵玫瑰,却被爱神击退与击伤。在非常欢迎(Bel Acucil)、大方(Franchise)和怜悯(Pitié)的鼓励下,他又两次走近,但每次都被抵抗(Danger)、羞耻(Honte)和其他人击溃。虽然在维纳斯的帮助下他收获了一个亲吻,但嫉妒接着在玫瑰的四周筑起了一

1 引文为法语。原文作者在该引文下面提供了由霍根(F. Horgan)所译的英语译文,此处汉译参照其英语译文译出。——译者注

座城堡，把非常欢迎关在里面，并将其置于一位老妪的戒备监视之下。纪尧姆这个 4 000 行的诗歌版本以情人带着对自己命运的抱怨离去在这里结束。

让·德·莫恩后来又增加了近 18 000 行。爱神领着一支军队来增援情人，恶毒的流言蜚语（Male Bouche）被杀死。维纳斯在经历一场长时间的围攻之后，率部径直攻进那座城堡并放火烧毁内殿。就在从自己的梦境醒来之前，情人设法摘取了那朵玫瑰。让的叙述出自一种焦躁、强烈的欲望，他想在纪尧姆的梦幻中添加论辩、学识、哲学讨论、讽刺与喜剧因素。这也是一种旨在将自己塑造成一位作家的叙事，可自相矛盾的是，就在延续和增强纪尧姆这部浪漫传奇之权威性的过程中，让却在力图显示他自己的权威。于是，爱情主题再一次以其独辟蹊径的风格，成为一位诗人用来探寻自己的身份与地位的一种契机。

究竟是什么原因使这部（双人）诗作具有如此大的魅力，并且产生了如此深刻的影响呢？众多因素中有三个比较突出。其一，开篇中那些光辉灿烂的春天形象：鸟儿的鸣啭、初放的鲜花和葱绿的植物、清明的日光和融融暖意。这些意象中没有一个是新鲜的；笔者已在前面评述过，这些意象只是新诗人的一系列司空见惯的比喻。但是，纪尧姆在他的描绘中却使之焕发出特别夺目的光彩。他把这些意象置于梦幻世界的转化力之中，使之成为一次情感之旅的一部分。其二，梦幻本身是一个关键因素，它既释放情人的体验也与之保持距离。其三，纪尧姆促成了情感与思想之间发生惊人、强烈的碰撞，爱情变成了某种抽象物却没有失去强度。在某种程度上，纪尧姆此举是通过聚焦于某些神话意象——玫瑰、花园、城堡、泉水和水晶——来完成的。他通过围篱、圆形广场之中的圆形这些意象与视觉的融合，把那些因欲望延宕而产生的喜乐哀痛表现出来，这种情感体验在视觉上与抽象的理性世界形成了高度"对位"。

马肖和傅华萨对上述各个方面都有所把握，两位诗人都创造出把玩人生与艺术界限的更佳方法。于是，在《爱情之泉》中，马肖的诗人叙述者与所遇见的国王两人最后都做了同一个梦。他们在清泉旁入睡，当国王醒来时，他和诗人都看见王后在国王做梦时送给国王的那枚戒指仍然戴在其手指上。马肖最后一部伟大的叙事诗是《真实故事之书》（*Le Livre dou Voir Dit*），它的叙述完全围绕着生活与写作中的反讽展开。在《爱情的牢笼》（*La Prison Amoureuse*）中，傅华萨对这部诗作进行了模仿。这部诗作的情节围绕着两个人物——老诗人纪尧姆与一位年轻的姑娘图特·贝勒，姑娘倾慕老诗人的诗名，故向他写信欲求与之成为好友，两人之间往返的信件中有46封为散文体，60多封为诗歌体。由于那些描述两人关系进展的叙述双行体诗也是在信札交流中逐渐完成的，因此，这场爱情何以在适当时刻被写下与这桩情爱本身也变得难以分辨。傅华萨将此情景向前推进一步，他把叙事聚焦于老诗人与应约对其诗作进行评论的一位友人。于是，这部诗作与其评论也变得难分难解。

我们能够在乔叟的作品中看出，他在许多地方对有关爱情诗的这些见解进行了评述。《公爵夫人书》的开篇即是一例，这个开篇描写一位说话者通过他支离破碎的对话性话语，把他沮丧的情绪和闪烁其词戏剧性地表现出来。他说他既没有感觉也不能写作；但是，我们如果重读这首诗篇就会发现，开篇这些诗行就是他最后决定将自己的梦幻写进作品的结果。与马尔卡布鲁（Marcabru）和吉拉尔·德·博尔内伊（Girart de Borneilh）一样，他也玩了一种花招或一种手法。诗人在说话，但又声称说不出来；他的身份也模糊不清。他真的是那位诗人吗？他也许是情人？或许他只是那个做梦的人？而且，不管这些诗行看上去是多么笨拙，它们都出自一首十分紧凑、精心打造的诗作：在该诗的头六行，傅华萨风趣地把一个押韵的单音“重播”了一遍。于是，紧凑、精密的诗体再一次以经典的新诗人方式对表面的混乱进行了强化。

《百鸟议会》的开篇也玩了同样的花招，不过这一次是用一个倒装句结构来逗弄一下读者。这种句式使人觉得，说话者似乎不在谈论爱情，而是在谈论诗歌：

> 生命何其短促，而学艺之路却如此漫长，
> 成事何其艰巨，而立功奏效却如此艰难，
> 这可怕的欢乐哟，总是转瞬即逝，
> 这一切我以为乃爱神所为……
>
> （第1—4行）[1]

然而，既然谈论爱情就是谈论诗歌，这答案本身当然也是挺逗人的。我们

1 此处的译文参考了方重所译《众鸟之会》散文体译文，有改动。参见：《乔叟文集》，第80页。——译者注

在此看到的是一种完全超乎于渊源或相似关系的文学关系，乔叟借用的与其说是一种语汇形式，毋宁说是一种文化习性。

笔者想以此来结束讨论，即把注意力引向这种爱情诗的一种关联物。使用反讽和夸张是新诗人爱情与身份语言的一大特色，乍一看来，这似乎会出人意料。倘若我们已习惯于将中世纪视为一个有崇高理想——包括宫廷爱情理想——的时代，那么，当发现那些早期的通俗爱情语言大师们很自由地使用反讽时，你可能会觉得奇怪。而且，我们自己对通俗文化的体验也提醒我们，“我爱你”这一司空见惯的表述蕴含着某种闪烁不定的语义。这种表述绝非是对意义的担保，但也未必是对意义的否定。夸张非常重要（我爱你之甚非语言可以形容；你比世上任何一个女人都要美丽），但过度的夸张既会使其更有可能具有某种意义，也会使其不太可能具有某种意义。在一首非常精致的短诗中，阿尔诺·德·马勒尔（Arnaut de Mareulh）坚称他的赞美之词能够达意，因为其他新诗人空洞的夸夸其谈已确保没有谁能够在任何时候意识到他的语词不会流于空洞。那就是说，由于没有任何人会在任何时候想把他的话当真，因此他的爱情之真相永远不会为人所知。

在爱情语言中，夸张和反讽奇怪地交织在一起，无法相互抵消。在13世纪和14世纪的法兰西爱情诗人中，很难找到一位不把这一点当作公理。毫不奇怪，类似的理念在乔叟的诗作中也发挥着作用。即使那些高度认真的时刻，譬如在第三卷中特洛伊罗斯与克瑞西达彼此交换着心醉神迷的情歌之时，也因夸张得令人生疑的欣喜若狂之感而解体。

“可是，明媚的女郎，
我为你服役，为你守候，
我若确信我已紧锁在你心头，
和你紧锁在我心头一般，
那就比占领两个世界还要可贵，
有了这点信托，
一切痛苦我都较能忍受了。”

对这番话克瑞西达立马作答……

“你已深刻在我的心坎，
即使我死在刑具上，四肢扯落，
也不能把你拽出我的胸膛，
愿上天救助我的灵魂！
凭着造物主的爱，
勿让没根由的念头装进你的头脑，
免得我冤屈而死！”

（第 1485—1492，1499—1505 行）[1]

当觉察到经验与语言不匹配时，乔叟有能力表达那样一个时刻的痛楚，他也有才华从容自如地把这种经验化成精美的诙谐，这种能力与这种才华正相得益彰。我们又联想到《磨坊主的故事》中的约翰，这位木匠想象自己的老婆正如尼古拉曾经预言过的那样会被淹死在洪水中：

木匠叫起来：“哦，我的艾丽森！
哦，我的老婆！她也会淹死吗？”
大吃一惊的木匠差点没垮下。

（第 3522—3524 行）

随后她回答道：

但是她装得好像马上就会死，
说是：“哎，你就去吧，要赶紧！
你不帮我们逃生，我们全没命！
我是你正式娶来的忠实老婆，
亲爱的夫君，去吧，可得救我。”

（第 3606—3610 行）[2]

---

1 此处汉译除了第 8 行之外全部引自方重所译的《特罗勒斯与克丽西德》散文体译文，只对译文进行了分行排列，以求与原文引诗诗行排列相吻合。参见：《乔叟文集》，第 190 页。——译者注

2 译文出自：乔叟：《坎特伯雷故事》，黄杲炘译，上海：上海译文出版社，2013 年，第 155，158 页。——译者注

这是纠缠于一种社会关系网络中的反讽，这网络限定并深化了反讽的力量。为了领会深刻的反讽意蕴，我们需要对艾丽森编造的那种语言稍加回忆。在这里，死亡被当作了一种夸张强化剂（“她装得好像马上就会死”）。她对夸张的误用抵消了约翰意欲践行高尚的温文尔雅风度的真诚意愿（“他差点没垮下”），这也正是这种反讽深刻而不平庸、辛辣而不乖戾之处。在两种情形之中，他们都没找到“主调”，然而反讽的效果却并不肤浅。那不诚实的姿态（“她装得好像马上就会死”）与那感受真切的快要晕倒（“他差点没垮下”）之间的难解难分，以一种基本的法兰西方式摆弄着人生与艺术之间的细微差异。在这里，乔叟并不是在戏仿一种追慕法兰西典雅风格的情怀；他是在分享一种法兰西语言与社会视角，而这种视角总是能以睿智与同情的方式，来处理典雅庄重和典雅语言之间潜在的颠覆性关系。

笔者一直想要证明，弄清楚乔叟所承继的法兰西遗产不仅有利于探寻那些已知典故及其“余波”的幽深意蕴，而且也有助于我们欣赏它们的不凡风采。这能揭示乔叟总是“已经”法兰西化的程度究竟有多深：他无法靠近或远离这些文化习俗，因为这些文化习俗不仅已植根于他的家庭与职业环境之中，而且也已深入几百年来的思维和写作方式之中。他对法兰西作品的阅读超越了将其作为渊源，也超越了某一个阶段，已是一种思想和语言的习性。如果我们能把法语视为乔叟的一种自然语而非输入语或外来语，那么我们就能更好地理解他的英语所表现出来的道地的国际风范。[1]

编后记

阿迪斯·巴特菲尔德（Ardis Butterfield）是耶鲁大学和伦敦大学学院（UCL）教授，著名中世纪文学和乔叟研究专家，在中世纪英语文学、中世纪

1 吉尔·曼（Jill Mann）、约翰·马伦（John Mullan）、凯特·莫斯曼（Kate Mossman）和我的同事、学生分别对本文慷慨地提出了相关的意见，笔者在此谨致谢意。

法国文学和文化、中世纪音乐等领域著述甚丰;其代表作有《中世纪法国诗歌与音乐》(*Poetry and Music in Medieval France from Jean Renart to Guillaume de Machaut*, 2003)、《熟悉的敌人》(*The Familiar Enemy: Chaucer, Language, and Nation in the Hundred Years' War*, 2009) 等。她特别注重从多学科综合研究中世纪文学和文化,《熟悉的敌人》从多角度探讨英格兰民族性,是这方面的典范之作。《乔叟承继的法兰西遗产》("Chaucer's French Inheritance") 一文也是以这样宽广的视野探讨法兰西文化和文学对乔叟的重大影响。本文译自:Piero Boitani and Jill Mann (eds.), *The Cambridge Companion to Chaucer*, 2nd ed., Cambridge: Cambridge UP, 2003, pp. 20–35。

乔叟承继的意大利遗产

作者 ［美国］戴维·华莱士

译者 李兰生

如果站在欧陆的视角来看，乔叟时代的英格兰与那时的英诗显得既怪异又迟钝。其之所以怪异乃缘于地理因素：自古典时代以来，不列颠群岛就一直在地图上被标示为极北地区的最后一站和世界的尽头。在薄伽丘《十日谈》第二天的第三个故事中，英格兰被视为一个比巴巴里（位于北非海岸、距离西西里仅二百英里）更怪诞、更具异国情调的地方。在那里，一个足智多谋的托斯卡纳青年居然会受到一个男修道院院长（一个公主乔装打扮）的引诱，抵押掉男爵们的那些城堡并成为康沃尔伯爵。[1] 于是，这些遥远群岛上的方言也被目为古怪、缺乏重要文学价值的语言：法兰西编年史家傅华萨在伦敦度过从1361年至1367年的岁月，他显然从不费神去学习英语，而使用欧洲通用语（法语）勉强对付了事。那时的两个多世纪以前，克雷蒂安·德·特鲁瓦早就写下了那些伟大的浪漫传奇作品，[2] 它们奠定了傅华萨在他的《编年史》中赞美过的骑士精神价值观；大约在1275年，《玫瑰传奇》也即将完稿。在一定程度上，由于受到《玫瑰》在意大利被接受这一情形的鼓舞，但丁不仅创作了欧洲最伟大的诗作《神曲》，而且还撰写了一系列著述来引导未来对《玫瑰》的接受和阐释。彼特拉克所捍卫的虽然是拉丁语而非意大利语，但也仍然汇编了一部题为《歌集》

---

1 参见：*The Decameron*, trans. G. H. McWilliam, 2nd ed., Harmondsworth, 1995, II, 3; David Wallace, *Giovanni Boccaccio: Decameron*, Cambridge, 1991, pp. 34–35。

2 克雷蒂安·德·特鲁瓦（Chrétien de Troyes, 1130?—1185?），杰出的法国浪漫传奇诗人，其五部（其中一部未完成）亚瑟王和圆桌骑士的系列传奇风靡欧洲，开创了欧洲文学史上亚瑟王浪漫传奇的时代。——译者注

(*Canzoniere*)的意大利语抒情诗集;一直到16世纪初,英格兰诗人们才对这些诗歌有全面的了解。薄伽丘留给英国文学最伟大的遗产——他的框架故事集——也是到了16世纪才被兼收并蓄(此时正一步步开辟那条通向莎士比亚的路)。但是,乔叟很早便超前借鉴薄伽丘,最终受到他的启示,创作了一本自己的框架故事集。

乔叟生长于紧邻泰晤士河的一个商人家庭,早年他就与意大利船员、商贾、银行家混得很熟,这种经历在他后来的职业生涯中得到充分利用。随后,通过对意大利的实际造访,他获得了关于那里的社会、政治背景最新的第一手资料,而但丁、薄伽丘和彼特拉克的作品就源自这样的背景。[1]然而,在思考"乔叟承继的意大利遗产"这一十分复杂的问题时,笔者在此想集中探讨对乔叟作为一个诗人的成长产生根本性重要影响的一个论题,即诗歌也可以按照那些欧洲最高标准用某个人的母语来进行创作的这一理念;亦即这样一个现代诗人也可以与古代大师们相通的这样一种志向。这样说并不意味着乔叟曾极力要做"英格兰的诗人"(维多利亚时期他的那些崇拜者的看法)。德里克·皮尔索尔(Derek Pearsall)认为,那时"有一个趣味相投的圈子,而乔叟似乎从未想过要挤进去或对这个圈子表示赞赏,这个圈子就是英格兰"[2]。对他的诗歌和为王室的效劳而言,他的故土不是"英格兰",而是从不列颠岛东南部一直延伸至欧洲大陆的一片领土(加来在1558年前仍属英国领地)。正如阿迪斯·巴特菲尔德在前文所述,乔叟时代跨越英吉利海峡的那片文化地带浸透着法兰西价值观。笔者将要论证的是,乔叟的成就不是去宣布作为英格兰诗人的独立,而是要逐步创造出一种有特色的本土化诗歌。可他在此所采取的战略似乎和乔伊斯的一样,亦即将这种诗歌进一步并更深地纳入欧洲文化交流的混合潮流之中。很偶然,他得益于理查德二世与波希米亚的安妮之间良好的婚姻关系,后者是神圣罗马帝国皇帝查理的女儿(他在布拉格的都城与皇宫现今仍依稀可见,在当年可是一种国际文化的所在地,只有阿维尼翁才能与其相媲美)。但是乔叟更得益于他生逢其时,因

1 参见:Robin Kirkpatrick, *English and Italian Literature from Chaucer to Shakespeare*, London, 1995; David Wallace, *Chaucerian Polity*, Stanford, Calif., 1997; Wallace, "Italy," in *A Companion to Chaucer*, ed. Peter Brown, Oxford, 2000, pp. 218–234。

2 "Chaucer and Englishness," *Proceedings of the British Academy*, 101, 1998, p. 86. "On Victorian and post-Victorian Chaucers," see Steve Ellis, *Chaucer at Large: The Poet in the Modern Imagination*, Minneapolis, 2000.

为在他的时代英语正逐渐取代法语，成为王室、法律和议会事务的一种标准语言。[1] 在任何一种语言的历史上，如果有机会为未来的诗歌"制作"创造一个决定性因素，那么，当这种语言具有足够的可塑性并适合各种试验时，这样的机会就来了。在这一点上，英语的发展迟缓和怪异正好对乔叟有益。

现在我们应该注意到，当乔叟正在施展自己的欧洲雄心之时，在他的周围实际上正在展开英诗创作的一个伟大时代，如朗格伦、《高文》诗人和其他佚名诗人的头韵诗作。朗格伦也写过几个版本的框架故事（这些故事相继的开头部分与《坎特伯雷故事》的开篇高度相似），而且这也是威斯敏斯特和伦敦诗（并非男爵城堡和外省诗）。乔叟与这一传统的关系或者与这一传统的欧洲渊源之间的关系现在仍很难确定，但是，在乔叟与他那些创作头韵诗的同行之间存在着某一方面的相似之处，那说明对他诗歌创作产生更大作用的为何会是意大利而非法兰西因素。乔叟与朗格伦两人发明了一种在中顿（medial caesura）两边的任何一边设置重音的诗行。作为一种音节诗，法语诗不这样写；但意大利诗就是这样写的。于是，描写进入但丁的地狱之门的入口即可以采用后面紧跟着一个大停顿的半行诗来作为开头（"PER ME SI VA," *Inferno* I, 3）；于是，乔叟也能准确地模仿这一诗行（"Thorgh me men gon," *Parliament of Fowls*, 127 and 134），[2] 而法语诗行那种较快的穿梭般的律动则不太容易产生这种效果。因此乔叟立志欧化英语诗歌的壮志，会使其在意大利诗歌中发现在法兰西诗歌中找不到的亲近感和各种可能性。

然而，并非所有这些旨在塑造但丁所称的一种"卓越的俗语"的试验最终都能成功。20 世纪那些力图复兴苏格兰方言的坚定努力就是一例，这种

1 参见：Alfred Thomas, *Anne's Bohemia: Czech Literature and Society, 1100–1420*, Minneapolis, 1998; Wallace, *Chaucerian Polity*, pp. 357–364; Susan Crane, "Anglo-Norman Cultures in England, 1066–1460," in *The Cambridge History of Medieval English Literature*, ed. David Wallace, Cambridge, 1999, pp. 52–58; Derek Pearsall, *Old English and Middle English Poetry*, London, 1977, pp. 189–191。克莱恩也和大多数专家一样，认为"杰弗里 · 乔叟很可能一开始就用法语创作"（p. 55）。

2 意大利语和中古英语原文分别引自但丁的《神曲 · 地狱篇》第三首第一行和乔叟的《百鸟议会》第 127 和第 134 行，汉译分别为："从我这里走"或"通过我"；"人们通过我"。参见：但丁：《神曲》，王维克译，北京：人民文学出版社，1996 年，第 12 页；但丁：《神曲 · 地狱篇》，黄文捷译，南京：译林出版社，2005 年，第 21 页；乔叟：《乔叟文集》，方重译，上海：上海译文出版社，1979 年，第 83 页。——译者注

方言文学传统在中世纪晚期繁荣发展、充满活力。这种努力在早期获得辉煌成功，如休·麦克迪尔米德（Hugh MacDiarmid）的《一个醉汉看蓟》（*A Drunk Man Looks at the Thistle*, 1926）。但是，由于需要对科学、技术和哲学的复杂性进行探索，麦克迪尔米德也和他之前的埃德温·缪尔（Edwin Muir）一样，最后只能被迫接受多种标准英语。乔叟也有同样的需求，他对波伊提乌《哲学的慰藉》的翻译和《论星盘》促使他把科学与哲学术语融入自己诗歌作品之中。14 世纪的英语表达能力有限，这可能屡屡使乔叟感到几近绝望，尤其是在他读到但丁《天堂篇》中那些令人眼花缭乱的宏伟诗篇和意识到 14 世纪的意大利语已有的强大表现力之时。

所幸的是，乔叟对英语的确坚守不渝。英语韵文传奇诗的传统为他在长篇叙事诗上的试验奠定了某种基础，尽管这种基础并不稳固。但是乔叟很快认识到，作为一个英语"作家"（makere），他的第一要务是要赶上他从法兰西所学知识的水准。以孜孜不倦地逐字模仿《玫瑰传奇》为起点，他悄然却非常恰当地开启了对法兰西杰出前辈进行英国化的进程。[1] 然而，在很短的一段时间内，亦即在他未满三十岁的前几年，他完成了一部创新性的天才之作。《公爵夫人书》显然是与爱情叙事诗联结在一起的，这一叙事传统是由几代法兰西诗人从《玫瑰传奇》发展而来，后来又在马肖和傅华萨那里得到了完善。[2]《公爵夫人书》与叙事诗的联结如此令人信服，以至于傅华萨在以此体裁所写的一部作品中似乎借鉴了乔叟的这首诗。[3] 但即便是在这样一种更大的语境中，乔叟这首梦幻诗的创新性与独特性也是毋庸置疑的。譬如，乔叟一生对不同社会阶层间的交往感兴趣，这一点已显而易见。此诗最引人注目之处，是一位处于中等社会阶层和显然属于中偏下智商的叙述者，试图去弄懂一位黑色骑士所说的隐喻性语言。这位骑士代表刚特的约翰，而约翰是王国最有权势的贵族。《公爵夫人书》诗质之优雅也并非整齐划一，通过几段陈腐乏味的

1 乔叟在《贞女传奇》（F 本第 327—331 行，G 本第 253—257 行）中提到过他对《玫瑰传奇》的翻译。参见：Ronald Sutherland, *"The Romaunt of the Rose" and "Le Roman de la Rose": A Parallel Text Edition*, Oxford, 1967。萨瑟兰断言："除了有一些修订之外，没有理由怀疑《传奇》的译本残篇 A 不是乔叟的真作"（p. xxxiv）。

2 参见：James I. Wimsatt, *Chaucer and His French Contemporaries*, Toronto, 1991。另请参见阿迪斯·巴特菲尔德《乔叟承继的法兰西遗产》一文。

3 参见：James I. Wimsatt, *Chaucer and the French Love Poets: The Literary Background of the* Book of the Duchess, Chapel Hill, 1968, pp. 129–133。

对话，英语浪漫传奇所特有的那些平淡无奇的语汇显露无遗，但此诗的结构几乎无可挑剔。《公爵夫人书》是一部特别自信的作品。

这种来之不易的自信可能因为乔叟第一次全面接触但丁·阿利吉耶里的《神曲》而被摧毁，而这部作品是那个时代——也许还是任何时代——最伟大的诗作。乔叟也许是从许多经过伦敦的意大利商人那里，或者甚至从自小就开始模仿和心仪的那些法兰西抒情诗人那里对但丁有所耳闻，[1] 但是直到1373年他随一个商贸使团去佛罗伦萨出差之时，他才有机会自己去探明真相。[2] 这次造访的时机非常幸运。经过但丁最忠实的门徒乔瓦尼·薄伽丘一生的积极游说，佛罗伦萨市政当局最终（以167票的多数）做出纪念这位伟大诗人的决定，而大约在七十多年前，他们曾经也以票决的方式将其流放。这次纪念活动采取举办一系列讲座的形式，讲座从1373年10月23日开始，由薄伽丘在佛罗伦萨的巴迪亚的圣斯特凡诺教堂亲自讲授。[3] 早在1373年6月，公众就要递交听讲座的申请，而这也恰好是在乔叟返回英格兰一个月之后。由于早期的这些但丁讲座旨在吸引各式各样的广大听众，因此似乎有理由推测，在乔叟逗留佛罗伦萨期间，这些讲座一定是当时的文人、市民和商人圈子中颇感兴趣的话题。不管怎么说，很显然乔叟的确是在14世纪70年代的某个时间点上发现了但丁，而且这一发现将会对他的艺术前程产生某种深远的影响。表现这一发现并对其进行沉思默想的诗作当然非《声誉之宫》莫属。

与《公爵夫人书》相比，《声誉之宫》对法兰西素材的系统性模仿较少；但丁取代马肖成为乔叟的“航标灯”，不过在乔叟创作生涯的任何一个阶段，马肖和法兰西诗人却并没有远离他的心灵，他们对《声誉之宫》

---

1 参见：James I. Wimsatt, *Chaucer and the Poems of "Ch"*, Cambridge, 1982, pp. 51–60, 66–68。

2 关于乔叟在1373年造访热那亚和佛罗伦萨的详情，参见：*Chaucer Life-Records*, eds. M. M. Crow and C. C. Olson, Oxford, 1966, pp. 32–40; D. S. Brewer, *Chaucer and His World*, London, 1978, pp. 119–131。

3 参见：*Esposizioni sopra la Commedia di Dante*, ed. G. Padoan, in *Tutte le opere di Giovanni Boccaccio*, ed. Vittore Branca, 12 vols., Milan, 1964–1998, vol. 6; G. Padoan, "Boccaccio, Giovanni," in *Enciclopedia Dantesca*, ed. Umberto Bosco, 6 vols., Rome, 1970–1978, vol. 1, pp. 645–650; A. Vallone, "Lectura Dantis," in *Enciclopedia Dantesca*, vol. 3, pp. 606–609; *Medieval Literary Theory and Criticism, c.1100–c.1375: The Commentary Tradition*, eds. A. J. Minnis and A. B. Scott, with the assistance of David Wallace, Oxford, 1988, pp. 453–458。

的影响还很深远。[1] 乔叟仍然坚持使用与《玫瑰传奇》八音节诗行旗鼓相当的那种英诗短行偶句，他把叙事放在那种源自法兰西的令人熟悉的梦幻诗框架之中，通过一个略为滑稽的叙述者发声。这位叙述者与《公爵夫人书》中的叙述者一样，由一名动物向导将其引向《声誉之宫》的中心场域——这一次向导是一只男校长似的鸟儿。但是，在这一熟悉的架构伸展自如的范围内，乔叟显然在努力创造某种新事物。这种事物在事实上是如此新颖，以至于那位叙述者本人都无法理解或说出它会是何物。叙述者反复告诉我们，他在寻觅"音讯"、"消息"或"新闻"。[2] 是关于什么的新闻呢？是关于爱情的新闻，关于声誉的新闻，关于诗歌的新闻。如果我们有兴趣把主要注意力放在追溯乔叟与意大利作家的渊源上，那么我们无须进一步讨论就能推断，关于《声誉之宫》，即使没有任何单独的一揽子假设能够解开其谜团和揭示出一种纯粹、本质的意义，这首错综复杂的诗仍是一部关于爱情、声誉和诗歌这些具有新闻价值、相互关联的主题的作品。[3] 乔叟本人似乎也不明白此诗最终的意义是什么：该诗最终未完成，那位本来可以回答我们全部问题的"很有权威之人"（第 2158 行）最后陷入哑然不语。

在"爱情"、"声誉"和"诗歌"这三个核心概念中，"诗歌"是 14 世纪 70 年代这一英语语境中最难解的概念。P. M. 基恩（P. M. Kean）撰文认为，《声誉之宫》最重要的主题是"诗歌与为其提供素材的传统之间的关系"[4]。可这里的问题是，对乔叟来说压根就没有先行的英诗传统可以参照，在乔叟之前，没有哪一位英格兰"作家"敢于自称为诗人。即使在意大利，彼特拉克"这位桂冠诗人……他优美的修辞 / 把诗的光辉洒满意大利全国"[5]，但授予他桂冠是因为他在拉丁文而非俗语上取得的那些成就。[6] 乔叟首先在但丁身上所看到的，是要把自己卑微的英语"创作"（makinge）提升到诗之水准这一期望或梦想，此举会使他赢得伟大的拉丁文"作家"

---

1 参见：W. O. Sypherd, *Studies in Chaucer's* House of Fame, London, 1907, p. 13。

2 在《声誉之宫》中，tydynges 这个单词大约出现过 22 次。

3 有关这一方面最新观点的概述，参见：*Riverside Chaucer*, ed. Benson, pp. 977–988。另见：Piero Boitani, *Chaucer and the Imaginary World of Fame*, Cambridge, 1984。

4 *Chaucer and the Making of English Poetry*, 2 vols., London, 1972, vol. I, p. 111.

5 引诗汉译参见：乔叟：《坎特伯雷故事》，黄杲炘译，上海：上海译文出版社，2013 年，第 448 页。——译者注

6 所引诗行参见：《学士的引子》，第 31—33 行。1341 年，彼特拉克在罗马被授予拉丁诗人的桂冠。

(auctores)享有的那种声誉。以一种谦逊的性情(在其创作生涯的这一阶段,他也明白自己有许多方面需要谦虚对待),这位乔叟式的梦者忽略了将自己的名字写入声誉之宫的需求,也否认了自己追名逐誉的企图:

……"朋友,你叫什么名字?
你也是这里来讨取声誉的吗?"
"不是的,的确不是的,朋友!"我道;
"天照看,我并非为此而来,
有我的头颅为证!
任何人的嘴上都不提我的名字,
只当我已辞别了人世,我感到十分安顿。
我最了解我自己的处境;
不论我如何思念,如何困恼,
我一定独自担当下来,
至少我要尽我所能,
把大部分包干才是。"

(第1871—1882行)[1]

一点也不奇怪,这一段气鼓鼓、含糊其词的话语只能激怒乔叟的问话者。在一座声誉之宫里你如果不求名还追逐什么?那梦者尽力做出解释,他求助于自己那个神奇的词语——"消息"(tydynges),似乎通过用一种念咒语的方式来重复这一词语,他便能迅速得到某种答复:

"那么你来到这里干什么呢?"他道。
我答道:"让我来告诉你我的来因吧:
我想听一些新消息,
一些新事物,
我也不知道是些什么,
有关……的消息。"

(第1883—1888行)[2]

---

1 汉译引自:《乔叟文集》,方重译,第62页。原译为散文体,此处依照原诗进行分行排列。以下出自方译本译文均做此处理,不再另加说明。——译者注

2 参见:《乔叟文集》,第62—63页。译文稍有改动。——译者注

在一首见证乔叟第一次试穿诗人袍服的诗歌中，这样的尴尬和不自然并不奇怪。但丁已为他展示了俗语诗可能的模样，但是但丁的意大利语也使他意识到，相比之下他自己的民族语言——英语——只是一种钝器。值得称道的是，乔叟并没有因为这样的比较而退缩。在《神曲》之第三卷亦即最后一卷《天堂篇》的开头，但丁告知阿波罗他（但丁）在成功完成他这部诗作之后，将走到阿波罗的树旁给自己戴上桂冠。而乔叟在《声誉之宫》第三卷亦即最后一卷的开篇告诉阿波罗，他（乔叟）在成功完成他这部诗作之后，将走到阿波罗的树旁……给树干送上一个热吻。这种退向自嘲的模式在《声誉之宫》中反复出现；乔叟还不能真把自己当成一位诗人。如果我们把上面这两段引诗的一部分并置在一起，我们就会明白这一缘由。与但丁庄重的隔行押韵的三行诗洪亮的音韵背景相比，乔叟的英文双行体听起来只不过相当于一种紧张、短促的尖叫：[1]

> 哦，好心的阿波罗，请把我变成盛满你的才气的器皿，
> 助我把这最后一部诗作完成，
> 正如你要求具备这样的才气，才把你所爱的桂冠相赠。
> 直到如今，帕纳索斯山的一座山峰，
> 就足以助我写作；但现在，我则需要
> 有两座山峰助我进入这余下的竞技场中。
> 请进到我的胸中……

（第一首第 13—19 行）[2]

> 呵，智慧与光明之神，
> 阿波罗，由于你的威力，
> 我愿这微薄的最后一卷诗曲得到指引！

1 本人的英译遵循乔治·彼得罗基（Giorgio Petrocchi）审定的《神曲》原文文本（Turin, 1975）。但丁在此谈到的帕纳索斯两大山峰中的一座被认为是献给阿波罗的，另一座则是献给缪斯诸神的。有关乔叟借鉴但丁的具体语境和语词的详细情况，参见：Howard H. Schless, *Chaucer and Dante: A Reevaluation*, Norman, Okla., 1984。另见：*The Cambridge Companion to Dante*, ed. Rachel Jacoff, Cambridge, 1993; Richard Neuse, *Chaucer's Dante*, Berkeley, 1991。

2 引诗原文为意大利语，本文作者在该引诗之后附有他本人的英译，此处汉译为黄文捷意大利语汉译文。参见：但丁：《神曲·天堂篇》，黄文捷译，南京：译林出版社，2005年，第 1—2 页。——译者注

我并不想
在这里表现诗艺；
无非为了用韵太松懈、太拙劣，
仍求你予以润饰，
免得有些诗行脱漏了音节……

（第1091—1098行）[1]

乔叟在此并未提及声誉，他甚至一想到“诗艺”就感到不安。他一开始就毅然决然向阿波罗祈求神助，这种乞灵变成了希冀对一无足轻重、难以驾驭的语言媒介的缺陷进行掩饰的一种求助。乔叟清醒地看到，如果这样的一种媒介要真正富有诗意——并且从此能够蕴含具有但丁那样的见识和辉煌的主题，一场重大的全面革新是理所当然。非常有趣的是，但丁本人已经写过一篇关于如何可能从业已存在的意大利方言中塑造一种卓越俗语（vulgaris illustris）的专论。这篇题为《俗语论》（*De Vulgari Eloquentia*）的拉丁文专论使努力（但并非盲从）模仿伟大的拉丁文大师（poetae magni），成为孕育真正俗语雄辩的一种紧迫前提。[2] 因此，就在《神曲》的第一首诗篇中，但丁称颂维吉尔为“我的恩师和我的楷模”；他还吐露说“长期拜读和无限爱戴”驱使他“遍寻你的著述”，他要继续追随维吉尔的脚步（实际的和隐喻的）穿越地狱和炼狱形形色色的地带。[3] 于是，在《声誉之宫》的开卷，乔叟也勇敢地“跟随着”维吉尔：

1 引诗源自《声誉之宫》第三卷开篇的“献词”，汉译参见：《乔叟文集》，第50页。——译者注

2 参见A. 马里戈（A. Marigo）编定的（有意大利语译文饰面的）版本（第三版），由P. G. 里奇（P. G. Ricci）更新校订（Florence, 1957, esp. II, iv, 1–3）。如需省力的译本，参见：*Literary Criticism of Dante Alighieri*, ed. and trans. Robert S. Haller, Lincoln, Nebr., 1973, pp. 3–60。另见：*Medieval Literary Theory*, eds. Minnis and Scott, pp. 376–377, 381–382。

3 参见：《地狱篇》，第一首第83—85行。克里斯蒂娜·德·皮桑（Christine de Pizan）在其《漫漫求索路之书》（*Livre du Chemin de Long Estude*, 1402—1403）一诗中专门提及此段，在这首梦幻诗中克里斯蒂娜“明确地把自己的文学生涯视为对维吉尔诗歌成就的学习和继续”。参见：Christine de Pizan, *The Book of the City of Ladies*, trans. E. J. Richards, New York, 1982, pp. xliii–xliv。另见：*The Selected Writings of Christine de Pizan*, eds. and trans. Renate Blumenfeld-Kosinski and Kevin Brownlee, New York, 1997。

现在我将竭力歌唱，
武功以及由特洛伊境内
出奔的那位英雄，
是命运指引他……

（第 143—146 行）[1]

这种对《埃涅阿斯纪》的直译很快缩约成一种释义（第 149—238 行）、一种传奇性的插曲（第 239—382 行）、一系列劝谕性故事（第 388—426 行），然后，在以一个传奇故事讲述者的程式作结之前（第 466—467 行）又一次变成一种释义（第 427—465 行）。再一次，在以毅然决然的姿态开始之后，乔叟尝试创造一种英语诗歌的努力如激流般迅疾冲下山岗，与但丁的那些模式和规范形成新的反讽性对照。这样的对照也出现于《声誉之宫》的中卷。在《神曲》的第二卷，但丁梦见一只金雕俯冲而下，然后将他攫起飞向天空。[2] 在《声誉之宫》第二卷，乔叟也梦见一只金雕俯冲而下，然后将他攫起飞向天空。但是，在对乔叟超重的身体（乔叟长得胖乎乎的）进行一番抱怨和诅咒之后，乔叟的金雕接着大发枯燥乏味的观光议论，把乔叟烦得两眼无神、兴致索然。于是，乔叟的叙述又一次偏离了但丁一本正经的开头，又一次变得滑稽而谐趣：一位未来的诗人被描绘为一个肥胖、不幸之人，这个人在一只无聊、硕大禽鸟的爪子上悬荡。

然而，恰恰是对这种自嘲的执着与自嘲之强烈，才最有力地传达了乔叟对这一但丁式工程的可能性所产生的兴奋与焦虑。只有在源自法兰西的梦幻诗形式这一熟悉的框架内，以新发现的但丁的意大利语标准为参照，乔叟才能对其母语英语的能量进行评判。同时，他也开始探索爱情、声誉与诗歌之间错综复杂的关系。这种探索一直推进到《特洛伊罗斯与克瑞西达》，这是乔叟力争使一部英语作品臻于但丁之水准的一种英雄壮举。在这部作品中，上述三个重要概念间的相互关系可以做出如下归纳：爱产生诗；诗既为诗人也为恋人赢得声誉。乍一看，这一简洁的表述也许会使我们相信，乔叟一离开《声誉之宫》，他艺术上的种种疑惑便烟消云散了。但是，这样的表述也催生了一些尴尬的问题。如果一位恋人惧怕声名狼藉，而另

1 汉译参见：《乔叟文集》，第 32 页。个别地方文字有改动。——译者注

2 参见：《炼狱篇》，第九首第 13—42 行。

一位恋人最终对声誉和其他一切都不感兴趣，那又何苦劳神去为他们赢得声誉呢？再者，为何要把赢得诗人声誉的最美好的愿望"拴在"一个关于异教爱情与不贞的世俗故事上呢？在创作《特洛伊罗斯与克瑞西达》时，尽管这样的问题并没有被忽略，但是，也恰恰是在这部诗作即将成形之时，乔叟才着手处理这些问题，并为此而感到发愁。《公爵夫人书》那种活泼、有限的自信在《声誉之宫》中变成了茫然与困惑，其元气再也无法完全恢复。

通过摆脱短小双行体的局限和约束，采用各种诗体来试验写更长的诗行，乔叟从《声誉之宫》的"叙事惨败"[1]中重振旗鼓；他甚至还尝试过但丁隔行押韵的三行体（terza rima），虽说为时不长。[2]但是，这一次对乔叟特别受用与富有启发的是一种薄伽丘诗体。乔叟的君王诗体（rhyme royal）——《百鸟议会》与《特洛伊罗斯与克瑞西达》中的七行诗体（押韵模式为ababbcc）——的形成在很大程度上得益于他对薄伽丘八行诗体的细致研究，这种诗体每个诗节为八行，每行十一个音节，押韵模式为abababcc。乔叟在阅读《菲拉斯特拉托》和《苔塞伊达》时认识到这种诗节的叙事潜能，这两个薄伽丘的文本他可能是在1373年从佛罗伦萨回国时带回或是在几年之后弄到的。在他手上，这两个文本的作用却大相径庭。由于准备在《特洛伊罗斯与克瑞西达》上长期下苦功，他可能把《菲拉斯特拉托》丢在了一边，并在独处之时对这部作品反复思考了许多年。而《苔塞伊达》却被当成了一座蕴藏着叙事和象征母题的丰富宝库，在一整批作品中被他反复利用，[3]其故事情节最终为乔叟的《骑士的故事》提供了一种素材。但是早在此前，《苔塞伊达》就为《安妮丽达与阿塞特》所用。作为《骑士的故事》之"远祖"，《安妮丽达与阿塞特》貌似一个诗歌作坊，各种诗节形式、叙事形式、抒情形式都在这里进行了试验。[4]这部诗作见证了乔叟开始有

1 Derek Brewer, *Towards a Chaucerian Poetic*, British Academy, 1974, London, 1974, p. 8.

2 参见：《怨诗——致情人》（"A Complaint to His Lady"），第15—22行。另见：*Riverside Chaucer*, p. 1078。

3 参见：Piero Boitani, "Style, Iconography and Narrative: The Lesson of the *Teseida*," in *Chaucer and the Italian Trecento*, ed. Piero Boitani, Cambridge, 1983, pp. 185–199。

4 关于这首诗歌的不同观点，参见：John Norton-Smith, "Chaucer's *Anelida and Arcite*," in *Medieval Studies for J. A.W. Bennett*, ed. P. L. Heyworth, Oxford, 1981, pp. 81–99。

点看重自己的诗人角色了;事实上是看得太重了,因为该诗(罗宾逊所言十分简单明了)“在乔叟的作品中明显带有喜用诗人语汇的一种倾向”[1]。在下面对薄伽丘乞灵的一段诗有点僵硬、牵强的翻译中,这一令人不安的倾向从一开篇就一目了然:[2]

火红的马尔斯,你这凶狠的战神,
你在冰天雪地的色雷斯被尊为护神,
在那里你坐镇在
阴森森的庙堂之上……

(第1—4行)[3]

在对乔叟的语汇与高尔的“朴实文风”进行比较时,C. S. 刘易斯在从《安妮丽达与阿塞特》所引的这样一些诗行中发现了“英格兰高雅诗歌语言整个中心传统的渊源”[4]。带着整齐的抑扬格的嚷嚷声强行将主语从主动词拉开,这样矫揉造作的措辞深得15世纪乔叟仰慕者的喜爱。例如:莱德盖特曾称赞乔叟“首创的言语与修辞之金色露珠净化和涌入了……我们的语言”[5]。然而,此例与其他许多例证显示,15世纪对乔叟的接受与乔叟本人的作诗计划根本相悖。成熟的乔叟力求不用拉丁语的文采来润饰他的词句,而是要把他的母语所特有的那些自然节奏和活力释放出来。实验性的作品《安妮丽达与阿塞特》最终未完成,此后我们发现乔叟的措辞拉丁化倾向越来越淡,与英语口语语音的各种音域和自然音调协调得越来越完美。《特洛伊罗斯与克瑞西达》那以欧陆和拉丁文本为基础的作品中之古典世界将赋予乔叟无穷无尽的机会来展示崇高的拉丁文风;但是如果对乔叟在《特洛伊罗斯与克瑞西达》中处理原始材料的情况进行研究,就会发现他放弃了许多这样

1 参见:*The Works of Geoffrey Chaucer*, ed. F. N. Robinson, 2nd edn, London, 1957, p. 304。

2 参见:*Teseida delle Nozze d'Emilia*, ed. A. Limentani, in *Opere di Boccaccio*, ed. Branca, vol. 2, Book I, stanza 3。

3 汉译参见:《乔叟文集》,第70页。——译者注

4 *The Allegory of Love*, Oxford, 1936, p. 201.

5 引自:*The Life of Our Lady*, c.1410, Book II, lines 1632–1634, in Derek Brewer (ed.), *Chaucer: The Critical Heritage*, 2 vols., London, 1978, vol. 1, p. 46。

的机会。[1] 当然,《特洛伊罗斯与克瑞西达》也确有夸张华丽的片段。但总体说来,经过煞费苦心的艺术加工,这部诗作的第一人称叙述者说话的声音变得似乎完全合乎他的本性。这种在诗歌语汇上追求巧然天成的理想又一次反映出乔叟对但丁准则的着力恪守。但丁把维吉尔赞誉为他的恩师、楷模和向导,但他从未像维吉尔一样发声;他的措辞总是意大利语而从来不是拉丁语。对但丁来说,至关重要之处是诗人应该努力完善自己的声音;诗人不应企求从书本或从异乡人那里借用声音。热爱与你一起成长的祖国和语言毕竟是世界上最自然的事。因此,正是在但丁的炼狱——那个充满着诗人的奋斗和艺术努力的最本真的祖国,到处挤满了来自整个欧洲大陆的诗人。就在炼狱前庭的门口,一位叫卡塞拉的人唱着但丁自己的一首歌(第二首第112—117行),出神地拥抱着但丁、维吉尔和他们的同伴们。当听到被但丁称赞为俗语诗最优秀的代表时,一位博洛尼亚诗人指着他的一位诗人同伴说,这才是"用母语写诗的更为高超的匠人"(第二十六首第117行)。于是,即使在但丁的意大利语杰作中,这位"用母语写诗的更为高超的匠人"也被授予了用本土普罗旺斯语说话的荣誉(但丁还颇为用功地学过这种语言)。但丁的诗友阿尔诺对他的问候友好并充满敬意和兄弟之情:

您的礼貌要求令我受宠若惊……

(第二十六首第140行)[2]

乔叟肯定也渴望得到这样对他自己作诗大业的睿智好评;他可能也认为英格兰还没有哪位在世之人有能力给予此种评价。不过,他还在继续朝着俗语语汇巧然天成这一但丁的标准奋斗;他最终在《百鸟议会》中实现了这一目标:

---

1 参见:David Wallace, *Chaucer and the Early Writings of Boccaccio*, Cambridge, 1985, pp. 94–140。另见:*Troilus and Criseyde: A New Edition of* The Book of Troilus, ed. B. A. Windeatt, London/New York, 1984。这个版本将《菲拉斯特拉托》和《特洛伊罗斯与克瑞西达》并置在一起。又见:*Chaucer's Boccaccio: Sources of Troilus and the Knight's and Franklin's Tales*, ed. and trans. N. R. Havely, Cambridge, 1980。此书提供了《菲拉斯特拉托》最新、最可靠的译本。又见:Thomas C. Stillinger, *The Song of Troilus: Lyric Authority in the Medieval Book*, Philadelphia, 1992。

2 汉译引自:《神曲·炼狱篇》,黄文捷译,南京:译林出版社,2005年,第307,308页。——译者注

生命何其短促，而艺术的掌握却需要悠久的时日，
一项事业的完成何等艰巨，而要立功奏效又何其困难，
我们所能赢得的一点快乐，战战兢兢，转瞬间又已消逝，
凡这一切，我认为都是爱神所为……

（第1—4行）[1]

这种声音完美地表达了在一个沉重、全然耗时费事的主题重压之下一颗心灵恍惚、错乱的情形，它听起来完全不像打造《安妮丽达与阿塞特》那样一种夸张做作的开篇时所发出的声音。这个说话者看起来更脆弱，因而也更有人性，对摆诗人架子更不在乎。他开始似乎没有意识到读者，而只是在第四行才镇定下来告诉我们他最重要的主题会是什么。从开篇的诗行我们也许能揣摩出他的主题可能是艺术本身，但这主题却是爱情，亦即在中世纪作品中总是与艺术紧密交织在一起的一大主题。而且，这些开篇的诗行虽然看起来十分质朴自然（即使谈论或不得要领地谈论艺术主题），但实际上却经过了精雕细琢。开篇的第一行译自拉丁语格言"艺术长青，人生短促"（ars longa, vitae brevis）；后面两行延续对照和迂回说法的修辞主题；整个三行总在一起归结成一个阐释范例，即以不同的方式言说同样的内容。[2]

中世纪诗歌的开篇语句（这也包括《特洛伊罗斯与克瑞西达》和《坎特伯雷故事》）通常十分复杂而又精雕细琢：诗人在我们设法领会其文本之前，似乎都要让我们对其资格表示信服。《百鸟议会》也是如此。但是，该诗的开篇诗行显然是用一种自然流畅、生动真切的声音在说话，这种声音掩盖了对一种异域源文本苦心孤诣的详尽阐发和对各种修辞技巧不动声色的掌控，这样的开头亦即是对整首诗篇的暗示与象征。与《声誉之宫》一样，《百鸟议会》为自己宣称的爱情主题给出了三种视角：第一种是从遥远的宇宙看；第二种是从一座艺术之宫内看；第三种是从一个更自由自在、人群济济（鸟群济济）的环境中看。这三大主要叙述片段的每个部分均依据一个重要的拉丁或欧陆的古典或现代源文本。[3]皮耶罗·博伊塔尼（Piero Boitani）在随后的文章中指出，第一个片段运用了

1 汉译参见《乔叟文集》，第80页。个别标点有改动。——译者注

2 参见：*The Parlement of Foulys*, ed. D. S. Brewer, London, 1960, pp. 48–49。

3 参见：B. A. Windeatt, *Chaucer's Dream Poetry: Sources and Analogues*, Cambridge, 1982。

5 世纪马克罗比乌斯的拉丁语文本（此人就是为《玫瑰传奇》的开篇提供梦幻诗知识的那位“作者”）；第二个片段运用了 14 世纪薄伽丘《苔塞伊达》的意大利语文本；第三个片段运用了 12 世纪法兰西人里尔的阿朗（Alan of Lille）的拉丁语文本。更复杂的情形是，这里的第二与第三片段之间的过渡在一些方面似乎归因于另一薄伽丘文本，即一首用隔行押韵的三行体写成、题为《爱情幻象》（*Amorosa Visione*）的梦幻诗。[1] 分量如此之重的源材料也许会显得压抑；在维纳斯神庙那暖房般的氛围中，在从前那些沉甸甸的爱情作品面前，乔叟自己也有些心怀不满、闷闷不乐。在他的神庙之旅快要结束之时，他只好念叨着那些名字：

西米拉米斯、坎迪斯与赫拉克勒斯，
别白列斯、狄多、提斯柏与皮拉姆斯，
特里斯特拉姆、伊索达、帕里斯与阿喀琉斯，
海伦、克莉奥佩特拉与特洛伊罗斯……

（第 288—291 行）[2]

乔叟从这条艺术画廊中走出去寻找“慰藉”（第 297 行）；自然女神救了他。他发现了一个百鸟议会——一群聚会的鸟儿们代表那个时代伦敦社会的每一个阶层和亚阶层。这个议会由自然女神亲自对其实行松散的管控，但一开始就被贵族的声音所垄断。这些出身高贵的鸟儿在一个理想化世界的框架内活动，它们自然会对特洛伊的海伦、克莉奥佩特拉和特洛伊罗斯的喜好表示同情。然而，这种理想化爱情观很快就遭到下等鸟儿们的一些尖锐批评。鸭子的逻辑也许不讨人喜欢——这是克瑞西达曾经躲过彭大瑞（Pandarus）的逻辑，但这一逻辑的确对如愿以偿的爱情中忠贞不渝的智慧提出了一些笨拙的问题：

“好，真会开玩笑！”鸭子道。

---

1 参见：Wallace, *Early Writings*, pp. 143–146。《爱情幻象》试图将但丁的影响置于一首源于法兰西的梦幻诗的框架内，该诗作与《声誉之宫》有许多共同点。参见：Wallace, *Early Writings*, pp. 5–22。

2 汉译参见：《乔叟文集》，第 86 页。一些英文名字的汉译和标点有改动。——译者注

“若说人们会无缘无故地钟情至死，
谁能相信有这种道理？
心中不乐的人难道会高兴跳舞？
一个漠不关心的人，谁去为他操心呢？”
“你嘎嘎嘎，”鹅儿道。“叫声极好又漂亮！
上天知道，夜空的星星总不止一双吧！”

（第589—595行）[1]

从艺术殿堂移至一场急躁、异见声音的争辩，这又使人回想起声誉之宫的情景。在那座大厅里，诗人们站在一排排寂静的金属柱子上，乔叟从那儿朝那座嘈杂、凌乱不堪的谣言之宫走去。那地方

挤满了船手和游僧，
在他们口袋里装满了谣言，
有时与实话混杂在一起，
有时也单独分开。
啊，我还看到为数有
一二万的赦罪僧……

（第2122—2127行）[2]

于是，这样的一种移动似乎预示着作者的整个创作生涯。乔叟将从《特洛伊罗斯与克瑞西达》这一古典、崇高、有限的领域，走向《坎特伯雷故事》那一挤满了船夫、游僧和赦罪僧的更为开阔的领地。但是，如果把这样的变化与从艺术走向人生、从模仿艺术走向生活艺术，或者甚至从无独创的英语风格走向英语独立宣言等同起来，那就会是愚昧之举。在《百鸟议会》后半部分，乔叟自己也提醒我们不要这样画等号。乔叟坚持认为，自然女神看起来和听起来都会像是一个英格兰女人，但她却有法兰西和拉丁的血缘，是由里尔的阿朗的拉丁文本所孕育的（第316—318行）。这些英格兰的鸟禽会自由自在、无拘无束地发声，但它们仍要设法守在一个押韵格式为ababbcc的七行诗节的范围之内。于是在议会结束

1 汉译参见：《乔叟文集》，第93页。译文稍有改动。——译者注
2 汉译参见：《乔叟文集》，第66页。——译者注

之时，这些吵吵嚷嚷的鸟儿在它们自己的一伙中选出了一个唱诗班，它们改变了自己的押韵模式，而且在唱一首回旋曲的时候把它们的差异忘得一干二净。当然，这种用音乐来解决伦敦议会一场激烈冲突的方式，是一种艺术的想象而非生活的记录。这种艺术不会像鸟鸣一样自然；它是英语的声音与欧陆的形式之间一种耐心妥协的结合。这些鸟禽用英语所唱的曲子并非来自自然，而是源于马肖或德尚：

> 那曲调我相信是在法兰西首创的，
> 你在此能找到如下这些歌词……
>
> （第 677—678 行）[1]

《百鸟议会》中的回旋曲一唱完，那一场梦破灭，乔叟也从梦中醒来。他对自己的梦没有发表任何评论，便又马上开始埋头苦读。经年的攻读将在《特洛伊罗斯与克瑞西达》中结出硕果，这是乔叟力图完成一部英语长篇叙事诗经典之作的一项壮举，古代、近代、任何一个时代或任何一种语言所写的严肃作品也许都无法与这部诗作相比肩。在《声誉之宫》中，乔叟是在用一种远非卓越的俗语奋力打拼，当那些大“作家”从雕像基座上俯视他的时候，他却只能顺便看他们几眼（第 1419—1512 行）。一直到他写到接近《特洛伊罗斯与克瑞西达》的结尾时，他才敢于提出与他们站在一起的要求。表达这一要求的方式独特而谦逊，这也恰好是第一次请我们把一个英格兰作家的英语艺术当作诗歌（poesye）来对待：

> 去吧，小小的一本书，去吧，我这部短篇的悲剧，
> 愿上帝在作者未死之前
> 再赐他力量写出几部喜剧！
> 但愿这本小小的书勿引起嫉妒，
> 只消能在一般的诗歌中取得一个卑微的地位；
> 步着维吉尔、奥维德、荷马、卢坎
> 和斯泰斯的后尘，吻着他们的足迹。
>
> （第五卷第 1786—1792 行）[2]

---

1 汉译参见：《乔叟文集》，第 95 页。译文依据所引原诗做了修改。——译者注

2 汉译参见：《乔叟文集》，第 263—264 页。译文做了一些修改。——译者注

乔叟显然是希望我们把他的《特洛伊罗斯与克瑞西达》与那些古代著名文本联系起来，那些文本像他一样也对战争、爱情和道德品性这些重大的主题极为关注。[1]但同时，他也希望我们把他的诗作与他最钦佩、用得最多的那些中世纪诗人的主要文本联系起来，他们中包括薄伽丘、但丁和《玫瑰传奇》的诗人们。从昔日的异教时代到当时的基督教时代，一直沿袭着以六人为一组结为一个诗人同盟的传统；乔叟之所以把自己摆在这一团体的第六位，目的是要刻意维护一种先例的尊严；而这种先例由让·德·莫恩确立，后来在但丁的《神曲》和薄伽丘的《菲洛柯洛》（*Filocolo*）中被采纳。让把自己描绘为提布卢斯（Tibullus）、加卢斯（Gallus）、卡图卢斯、奥维德和纪尧姆·德·洛里斯的追随者；同样，但丁也以"如此之英才中排行第六"加入荷马、贺拉斯、奥维德、卢坎和维吉尔的行列；薄伽丘把自己描述为紧跟着维吉尔、卢坎、斯塔提乌斯、奥维德和但丁。[2]于是，"拴"在乔叟诗歌末尾的这一"六者之第六"的传统程式既可成为一种独立品格的象征，又能作为一种符号把我们导向《特洛伊罗斯与克瑞西达》更大的欧陆背景。

一个极其重要的文本——《玫瑰传奇》——产生了无所不在的重大影响，在这种影响之下，《特洛伊罗斯与克瑞西达》本身所处的这一更广阔的欧洲背景也趋向统一。在他整个一生中，乔叟一直是这部诗作的一位勤奋研学者。一番深思熟虑之后，德尚字斟句酌地把乔叟称为在英格兰"种下《玫瑰》之树"的"大翻译家"。[3]在意法两国，《玫瑰传奇》产生的影响既深远也有利于文学发展，这也使乔叟在两国诗歌领域间的穿梭来往更为便利。[4]在1266年，《玫瑰传奇》的意大利化已经开始；那时的几年之前，让·德·莫恩开始着手对四十多年前纪尧姆·德·洛里斯未写完的文本进行扩充。也是在1266年，但丁的名师布鲁内托·拉蒂尼（Brunetto Latini）结束了在法兰西六年的政治流亡回到佛罗伦

1 有关这些主题材料的分类，参见：*De Vulgari Eloquentia* II, ii, 6–10, Haller, *Literary Criticism*, pp. 34–36。

2 参见：*Le Roman de la Rose*, ed. F. Lecoy, 3 vols., Paris, 1975–1979, lines 10477–10644; *Inferno* IV, 102; *Filocolo*, ed. A. E. Quaglio, in *Opere di Boccaccio*, ed. Branca, vol. I, V, 97, pp. 4–6。又见：Wallace, *Early Writings*, pp. 46–53。

3 参见：Brewer, *Heritage*, vol. I, pp. 40–41 (Brewer's translation)。

4 参见：David Wallace, "Chaucer and the European *Rose*," in *Studies in the Age of Chaucer. Proceedings, No. 1. 1984: Reconstructing Chaucer*, eds. Paul Strohm and Thomas J. Heffernan, Knoxville, Tenn., 1985, pp. 61–67。

萨。在这段不得已闲居的时光里，布鲁内托写了一首被称为《泰索莱托》（*Tesoretto*）的七音节双行体诗，该诗是从《玫瑰传奇》获得的灵感。在第二代意大利诗人的许多过渡性作品中，向法兰西诗学习这种初步努力得到了继承。其中的一首诗作《知识界》（*Intelligenza*）为薄伽丘的《爱情幻象》铺平了道路，而且最后也为彼特拉克的《凯旋》（*Trionfi*）铺了路。另一部诗作《菲奥雷》（*Fiore*）（一位"杜兰特先生"所写的模仿《玫瑰传奇》两个部分的一组十四行诗）则有助于为但丁的《神曲》扫清障碍。杜兰特和但丁有可能就是同一个人，因此，作为《玫瑰传奇》的译者，乔叟和但丁实际上很可能是在同一时间开启了自己的创作生涯。不管怎样，在包括但丁的《神曲》在内的那些意大利文本中，乔叟（促使自己的母语传统在如此短的时间内经历如此多的演变阶段）能察觉出《玫瑰传奇》的存在，这种能力无与伦比。[1]

于是，在薄伽丘的《菲洛柯洛》中，乔叟没费多少功夫就发现了《神曲》和《玫瑰传奇》二者的踪迹。《菲洛柯洛》是法兰西传奇诗《弗卢瓦尔与布朗什弗洛尔》（*Floire et Blancheflor*）的一个极长的意大利语散文版，乔叟用得最多的是这部作品的第四卷。[2]《菲洛柯洛》第四卷窃取《神曲》和《玫瑰传奇》中的场景来对一位青年异教英雄的窘境进行探究，这位青年既要争取圆自己的爱情梦，同时又要设法去领悟那种支配宇宙和赋予宇宙秩序的大爱。《特洛伊罗斯与克瑞西达》的第三卷承接了对异教爱情圆梦与基督教启示之间那片未知领域的探索，该卷以批

1 洛朗·德·普雷米耶费（Laurent de Premierfait，此人曾将薄伽丘的《十日谈》译成法语）与克里斯蒂娜·德·皮桑（此人生于威尼斯，在法国一些地方工作过）在 15 世纪初显然都对《神曲》和《玫瑰传奇》做过比较。参见：John V. Fleming, *The "Roman de la Rose": A Study in Allegory and Iconography*, Princeton, NJ, 1969, p. 18; Maxwell Luria, *A Reader's Guide to the "Roman de la Rose,"* Hamden, Conn., 1982, p. 201。又见：*The Fiore in Context: Dante, France, Tuscany*, eds. Zygmunt G. Barański and Patrick Boyde, Notre Dame, Indiana, 1996。

2《菲洛柯洛》第四卷第 31 节为乔叟的《平民地主的故事》提供了原始素材。参见：*Sources and Analogues of the Canterbury Tales*, eds. Robert M. Correale and Mary Hamel, vol. I, Cambridge, 2002, pp. 220–239 (with translation)。在这个源故事发生的场景即廷臣议会开会之前，大约三十多只鸟禽举行了一场梦幻聚会，同一位女性人物（象征地乔装打扮成不同的模样）主持了这两场会议（第四卷，第 12—72 节）。《菲洛柯洛》第四卷的后半部分描述了一桩异教爱情的开花结果，对《特洛伊罗斯与克瑞西达》第三卷（第 442—1309 行）产生了影响，《菲拉斯特拉托》对乔叟诗作的该部分几乎未产生任何影响。参见：Karl Young, *The Origin and Development of the Story of Troilus and Criseyde*, Chaucer Society, 1908; repr. New York, 1968, pp. 139–181。

评界仍未开始认知的方式对上面三个文本都有所借鉴、有所指涉。[1] 虽然在第三卷中这种借鉴和指涉最为显著，但这一现象始终贯穿于整部作品之中。《玫瑰传奇》中的"仁慈"、"危险"和"恐惧"这样一些寓意化身在乔叟笔下那些恋人的脑海里相抵触；对立的爱情观把理想主义者特洛伊罗斯与实用主义者彭大瑞分隔开来，这也使人联想到把《玫瑰传奇》两位作者区分开来的那些相异的态度。但丁的某些常常具有古典渊源的人物能够唤起最复杂、最富于联想的一些暗示；但丁《地狱篇》第五首（保罗与佛兰切丝卡）或第三十首（特洛伊与底比斯的并置）中的这样一些时刻对《特洛伊罗斯与克瑞西达》整部诗作产生了深远的影响。在爱情圆梦那一场的高潮（第三卷第 1261—1267 行），特洛伊罗斯对"慈爱"的赞美源自《天堂篇》第三十三首中圣贝纳尔多对圣母的祷告（第 14—15 行）；克瑞西达那宛如天堂景象（第五卷第 817 行）的美丽眼神使人想起了《天堂篇》第十八首中贝阿特丽切对但丁的劝慰（第 21 行）；甚至《特洛伊罗斯与克瑞西达》最后一节的开篇也刻意模仿了《天堂篇》中的一些诗行。[2] 而且，既然与这部作品相关的所有文本都是喜剧，亦即那些为追求真理或爱情而向着宗教或情爱目标即预定的圣地前行的朝圣之旅，那么，倘若放在欧陆背景中进行审视，这部诗作的悲剧性结局看起来似乎要更为深刻。《特洛伊罗斯与克瑞西达》与欧陆精神格格不入，这一点或许有助于对最后两卷中那位叙述者为何特别困惑做出解释。

在《菲洛柯洛》中，薄伽丘声称将遵循一位叫"伊拉里奥"（Ilario）的古代作家的"真实记述"（第五卷第 97 节）。同样，乔叟也坚称他一定会遵循"罗利乌斯"的古代拉丁语文本。当然，伊拉里奥和罗利乌斯都是出于虔诚而被虚构的人物，是一些表达旨在复活古代历史之共同责任的文化编码。这两个人物掩盖了这样一种事实，即薄伽丘和乔叟实际上都是在重写一些更现代的俗语文本，而他们宁愿不给这些文本命名。当然，乔叟《特洛伊罗斯与克瑞西达》的真实源头是薄伽丘的另一文本《菲拉

---

1 参见：Winthrop Wetherbee, *Chaucer and the Poets: An Essay on Troilus and Criseyde*, Ithaca, NY, 1984。另见：Young, *Development*, pp. 139–151; Wallace, *Early Writings*, pp. 133–140。

2 参见：Wetherbee, "*Troilus and Criseyde*," pp. 37–43, 95–96, 111–178; Wallace, *Early Writings*, pp. 133–140。

斯特拉托》。乍一看，乔叟选择这部作品作为其成熟“诗艺”时期最严肃、创作时间最长之诗作的源文本似乎有些蹊跷。薄伽丘创作《菲拉斯特拉托》时还不到二十岁；这个文本明显带有不成熟的特征。在《菲拉斯特拉托》中，薄伽丘摆出作家的架势来聊以自娱；他特别喜欢劝告他那些年轻同辈们，他的爱情故事一讲完，他们就要停住自己走向性满足的急切脚步。[1]他的文本没有竭力同化那些形形色色的文学源文本，他像喜鹊一样从奇诺·达·皮斯托亚 (Cino da Pistoia)、安德烈亚斯·卡普拉努斯 (Andreas Capellanus) 和但丁 (尤其是但丁) 等作家那里收集语句，沾沾自喜地将其粘贴在自己的叙事话语中，一点都不顾及语境。据这部诗作的散文序言所述，薄伽丘是在一群青年宫廷恋人中找到这种创作冲动的，乔叟对这一群人 (真实的或想象的) 显然也很熟悉。然而，薄伽丘诗作的基本叙事技巧实际上源自“歌谣” (cantare)，这是一种用八行体书写的民间叙事诗传统，它与英格兰尾韵 (tail-rhyme) 传奇诗的传统有许多共同之处。[2]《菲拉斯特拉托》并不符合乔叟成为诗之典范的要求，为了寻找更合适的抒情诗韵律模式或更真实的宫廷情感描述，这位英格兰诗人屡次向但丁、马肖和《玫瑰传奇》的诗人们求教。[3]但是作为诗歌素材，《菲拉斯特拉托》却令他十分中意。毕竟作为诗歌素材，《神曲》与《玫瑰传奇》几乎没有可能超越。它们都是完成的、无所不包的文本；除了地狱、炼狱和天堂，没有其他地方可去。反之，《菲拉斯特拉托》这部未成熟的作品却有很大的改进空间。

选择《菲拉斯特拉托》，乔叟是在做出一个深思熟虑、意义深远的决定。这个决定关涉到他希望成为哪一类诗人，因而也关涉到他期待影响什么样的读者；他不愿成为那种让读者难以读懂、最终只能打动寥寥几个精英的诗人。彼特拉克曾经预料，能够找到进入他学园之路的人极少；女人是不允许进入的。但丁倒是比较大方，他欢迎人人都来参加他的宴会，

---

1 参见：*Filostrato*, ed. Branca, in *Opere di Boccaccio*, ed. Branca, vol. 2, esp. VIII, 29: “O giovinetti…”

2 参见：Wallace, *Early Writings*, pp. 73–93, 146–150。还有一种不同的观点把《特洛伊罗斯与克瑞西达》与辉煌灿烂的法兰西传奇诗传统联系在一起。参见：Barbara Nolan, *Chaucer and the Tradition of the “Roman Antique,”* Cambridge, 1992。

3 参见：James I. Wimsatt, “Guillaume de Machaut and Chaucer’s *Troilus and Criseyde*,” *Medium Ævum*, 45, 1976, pp. 277–293。

即《飨宴》(*Convivio*)。[1] 但是,并非每一个人都会一直读到《神曲》的结尾;那些进入《天堂篇》之后就开始变得胆怯的人会被热心地奉劝放弃阅读 (第二首第 1—9 行)。相对而言,《特洛伊罗斯与克瑞西达》是一个宽宏大量、具有包容性和读者友好型的文本,它几乎在各处——在宫廷、码头,甚至在女修道院——都能够 (事实也如此) 找到一座家园。这个文本既对欢快的床边说笑留有余地,也为极度痛苦的哲学思考留有容身之所。它的叙事者与读者保持着一种随和、亲密的关系;他与读者的关系演变为诗歌主题的一部分。无论过去还是现在,那些读者或听众虽然对乔叟这部诗作宽广的文化背景知之甚少,对那些高深博学的典故也不会主动去关注,但是他们完全能够欣赏这部作品。与彼特拉克和但丁不同的是,乔叟的用韵并不总是追求巧妙的变化。为了让读者高度集中注意力,他会创制一些最佳的戏剧性高潮,但是他也会创造一些机会来使我们的注意力得到放松。为了实现这一目标,他借用了民间叙事传统中的许多口头禅、绰号、誓言、断言和其他类似的原始素材;读者或听众可以打盹片刻、错过一两行。《特洛伊罗斯与克瑞西达》变更传奇诗作者的“像石头一样一动不动”(stille as any ston) 的比喻达五次,在“石头”(ston) 这一单词上押韵达六次。乔叟在“两”(two) 这个单词上押韵有二十多次,包括传奇诗中的口头禅“两眼”(eyen two) (第三卷第 1352 行,第四卷第 750 行) 和“两臂”(armes two) (第四卷第 911 行)。此外,他还充分利用女主人公的名字中有一个音节可以与“说”(seyde) 押韵这一机遇。

在《特洛伊罗斯与克瑞西达》中,乔叟似乎采用了一种双重身份。他想把自己置于欧洲古今最伟大的诗人行列,但他也希望一有机会就要以一名英格兰传奇诗人的声音说话。也许,这就是为什么在《坎特伯雷故事》中他首先把自己描绘为一个英格兰诗节体传奇故事的讲述者,然后又把自己说成是一个古代“高尚道德故事”(第七组第 940 行) 的翻译者 (他在能够找到法兰西源文本时避免选择拉丁源文本)。如果把《托帕斯爵士》的尾韵诗与《梅利别斯的故事》的博学、教育式的散文放在一块看,作者的一

1 但丁《飨宴》中的“菜肴”都是他对自己那些抒情诗 (canzoni) 发表的评论,是为那些因为家庭或市民责任,或者因为远离大学或学术团体而没有多少时间或机会“思考”的人士准备的。参见:*Il Convivio*, ed. Maria Simonelli, Bologna, 1966, I, i, 2–4。(然而,在但丁这一文本更可靠的那些版本之前) 还有一极佳的译本,参见:*Dante's Convivio*, trans. W. W. Jackson, Oxford, 1924。

幅漫画便能清晰辨认出来。在漫画中乔叟像一条精通两门诀窍的狗,既讲传奇故事又做翻译。乔叟把《托帕斯爵士》誉为"我所能写的最佳韵文",对于他这一直率、半真半假的陈述也许我们应表示尊重。毕竟,《特洛伊罗斯与克瑞西达》才是他的"最佳韵文"。

当然,正是在《坎特伯雷故事》中,乔叟才非常大胆地在一部诗歌的框架内把各种不同的社会声音和文学体裁糅合、并置在一起。我们已经注意到,在《声誉之宫》的末尾,这种喜爱混杂糅合的雄心在"船夫和游僧们"中就已初露端倪(第2122行),后来又在《百鸟议会》中得到了更广泛的探究。但是,似乎还是薄伽丘的示范才最终激发乔叟把一群结伴而游的讲故事者置于一个单一的叙事结构之中;乔叟的这些故事足足有四分之一与《十日谈》中的故事相类似。[1] 从一个惯于恶言毁谤的圣人的生活(第一天第一则故事)开始,经那些地中海航海(比较第五天第二则故事中的戈斯坦莎与乔叟《律师的故事》中的康斯坦丝)和城市欺诈的故事(第六天),到有耐心的格里塞尔达(第十天第十则故事)结束,薄伽丘无疑采用了相当多的文学体裁。然而,尽管有种类繁多的社会内容,但也还是存在文学形式的同质化:乔叟让他的故事以韵文和散文的不同形式构建多个预期文学体裁的世界,而薄伽丘则创作了一百则故事。王室臣仆乔叟从一系列职业之中想象出故事讲述者,而薄伽丘(毕生为佛罗伦萨共和国服务)则给我们塑造了一个由年轻贵族轮换执政的君主政体。但是,《十日谈》也出现过反抗的时刻:厨房里爆发出一阵喧闹声,莉奇斯卡(她可能是一个奴隶)在女王面前被拖走(第六天的"引言")。尽管莉奇斯卡所说的那些滔滔不绝的淫言秽语被认为是趣味横生(为后面的故事讲述提供笑料),可她面临着被鞭打的威胁,后来又被赶回厨房。当然,在乔叟的作品中,这一类似的反抗时刻产生了迥然不同的效果:那磨坊主开始说话,于是,《坎特伯雷故事》永远改变了发展方向。批评家们习惯于在乔叟身上贴上一个社会保守者的标签,但是以欧陆标准来看,那磨坊主的成功反抗是一种很勇敢的行为。乔叟最终对欧陆"六者之第六"传统程式的运用比这还要更为勇敢,因为在《总引》中,他把自己摆在一群由六头"杂食动物"——管家、磨坊主、差役、卖赎罪券教士、伙食采购人和"就再没有别人——除了一个我"(第一组第544

1 参见:*The* Decameron *and the* Canterbury Tales*: New Essays on an Old Question*, eds. Leonard Michael Koff and Brenda Deen Schildgen, London, 2000。

行）——所组成的团体中的第六位。[1]作为一名既自贬、社会地位不稳固又有浩瀚雄心的英格兰作家，这里的乔叟似乎陡然与朗格伦有许多的相似。

不难看出乔叟为何更多地借鉴了薄伽丘而非其他任何一位作家。薄伽丘与乔叟有同样的雄心壮志，他也想把自己打造为一名高水准的欧洲诗人，这样他就能够和几位欧陆同代作家一道，穿越几个世纪与那些伟大的古代作家相比肩。这一雄心壮志最初是由苦读但丁所激发的。但是，薄伽丘也和乔叟一样乐于从更多的民间途径汲取叙事灵感，以此来塑造一些能够吸引广大读者的复杂文本。然而，薄伽丘的这种心态有点昙花一现。因渐渐受到彼特拉克和早期人文主义者的影响，薄伽丘在其成熟期将大量的精力花在对拉丁百科全书知识的研究之中。虽然在创作生涯中期他放弃了俗语诗，但他个人一直对但丁忠心耿耿。在 1373 年，他终于获得了主办一个但丁伟大诗作公众庆祝会的机会，但这一机会却使他陷入一种尴尬的两难困境。他希望把但丁尊为佛罗伦萨俗语的伟大诗人，但是到了 1373 年，在佛罗伦萨对俗语的狂热已不再是时尚。在他的但丁系列讲座的入门或导论中，薄伽丘一直在与这种困境做斗争。最终他提出如下观念：但丁开始创作《神曲》时实际上用的是拉丁文，但是，由于很少有贵族和受过教育的人士能够读懂拉丁文，他就转而改用意大利语这一低等语言。因此，拉丁文无法使但丁扬名四方；一部拉丁文《神曲》"可能会落入庶民和下等人之手"[2]。这些怪异的观点是对但丁笃信不移的艺术准则的全面背叛，标志着薄伽丘在彼特拉克和拉丁人文主义者所施加的文化压力面前的最终屈服。

在 1373 年，佛罗伦萨终于能够为但丁恢复名誉，这一铁的事实也许暗示着在此之前但丁这一文本就已经失去了某些革命性意义。其政治观已经过时；其主要人物不是被全然遗忘，就是早已作古。其神学观陈旧、老套；它对俗语诗的积极倡导已不再流行。而且，佛罗伦萨方言也已稳定

1 参见：Wallace, *Chaucerian Polity*, pp. 80–82, 100; Wallace, "Humanism, Slavery, and the Republic of Letters," in *The Public Intellectual*, ed. Helen Small, Oxford, 2002, pp. 62–68。"这些杂食动物以这种技巧、靠着刚刚已被描绘的社会养得膘肥体壮，该技巧仅与那个无赖的画廊里的杂食动物相关。"关于这些论述，参见：Derek Pearsall, *The Canterbury Tales*, London, 1985, p. 80。

2 参见：*Esposizioni, accessus*, pp. 74–76。

下来；它变得愈益优雅、纯熟，但能带来的惊喜却越来越少。[1] 此时的话语已由过去历史的重量所决定与限制。相比之下，1373 年的英语就没有沉重的负担。在乔叟发现但丁之前，英诗几乎意识不到自身的存在。这一发现的早期影响在《声誉之宫》中有所显现，但又使乔叟陷入一种滑稽可笑、举棋不定、不自然和焦虑的状态之中。然而，正如我们所见，乔叟的自信在他创作《安妮丽达与阿塞特》和《百鸟议会》的过程中悄然增长。在《特洛伊罗斯与克瑞西达》中，他最终把英语带入欧洲诗歌的主流之中。

因为是在乔叟的手中但丁的文本才重现其革命潜能，因此他是但丁在 14 世纪最忠实的继承者。乔叟恰好是在一个适当的时刻遇到《神曲》：那是一种俗语传统的初创期，那时，一种语言虽然尚未成熟、尚未稳定，但（在一位天才的手中）似乎具有非凡的可塑性和极强的适用性；它几乎无所不能。乔叟从但丁那里学到了许多，但最重要也很简单的就是要忠于自己的语言：一种方言不能从外部修修补补，而必须从内部革故鼎新。我们不必也不可能（尽管彼特拉克做出了最佳的努力）质疑法语的文化威望，法兰西的先例对欧洲文学文化必不可少。而且，没有哪一种民族语言有望同拉丁语的权威相媲美。与拉丁语相异的是，任何民族语言都不可能抵御时光流逝带来的种种影响。然而，恰恰是这样一种不能抗拒或不管不顾时光变迁的能力，才能确保其独特的光彩；因为人类的经验终究是一种不断变化、发展、衰朽和更新的经验，是民族语言而不是拉丁语为我们提供一面反映人类状况最精确的镜子。乔叟提醒我们，语言“在一千年里”会有变化；[2] 此说颇为自然、恰当，因为如但丁笔下的亚当认为，

……凡人用词犹如

1 参见：Erich Auerbach, *Literary Language and Its Public in Late Latin Antiquity and in the Middle Ages*, trans. Ralph Manheim, London, 1965, p. 318。

2《特洛伊罗斯与克瑞西达》第二卷第 23 行。比较《飨宴》第一卷第五章第九节；在这部作品中，但丁宣称假如“那些在一千年前离开此生的人们转世回到他们各自的故城，他们也许才会相信自己的故城曾经被异邦占领过，才会相信此时的语言与他们自己的语言是如此相异”［哈勒（Haller）的译文，第 62—63 页］。正如罗宾逊（Robinson）在《乔叟文集》（*Works of Chaucer*）第 818 页，温迪厄特（Windeatt）在《特洛伊罗斯与克瑞西达》第 153 页所言，《特洛伊罗斯与克瑞西达》第二卷第 22—25 行最早的出处是贺拉斯的《诗艺》第 69—72 行。然而，《飨宴》中那一段的措辞比其他源文本更接近《特洛伊罗斯与克瑞西达》第二卷第 22—23 行，因此显然也更富有暗示性。

枝头的树叶更换，此去彼返。[1]

（《天堂篇》第二十六首第137—138行）[2]

编后记

戴维·华莱士（David Wallace），美国宾夕法尼亚大学资深教授、英文系主任（2001—2004），著名的中世纪文学和乔叟专家，曾任新乔叟学会主席（2004—2006）；其代表作有《乔叟与薄伽丘的早期作品》（*Chaucer and the Early Writings of Boccaccio*, 1985）和《早期现代地域》（*Premodern Places: Calais to Surinam, Chaucer to Aphra Behn*, 2004），所编辑出版的《剑桥中世纪英国文学史》（*The Cambridge History of Medieval English Literature*, 1999, 2002）影响广泛。他在乔叟学术领域特别致力于研究意大利文学对乔叟的影响。《乔叟承继的意大利遗产》（"Chaucer's Italian Inheritance"）译自：Piero Boitani and Jill Mann (eds.), *The Cambridge Companion to Chaucer*, 2nd ed., Cambridge: Cambridge UP, 2003, pp. 36–57。

1 关于拉丁语和俗语的关系，但丁的观点有一些演变，一部有益的指南讨论了这些观点的演变。参见：J. Cremona, "Dante's Views on Language," in *The Mind of Dante*, ed. U. Limentani, Cambridge, 1965, pp. 138–162。此外，彼特拉克也对这种关系进行过讨论。关于对但丁和彼特拉克的观点所做的富有启发性的比较，参见：Kenelm Foster, *Petrarch: Poet and Humanist*, Edinburgh, 1984, pp. 23–48。

2 汉译引自：《神曲·天堂篇》，黄文捷译，南京：译林出版社，2005年，第355页。——译者注

乔叟其人[1]

作者　［美国］唐纳德·R. 霍华德
译者　谢志超

前人对乔叟讽刺作品中的修辞已经做了如此大量的研究，以至于几乎每一个读乔叟的人都能深刻感受他每部诗作里的代理人（persona）或者说叙述者。叙述者与乔叟本人之间有差异这一事实已经成为乔叟批评的前提或理所当然的信条。我们也已经习惯了"虚构的乔叟"、"叙述者的姿态"以及"叙述者角色的有限性"等说法。由于乔叟的主要诗作都赋予他一个主要人物的地位，我们一直对乔叟其人非常感兴趣，尽管这与乔叟批评被形式主义批评所主导的趋势相异。我们读他的次要作品，但如果这些次要作品是匿名作，我们连一页都不会看。我们讨论他的教育、思想、"发展"和"思维"。在阅读他最优秀的诗作时，我们感觉到"他是与他人讲话之人"。至于乔叟本人，我们有一些记载，尽管这不能真正证明那个文职人员和诗人就是同一个人。大多数情况下，我们相信他。当然，完全可能有人会跳出来辩称《坎特伯雷故事》是一群人的创作成果，或者认为真正的作者是刚特的约翰。但如果真有人敢这样做，我们当然会嗤之以鼻、排斥并直接大大地讽刺他。

我所探讨的是，我们认为我们熟知的这个人，是一个真实地生活在自己的作品中的人，而他在作品中的存在又使他的作品变得更加有趣和精彩。我提出这样的看法，不是出自人文主义或者存在主义原则的推论，而

1 本文曾以更简短的形式作为发言稿在 1963 年美国现代语言协会年会乔叟分会场宣读。

是一个事实。我说我们对虚构的叙述者、反讽作品的修辞以及他用来创作幻觉和现实的方法——他所有高雅艺术之“手法”——感兴趣，不是因为这些创作手法本身，而是因为在所有的创作手法内部以及背后都有乔叟这样一个人。更进一步说：我认为这一点正是各种各样有关“叙述者”和“代理人”之分析已经充分证明了的。

唐纳森教授在他的一篇著名论文中阐述道：他试图揭示作为诗人的乔叟如何把自己隐藏在香客乔叟这个喜剧形象背后，以便更有效地表达他必须表达的观点。[1] 布朗森教授则持相反意见。他认为这不是虚构作品的修辞问题，而是一场口头朗诵的结果——一场完美的、自然的反讽式对话的方式。[2] 在我看来，这种争议本身就是一个伪命题。[3] 任何策略的运用，不管是口头的还是纯文学的，都是一种修辞手法，可以通过区分作者和他设定的人物来分析。认为人物是完全虚构的角色，是一个“傀儡”而毫无作者个人性格特征在内，这样的观点我认为不会有什么人支持。这难道不是一个程度的问题吗？作者难道不会将自己的个人因素投射到作品中任何人物身上吗？我们难道不会将自己扮演的不同角色展现给不同的人——甚至是我们自己吗？真有任何人能够清楚地知道“真实的”自己而随心地将其呈现或隐藏起来吗？借用帕特里克·克鲁特维尔[4]（Patrick Cruttwell）的话说，作者必然是一个自我表现者，总在他自己创作的所有作品中表现他自己的一些特征。他可以选择将自己隐藏于各种面具之后，碎片化地展示自己，但绝对不会也不能彻底使自己从作品中消失。因此，不论我们怎样在他的作品中分析他的在场，我们——我自己、布朗森教授、唐纳森教授以及很多其他人——都是在“寻找乔叟”。

读者寻找作者是一种比较有趣的文化现象。可以说，读者的好奇心是被作者的自我投射激发的。作者越是试图将自己隐匿起来，读者的好

1 E. Talbot Donaldson, “Chaucer the Pilgrim,” *PMLA*, LXIX, 1954, pp. 928–936.

2 Bertrand H. Bronson, *In Search of Chaucer*, Toronto, 1960, pp. 25–32.

3 参见：Robert M. Jordan, “Chaucer's Sense of Illusion: Roadside Drama Reconsidered,” *ELH*, XXIX, 1962, pp. 19–33。

4 参见：“Makers and Persons,” *Hudson Review*, XII, 1959–1960, pp. 487–507。这个论点被韦恩·C. 布斯（Wayne C. Booth）进一步拓展，参见：*The Rhetoric of Fiction*, Chicago, 1961, esp. pp. 16–20, 67–77, 396–398。

奇心就会越强。但这并非事情的全部，因为如果作者不能预见读者的好奇心，他们也许就会只表达一个非常基本或者说幼稚的自我。读者总有一种"作者的存在感"。作者可能会鼓励这样去做，但未必会刻意去创造机会。虽然看上去简单而自然，但这种现象直到现代才变得如此重要。事实上，我们对作者的私生活的好奇心直到 18 世纪才开始出现。我们想去读他的书信，想要了解他那些隐藏的事实。这种现象可能开始于博斯韦尔 (Boswell)。[1] 在 18 世纪以前，除了一些诽谤性的公众争议，读者的好奇心往往满足于作者自己说出的那些事。直到近年来，才开始有人考虑诸如菲利普·锡德尼爵士 (Sir Philip Sidney) 是否真正地审视过自己的内心并进行创作，正如以往从没有人试图去考察黑女士 (Dark Lady) [2] 其人一样。

在中世纪早期，作者的自我意识、作者名字的提及以及他对自己成就的自豪之情的表达并非完全没有。然而，因为作品往往匿名，且作品常针对骄傲与世俗虚荣进行警告，这样的表达效果被抵消。当然，诗人的名字偶尔也会被提及，但那仅仅是因为作品有一些不足而请求读者谅解以及希望得到读者的祝福；[3]《坎特伯雷故事》里的"本书作者在此告辞"（"Retraction"）[4] 属于后者。直到 12 世纪我们才能开始找到一些作者公开表达的自豪感。诗人们开始主张，真正的高贵来源于个人的智慧，而文字同武器一样，能使人获得高贵的地位。[5] 到了意大利文艺复兴时期，这种观点走得更远。诗人们宣称，通过创作他们不仅仅获得高贵性，而且还拥有赋予别人声誉的力量，并希望通过名望来获得在尘

---

1 Cruttwell, pp. 497–500.（指克鲁特维尔编辑的博斯韦尔那部著名的《约翰逊博士传》。——译者注）

2 黑女士是莎士比亚十四行诗中塑造的人物形象。——译者注

3 参见：Ernst Robert Curtius, *European Literature and the Latin Middle Ages*, trans. Willard R. Trask, Bollingen Series XXXVI, New York, 1953, pp. 515–518; Leo Spitzer, "Note on the Poetic and the Empirical 'I' in Medieval Authors," *Tradition*, IV, 1946, pp. 414–422。后面这篇文章认为中世纪读者对"我"背后那个真实的人没有什么兴趣，而倾向于认为他只具有代表性，虽然关于生平的笔触可能增加一点具体特征。R. W. 钱伯斯 (R. W. Chambers) 则反对中世纪诗歌里"代理人"的观点，他用许多具体事例来表明中世纪诗歌里的做梦人或叙述者就是作者，参见："Robert or William Langland," *London Medieval Studies*, I, 3, 1948 for 1939, pp. 442–451。

4 见《坎特伯雷故事》结尾。——译者注

5 Curtius, pp. 476–477, 485–486.

世间的永恒。[1] 在乔叟身上，我们可以发现这种文艺复兴时期对名望的兴趣，只是这种兴趣相对于人文主义者的大肆宣扬显得比较保守。乔叟在他早年的创作中，就已经在《声誉之宫》里思考过名望的问题。不过，《声誉之宫》教导的仍然是中世纪的古老教训：在这个变化无常的世界里，好的或者坏的名声经常是被不公正地赋予。乔叟对在尘世间永恒的期望在《特洛伊罗斯与克瑞西达》的结尾部分给出了很好的答案：

> 去吧，小小的一本书，去吧，我这部短篇的悲剧，愿上帝在作者未死之前再赐他力量写出几部喜剧！但愿这本小小的书勿引起了嫉视，只消能在一般的诗歌中取得一个卑微的地位，步着维吉尔、奥维德、荷马、史德替斯，以及吕根等作家的后尘，吻着他们的足迹。
>
> （第五卷第 1786—1792 行）[2]

虽然诗人把自身置于一个非常崇高的位置，但这段诗至少在形式上是传统的谦逊的声明：[3] 诗人的作品只想“取得一个卑微的地位”，只能去亲吻那些伟大的诗人走过的每一步。《骑士的故事》中有这样的诗行：“所以如果有人要留个好名誉，/ 那么最好在声名最隆时死去。”（第一组第 3055—3056 行）[4] 这可以用来证明乔叟对于公正的名誉是对辛勤努力之奖赏的兴趣。当然，这里辛勤努力并非指诗歌创作，乔叟也不是在为自己说话。总体而言，在渴望不朽名声方面，我不认为乔叟更胜于中世纪后期

---

1 雅各布·布尔克哈特（Jacob Burckhardt）在下面著作里论及声誉问题：*The Civilization of Renaissance in Italy*, trans. S. G. C. Middelmore, London, 1928, pp. 139–153。部分因为布尔克哈特的影响，许多人会说，作者意识在很大程度上源自人文主义的个人意识之兴起和对像贺拉斯那类夸耀自己的作品会超越其时代的古代作家们的模仿；因此他们会说乔叟的作者意识预告了文艺复兴的到来。但实际上，作者意识的出现先于古典作品的复兴和人文主义的兴起；很有可能应该将其看作“知识复兴”的一个原因，而非结果。

2 译文出自：《乔叟文集》，方重译，上海：上海译文出版社，1979 年。本文中乔叟诗作引文，除《坎特伯雷故事》外，均出自此译本，作品标题和行码按原文随文夹注。另外本文中，除《坎特伯雷故事》外，乔叟诗作的标题以及一些专用名词，除那些现在有通用译法的外，也大体采用该译本译法。——译者注

3 参见：*The Works of Geoffrey Chaucer*, ed. F. N. Robinson, 2nd ed., Cambridge, 1957, p. 837。所有引文均出自此版本。

4 本文中所有出自《坎特伯雷故事》的引文以及该书中标题的译文均出自：《坎特伯雷故事》，黄杲炘译，上海：上海译文出版社，2013 年。下面引文的组码、行码按原文随文夹注。——译者注

的作家们。他也没有声明要将声誉授予他人,他对自己获得声望的期盼也仅仅以最谦逊的方式表达出来。在《律师的引子》中,律师提到乔叟的名字,一口气说出了他那令人印象深刻的作品书单,却用一种高傲的态度对待诗人,认为"除非乔叟讲过的,他音步粗糙,/而且在押韵方面也不是很好"(第二组第47—48行)。与高尔相比,他更喜欢乔叟,仅仅因为后者更关注道德。这段文字再次暗示了乔叟对声誉的期盼,只是像J.唐纳德·亚当斯(J. Donald Adams)那样的批判言论实在太过挖苦。

作者意识在中世纪后期发生变化的另一个原因是技术的进步。在中世纪早期,鲜有人阅读作者的手稿,也很少有人会去抄写作品。随着14世纪专业誊抄业的兴起以及15世纪印刷术的发明,作家开始想象他的受众会远超他生活圈子内的读者。人们也能够感受到作者有能力去和日益增长的读者群——"公众"——对话并影响他们。[1]作者不再把自己看作一个抄写者、书本的制作者或者权威思想的传播者,而是一个不可逆转之进程的起源。乔叟由此再次处于一个重要的文化转型期。当然,他在《特洛伊罗斯与克瑞西达》中还是扮演着抄写者或者书呆子,从一个"权威"那里传播声称没有自己个人体验的材料。这就如贝休伦教授所言,这些就是他一般在自己早期诗歌中所表现的姿态。[2]另一方面,它也仅是一种姿态。乔叟也许本来并没有过分强调《特洛伊罗斯与克瑞西达》的原创性,但很明显,他已经感觉到自己确实创造出了某些东西。一旦发现自己是原创者而不是在这个通过抄写而进行的作品出版过程中的传播者,他甚至对在这个过程中表达是否准确表示忧虑:

> 英文写作的格调是繁复的,愿上帝勿让旁人誊抄错误,或因发音的缺陷而错读了韵律。在唱诵的时候,愿上帝勿使人误解了原意!
>
> (第五卷第1793—1798行)

我们在《坎特伯雷故事》中再次感受到他期望自己能被潜在的读者所接受。在《总引》中,他这样警告世人:

1 据《牛津英语词典》(*OED*)记载,"公众"(public)这个词最早在15世纪开始使用,而本文意义的使用最早在16世纪开始。

2 Dorothy Bethurum, "Chaucer's Point of View as Narrator in the Love Poems," *PMLA*, LXXIV, 1959, pp. 511-520.

但首先我要请你们宽宏大量，
不要怪我讲的话粗俗或肮脏，
因为我要在这方面实事求是，
向你们介绍他们的言谈举止，
有时甚至把他们的原话重复。

（第一组第 725—729 行）

在《磨坊主的故事》开始之前，乔叟也曾不安地表达过类似的歉意，他建议道：

所以若有哪一位不爱听的话，
尽可把书翻过去另选个故事。

（第一组第 3176—3177 行）

可以肯定地说，乔叟一边写作，一边在脑海中口述，而对他的口头表达的期待在很多时候为他的文体增色不少。很明显，他希望能有更多的他看不见的手去抄写他的作品，更多他看不见的读者去阅读他的作品。在某种程度上，整个中世纪的确就是这样，“读者与听众”这个组合足以说明这一点。[1] 乔叟觉得自己该担当这样的职责，而这也与我们所期待的 14 世纪作家理应担当的职责不谋而合：对超越其时代和环境的不可预测也不可逆转的沟通过程越来越关注，但又和出版界所主张的想法不一致。

1 关于口头朗诵的传统及其对乔叟的影响，参见：Ruth Crosby, “Oral Delivery in the Middle Ages,” *Speculum*, XI, 1936, pp. 88–91; “Chaucer and the Custom of Oral Delivery,” *Speculum*, XIII, 1938, pp. 413–432; Bertrand H. Bronson, “Chaucer's Art in Relation to His Audience,” *Five Studies in Literature*, Berkeley, 1940, pp. 1–53。关于乔叟对自己与其受众之间关系之估量的精彩分析，参见：Rosemary Woolf, “Chaucer as a Satirist in the General Prologue to the *Canterbury Tales*,” *Critical Quarterly*, I, 1959, pp. 150–157。不应该假定印刷术和快速阅读使现代作家不会再考虑口头朗诵。即使只是为他们的妻子，作家和学者也仍在口头朗诵，而且他们完全可以想象自己边创作边高声朗诵。我们写着“我想说”以及类似的表达，而并不暗示要口头朗诵出声。语言在本质上是用来讲的，一个能流畅书写的作家在写作时一定会“听到”口头话语。在这点上，如同在其他方面，中世纪与现代之间的区别仅只在于程度不同。请比较：Jordan, “Chaucer's Sense of Illusion,” p. 21, note 3。关于西方文化中的说听成分，参见：Marshall McLuhan, *The Gutenberg Galaxy: The Making of Typographic Man*, Toronto: 1962; Walter J. Ong, *Ramus: Method, and the Decay of Dialogue*, Cambridge, 1958, and *The Barbarian Within*, New York, 1962, esp. pp. 68–87, 220–229。

对作者身份认同的变化，即稳定高涨的希望作品被读者品读和膜拜的期待，导致了匿名发表这种做法的相应变化。中世纪早期的匿名是抄写者或者作家谦卑的标志，表达了作者对自己所传播的“权威”之尊重。他把自己仅仅看成传播与保存过程中的代理人。提及自己作品的作家们往往都将其贬低——这使我们想起艾因哈德[1]，他就告诉我们，虽然他个人力量微乎其微，但他愿意为了保留查理曼大帝（Charlemange）的贡献而冒天下之大不韪。到了12世纪，我们发现像莫尔瓦的贝尔纳（Bernard of Morval）这位作家，曾在其《论对俗世之蔑视》（*De contemptu mundi*）的散文献词中寻求批评，并为自己在文中使用韵律而辩解，其理由是那样能更有效地让人们接受道德训诫。贝尔纳也认为，《圣经》中包含了抒情诗；他引用贺拉斯的话说，写作应该具有指导意义且能使人感到愉悦。他声称自己曾受到一个幻象（vision）的启示而着手创作，并吹嘘自己能够保持韵律格式。这一切对于一个在克吕尼（Cluny）写作的12世纪僧侣来说太现代化了。贝尔纳因此将自身鲜明的性格因素注入那个时代对各种罪恶的愤怒谴责之中。他拒绝做任何保留自己名字的事情，只是在向修道院院长的致谢中才提到自己。誊抄者也是如此，因为我们无法确定他写的是 Bernardus Morvalensis，而非 Morlanensi 或者 Morlacensis，而且也没有人知道 Morval 究竟是指什么。[2]

当然，到了乔叟时代，作者们并非那么不愿意提及自己的名字。一种风气已经形成。15世纪早期约翰·特里特米乌斯（Johannis Trithemius）的《教会作家大全》（*De scriptoribus ecclesiasticis*）这部书的问世，反映出对作家大名产生的新兴趣。这部传记性的辞典包含了各位作家的重要事件的日期、作品清单以及对人物的虔诚与博学千篇一律的赞扬。乔叟本人也喜欢列出一些作家的大名并给予赞美。任何研究15世纪手稿的人都会发现，虽然作者的名字比以往任何时候都更加频繁地得以保留下来，但仍然有很多手稿略去了作者的名字。统计14世纪以后作者匿名数量的减少是一件很有趣的事情。然而，真正重要的是不断提升的作者意

1 艾因哈德（Einhard, 775?—840），法兰克王国学者和朝臣，忠于查理曼大帝及其儿子，所著《查理曼大帝传》（*Vita Karoli Magni*）被誉为中世纪早期最珍贵的文学遗产之一。——译者注

2 参见：Bernard of Morval, *De contemptu mundi: A Bitter Satirical Poem of 3000 Lines upon the Morals of the XIIth Century*, ed. H. C. Hoskier, London, 1929, pp. XV, XXII, XXXV–XXXIX。

识。读者对作者的好奇被认为是一种寻常态度，与此同时作者使用匿名不仅使他们避免遭受批评或迫害，也激发了读者的兴趣。《格列佛游记》便是一个经典例子：读者被有目的地引导去寻找匿名作者的真实观点，这些观点正好隐藏于以笔名来进行的文学创作的背后。作为一种文化现象，作者意识使得代理人或叙述者与被理解或被感知到性格的作者之间形成了一种张力。作为第一位这么做的英国诗人，乔叟充分运用了这种伪装的自我，给创作带来了诸多艺术可能性。

乔叟视自己为其文学作品的原创者，希望获得读者源源不断的美誉。他以一种谦逊并略带自嘲的方式，幽默地打趣自己。在作品中他从不选择匿名，在《贞女传奇》的引子里，在《坎特伯雷故事》的“本书作者在此告辞”中，在《律师的引子》里，他都为我们提供了他诗作的清单。然而，他的确掩藏了自己的个性。这看似是一种匿名，但完全不像《高文》诗人那种单纯且无目的的匿名。我们更应该将其称为伪装。[1]

乔叟这种独特的写作风格或许最初见于《声誉之宫》。在这部诗作里叙述者实际上就叫“杰弗里”；他是一个胖胖的书呆子，对宫廷爱情传统几乎没有任何经验。“杰弗里”的形象似乎是一种幽默的自传性描述，因为乔叟本人是中产阶级，同时又是海关职员，而且他的读者大多是骑士和女性，或者是那些和他一样懂得宫廷时尚之人。当然，与其身份不符的性格特征是叙述者迟钝而笨拙。我怀疑，这是人们在“做梦人”这一典型形象身上发现的那种似懂非懂的幼稚表现之十分幽默的发展。[2] 这样的叙述者服务于特定的艺术功能，即把读者的注意力引到主题上来。读者看清了事件的意义，而叙述者却没有。当然，这种作者戴上傻瓜的面具，而他的艺术手法却证实他全然相反的手法无疑产生了一种喜剧效果。

同样的策略也被应用于《特洛伊罗斯与克瑞西达》中，但略有改进。叙述者痴迷于书本，是“爱神的仆人之仆人”。由于“不讨人喜欢”，他本

1 参见：Ruth Nevo, “Chaucer: Motive and Mask in the ‘General Prologue’,” *Modern Language Review*, LVIII, 1963, pp. 1–9。

2 关于这种手法的早期发展，参见：Bethurum, esp. pp. 511–516; Alfred L. Kellogg, “Chaucer’s Self-Portrait and Dante’s,” *Medium Ævum*, XXIX, 1960, pp. 119–121; David M. Bevington, “The Obtuse Narrator in Chaucer’s *House of Fame*,” *Speculum*, XXXIV, 1961, pp. 288–298; Charles A. Owen, Jr., “The Role of the Narrator in the ‘Parlement of Foules,’” *College English*, XIV, 1953, pp. 264–269。

身就是一名失败的恋人。他站在那里，睁大双眼，对从“权威”那里传递来的风流韵事多少带着嫉妒的羡慕。他不再是早期诗歌里那种传统的“做梦人”，而是一名读者。布卢姆菲尔德教授在其关于《特洛伊罗斯与克瑞西达》里的“距离与宿命”的那篇文章[1]里所精辟描述的只不过是所有读者共同的体验：对幻觉的情感投入与审美距离感之间的交替转换。《特洛伊罗斯与克瑞西达》的叙述者，一位手里拿着一本古书的读者，因此和我们一样；如同英国人所说的，我们“与他一起阅读罗利乌斯[2]”。他比我们更了解故事（因为他已经读了这本书，并据此写出他的故事）。但他有时愿意我们不关注他，而是与他一起关注故事情节的发展。

彭大瑞是这个叙述者的镜像人物。他也是一个不成功的恋人，只能在别人的爱情里去享受。他对故事的反应与叙述者很相似：为特洛伊罗斯感到担心，急于促进爱情发展，为男女结合忙乎，最终为结局备觉无助和沮丧。如同叙述者操控着故事情节的发展，彭大瑞自己操控情节。但是他们的相似处仅仅强调了两者之间一个巨大的差异。彭大瑞是异教徒，推崇及时行乐的哲学理念（他曾说：“立即抓住这个机会”），而叙述者则是基督徒。彭大瑞是他们那个时代的存在，而叙述者则属于我们的时代。因此，当出错时，彭大瑞也无济于事。他的道德观念主要是一个人应该尽可能跟随命运，而这对于特洛伊罗斯，如同再遭遇另一场爱情一样，完全无济于事。他“想到这两点，/ 像石头一般，不知说什么是好”（第五卷第 1728—1729 行）。最后，叙述者像任何读者一样，在他所处的时代和文化塑造的故事中领略到教训：他是基督徒，他从他的故事中领悟到“应受诅咒的旧式崇拜”的错误，尽管他早先曾满怀激情沉迷于此。

此时，这位叙述者、这位读者和学者就是乔叟。这点我们可以从尾声部分看出，他以本人的口吻说道：“去吧，小小的一本书，去吧，我这部短篇的悲剧”（第五卷第 1786 行）。如果认为叙述者最终退出舞台，乔叟开始登台并亲自讲述了结尾，那么这种看法其实是对文本的误读。结尾处，

1 Morton W. Bloomfield, “Distance and Predestination in *Troilus and Criseyde*,” *PMLA*, LXXII, 1957, pp. 14–26. 比较：E. Talbot Donaldson, *Chaucer’s Poetry*, New York, 1958, p. 966。

2 据乔叟在《特洛伊罗斯与克瑞西达》里说，这部诗作来自罗利乌斯，但经学者们长期考证，无法获知此人的来历，因此现在一般认为，他是乔叟的虚构。实际上，这部诗作是以薄伽丘的《菲拉斯特拉托》为蓝本创作的。——译者注

在表达了对英语多样性的担忧之后，乔叟说，“但对于我的原意”，然后又回到他正在说的话题，“我正讲到……的盛怒”。如果这还不是直接表明尾声中的“我”和讲述故事的“我”是同一个人，那还会是什么呢？当然，我们可以像乔丹教授那样，说叙述者最终变成了乔叟。[1]但这有什么意义呢？如果我们曾有所怀疑，那么我们在这里不是发现了一直是乔叟在讲述吗？曾经热烈信奉宫廷爱情传统的乔叟，如今坚信基督教之爱才是最美好的。为什么这就与14世纪那个真实的乔叟大相径庭呢？众所周知，乔叟热爱书本，崇尚宫廷爱情，但在宫廷爱情方面，他确实有“不受欢迎之处”，因为这是贵族式爱情，而他并不是贵族。至少在一段时间里，他很重视宫廷爱情诗歌传统。但从创作早期开始，他就开始寻求不同的素材和风格。他的一生都在撰写基督教诗歌。其实人们很难发现《特洛伊罗斯与克瑞西达》里有什么东西（罗利乌斯除外）能把叙述者与乔叟区别开来。他们之间的差别仅仅在于语气。只是对叙述者的书呆子气和“不受欢迎之处”的幽默夸张让他看起来似乎与尾声里那个我们假定是“真正的”乔叟——那个我们认为我们知道的乔叟——不同。

叙述者幽默和夸张的自我展示在《坎特伯雷故事》中得以进一步延续。在《特洛伊罗斯与克瑞西达》的最后部分，乔叟揭开了自己的神秘面纱。但是在《坎特伯雷故事》中，除在“本书作者在此告辞”里外，他完全没有直接显示自己的身份，而是展示了香客们。他对他们的了解建立在直接观察的基础之上。[2]在这里，他不是“梦中人”，也不是“读者”，而是归来的旅人。归来的旅人总是无所不知的样子。当叙述者谈及商人时说“没有人知道他还有债务在身”；此时我们不必认为这与叙述者性格不符或把这归因于一位全能的作家。归来的旅人除了讲述真事外，也传播着流言和臆测。这种叙事方法最自然、真实而且有说服力。在早期梦幻诗歌里，作为“梦中人”，乔叟以描述一个虚幻的情景开始；作为《特洛伊罗斯与克瑞西达》里的读者，他声称只是翻译和改写了一则古老的故事。但在《坎特伯雷故事》里，他声称在讲述一些他曾经参与的真实

1 Robert M. Jordan, “The Narrator in Chaucer’s *Troilus*,” *ELH*, XXV, 1958, p. 255.

2 关于《总引》中叙述者的立场，参见：Ralph Baldwin, *The Unity of the* Canterbury Tales, Copenhagen, 1955, pp. 55–57; Edgar Hill Duncan, “Narrator’s Points of View in the Portrait-sketches: Prologue to the *Canterbury Tales*,” in *Essays in Honor of Walter Clyde Curry*, Nashville, 1954, pp. 77–101。

发生过的事,他仍能记忆的事。虽说如此,我们进入了世上最不可能的幻境之中:三十个人结伴骑马穿越乡野,每个人用韵律诗来讲述自己的故事。

这意味着《坎特伯雷故事》里“虚构的幻觉”,与《特洛伊罗斯与克瑞西达》里那注定毁灭的古老城市所发生的激烈事件相比,更为不真实且更不能令人信服,尽管它发生在作者所处的时代。特洛伊故事里所有那些遥远而陌生的事物被描写得好像近在咫尺并且十分真实;而在前往坎特伯雷的路上,作者赋予其受众的熟悉的世界一种陌生感。但阅读《总引》时,我们发现作者所想与叙述者所言并不一致。这使我们对作者感到好奇,想知道他的真实想法。乔叟(作为香客)甚至通过讲述一则无趣的《托帕斯爵士》来蒙蔽我们的眼睛。他这样做,我们都知道他(作为诗人)本意是在开玩笑,紧接着他又讲了严肃的《梅利别斯的故事》。他接着又通过律师提到自己的名字和作品,以激发我们对作者的兴趣。乔叟如此驾轻就熟地隐藏了自己的身份,以至于六个世纪之后我们还在不断地研究他的真实想法。一旦乔叟这位回归的旅人脱离虚构的幻境,一旦我们聆听某位香客的声音,我们就会在香客的话语中发现乔叟其人。例如,在读《磨坊主的故事》时,我们很乐于听其中回响着的《骑士的故事》。是磨坊主在取笑《骑士的故事》吗?或者是乔叟在取笑它?或者乔叟只是在取笑磨坊主不懂骑士的严肃主题?或者这三方面都有?甚至在风格高雅的《骑士的故事》里,在说到帕拉蒙的监禁时,也能看到这样的诗句:

> 另一方面,他又是被囚禁的人,
> 而且囚禁不只一两年,是一生。
> 他这种受苦又受难,谁有能耐
> 恰如其分写成诗?我没这诗才,
> 只能尽量简短地稍稍点一点。
> 且说那第七年的五月第三天
> (这日子已被写进一些古书里,
> 整个的故事那里写得更详细),
> …………

(第一组第1457—1464行)

仅仅是骑士太谦卑吗？倘若如此，那他为什么提到诗歌的韵律？是骑士在讽刺，开他自己的故事的玩笑？或者是乔叟自己在说话？如果是这样，他是在取笑骑士，还是在取笑他自己？我们想问乔叟那个旅店老板所问的问题："你是什么样的人？"这个问题没有得到真正的答案。这恰恰是《坎特伯雷故事》的风格。也许我们是时候不再一味尝试搞清是谁在什么场合讲话了。

我在此论证的是，乔叟其人并不是"客观地"通过清晰的自我展示，而是通过他自己与读者之间隐含的关系，动态地存在于《坎特伯雷故事》中。他的角色正是现实生活中存在的：一个中产阶级对社会地位高于他的人进行言说。从所有已知的乔叟的传记记载中，我们可以发现两点：乔叟来自中产阶级，成功地成为一名文职官员；他还是一名专为宫廷写作的诗人。他那些贵族受众尽管定会欣赏他的才情，却仍会视他低人一等。在这样的环境之下，一个聪明人会时刻警惕，不表现出任何中产阶级的毛病——墨守成规、拉帮结伙、卖弄学问、单纯幼稚、不谙世故以及装腔作势。这些是中产阶级一直存在的问题。乔叟不想在那些上层阶级面前显得像中产阶级，但他知道他能做的最具中产阶级性质的事情是对他的社会地位表示不满，甚至是否定它。我只能想出两种方式走出这个窘境。一种是带一点谦逊的自我贬损，装扮得略像一个小丑；另一种是成为严肃、有用的人，让上层人士因为你而喜欢你，而不是凭你所说你是谁而喜欢你。在《坎特伯雷故事》里，以及一定程度上在他早期的诗歌里，乔叟采取了这两种方式。他在《总引》中表现为一种夸张的中产阶级类型：中立，友善，仰慕财富和权力，甚至为成功的盗窃行为辩护。他以幽默的笔调表现那些一般中产阶级在贵族面前加以掩盖的品性，使之成为精心设计的玩笑，并在宫廷里炫耀。以这种方式，乔叟巧妙地隐藏了自己的才智、学识、哲学素养以及智慧——这些从来都难逃脱读者的眼睛。简单来说，他温和地讽刺其他中产者，如严肃的律师、和蔼的平民地主等。他自己的《托帕斯爵士》完美地诠释了这一方式。他将自己塑造成中产阶级蠢材的形象，试图讲述关于骑士事迹的贵族故事。这个故事中的玩笑围绕着佛兰德的一个中产阶级分子如何无能地把自己装扮成骑士而展开。乔叟的真实用意并不是从中产阶级的角度，而是从真正的骑士和女士的角度来看待问题。他让他的读者设想，他确实了解贵族们的想法。简言之，他让读者们根据自己的形象来塑造他。在《特洛伊罗斯与克瑞西达》

里，如佩恩教授最近指出的，[1]叙述者与我们读者进行了一场持续的对话，这暗示着我们是什么样的读者，并把我们带入他的诗歌里，成为其诗歌现实的一部分。但在《坎特伯雷故事》中，乔叟做的有所不同：他不是通过对话的形式把读者带入作品中，而是希望我们凭直觉感知他的想法，把我们自己置于隐含作者的角色之中，延伸自己而成为他的一部分。

我将再进一步，认为在一个更本质性的方面，那个天真的叙述者比与我们相关联的隐含作者更睿智，拥有更真实的愿景；我同时也认为在那个叙述者身上，乔叟将自己性格中的一个重要特征加以突出和表现出来，那就是他对人自身的兴趣和他宽容的博爱精神。[2]论者常说乔叟通过这个叙述者展现了表层现象，而让朝圣者们去表达深层的现实。然而，那个天真的叙述者，虽然有时会对他的同伴的错误视而不见，却能很奇怪地清楚看到他们好的一面，那不也同样是事实吗？如果你愿意从寓意角度看，就会发现这点与中世纪神学非常一致。乔叟继承了圣奥古斯丁的观点，认为上帝创造的万物本质皆善，恶是一种寄生物，是对善的掠夺，而非一种实体存在；正因为如此，他还认为我们应该"憎恶恶行而非行恶之人"。所以，他戴着一副迂腐而爱交际的朝圣者假面具，扮演一个高尚的傻瓜，无意中闯入基督教的宽容。我们和隐含作者一样，发现他犯的一个个低级错误，然而他那种傻傻的慷慨精神却仍然感染了每一个人。这种慷慨使我们看见——比如在修道士或者卖赎罪券教士身上——在毒瘤般的邪恶之下那个上帝创造的人。

如果我的上述观点正确的话，那么乔叟碎片化的自我展示让我们立即领会到两点：善的外表下隐藏着邪恶，邪恶之下也隐藏着善。朝圣旅途从叙述者认为一切事物都好、所有人都善那样一种令人怀疑的观点开始。而它的结束则是关于我们应该审视自身罪孽的布道词和乔叟自己进行忏悔的"告别辞"。对于乔叟的受众，如果这最终使他们审视自己，反思他们作为基督徒的生活，我一点都不会觉得惊讶。在某种程度上，受众也许已经在思索乔叟这位令人难以捉摸的大师——他到底喜欢哪些朝圣者，觉得哪些荒谬可笑，哪些该受到谴责？自博斯韦尔以来，我们逐渐更想知

1 Robert O. Payne, *The Key of Remembrance: A Study of Chaucer's Poetics*, New Haven, 1963, pp. 227–232.

2 这个观点，唐纳森在此之前已经提出，见：Donaldson, "Chaucer the Pilgrim," p. 936。

道作者是“什么样的人”,然后开始探寻这个人。能更多了解作者固然是好事,但我们最终得到的与他最相关的信息往往还是来自他的写作风格。从生平记录、海关档案我们得知,乔叟迂腐、无主张、书呆子气十足,还有点肥胖;如果我们喜欢收集奇闻趣事,这些不正是我们对供职于保险公司的那个华莱士·史蒂文斯或者在出版社工作的那个T. S. 艾略特所描述的吗?我们所知道的乔叟是由我们对他作品的回应所建构。就那而言,这同样也是真实的乔叟。其之所以真实,是基于这样一个作为阐释家的我们有时会将其撇在一旁,而作为人文主义者的我们却总是坚信的原因:对于创作了伟大诗篇的每一个人而言,那条文如其人的格言具有既宏伟又令人恐惧的无限的真实性——在他的作品中能实现的所有人性的可能性都必然存在于他和阅读他的作品的人身上。

(加利福尼亚大学河滨分校)

编后记

唐纳德·R. 霍华德(Donald R. Howard),美国加利福尼亚大学河滨分校、斯坦福大学等校英文系教授,中世纪英语文学专家,20世纪最重要的乔叟学者之一。他长于将其渊博的中世纪知识同深厚的文本功夫结合,常有独到见解。他的代表著作如《〈坎特伯雷故事〉之观念》(*The Idea of the* Canterbury Tales, 1976)、《乔叟:其生平、作品与世界》(*Chaucer: His Life, His Works, His World*, 1987)是现当代乔叟学者必备的参考文献。乔叟作品中的叙述者是乔叟研究中一个重点;论文《乔叟其人》(“Chaucer the Man”)对乔叟诗作中的叙述者,或者说作者投射到他诗作中的自我,进行了深入探讨。本文译自:*PMLA*, Vol. 80, No. 4, Sep., 1965, pp. 337–343。

乔叟式的现实主义[1]

作者 ［美国］默顿·W. 布卢姆菲尔德
译者 常远佳

现实主义是一个复杂的词，具有多义性。如将其用于文学，则主要用来指作品（或多或少）复制了其主题的外部现实世界的细节，和（在较小程度上）客观地、不偏不倚地表现了作品中人物的内心现实。此名词的核心含义在于忠于现实，无论从外部或内部真实地展现世界。"模仿"（mimesis，名词）和"模仿的"（mimetic，形容词）这两个术语（出自亚里士多德的《诗学》）也经常用作"现实主义"和"现实主义的"的同义词，虽然它们词义通常更宽泛。两组词都用来指文学或其他艺术作品试图再现我们所认识的世界。

现实主义很可能是文学理论中争吵、辩论或评述最多的话题。尽管有一些反复出现的话题和大量重复的看法，这个永远令人着迷的主题的确不时有新的观点出现，从而使对艺术的本质更为准确的理解成为可能。查尔斯·马斯卡廷（Charles Muscatine）的《乔叟与法国传统》使我们能够从新的，也许我应该说是从旧的角度，来看待乔叟式的和中世纪的现实主义。他使我们认识到现实主义是一种风格，而不仅仅是对生活的复制。换句话说，现实主义有鲜明的传统因素，在很大程度上可以回溯到那些法国摹本。一个中世纪作家在进行现实主义风格的创作时，不但会选取他周围生活的材料，而且会模仿现实主义风格的特征。乔叟及其他中世纪

1 本文是以22年前我发表的一篇论文为基础。部分原文经原出版者许可在这里再版，出自下面文章："Authenticating Realism and the Realism of Chaucer," *Thought*, 39, 1964, pp. 335–358, New York: Fordham UP, 1964。

作家所体现的现实主义不但是对生活的模仿，也体现出某些文学范式的特点。正如马斯卡廷所写："[中世纪] 资产阶级 (bourgeois) 文学传统是'现实主义'或'自然主义'的，但它从未追求也未达到现代小说中用这类标签所能描述的那种新闻报道般的细节真实。这一风格基于特定的传统，体现得比小说中的'现实主义'更明显。这一风格饱含夸张，饱含漫画式的人物以及离奇的想象。"[1]

本世纪上半叶伟大的乔叟评论家们都不自觉地受到当时思潮的影响。这一思潮视现实主义为生动的"生活切片"(slice-of-life)，是文学艺术的最高表达。因此，他们倾向于将传统程式和风格的成分排除在乔叟式叙事中的戏剧性和描述详尽的 (circumstantial) 内容之外，即关注那些细节本身而非其如何使用。近期的评论——毫无疑问也受到当代思潮的影响，左拉受人敬仰的地位已为卡夫卡所替代——则更重视经验的象征意义，这些象征意义看起来为更深层次地理解"生活的真实"(truth-to-life) 提供了线索。但绝大多数人更倾向于认为文学须"忠实于生活"(true to life)，并将其理解为对生活的模仿，即便在今天也是如此。象征性、怪诞性和虚幻性的描写都被许多读者视为不真实，是浪费时间。为了更好地识别和定义乔叟的现实主义，或者更确切一点，为了更好地定义现实主义，我们必须从比 19 世纪和 20 世纪初的前辈更广的范围来讨论这一问题。大多数读者想当然地认为乔叟是现实主义作家，尤其当他们对乔叟的了解仅限于《坎特伯雷故事》时。由于这一名词含义颇广，为了更好地讨论这一问题，我们必须努力理解这一名词的含义，以及用于乔叟时是何意义。正如纳尔逊·古德曼 (Nelson Goodman) 所说，"现实主义和现实一样，复杂多变，单一描述不足以说明其含义"。[2]

广义现实主义的讨论在文学界和批评界广受欢迎，这很可以理解，因为人们认为现实主义以各种方式关乎文学或艺术讨论的中心。正如

---

1 参见：*Chaucer and the French Tradition*, Berkeley / Los Angeles, Ca., 1957, p. 58。法国现实主义主要体现在市井故事 (fabliaux) 中，但并不清楚是否属于资产阶级创作。佩尔·尼克洛格 (Per Nykrog) 提出充分理由证明市井故事与宫廷传奇 (courtly romance) 起源于同一社会阶层，基本用来讽刺资产阶级。参见其著作：*Les Fabliaux: Étude historique littéraire et de stylistique médiéval*, Copenhagen, 1957。

2 参见其论文："Three Types of Realism," *Partisan Review*, 51, 1984, pp. 285–288。在文中，他对现实主义做了有趣的区分。

古老的模仿论所证实的那样，艺术倘要人严肃对待，就必须宣称自己是真实的。当然，最关键的问题在于，在何种意义上艺术算真实的。显而易见，艺术从某种意义上来说并不真实。艺术品不是自然产物，所有艺术品都是人类创作的人工制品。然而在另一意义上，艺术必须真实，不然不值得引起人们注意。艺术在不同程度上已经引起，也将继续引起人们注意，它也一直使人们付出努力。艺术，在某种意义上既是真实的，也是不真实的。这一真实—不真实的二元对立清楚地体现在吉尔伯特・默里（Gilbert Murray）对《伊利亚特》的评论中："如果你把《伊利亚特》当作历史来读，你会很快放下书，并宣称：'不，这是小说！'但如果你把它当小说来读，每读一页你都会强烈地感受到这并非自由创作的小说。"[1]

大卫・休谟两百多年前的评论则更为尖锐："诗人……虽是职业骗子，却总是尽力使他们的作品显得更真实；这一点倘被完全忽视，则他们的表演再有天赋，也绝无法提供太多乐趣。"[2] 这一观点的反讽之处在于证实了与休谟相反的观点，因为诗人撒谎的唯一目的是为了在最深层次上表达生活的真实。生活的真实并非仅仅是感官体验，也不仅仅是"事实"，这是所有伟大作家赞同的原则。他们明白诗人必须撒谎以求得真实，而这一点，却是休谟不明白的。

然而休谟提出了一个本质性问题。为了不被认为只是感官经验，为什么作家必须假装他们所写的东西是真实的？为什么要有这种"真实的样子"（air of truth）？为了回答这个问题，我们必须对现实主义予以区分，[3] 就像我们曾经细分浪漫主义一样。为了能够更好地应用"现实主义"这一多变的词，我们必须赋予它多重意义，就像我们对待其他含义泛泛的人文学科名词一样。本文主要目的是为了深入考察现实主义用于叙事的含义，尤其是用于乔叟的叙事。

叙事中最基本的一种现实主义所关注的是如何为故事建构一种真实

1 *The Rise of the Greek Epic*, Oxford, 1907, p. 158.

2 *Treatise of Human Nature*, I, iii, 10, ed. L. A. Selby-Bigge, Oxford, 1928 edn, p. 121.

3 参见：Wayne C. Booth, *The Rhetoric of Fiction*, Chicago, 1961, p. 53，以及以下几页和散见各处。

的样子，使之可信。叙事应用这些手段以避免受到是在撒谎的指责。这种现实主义或可称为“真实化现实主义”（authenticating realism），它以各种方式存在于几乎所有的现实主义作品中。它在根本上关注的是叙事宣称其真实性，那虽然与普通现实主义相关联，但与之大为不同。这种关于真实的现实主义可以用多种方式实现，它们不一定彼此排斥。为达此目的，各种框架结构被广泛应用。本杰明·康斯坦特（Benjamin Constant）的《阿道夫》（*Adolphe*）的前言出自一个伪装的出版商，此人声称他之所以得知主人公的故事是由于他在卡拉布里亚遇到他。司汤达在《帕尔马修道院》中对读者说，故事是他朋友的侄子——一个帕尔马教士——于1830年底在帕尔马告诉他的。《格列佛游记》以一封格列佛船长写给他的出版商侄子辛普森的信开始，紧接着辛普森与读者直接对话。同样，我们在《十日谈》、《一千零一夜》和《坎特伯雷故事》中也发现了类似的为了证明故事或故事集真实可靠而更为精心设计的部分或完整的框架结构，其中，我们主要的研究对象是《坎特伯雷故事》。

然而，更多时候，我们仅仅在故事中发现“我”这个假定的叙述者，有时用作者姓名，有时不用。中世纪叙事文学中的“我”通常就等于作者。有时候，“我”会参与“我”讲述的故事；有时候，“我”仅仅是故事的旁观者。如果有一个叙事框架，“我”可能会在其中出现——如在《坎特伯雷故事》中。充当作者的“我”（authorial “I”）是作者的创造，除其他作用外也给故事增加真实气氛。

作家们也使用其他方法来使作品具有真实性。有时候，真实性也可以仅仅通过叙事者的语气获得。这一方法与我们前面讨论过的方法并不相互排斥，相反，它几乎存在于所有叙事作品中。有些叙事作品既无框架又无“我”，只有一个声音。在此种情况下，叙事者的语调就作为真实性的控制或保证，或者，在某些情况下作为一种刻意的伪装。我们读一部叙事作品，不仅为了故事本身，更是为了其真实的声音。无论如何，一部叙事作品不仅要讲述故事，而且也要表明故事的真实性。也就是说，叙事作品还必须解决其认识论的问题。我们怎样知道故事是真的或假定是真的？悬置怀疑是叙事艺术的根本步骤。阅读叙事故事的特权之一在于在一定程度上去了解故事讲述者或者假定的讲述者及其权威性。

在很多现代文学作品中，一些技巧用于证实故事的可信度。正如斯蒂芬·斯彭德（Stephen Spender）所言：“认知方式本身［在现代小说中］

成为认知对象，并且已经成为认知的一部分。”[1] 我们发现一些新现象，比如作家以本人身份参与谈论自己的书或者亨利·詹姆斯等人的小说中出现“不可靠叙述者”，等等。[2] 然而，证实故事可信度的技巧并非从未在早期的小说中出现过。比如，塞万提斯的《堂吉诃德》中出现了一个神秘的阿拉伯历史学家。叙事者“我”在文森特·埃斯皮内尔（Vincente Espinel）的《马科斯·德·奥布雷根传》（*Relaciones de la Vida del Escudero Marcos de Obregón*）——一本17世纪的小说——中以非常令人迷惑的方式出现。[3] 或者狄更斯在《匹克威克外传》中以明显戏仿现实的手法提供了另外一个使故事真实可信的例证。但是，对故事可信程度蓄意操控以引发关于观察与真实的问题，这基本上属于现代特征。在有些情况下，我们会发现叙事者或者“声调”（tone of voice）完全被摧毁或消除。然而，正如我们将在以下讨论中所见，增加可信度的手段在使故事可信的同时也引起人们对增加真实性的注意，从而反证了艺术作品的不真实。

当艺术家用尽招数增加作品可信度时，他通常不是在放弃故事的真实性，而是将其置于另一层次——他在作品标题、章节名称、前言或者其他地方所展现的真实世界那一层次。表明真实性的这一特定类型引发了其他许多难题，需进一步探索。

最后，故事之内的背景或是故事外部——框架世界或“我”的世界中——的细节可用来增加可信度。地点、名称、日期等也可能会增加真实的气氛。自然真实的细节是19世纪和20世纪现实主义小说的典型特征，但这一特征也会在所有时期的叙事作品中出现。某些时期或许比其他时代更钟情于这一手法，它虽然在过去两百年中持续广泛使用，但这是一种古老的方法，绝非现代的发明。

小说增加可信度的努力将读者和故事讲述者紧密联系在一起，形成亲密关系。读者或者听者被要求相信所讲的内容，他们可以自由地接受

---

1 “A Short History of the Pers. Pron. 1st Sing. Nom.,” *The Struggle of the Modern*, London, 1963, pp. 133–134.

2 参见：Wayne Booth, *The Rhetoric of Fiction*, pp. 339–374。我怀疑在19世纪以前的作品中并不存在不可靠叙述者，即便叙事者可能对自己持反讽态度，如《坎特伯雷故事》，就像在现实生活中也可能的那样。

3 参见：George Haley, *Vincente Espinel and Marcos de Obregón: A Life and Its Literary Representation*, Brown University Studies XXV, Providence. R. I., 1959, p. 65，以及随后各页。

故事并选择合适的方式阐释故事。读者有权相信或拒绝相信故事的真实性。将故事作为叙事者或者叙事声音所有者假定的经历来讲述是增加可信度常见的方式，叙事者将读者视为秘密分享者，允许读者像叙事者那样对故事进行评判。读者和叙事者共同分享经历，二者之间形成一种亲密关系。听者预备相信，暂时搁置怀疑。自写作和印刷日渐繁荣，对可信度需求的增加催生了许多更为复杂的手段。但反讽却更深层次地存在着，因为说者和听者同时知道，故事并不是真的，或者并不完全真实，倘以事件是否真实发生为标准来定；但如果故事要以令人满意的方式讲述的话，二者都必须同时假装它是真的。[1]

考察乔叟所用的增加可信度的手段，我们会发现他自文学生涯开始，就非常重视。他最喜欢用的方法是梦境，这也是大多数中世纪作家喜欢的。也许今天人们难以相信梦境也可作为增加可信度的方式，但即使是最粗浅的梦境理论研究也表明，梦境，尤其是"晨梦"，其时食物消化已久，正是吐露真相之时。梦境结构一直在很大程度上被误解。过去多数时候这一结构设计都被用来搁置怀疑和获得真实性。梦境也许离奇，但确实曾发生过；做梦者也是"我"，因此基本的真实性也可借此获得。一个述说自己梦境的人通常是在说真话。梦境结构提供了两种增加可信度的手段：梦本身和叙述者"我"。梦境结构还有其他作用，其语气和陈述的事实或直接加强了梦的意义，或加强了其反讽意义，但其主要功能在于基本建构故事假定的现实。在《公爵夫人书》中，诗歌中的叙述者告诉我们他在失眠，并且很愁苦（可能是因为失恋），以及他如何"在前几天晚上"读一本书来"消磨这一夜"（第1—49行）。[2] 诗歌假定他在告诉我们持续困扰他的问题。前面43行用的是现在时态，接着在第44行，作者用过去时描述具体的经历——阅读基尤克斯和阿尔古容妮的故事，这引领我们进入叙事。过去时

1 对叙事真实化程度的无感知可能会引起误解的一个很好的例子出现在埃内斯特·厄普夫纳（Ernest Hoepffner）的以下著作里：*Aux Origines de la nouvelle française*, The Taylorian Lecture, Oxford, 1939, p. 11，以及随后各页。在此书中厄普夫纳争辩道，法国的玛丽（Marie de France）相信她的籁诗（lais）里充斥的那些魔术和超自然事物，因为她说这些神奇的事情真的曾发生过。（法国的玛丽是12世纪的女诗人，很可能出生在法国，但主要生活在英国，以很优秀的叙事性籁诗闻名。这些籁诗有可能是现代短篇小说的源头之一。——译者注）

2 本文中对乔叟作品的引用，除《坎特伯雷故事》外，引文译文均出自：《乔叟文集》，方重译，上海：上海译文出版社，1979年。引文行码按原文夹注。——译者注

态提示转换到具体经历。基尤克斯和阿尔古容妮的故事讲述超越死亡的忠实爱情，告诉我们爱情如何超越死亡，使我们能够从容地迎接故事中悲伤的骑士。故事既有细节，也有情景的真实（circumstantiality of truth）。叙述的语气亲密——同时也具备客观性、距离感、反讽和自我意识。讲完故事，“我”陷入沉睡。在他梦中，我们聆听了哀伤的骑士的故事，故事发生在风景如画的理想之地，如我们常在梦中所见。在他卸下重负之后，做梦者问了那个著名的问题并得到回答后，骑士骑马离开。

做梦者然后醒来，告诉我们他“将尽［他］所能把这梦中遭遇谱成诗句，且不应拖延过久”（第1332—1333行）。全诗以“这就是我的梦，现在已写成”（第1334行）为结尾。我已经完成任务；这真是我的梦。这些话回应了梦开始之前那个诗行：“看哪，这就是，这就是我的梦”（第290行）。最后一句话把我们带回到梦和诗歌的起始，形成完整的环状结构。环状结构最适合有关死亡的故事，因为对于所有人来说，死亡是永不停止的“圆环”。这一想法通常能给失去亲人的人们以慰藉。人都会死去，死亡总在反复发生。

因此，这个框架结构是细节化和准个人化的，既提供了合理的根据，又证实了梦的内容，同时展示了一个与哀伤的骑士相对照的故事。在《公爵夫人书》中有三个不幸的恋人：做梦者、阿尔古容妮和骑士。但做梦者是在与我们对话，并且述说其他两个人的故事。他隐约的悲伤，以及梦境的整体氛围，将另外两人的故事及他们的哀伤真实化。

框架内的故事（inner story）充满了对话和翔实的细节，但其场景理想化而不大真实。《公爵夫人书》的虚构性几乎全都来自这样的场景。不同层次的故事几乎都像真实经历一般展开，但框架内故事背景中时间的无限性和不真实性则使故事大不一样。外层框架和框架内故事之间界限清晰稳定，有“真实”和“梦境”两个世界，二者之间截然分开。不像在阅读《农夫皮尔斯》时，读者经常被拉回到“真实”世界里。第三层世界则通过标题展现，虽只被简略标示，却直接而真实。标题和外层框架展现的世界是真实的，框架内的故事表现出是由——倘用现代术语来说——做梦人的潜意识所建构，包含真实和想象的细节。

如果我们回到《特洛伊罗斯与克瑞西达》，我们会发现一个不同的框架——它使读者与框架内故事拉开距离，而用历史与历史感将框架内故事真实化。在这里，不是像在《公爵夫人书》里那样用梦境，而是用我们不断被促使注意到的过去和时间，将框架和框架内故事分开。《特洛伊罗斯与克瑞西达》中的"我"不断把读者拉回到现在，用历史学家的姿态将故事真实化。叙事者被历史捆绑。《特洛伊罗斯与克瑞西达》中过去与现在的对比使我们感到时间永恒，时间被空间化。[1]同时在故事本身的世界里，我们真切地感受到时间的流逝，它增加了故事的真实性。时间是叙事的精髓，如莱辛（Lessing）早就指出的，是事物发展的顺序，但叙事者都不同程度地在试图超越时间限制的同时又保留叙述的即时性。塞缪尔·约翰逊谈到叙事的多样性时提到其"回顾和预测"的功能。[2]如其作品所表明，乔叟熟知其中精要。

框架内故事的场景设置在特洛伊，乔叟的再现使其更为生动。[3]框架与故事同样逼真，表现出相当的心理深度（psychological acuity）。在《特洛伊罗斯与克瑞西达》中没有虚构层次，虽然特洛伊罗斯，也许甚至克瑞西达是理想人物。但框架世界的场景与故事的世界之间的对立将我们置于时间之外[4]，使作品呈现完美的不朽；因而，框架内故事的写实在这种对照之中使我们比在《公爵夫人书》中感受到更强的现实感。虽然这两种架构都具有通常意义上的现实性，但它们展现的都是个人世界，而非社会。两个"我"都直接对框架内故事负责——一个作为梦者，一个作为历史学家。

现在我们转向《坎特伯雷故事》，在这里，社会则同个人世界一道使框架内故事真实化。乔叟从梦境和过去历史[5]进入对当时的世界和当前

1 关于时间的空间化，参看约瑟夫·弗兰克（Joseph Frank）的《现代文学的空间形式》（"Spatial Form in Modern Literature," *The Sewanee Review*, 1945）的修订重印版，出自：*Criticism: The Foundations of Modern Literary Judgment*, eds. Mark Schorer, Josephine Miles and Gordon McKenzie, New York, 1948, pp. 379–392。

2 "Life of Milton," in *Lives of the English Poets*, ed. George Birkbeck Hill, vol. I, Oxford, 1905, p. 170.

3 参见：John McCall, "The Trojan Scene in Chaucer's *Troilus*," *ELH*, 29, 1962, pp. 263–275。

4 结尾处，乔叟通过将特洛伊罗斯送入异教的天堂，以及让"我"沉思三位一体的意义，完全战胜了时间。

5 不过，如拉尔夫·鲍德温指出的，乔叟在《总引》中的确将过去和现在并置：虽然按推测在旅馆的一幕发生在旅行之前，但他对香客的描述，跟只有旅行开始后才能对他们了解的一样。这一手法部分与《特洛伊罗斯与克瑞西达》常用手法类似。参见：Ralph Baldwin, *The Unity of the* Canterbury Tales, Copenhagen, 1955, pp. 54–57。下文很有说服力地阐释了《总引》与梦境情景的前言有相似之处，尤其与《玫瑰传奇》相似：James V. Cunningham, "The Literary Form of the Prologue to the *Canterbury Tales*," *Modern Philology*, 49, 1951–1952, pp. 172–181。

历史的报道，在业已众多的表现现实效果的手法上又新增了一种。《坎特伯雷故事》被公认为乔叟的现实主义杰作。但我认为应该更进一步考察乔叟表现现实主义的方法，同时考察这是否为通常意义上的现实主义。与《公爵夫人书》或者《玫瑰传奇》中相同的是，《坎特伯雷故事》的时间是现在，但我们在其框架中看到的是社会，而非个人问题或个人态度。在阅读《坎特伯雷故事》时所获得的关于生命力和丰富性的感受部分源自框架的多样性与延展性。那些故事——如我们将看到的——尽管很多是那样生动，但并不给予我们这种丰富感。框架和故事相互渗透，二者间的关系与《特洛伊罗斯与克瑞西达》中相似，却不同于《公爵夫人书》。在故事的间隙，我们返回到稳固的框架场景。框架有时插入故事中，如托钵修士已经在讲故事时还谴责法庭差役在撒谎，商人讲故事时又借用角色暗中讽刺巴思妇人。

《坎特伯雷故事》中的框架是去坎特伯雷圣地朝拜圣托马斯的旅行。朝圣者叙述旅途故事是一种经典的文学体裁，尽管在中世纪后期之前通常出现在拉丁文文学中。这一宗教文学范式，既满足了人们对异国他乡的好奇心，又激发了宗教信仰。朝圣也是宗教意义上重要的人生隐喻：我们都是去天堂路上的朝圣者。所有旅行，尤其是宗教旅行，反映了人存在的基本模式：我们都是无家可归者，从天堂被放逐，寻求返回我们真正的家——天堂，尘世中的乐园只是其先兆。毫无疑问，乔叟选择以朝圣之旅作为故事框架是有宗教层面的考虑。堂区长讲述的最后一个故事里的引言清楚地表明了这一点。但对朝圣之旅的报道也是对一场经历的真实报道，这样的报道习惯上使用第一人称。朝圣之旅的可信之处在于朝圣者也是参与者。在《坎特伯雷故事》中，故事由名叫乔叟的朝圣者讲述。因为他消息来源可靠，我们得相信故事的真实性。正如我们所说的，《坎特伯雷故事》的生动性和丰富性大部分来自对框架的处理，以至于很多学者倾向于将单个故事仅仅视为框架及其人物的附属。戴维·本森（David Benson）收录在本论文集中的文章就表达了这样的观点。基特里奇之所以有“朝圣者并非为了故事而存在，而是反之”和“那些故事仅仅是那几个人直接或间接表达其性格的长篇演说而已”的观点，[1] 也是因为正是在这部作品的真

1 *Chaucer and His Poetry*, Cambridge, 1915, p. 155.

实化策略上，在框架上，乔叟作品的情景与戏剧性逼真效果最强烈地表现出来。在推崇现实主义叙事的时代，基特里奇的意见尤其会受到欢迎。

我们来看看单个的故事。每个故事都有使其可信的手段，但因为具体情况复杂，在此不一一赘述，只简略讨论故事的内容。直观而论，《骑士的故事》并非现实主义作品：人物并不写实，对于帕拉蒙和阿塞特谁更好的争论显示了这一点；艾米莉这个人物不会比狗争抢的骨头更丰富真实。我们被告知她很美，但我们无法确切感受到这一点。故事发生在过去，情节像是织锦上的盛会，描述和修饰的成分很多。磨坊主和管家的故事发生在当时的英国，情景方面的细节虽翔实，但都不真实，甚至有些怪诞。《磨坊主的故事》中尼古拉的计划非常不切实际，完全不可能在实际生活中发生。其计划的实现需仰赖木匠的过分轻信、各种不可思议的巧合以及情景丰富却不甚真实的世界。这个计划即便如尼古拉所希望的在推进，也只可能成功一次。对于一次令人愉悦的偷情，这是最不可能实现的伎俩。至于《管家的故事》，以上提到的多点适用，即便故事在某些方面显得更为真实些。

《律师的故事》缺乏情景方面的细节，背景不详，故事发生在过去，大部分在异域。《巴思妇人的故事》发生在亚瑟时代的英国，故事中的人物从不曾存在。故事本质上是个寓言，虽然能读到在乔叟多数故事中都有的十分生动的对话。《托钵修士的故事》是一个神怪故事；《差役的故事》即便存在大量情景方面的细节，有许多市井故事的特征，却表现出怪诞的智慧，我们在讨论《磨坊主的故事》时简略提到了这点。

《学士的故事》发生在意大利，象征意味浓厚，情节极不可信。《商人的故事》中的高潮极不真实，且里面人物的名字叫“一月”（January）、“五月”（May）、帕拉西波（Placebo）和朱斯提努斯（Justinus）等；但故事也有许多情景方面的细节。《扈从的故事》发生在亚洲，显然是个神怪故事。

《平民地主的故事》基本上不真实。故事发生在异教时代的布列塔尼，情节仰仗魔术实现。《医生的故事》背景是古代罗马，内容似梗概，难以被称为现实主义——就这个术语的通常意义而言——作品。《卖赎罪券教士的故事》缺乏人物塑造，有灵异色彩。《船长的故事》是另一个市井故事，细节丰富，情节离奇。《修女院院长的故事》发生在亚洲，是一个圣母的奇迹故事。《托帕斯爵士》戏仿浪漫传奇，通过夸张其原本就不可信的事件与描写来取得效果。《梅利别斯的故事》多少像是谚语或者格言的集合。《修道士的故事》的确出自真实的历史，但其目的只是为了道德教训，并非为了强调故事的真实。

《修女院教士的故事》是一则引人入胜的动物寓言。《第二位修女的故事》有关圣人的生平。《教士跟班的故事》可能在整个《坎特伯雷故事》中最为现实主义——就我们平常理解的现实主义而言——然而这个故事也是乔叟最乏味的故事之一。《伙食采购人的故事》源自奥维德的神话传说；最后，《堂区长的故事》完全谈不上是故事，只是一篇道德说教文。

综观此列表，我们可以看到，如果以现实主义是对日常生活中的事件与细节及其可信度的再生产为标准，可能除了一个例外，实际上所有其他故事都不能在现实主义方面同《坎特伯雷故事》的框架相比。是这部作品的真实化部分，即框架部分，使我们强烈体验到这部诗作所能给予的关于真实生活的感受。的确，乔叟许多故事中的对话与人物塑造也反映出那样的感受，但实际上没有一个故事算得上是完全的现实主义，即忠实于人们眼中的生活。一些故事即便在某一方面是现实主义的，另一些方面也不然。有时候，它们甚至不如朗格伦的《农夫皮尔斯》真实。故事中关于行为的感觉如同在几乎所有叙事故事中那样是真的，但其情节多数不真实，因为情节之间或缺乏明确的因果关系，或完全出于偶然，或完全依赖超自然因素。框架具有强烈的即时性，那造成现实感，但那些故事本身却总是企图超越时间或者与时间玩弄难以置信的把戏。

但《坎特伯雷故事》是现实主义的，而《农夫皮尔斯》却不是，那是因为它有一个使诗作真实化的框架，这个框架使我们强烈地感受到当时英格兰人的生活。正是这个框架造就了这部作品本质上的现实主义。在《坎特伯雷故事》的两个世界中，框架的世界传达出日常生活的强烈感受，而尽管那些故事带有许多现实主义因素，其世界实际上是一个程式化和模式化的想象世界。因此乔叟不断从故事回到框架世界。

当然，我并非想要通过以上种种来暗示，在那种更深刻的意义上，即所有伟大艺术都是真实的这个意义上，这些故事，或者其中绝大部分故事，都是不真实的；而是想暗示，在狭义上，绝大部分故事并不像许多评论者所认为的那样是令人满意的写实。当它们体现出现实主义时，其现实主义在很大程度上是一种写作风格，是对对话、用词或者题材（中产阶级生活）等自然主义因素的巧妙运用。

乔叟是从哪里获得现实主义的可增加可信度的框架结构的灵感呢？在乔叟之前，除宗教文学外，英国文学中基本没有对情景性现实主义（circumstantial realism）的连贯使用。乔叟在真实化的框架（authenticating frame）中使用细节表现现实主义的手法似乎在很大程度上是他的原创。[1] 毫无疑问，他从以前的作品中得到某些启示，也许是从梦境结构的前言中，如坎宁安（Cunningham）所提到的。[2] 但我猜想是中世纪后期文学艺术中的现实主义气氛——关于这一点赫伊津哈（John Huizinga）做了那么雄辩的论证——使他形成大量运用情景性社会细节的原创性观念，而不用如同在《公爵夫人书》中那样依赖梦境，或者如同在《特洛伊罗斯与克瑞西达》里那样依赖历史途径，来获得每一位叙事性作家之所需——那种使作品真实化的现实主义。换一种方式说，从这一观点看，乔叟的原创性是由增加可信度的手法对真实的要求与情景性现实主义这两者的结合所构成。

让我们从另一个角度来考察《坎特伯雷故事》。我想强调其叙事背景比一般认为的要复杂得多，而且在一定程度上说，叙事艺术的写实性现实主义（naturalistic realism）更经常地体现在构思得当的背景中，而不是在前景（foreground）中。叙事作品必须在两点上再现或者指向真实世界——在其行动的极端前景（extreme foreground）或其极端背景（extreme background），即在标题、概述或者题词体现的世界中。二者之间的层次可能真实，也可能不真实。当我们谈论普通意义上的现实主义小说时，我们指的是中间层次也真实的小说，因为另外两个层次必须真实。

我所说的小说的极端前景指内部行动（inner action）。之所以选择行动作为极端前景，是因为对于亚里士多德而言，行动对于叙事和戏剧来说都十分重要。它可能被定义为动作或是角色间的行为或语言接触。任何叙事中对行动的描述都必须真实。即便有些部分表现得不够真实，或

1《十日谈》中框架所起的作用实际与《坎特伯雷故事》相反。除瘟疫之外，框架建构了一个理想的环境。但另一方面，其故事绝大部分比坎特伯雷故事更"真实"。

2 参见前面关于坎宁安的脚注。

因为动作或语言不真实,而造成情节本身不可信,行动本身也必须描述得像真实发生过。当拟人化的骑士与龙打斗时,二者都并非真实生物,但我们必须描述得像是真有这个打斗,不一定有足够的细节,但打斗须给人双方真实打斗的印象。堂吉诃德向风车发动攻击,不论那在实际生活中是多么骗人或者多么不可能,该行为被那样真实地描述,似乎真的有人在与风车打斗一般。在卡夫卡的《审判》中,当K先生被逮捕时,其描写与对话表现得真有其事。在这一意义上我相信所有虚构小说的极端前景必须真实。

然而,行动的顺序,即情节,可以不必那么真实或"忠实于生活"。情节可能由周密的计划而非逼真的原则控制,但行动必须真实。参与行动的角色可能真实,也可能不真实;他们给人的真实感可能程度不等,他们也可能具有内在真实感,即心理上真实或者象征性真实,但外在或写实描写上并不真实,或反之亦然。或他们无论内部外部都不真实。框架内故事的地点或场景或者以现实主义或者以非现实主义的方式描写。有些故事发生在虚构的过去或者将来,有些发生在理想的虚构场景中;有些只简单暗示背景,有些非常自然地置于社会、自然或人工环境中,或不同程度地存在于三者中。完全自然的背景设置赋予19世纪小说大部分的现实主义特征。这并非19世纪的发明;但引发出特别气氛的那一类具有社会和阶级维度的细节是新的,那有助于创造出"生活切片"的感觉。

当我们跳出框架内故事而进入真实化层面(authenticating level)的维度时,无论它是框架,是"我"或者仅仅是叙事声音,其主要目的之一就是要让读者获得故事是真实的这样一种感受。我们已经力证《坎特伯雷故事》中现实主义的特别之处在于它真实化层面的情景真实性。这一层次通常有情景性细节,但并不具普遍性。举例来说,叙事者的语气,传达的可能只是其权威性,而非情景性外在现实。但叙事的真实性层面关切的是根本意义上的真实性,因为它必须悬置怀疑和关注认识论的问题,当然不局限于认识论的问题。它必须使所叙述的故事真实可信。然而,它同时也可以加强框架内故事,或讽刺性地与之相对照,或被用来改变视角。但具有讽刺意味的是,作品真实化层面在一定程度上使我们更敏锐地意识到框架内故事是一个虚构,因而需要被表明是真实的。

最后,我们离开故事,来到作者直接与读者对话的层次,中间不隔着代理人或面具,这点我们之前简略提到过。在大多数叙事作品中,我们只是通过题目、目录、概述或者章节名称、章节分布等信息知道这一层次，倘若作品提供了这些信息的话。然而，这里却有一个人直接地、时不时语带讽刺地按照他的想法告诉我们他在干什么。他通常以现在时描写他的主题和如何将其划分，偶尔还谈谈他本人的相关看法。他态度变得讽刺时，他的讽刺直接面对我们。我们在虚构故事的世界之外，感受到作者在尽他所能保持其客观性。

乔叟在《坎特伯雷故事》这一复杂的综合体中对增加真实性的手法的运用比读者意识到的要多。[1] 在作品伊始，甚至在开始他那对四月春雨的著名描述之前，他就告诉我们，“坎特伯雷故事由此开始”。在每个故事、每节甚至每小节之前，他直接告诉我们他在做什么或做了什么，大部分用英语，偶尔也用拉丁语，比如他说，“巴思妇人的引子到此结束”。有时这些评论并不限于中性，比如他说，“请听旅店主人快活地对海员和对修女院院长讲的话”。注意这个表示祈使的词 behold。最后，在作品的末尾，我们看到乔叟收回自己作品的申明，在那两三段里，他遵循悠久传统，请求上帝记住他那些教人美德的作品，忘记那些“世俗虚荣”的著作和那些“淫词艳曲”。这是作为基督徒的乔叟的声音，说得一本正经。

在每一个那样的情形中，乔叟将读者带出艺术世界回到现实世界里，他用现在时态直接与读者安静地交流。他对公众说话时，除所有的人都有的那些自然面具外，他不伪装身份，他不断在标题和评论中提醒我们诗歌是其创作，属于他的世界，他是二者的主人。有时候，他告诉我们如何划分他的故事；有时候他将我们的注意力引到某处。标题的创造者以及评论者乔叟与文中讲述坎特伯雷朝圣见闻的乔叟不是同一个人，即便两人之间有紧密联系；对读者说话的乔叟是乔叟的另一部分存在。

到此为止，我一直在强调乔叟如何给《坎特伯雷故事》创造真实感。现在有必要回溯一下，说说他不真实不现实的一面。乔叟在《坎特伯雷故事》中应用了多种方法——以上我们已经讨论过——将我们带入真实世界，然后又通过他的艺术手法和他在作品中的在场超越它。乔叟的艺术手法及他在作品中的在场将他的读者或受众拉离他们自己的世界，使他们能够像乔叟阐释其作品那样理解其意义。因为其主题被置于当时的

1 这些标题可能系誊抄人员所拟。我们无法证明它们由乔叟拟定，不过我在此处假设如此。

世界，并处于使之真实的层次，所以乔叟在深刻意义上是反讽的。反讽的先决条件是客观性。为了营造读者对故事的客观态度，乔叟须在真实世界里增加一点虚幻的因素。他很好地掌握了真实与不真实之间的二元对立，创造了《坎特伯雷故事》的独特魅力。

沃尔夫冈·克莱门（Wolfgang Clemen）在评论乔叟的早期诗歌时说，他"从不真实中"创造出"新的现实主义"。[1] 这一点，至少在用于《公爵夫人书》时有点言过其实，但它道出了许多实情。我认为在《坎特伯雷故事》中情形正好相反。他必须从现实中创造出不真实，以便以一种适合艺术的幻觉的方式将现实带进艺术之中。他通过不同的方式实现了这一点——通过单个故事、对事实的选择和对诗歌的评论。但那也通过他处理作品不同层次的精妙架构而得以实现，因为乔叟的世界的真实和那增加可信度的层次中的真实与故事中的不真实以及他带着我们反复穿梭于不同层次之间的不真实相平衡，关于后者，那是因为这种穿梭使我们意识到艺术家的操纵作用。

这些故事本身都含义微妙，通常有强烈的现实主义因素，但基本上它们中每一个故事都有某种强烈的虚构基础。虽方式不同，但每个故事本身以及它同框架的关系都很有意义。然而，那个增加真实性的框架除了暗示生活本身和增加可信性外，对于叙事本身的意义不大。其存在是为了塑造那些叙事者的性格和他们所讲述的故事。增加真实性的手法一般都是如此，它们并非为了自身而存在。也许我们会喜欢增加可信度这一层面，就像我们喜欢《坎特伯雷故事》的框架一样；从叙事的角度来看，我们阅读框架是着眼于框架内的故事以及框架和故事之间的关系。我们不能像基特里奇所说的那样将故事降格为框架中人物的附属，那样会摧毁作为叙事艺术的作品。阅读《总引》，目的不是为了从叙事角度了解作品，而是为了了解将会发生什么。倘若是为了《总引》本身而阅读它，我们是为了欣赏乔叟生动的描述、幽默以及表现力。然而具有讽刺意味的是，我希望我已经表明，从叙事来看，正是外层框架赋予整部叙事作品一种关于普通生活领域的强烈现实感。

《坎特伯雷故事》，即便没有全部完成，也是一部十分复杂的艺术作品；通过考察它那些各式各样的现实和虚幻之处，我们对其伟大深邃会了

---

1 参看他于 1962 年 8 月在爱丁堡第五次三年一度的国际大学英文教授协会会议上的发言。

解更深。我们要求作品同时有现实感和虚幻感，但虚幻须看起来真实，并且理当反映现实。乔叟所有著作都给我们现实生活的真理，就这而言，它们都是现实主义的；同时，他所有的故事，即便是市井故事，也都是虚幻的，我们必须充分意识到乔叟作品同时具有真实性与虚幻性。虽然《特洛伊罗斯与克瑞西达》与《坎特伯雷故事》对个体人物的塑造、描写和部分章节都体现了现实主义，但其叙述行为和事件的总体语气与通常意义上的现实主义不一样。乔叟在描绘人之本性时，在描写方面和在叙事声音上，是现实主义者，但在表现行动和故事情节发展方面并非全都如此。《坎特伯雷故事》中真实与虚幻之间相互作用产生的张力是阅读作品最大的乐趣之一，也是其天才最重要的组成。

编后记

默顿·W. 布卢姆菲尔德（Morton W. Bloomfield, 1914—1987），哈佛大学教授、英文系主任（1968—1972），1973 年当选为美国中世纪学会（Medieval Academy of America）会长，在美国著名的“研究三角”（Research Triangle）创建了全国人文研究中心（National Humanities Center）并任该中心董事会主席（1973—1976），曾担任美国艺术与科学学院副院长，并在许多重要学术团体任职，是中世纪文学领域德高望重的领军人物，被称为“哈佛大学英文系的光荣”。著名中世纪学者皮尔索尔说，他书中“一个脚注”也会使“学者们获益匪浅”。他著述甚丰，《七大重罪》（*The Seven Deadly Sins: An Introduction to the History of a Religious Concept*, 1952）、《〈农夫皮尔斯〉: 14 世纪之启示录》（Piers Plowman *as a Fourteenth-Century Apocalypse*, 1961）、《论文与探索》（*Essay and Exploration: Studies in Ideas, Language, and Literature*, 1970）等，都是影响广泛的著作。《乔叟式的现实主义》（“Chaucerian Realism”）译自：Piero Boitani and Jill Mann (eds.), *The Cambridge Chaucer Companion*, Cambridge: Cambridge UP, 1986, pp. 179–194。

乔叟的文体

作者 ［美国］克里斯托弗·坎农
译者 曾军山

对乔叟文体的任何描述，都会因为文体现有的两种区别显著而相互冲突的意义而变得复杂化。第一种意义是浪漫主义的产物，它可以描述成这样一种信念：词语形式和语法属于作者性格的层面。“灵魂的敏锐”能“对语言施加特别的影响”（威廉·冯·洪堡这样认为），因此各种语言，如同人一样，在方式和形式上也各不相同。[1] 当这种观念，如列奥·施皮策等语文学家所做的那样，发展成为一种文学分析方法，人们也就能见微知著，从最小的语言细节中（如习惯性地使用某个连词）发现“艺术家的灵魂”。[2] 尽管我们现今认为，自己已不再遵循这些思路，但每当我们将某行诗或某个特殊表述描述成“乔叟式”（Chaucerian）的时候，我们却仍在沿用这种理论。因为将语言和艺术家等同起来必将导致这样一种微妙的信念：作家的作品与作家人格一样是黏合的（作品的组成部分紧密相连，构成一个不可分割的整体）和独特的（完全不像他人的作品）。就乔叟而言，这种“文体”就是指一种“特有的复杂性”，这种复杂性使他的作品如同一个特立独行的人一样与众不同。正是“意义和价值观才让他成为乔叟”。[3]

然而，乔叟本人并不会认可文体的这种意义；虽然他使用文体一词，

1 Wilhelm von Humboldt, *Linguistic Variability and Intellectual Development*, trans. George C. Buck and Frithjof A. Raven, Coral Gables, Fla., 1971, p. 16.

2 Leo Spitzer, “Linguistics and Literary History,” in *Linguistics and Literary History: Essays in Stylistics*, Princeton, 1967, pp. 18–19.

3 Charles Muscatine, *Chaucer and the French Tradition*, Berkeley, Calif., 1957, p. 8.

但援用的却是古典时代和中世纪有关修辞的专著中的那种意义。在此类专著的现代英语译本中,我们仍然保留了那种意义,用它来翻译拉丁词 elocutio。这个词在《献给赫伦尼乌斯的修辞学》(*Ad Herennium*, 86—82 BC)[1] 中被解释为"使适合的词汇和句子适应需要表达的事情"。这种文体是衡量特定语言的"华丽"(ornata)程度的尺度,或者衡量——如同修辞学通常指定的那种华丽那样——它包含的隐喻、借喻、夸张和借代等各种修辞手法的数量和种类的尺度。对语言的这种理解自然会导致尺度的固化或分级,其结果是文体的这种意义往往也包含语言存在"等级"(levels)或"类型"(genera)的观念。[2] 古典的修辞学界定出三种类型:"高雅"(gravis)(由显赫的、华丽的辞藻构成)、"中级"(mediocris)(由次级的但仍未口语化的词汇构成)和"低等"(adtenuatus)(由最现行的标准口语词汇构成)。[3] 乔叟在使用"文体"(stile)这个词时,诉诸的就是这种等级,因为他经常把"文体"和"高雅"(heigh)成对使用(第四组第18,41,1148 行;第五组第 106 行)。当他说出"语言和行动必定是一对亲弟兄"的时候(第一组第 742 行;也参看第九组第 208 行和《波伊斯》第三卷第 12 篇)[4],他也欣然接受了 elocutio(即认为语言必须也能够和其表达的素材相适应)这个促成此种分级的概念。

在这些术语难题之外,还存在一个更大的混淆,即乔叟文体的历史意义,因为人们经常说乔叟或多或少是重起炉灶创造出他的语言习惯的,就像德莱顿所言,乔叟是"英语诗歌之父",因为是他"第一个让我们的母语生辉"。[5] 仅凭其历史悠久就可以看出这种观念的顽固:它的一种表述早在乔叟过世后的几年间就已出现。甚至乔叟本人也可以说在引导当时的受众向这种观念靠拢,因为尽管他从英语文学中获益最多,但他仍然经

---

1 该书全名为 *Rhetorica ad Herennium*(*Rhetoric: For Herennius*),大约产生于公元前 1 世纪 80 年代,是西方现存最早的拉丁文修辞学著作,作者佚名,但曾被认为是西塞罗所著。——译者注

2 *Ad Herennium*, ed. and trans. Harry Caplan, Cambridge, Mass., 1981, I, ii. 3 and iv, xiii.

3 同上, iv, viii。

4 文中引自《坎特伯雷故事》的选段或诗行的译文均出自:《坎特伯雷故事》,黄杲炘译,上海:上海译文出版社,2013 年。现代版本中,《坎特伯雷故事》中故事分组,引文的组码和行码下面按原文随文注出,不再加注。另外,此处的《波伊斯》(*Boece*)即乔叟翻译的波伊提乌著作《哲学的慰藉》。——译者注

5 Caroline F. E. Spurgeon, *Five Hundred Years of Chaucer Criticism and Allusion, 1357–1900*, vol. 1, Cambridge, 1925, pp. 276, 284.

常嘲弄和轻视这种文学。这种推论所依赖的文体分析通常是随意的，而且总是自我论证：在15世纪，模仿乔叟的诗人们的惯常做法就是申明但凡重要的就是乔叟创始的；随后，我们就拥有了一类文学正典和文学史正典，它们将乔叟之前的绝大多数东西排除在外，以此证明乔叟的原创性。过去五十年有关中世纪的学术研究已经逐渐发现对绝大多数乔叟的语言和诗学实践有重要意义的先例，但要把这些特定的发现融合成一种总体理解却一直很难，因为"文体"这个术语对此任务既必不可少又难以胜任。当一种范畴在一定意义上只是内在于自身，当一个术语既可以指称某作家的全部作品，又可以指构成这些作品的各种语言类型的时候，要清晰地表明乔叟的整体文体只是在局部的表达和运用方面、在从先例中汇集的各种文体方面区别于其他作家的整体文体，这是很困难的。然而，这正是我在论文余下部分将要提出的观点，我将首先以一定篇幅聚焦乔叟从早前作品中借鉴的技巧，然后在结论部分描述这些技巧是如何重组成一种具有独特性和唯一性的形式的。这种强调能够厘清一种混乱的记录，具有必要性，但绝不意味着否认乔叟作为作家的才干。独特的"乔叟式"之所以丰富和出色，恰恰因为它充分汲取了过去的成就。人们研究"乔叟式"，并不仅仅因为这种丰富性，而且还因为它是朝向更大的文学世界的一扇窗户。对这个世界，乔叟十分珍视，从中汲取的东西比其他任何中世纪英语作家都要广泛。

平常文体

由于诗人和文学史家十分热衷于宣扬乔叟语言的新颖，他的语言必须十分平常才能被人读懂的说法似乎从来都不足挂齿。这种说法意味着，乔叟在诗歌中每构造一种非凡的意象或者表达（如"从未有过这样可口的一条鱼浸润着香汁，像我这样浸润着爱"）［《致罗赛蒙德》(*To Rosamounde*)，第17—18行］，[1] 每营造出一种让人铭记的、凝练而朴实的

---

1 文中对乔叟作品的引用，除引自《坎特伯雷故事》的外，其余选段或诗行的译文都出自：《乔叟文集》，方重译，上海：上海译文出版社，1979年。引文出处按原文随文夹注，不再加注。另外，为能更好体现出乔叟原文的形式特点，译者对方重的部分译文有改动。——译者注

情绪（如“因为宽厚的心中涌起了怜悯”）（第一组第1761行），他都须写出成百上千灵巧的、直接表达简单意义的诗行和短语。当然，标准的形式如果较频繁出现，其本身也会变得独特。例如，乔叟如此频繁地在使用动词 bifallen（发生）时给出时间标志（参看第一组第19行；第三组第1713行；第六组第52行；第七组第2423行），以至于对于熟悉乔叟作品的人，诸如《船长的故事》中的“且说这商人有一天做出决定”（But so bifel, this marchant on a day）（第二组第1243行）这样的诗行仿佛成了一种语言标签。然而，迅速浏览一下《中古英语词典》（*MED*）上的相关词条，就会发现这类动词用法在乔叟前一代的浪漫传奇的语言中并不少见，而且乔叟选择的这种特殊时间标志本身就是一种公式：“这样发生……”（Bifel so tat...）出现在《狮心王理查》（*Richard Coeur de Lyon*, c.1300）的类似语境中，“有一天”（on a day）则出现在《奥菲欧爵士》（*Sir Orfeo*, c.1330）之中。[1] 总体而言，乔叟的语言就是这些浪漫传奇的语言，而这种语言一般而言又是伦敦的语言。乔叟也似乎起了基础性作用，因为这种伦敦方言最终成为标准英语：乔叟英语和他之前几代作家的英语之间任何区别似乎都是朝着这种特殊的现代性形式的进步。而且，人们很容易把那些不使用乔叟的方言的同时代作家的语言（如《高文》诗人和威廉・朗格伦的语言）看成是落后或者古怪的。

最基本的材料在乔叟笔下都会产生不同寻常的变化，这是事实。但这种变化几乎总是通过发现而非发明的力量，通过利用内在于某种形式中的用法而非完全创新。本文没有足够的篇幅来充分证实这一点，因为可证明其正确的具体词汇和短语数量极多。不过，这里有个例证可以用来证明乔叟能在语法假设中发现极大的发展可能性。[2] 这个例证中的素材是一系列相似的变体形式，中世纪在许多范畴中曾经使用过这些变体。其中包括带前缀 y- 或不带前缀的过去分词（如 slayn 或 yslayn），有 to 或者没有 to 作为标记的不定式形式（如 ben 或 to ben，或者 for to ben），双重否定或者否定（如 ne+ 动词 +no+ 补足语，或动词 +no+ 补足语），gan 加不定式作为过去式的迂回说法（gan synge 或 sang），任何以词源上的

---

1 参见：*MED*, s.vv. “bifallen” v. 2b and “dai” n., 12c (j)。

2 关于乔叟语言的语法，参看：Norman Davis, “Chaucer and Fourteenth-Century English,” in *Writers and Their Background: Geoffrey Chaucer*, ed. Derek Brewer, London, 1974, pp. 58–84; David Burnley, *The Language of Chaucer*, London, 1989, esp. pp. 10–99。

或者屈折的可发音或不发音的 e 结尾的单词（这样 name 既可以拼读成双音节，也可以拼读成单音节）。[1] 这些基本（因而也就十分普遍）的形式，相互间存在着一个或者两个音节的差别，但意义相同；有了它们，乔叟在创作节奏类型的时候就游刃有余了；正是由于他细致地调配这些变体，他才能让浪漫传奇原本相对比较粗糙的音步变得稳定。诸如《沃里克的盖伊》（*Guy of Warwick*, c.1300）这样的诗作使用了这些形式（例如下面引语中的 ygon），但是它的诗行往往暗含八音节和四重音的诗行标准（实际上常常没有达标）：

Wel glad and blithe than ben he,
and al that weren in that cité.
To her innes thai ben ygon,
Wel glad ben hii everichon. [2]

（我们比他要快活，
比城里人都洒脱。
去她的酒吧畅饮，
我们没谁不高兴。）

与此不同，乔叟通过选择合适的形式（这儿是选择 gan...shoute 而非 shouted，选择 for to lawghe 而非 laughen 或 to laughen），通过利用字母 e 在某个单词中发音（game）而在另一个单词中不发音（fonde）的这种可能性，确保了他的诗行形式流畅：

And that wente al the world aboute,
That every wight *gan* on hem *shoute*,
And *for to lawghe as they were wod*;

1 要了解这些例子，参见：Davis, "Chaucer and Fourteenth-Century English," pp. 67–68（关于过去分词），68–69（关于以 e 结尾）；Burnley, *The Language of Chaucer*, pp. 28–30（关于不定式），53–54（关于 gan 作为不定式的迂回表达），61–64（关于否定）。

2 *The Romance of Guy of Warwick*, 3 vols., ed. Julius Zupitza, EETS os 42 (1883), 49 (1887), and 59 (1891), ll. 2259–2262. 为便于理解，我规范了这个版本的拼写和排版。

Such game fonde they in her hod.

（这声音传遍了全世界，
人人都起来叫嚷笑谑，
好比疯狂的一般，
把他们尽情嘲弄了一番。）

（《声誉之宫》，第 1807—1810 行）

乔叟的八音节诗行本身并不完全规则，因为他的诗歌中有例外的诗行，也有经常重复的、能自成标准的变体，但是乔叟能细致地运用这种形式上的变化，从而确保了他的诗歌节奏比任何一位前辈的节奏都要规则。

《沃里克的盖伊》、《奥菲欧爵士》和《狮心王理查》这样的英语浪漫传奇除了为乔叟提供了韵律的大致模式外，还为他提供了一整套关键术语如"谦恭的"（hende）、"爱人"（lemman）、"爱"（druerie），以及相应的固定词组储备如"明亮的卧室"（bright in bour），来描绘他初期作品中的典雅人物和情境。因为这些浪漫传奇是当时用英语写成的最长的诗歌，作者们也形成了一个习惯，即依靠一些相对无意义的词组在诗行的结尾处形成韵脚。乔叟既延续了他们对这些添加成分的宽容，也掌握了他们的一些传统语汇，如"根据我的推测"（so as I gesse）、"因为我信赖"（as I trowe）、"为此目的"（for the nones）等。[1] 这种借鉴的程度从《公爵夫人书》开头的数行就可见一斑，这几行是对傅华萨写的《爱情的天堂》前几行的翻译，但它们的韵脚却完全是由这类词组实现的。[2]

I have gret wonder, *be this lyght*,
How that I lyve, for *day ne nyght*
I may nat slepe *wel nygh noght*;
I have so many an ydel thought...

---

1 Larry D. Benson, "The Beginnings of Chaucer's English Style," in *Contradictions: From Beowulf to Chaucer*, eds. Theodore M. Andersson and Stephen A. Barney, Aldershot, 1995, pp. 243–265, esp. pp. 248–256.

2 我从 D. S. 布鲁尔的下面这篇文章中拿来了这个例子（该例子在这篇文章中有更广泛和完整的讨论）："The Relationship of Chaucer to the English and European Traditions," in *Chaucer and Chaucerians*, ed. D. S. Brewer, London, 1966, pp. 2–6。

（我委实不知该怎样活着，
因为无论白天或是黑夜，
我总是不能入眠，
满脑子都浮思连连……）

（第1—4行）

乔叟甚至在写非浪漫传奇题材的时候，也依赖过这种方法。例如，在《声誉之宫》中，他添加了一个词组来充实译文，不加上这个词组的话，译文就亦步亦趋地翻译了《埃涅阿斯纪》的开头数行。

I wol now synge, *yif I kan*,
The armes and also the man...

（如果我能，我将歌颂，
武功以及那位英雄……）

（第143—144行）

乔叟添加"如果我能"（yif I kan），一个更可能的原因是为了给man制造一个韵脚，而不是借以表明维吉尔无法应对讲述这个故事的挑战。但这种将随意和严肃叠加的做法也是乔叟从浪漫传奇中吸收的一个特点，因为在浪漫传奇中，韵律的粗糙、措辞的同类、添加成分的臃肿常常显得与要表现的重大题材不相适宜。这种借鉴也很容易遭到忽视，因为乔叟有时使用浪漫传奇的措辞来表现愚人们笨拙的理想主义，例如《磨坊主的故事》中的阿伯沙朗。[1] 他还在《托帕斯爵士》中嘲弄了整个浪漫传奇文类，但是，正如我在下文将要详细揭示的那样，轻松撷取这种随意语言通常正是乔叟诗歌的特性。

然而，与这些英语传统相比，通常获得更大重视的是来自大陆作品的影响。虽然这种影响也是对传统的借鉴，但人们习惯把它看成是一种罕见的形式（对英语而言的新视界或新形式）。因此，几乎所有有关乔叟

1 E. T. Donaldson, "The Idiom of Popular Poetry in the *Miller's Tale*," in *Speaking of Chaucer*, London, 1970, pp. 13–29.

英语的描述都会包含类似这样的句子："乔叟毕生的伟大作品发展了英语诗歌传统；这种发展还包括迁移到英语中并且由更伟大的拉丁语文学和意大利语文学哺育和丰富的法语传统。"[1] 这种"迁移"的程度和创造性有时可以通过统计在乔叟的英语中首次使用的法语和拉丁语单词的数量来证实（在乔叟使用的 9 117 个单词中，这类单词共计 1 102 个），也可以通过统计乔叟使用过的法语、意大利语和拉丁语源材料来证实。这些例证中的事实不会有误，但它们也可以用来证明一种恰恰相反的观点，如果人们注意到除了乔叟引进的特例外，这类借用技巧本身就是早期英语传统的基础性实践。从欧洲大陆借用词汇，实际上在乔叟创作之前的一代就已经达到高潮；这种词汇交流广泛存在于早期中古英语浪漫传奇中，因为这类文本大部分是对法国文本的翻译。的确，乔叟诗歌创作的一些方面是他本人从法语中首度借鉴的，如他从马肖的歌谣中学会了国王体（rime royal），但是这种借鉴也受到早期英语创作的启发，因为乔叟在英语中发现的八音节诗行从源头上来说也是一种法国诗歌形式，是中古英语浪漫传奇在之前几代人的时间里从自身源头借鉴而来的。要寻找乔叟使用的形式的模板也并不总需要跨过海峡才行。例如，尽管有人声称"马肖的几首怨诗是乔叟的十音节双韵体仅有的几个重要源泉"[2]，但乔叟将八音节拓展到十音节需要的唯一灵感源泉是早期头韵体诗歌的长诗行。这种诗歌已经吸收了浪漫传奇的典雅语言并已开始押韵，像《阿诺特和约翰》（"Annot and John," c.1325）这样的抒情诗的诗行已接近必要的形态：

Ichot a burde in a bour ase beryl so bryht,
ase saphyr in seluer semly on syht...[3]

（我在房中见到一位女郎，
如绿宝石一样美，蓝宝石一样亮……）

---

1 James I. Wimsatt, "Chaucer and French Poetry," in *Writers and Their Background*, ed. Brewer, p. 111.

2 同上，p. 125。

3 关于该诗，参见：*The Harley Lyrics: The Middle English Lyrics of MS. Harley 2253*, ed. G. L. Brook, 4th edn, Manchester, 1968, pp. 31–32。

15世纪的作家认为乔叟的首要创新在于他对修辞的运用。如莱德盖特表述的那样，他们还认为乔叟“第一个”把“修辞”带到“粗陋的语言”之中。[1]这是个很大、很重要的贡献，但由于修辞从根本上而言是一套标准原则（揭示作者风格如何与题材相适应），所以其总趋势是使作品的独创性减少。当我们在乔叟作品中发现了诸如文索夫的杰弗里（Geoffrey of Vinsauf）的《新诗学》（*Poetria Nova*, c.1210）之类的流行专著已予以分类和推荐的异常丰富的修辞手法时，我们也就是在衡量乔叟在何种程度上遵循了一套固定模式和推荐形式。从这个角度来看，无论《百鸟议会》的前几行是多么出彩，它们还是对一个非常古老的主题（拉丁谚语：艺术长青，人生短促）的拓展，其拓展的方式包括将截然对立的立场进行比较（contentio）、对同一题材进行变异思考（expolitio）和异中求同（similitudo）：[2]

> 生命何其短促，而艺术的掌握却需要悠久的时日，
> 一项事业的完成何等艰巨，而要立功奏效又何其困难，
> 我们所能赢得的一点快乐，战战兢兢，转瞬间又已消逝，
> 凡这一切，我认为都是爱神所为……
>
> （第1—4行）

可以说，乔叟文体的原创性基于上述理由而减弱。正因如此，一些文学评论家坚称乔叟诗歌的效力和原创性在不使用修辞的地方才体现得最为明显。乔叟以各种方式引发此种评价，最让人难忘的是，他在《修女院教士的故事》（第七组第3347行）里对文索夫的杰弗里的提及只为导入对修辞发明的一个戏仿，此戏仿反复使用最复杂的修辞和比喻以便详述鸡的生活。但对修辞装饰的关注实际上贬低了语言，这是一种重要而矛盾的后果。修辞术推崇各种手法，因为它认为诗歌是“一个操纵语言的过程，以使过去演进而来的智慧今人也能获得并加以运用，发挥效益”。因此，价值存在于获得新生的故事中，而非在

---

1 *Chaucer: The Critical Heritage*, ed. Derek S. Brewer, 2 vols., London, 1978, vol. 1, p. 46.

2 要了解这些修辞，参见：Geoffrey of Vinsauf, *Poetria Nova*, trans. Margaret F. Nims, Toronto, 1967, p. 61。

言辞装饰。[1] 乔叟在《贞女传奇》的引子中正是以这种形式的保守主义开场的：

如此说来，我们就不得不依靠书籍，
只有书本才传授了古来的知识，
不得不遵循古人的训诲，
我们无须怀疑
时代相承的种种史实……

（F 本第 17—21 行）[2]

当乔叟在早期的梦幻诗中开始寻找作为自身发展基础的老故事时，也可以说采取了这种观点作为主题。当乔叟为了重述而非自由创造而脱离旧故事时，这种原则也是乔叟实践的基础。因此，第一首《特洛伊罗斯的情歌》(*canticus Troili*)（第一卷第 400—420 行）[3] 偏离薄伽丘，其结果却翻译了彼特拉克的一首十四行诗；而第二首《特洛伊罗斯的情歌》（第三卷第 1744—1771 行）同样偏离薄伽丘，其结果却改编了波伊提乌的《哲学的慰藉》第二卷的第八个韵律。对旧有如此兴致盎然而对新创如此谨小慎微自然是相信向后看本身就是创造，全神贯注的回顾将给最古老的东西带来新意。[4] 但是，由于早期的英语浪漫传奇作品本身就是对受赞赏的旧故事的翻译或改编，因此，它们在这种基本意义上本身就是修辞性的，而乔叟欣然接受这种再创作原则就是遵循一种行之已久的英语先例。

然而，乔叟从他依赖的传统中援用的不只是完整的叙述，他所继承的技巧中最重要的方面是从法国传统全盘搬来的“两种基本传统文体”，两种包装完好的“语言”对“行动”的适应。[5] 因为它们反映了修辞学提

1 Robert O. Payne, *The Key of Remembrance: A Study of Chaucer's Poetics*, New Haven, Conn., 1963, p. 89.

2 《贞女传奇》的引子有 F 本和 G 本两种版本，作者这里引用的是 F 本。——译者注

3 该情歌在《特洛伊罗斯与克瑞西达》里，这部诗作是以薄伽丘的《菲拉斯特拉托》为蓝本创作的。——译者注

4 关于翻译作为乔叟的修辞发明的一种类型的讨论，参见：Rita Copeland, *Rhetoric, Hermeneutics and Translation in the Middle Ages: Academic Traditions and Vernacular Texts*, Cambridge, 1991, esp. pp. 186–202。

5 Muscatine, *Chaucer and the French Tradition*, p. 4.

出的文体分级，所以这些文体元素不过是乔叟从文索夫的杰弗里等人那儿学会的技巧的折中版这种看法部分是正确的。例如，《公爵夫人书》对布兰茜（Blanche）的描绘（第817—1040行）可以说成是一个拓展的对身体外形的描绘或表现（effictio），因为这个片段从头到脚描绘了她的身体［“她头上的根根头发”（第855行）至“四肢”（第959行）］，还夹杂着对她的举止［“如此流畅悦耳的言辞，如此真诚、健康、温和的语调”（第919—920行）］和正直［“她总是言行纯正”（第1013行）］的评论。[1]但是，这个人物和素材以及这些元素展开的总场景都是乔叟从马肖的《波希米亚王之公断》那儿挪用过来的。[2]在这个例子中，乔叟的借用对象是一种文体的整体，即写作技巧与马斯卡廷所说的“典雅”主题的适应，因为它包含一套相互依赖，用来描绘通常处于“奇异环境”中的贵族人物的惯例。作者给这种环境设计了“非戏剧化的话语和符号化的仪态”，借以唤起读者对一个无形世界的联想。[3]乔叟的这种借用并非异乎寻常，因为典雅风格也是中古英语浪漫传奇的基石。例如，乔叟和马肖共有的effictio和《奥菲欧爵士》对西罗娣夫人（Dame Herodis）的描述之间存在一个有用的相似，即对身体、脸部（或者脸色）、手指和含情双眸的精心描绘使人联想起西罗娣刚刚目睹的既奇异又无形的来世。[4]不过，即使英语传统为借用这些文体元素的可能性做了铺垫，认为乔叟的借用更为明显的看法也是公允的，因为他更广泛地依仗这些元素的丰富组合。[5]

这些元素在他的诗歌中也更为清楚可见，这是由于另外一套精心调整的元素和技巧的衬托作用。马斯卡廷将这种文体称为“现实主义的”

---

1 Geoffrey of Vinsauf, *Poetria Nova*, trans. Nims, p. 62, l. 1261. 关于这种手法的例子，参见第36—37页，第562—599行。

2 要了解《公断》中的这一段，参见：*Chaucer's Dream Poetry: Sources and Analogues*, ed. and trans. B. A. Windeatt, Woodbridge, Suffolk, 1982, pp. 7–9。

3 Muscatine, *Chaucer and the French Tradition*, pp. 17–18, 40.

4 *Sir Orfeo*, in *Middle English Verse Romances*, ed. Donald B. Sands, Exeter, 1986, pp. 185–200, ll. 81–92.

5 此处和通篇文章的着重点似乎贬低了乔叟对“意大利传统”的发现，但是我关注的是英国先例必须面向法国文学，因为这是乔叟的前辈借鉴的唯一的欧洲大陆形式。而且，在此背景下，要区分“意大利影响”和“法国影响”并非易事，因为但丁和薄伽丘本身都深受我提及的那种法国作品的影响。关于乔叟和薄伽丘共同的“法国祖先”的论述，参见：David Wallace, *Chaucer and the Early Writings of Boccaccio*, Woodbridge, 1985。关于“欧洲文化中的……法国思维方式”的广泛性的更一般论述，参见本卷收入的阿迪斯·巴特菲尔德的文章（《乔叟承继的法兰西遗产》），特别是第26—28页。

(realistic)或者“自然主义的”(naturalistic),因为它造成一种“直接处理生活、处理生活的自然面貌和活力的印象”。[1]但此处的关键词是“印象”,因为马斯卡廷概念的关键之处在于这种文体并没有呈现现实本身,而是呈现营造这种现实幻觉和效果的一套惯例。这是法国“市井故事”(fabliau)的文体,但是乔叟在《玫瑰传奇》等兼收这种文体与典雅文体的诗歌中发现了它。在这些地方,“梦园”(dreamland)场景常常会被“多彩的日常家庭生活片段”打断,例如,当“羞耻”(Shame)被从睡梦中唤醒时:[2]

> 为啥还在睡觉,为啥还不醒来。
> 耻辱说:“你对我们太无礼!
> 谁若信你,就是犯傻,
> 以致摘下花蕾或玫瑰花……”
> …………
> 你已经迟了?快快起来,
> 赶紧去把栅栏那些
> 所有的损坏修补;
> 告诉你,那可不是为我。
>
> (第4008—4011,4021—4024行)

乔叟从这类例子中吸收了描写家庭生活,尤其是将不同的情境和措辞强加到典雅的语境中去的技巧,这就是他第一个将这种自然主义(naturalism)运用到他最典雅诗歌中的原因所在。例如,在《公爵夫人书》中,从开头源自傅华萨的拼贴到受到马肖启发的那段拓展的 effictio 之间,有一段乔叟自创的对一次唤醒的生机勃勃的描写:

> 信使飞速赶来,

1 Muscatine, *Chaucer and the French Tradition*, p. 59.

2 这个例子源于马斯卡廷的《乔叟与法国传统》(*Chaucer and the French Tradition*),第45—46页。此处的中古英语译文有时曾被当成是乔叟的翻译(以“残稿b”的形式存在),但现在人们已不再这样认为。我选取的法语原文出自:*The Romaunt of the Rose and Le Roman de la Rose: A Parallel-Text Edition*, ed. Ronald Sutherland, Oxford, 1967。

高声喊道:“呵,喂! 快醒来!”
可是无用;谁也不予理睬。
“醒来!”他又叫了一声,“谁在躺着睡觉?”
他对着他们的耳边吹起号角,
大声嚷道:“醒来呀!”
睡神睁开一只眼,问道:“谁在哪儿叫嚷?”

(第178—185行)

这儿,由于苏醒中的“睡神”的寓意式的乖僻,喜剧得以产生,但是这种喜剧也是作为现实主义程式的重复谈话和直接行动(号角在耳边吹响)所产生的效果。在中古英语浪漫传奇的典雅语境中,也有使用这种文体的先例。在《弗洛里斯和白兰奇弗洛》中,当弗洛里斯获悉白兰奇弗洛已死后(碰巧是个错误),他与女王的交谈就立即变得不拘俗套:

你骗我,他说,
谎话让我痛苦噢,
我的爱人在哪?
她哭着告诉他:
爵士,这是真的,
爵士,千真万确。
唉! 活泼的她何时离世?
爵士,就在这两星期。
确是为你的情深,
黄土已盖上她的身。[1]

现实主义在这个例子中是时断时续的,因为这些感叹有一部分是最高雅的、正式的呼语,而且这种交谈的迅速切换本身就是典雅风格的一个特点。但其中一些词语的简洁和直接,如“骗”(gabbest)和“谎话”(gabbing)等,足以表明强烈的情绪已经驱逐了某些礼节。弗洛里斯的痛苦反应(当女王告知他的情人死去的消息时,弗洛里斯责备她在开玩

1 *Floris and Blancheflur*, ll. 235–244, in *Middle English Verse Romances*, ed. Donald B. Sands, Exeter, 1986, pp. 279–305.

笑）恰恰是由于这种反应的本能性。此类中古英语浪漫传奇之所以普遍缺少优雅，可以归结为这种把自然的文体散播到典雅的情境中的缘故，而这种笨拙的混合是乔叟苦心稳定下来的又一种本国的遗产（正如这些传奇中的八音节一样）。

如下所示，对乔叟来说，对这两类文体区分的调配比"典雅"和"自然主义"本身更重要。但是，对乔叟文体的形成，没有哪种遗产比这种区分的可能性更重要。因此，正是这种影响的程度使我们实际上看不到这种技巧得到运用的各种层面。我们可能注意到《坎特伯雷故事》建立在各种形式的典雅性和自然主义并置的基础上，如《骑士的故事》与《磨坊主的故事》的对照，但是我们可能会忽略这一事实：这些文体也在此类故事的内部并置。在《骑士的故事》中，最不起眼的形象会在对情人的"心"的最精心的描绘中突现，如"忽上忽下，像井里的吊桶一般"（第 1533 行）。又如，尽管管家因磨坊主的语言太粗鄙而将这种语言称为"粗俗的语言"（第一组第 3917 行），但典雅风格也随处闯入《磨坊主的故事》的自然主义之中。对艾丽森的描写在相当程度上是自然主义的，因为故事把她与最寻常的生物（鼬鼠、羊羔和牛犊、马驹、梨树）和最普通的活动（跳跃和"做游戏"）联系在一起。同时，该故事也是典雅的，因为它呈现出 effictio 的形式，把艾丽森从头（"两条弯弯的眉毛拔得相当细"）（第 3245 行）写到身躯（"挺直的身材，细挑得像是桅杆"）（第 3264 行）。尽管我们可能基于巴思妇人的自我描述而期待她的脏话、责骂或口语化表达等标志性语言，如"妇人道：'且慢，故事我没开始呢'"（第 169 行），但在《特洛伊罗斯与克瑞西达》里对克瑞西达的理想化可能会让我们忽略她言谈粗俗的一面：

> "呀！上天不容！"她道，"你发了疯吗？
> 一个寡妇能这样逍遥？
> 天哪，你吓得我不寒而栗啦，
> 你好狂妄，简直在胡闹！"
>
> （第二卷第 113—116 行）

乔叟借用传统最重要的一点就是他驾驭了这两种模式，使它们成为恒定的变化和对比系列。乔叟的这种文体既非简单的混合，又完全由混合这一活动所界定。

与众不同的类型文体

那么，乔叟从他悉心研究的传统形式中学会的最重要的东西，就是这种区分本身就具有超过被区分的两方中任意一方所具有的表达功能。因为乔叟向"典雅风格"和"自然主义风格"的借鉴更多的是来自分界线而非来自它们的任何构成元素，所以他自己文体的构成元素几乎没有局限于法国传统的技巧。人们也常常返回到修辞分级来标明这种差别，将乔叟的文体描绘成"高等"（high）和"低等"（low）。这些术语有助于拓展相关的范畴，但也给人造成这种印象，即它们不但在种类上，也在质量上存在区别——乔叟的"高等"文体不可言喻地要比他的"低等"文体优越些，正如修辞学中通常体现的那样。乔叟也助长了这种混淆，因为他将"高等"文体呈现为难以企及的东西（例如，当他写到这位扈从太谦逊了，无法尝试"如此高等的文体"之时，见第五组第106行）或者难以理解的东西（例如，当他写到店主不许学士用"高等"文体说话，因为他觉得香客普遍难以理解这种文体之时，见第四组第15—20行）。当这种术语的误解通过一种相当有害的结构双关语（structural pun），与"传统"和"创新"结合在一起的时候，问题就更复杂了。事实上，在过去的学术研究中，从领会到乔叟有两种文体到形成如下观点是具有欺骗性的一小步：他的高雅文体是新颖的，他的低等文体是旧式的，他将一种精深和华丽的语言嫁接到自然、口语化、简洁的本土语言的茎或桩上，从而"装饰了本土语言"。这个错误广泛而又持久，因为它受到陈旧的基础主义者神话（foundationalist myth）的全部热情的怂恿。当然，它也是基于对区分的准确而关键的敏感，这种区分对乔叟文体而言相当重要。然而，这个错误一直十分有害，因为它错置了乔叟对传统实践的借鉴，以致人们常常不可能识别乔叟真正原创的方式。

这种原创性实际上并不是体现在这些类型的文体的任何方面，而是体现在它们展示的清晰性和组合的独特性：乔叟通过有序游弋于这些文体的不同元素之中，通过给这些元素分层来创造一种最终成为他每一次语言的运用和他最广泛主题的基础的同时性，使自己的整个文体成为一种复杂的"高等"文体和"低等"文体的混合物。《坎特伯雷故事》的《总引》中开篇几个句子为分解这个普遍实践的最重要因素提供了一个不错的着手点。那十分著名的第一句在文体上属于"高等"文体,其修辞复杂(这个句子可以描述成对春天富饶的自然这个主题的变异思考),句法拓展多变(它将主句延迟至第12行才出现,并且还在接下的六行追加了分句),词汇多为考究的多音节词并且是由乔叟不常用的(如licour, veyne, holt, heeth, strondes, halwes)或者以不同寻常的方式使用的单词(如tendre, vertu, engendered)构成的。

Whan that Aprill with his shoures soote
The droghte of March hath perced to the roote,
And bathed every veyne in swich licour
Of which vertu engendred is the flour;
Whan Zephirus eek with his sweete breeth
Inspired hath in every holt and heeth
The tendre croppes, and the yonge sonne
Hath in the Ram his half cours yronne,
And smale foweles maken melodye,
That slepen al the nyght with open ye
(So priketh hem nature in hir corages),
Thanne longen folk to goon on pilgrimages,
And palmeres for to seken straunge strondes,
To ferne halwes, kowthe in sondry londes;
And specially from every shires ende
Of Engelond to Caunterbury they wende,
The hooly blisful martir for to seke,
That hem hath holpen whan that they were seeke.

(当四月带来阵阵甘美的骤雨
让三月里的干旱湿进根子去,
让浆汁滋润草木的条条叶脉,
凭其催生的力量使百花盛开;
当和风甜美的气息挟着生机

吹进树林和原野上的嫩芽里，
年轻的太阳也已进入白羊座，
把白羊座里的一半路程走过；
当这大自然拨动小鸟的心灵，
让它们夜里睡觉也睁着眼睛，
让它们白天啼唱动听的歌声；
这时候，人们也就渴望去朝圣，
游方僧和香客就去异地他乡，
去远方各处知名的神龛圣堂。
英格兰各郡无论是东西南北，
人们特别要去的是坎特伯雷，
去拜谢荣登天堂的殉难圣徒，
因为人们有病时他给予救助。）

（第1—18行）

另一方面，总引的第二个句子要短些，句法直截了当，细节更平白、更具地方色彩，词汇也更受限（因为该句至少在开头以单音节为主体）：

Bifil that in that seson on a day,
In Southwerk at the Tabard as I lay
Redy to wenden on my pilgrymage
To Caunterbury with ful devout corage,
At nyght was come into that hostelrye
Wel nyne and twenty in a compaignye
Of sondry folk, by aventure yfalle
In felaweshipe, and pilgrimes were they alle,
That toward Caunterbury wolden ryde.

（就是这个时节，在其中某一天，
我正住在萨瑟克的泰巴旅店，
满心虔敬地准备着登上旅程，
专诚去坎特伯雷大教堂朝圣。

在那天傍晚，有二十九位旅客，
也来到这客店，他们形形色色，
全都是碰巧在路上萍水相逢，
现在结了伴跨着坐骑去朝圣，
而坎特伯雷就是要去的地方。）

（第 19—27 行）

但是，正如乔叟文体普遍体现的那样，这些句子相互差异的最关键方面就是它们之间精心建立的边界或区别。这种界限与句子间的区分并不完全相符：在第一个句子的最后一行，复杂的词汇消失了，单音节词已全面入侵，这个句子的句法在第 12 行之后也变得简化了。然而，在第二个句子的开头，乔叟也做出了明显的示意变化的标记，这是通过使用之前提及的两个标准短语来实现的，即 bifel that 和 on a day，这就为从超常到熟悉的转换提供了一个语言的依据。这个句子中焦点的变化以及即刻的具体化描写本身就很突然，足以创造一个新的文体领域。再者，正如我已提及的那样，一种文体的主要元素能够在另一种文体中出现，这正是乔叟的文体卓越的本质所在。第二句本可全用单音节词来开头，但该句有一些多音节词，甚至重复了多音节韵脚 corage/pilgrimage；其句法尽管大多要比第一个句子简单，但也逐渐变得复杂起来（我们直到第 5 和第 6 行才发现这一天发生了什么事）。相反，尽管第二个句子似乎是依照古浪漫传奇的叙述简洁的特点来推进的，但它实际上比第一句要抽象；第一句更传统些，因为在旧浪漫传奇中，类似的描写是设置场景的标准程式。一个惊人相似的段落出现在《亚历山大国王》（*Kyng Alisaunder*, c.1300）之中：

Averylle is mery and langeth the daye:
Leuedyes dauncen and thai playe.
Swaynes justeth, knightes tournay,
Syngeth the nigttyngale, gradeth the jay.[1]

（阿维里快活，悠悠的白日。

1 *Kyng Alisaunder*, ed. G. V. Smithers, 2 vols., EETS os 227 (1952) and 237 (1957), ll. 139–142. 为清晰起见，我同样规范了这个片段的拼写。

卢兹舞翩翩，家人乐游戏。
剑客齐斗剑，骑士共比武。
夜莺在高歌，松鸦也聒噪。）

这种混合丰富而非模糊了作品形式，因为其边界清晰，足以显示每种文体的不同趋势。再者，乔叟在这儿和在其他地方一样，与其说对特定的文体特征感兴趣，不如说对区分的概念感兴趣；他没有建构泾渭分明的语言种类，而是试图从相似中推出差异：通过内在的一系列语言特点，也通过相互对比的方式，在第一个句子中建构“高等”文体，在第二个句子中建构“低等”文体。正是这种通过安排而非其构造成分来产生语言活力的非凡能力构成了乔叟独特的语言特点。

事实上，这种从静态中发觉动态，从相同中寻求差异的能力是乔叟语言的基石，以至我们猜测这是他心理的一个基本特点：因为他这般思考事物，他才这般描述事物。说这种双重结构是乔叟意图的标志，也是他句子的标志，这是公允的。更为深入理解这种结构所发挥的广泛作用的一种途径就是探究乔叟从薄伽丘处借用的一个有趣的单词的意图，他对这个词丰富的使用例证进行了描述。ambages（模棱语）这个词的词根是拉丁词 ambages，意思是“蜿蜒的或迂回的路”。但 ambages 也与拉丁词 ambiguitas 相关，这个词被《献给赫伦尼乌斯的修辞学》和文索夫的杰弗里用来描述“掩饰了表象”（haec vox transvertit visum）的词语。[1] 这个词在乔叟的作品中仅出现过一次（在《特洛伊罗斯与克瑞西达》的诗节中；这个词也出现在薄伽丘的《菲拉斯特拉托》中相同的地方），那是狄俄墨得（Diomede）在克瑞西达描述卡尔卡斯（Calkas）时用的：

And but if Calkas lede us with ambages–
That is to seyn, with double wordes slye,
Swiche as men clepen a word with two visages–
Ye shal wel knowen that I naught ne lie...

（除非卡尔卡斯用模棱语欺骗

1 参见：*Ad Herennium*, iv. 53.75ff; Geoffrey of Vinsauf, *Poetria Nova*, ll. 1545–1548。

也就是说，用狡猾的双关话
那种带有两副面孔的语言
不然你将明了我的话不假……）

（第五卷第 897—900 行）

“模棱语”用在修辞中是一种错误，乔叟在此处当然诋毁了这个词，但是给一个富有创造性的源泉安排一种蔑称，这本身就是乔叟独特的迂回式自我表述。而且，正如此处所界定的那样，“模棱语”或者“双关词”再次通过分层做出了一种区分（这儿是在表面真实和实际错误之间），由此产生的丰富性也寓居于单一的语言例证之中［此处是“带有两副面孔”（with two visages）的词］。如果乔叟所指不是远远超出狄俄墨得的公开言论的话，这不过是在描绘任何一种谎言的结构：不但有人告诉我们另一个人可能说谎，而且有个狡猾的人物向克瑞西达求爱时试图让她相信这一点，这也表明他可能在说谎。[1] 这种在两种意义之间标记边界的做法再次呈现了区分观念，并由此在这些细节之外创造出进一步的区分。例如，这种做法有助于表明：特洛伊罗斯先前动听的求爱也可能是一种“狡猾”，而克瑞西达的“背叛”也可以被称为“爱情”，因为“将心托付给”狄俄墨得不过是重复了她早前对特洛伊罗斯的委身。在这些更大的形式中，这种结构已被称为双重视角或者“双重视界”（double vision），那是源自将“不协调与不和谐的部分组合成不可分割的整体，而这种整体远高于部分”。这种视角不但可以理解为词汇和句子现象，而且可以理解为人物、情景和叙事模式现象。[2] 另一个填平这道鸿沟的术语是“反讽”，乔叟评论家们一般而言正是凭借反讽将我给出的较小的语言例证和这种技巧的较大的主题效果连接起来。他们谈论诗歌整体时，有时会提到“结构反讽”。[3] 例如，这种反讽包括通过自然主义的方式对典雅理想主义的

1 关于这个选段，参见：B. A. Windeatt, *Oxford Guides to Chaucer: Troilus and Criseyde*, Oxford, 1992, p. 325。

2 E. T. Donaldson, “Chaucer the Pilgrim,” in *Speaking of Chaucer*, pp. 11–12.

3 关于修辞传统中的反讽，参见：Cicero, *De Oratore*, 2 vols., eds. and trans. E.W. Sutton and H. Rackham, London, 1942, repr. 1967, ii. 67, ll. 269–271; Quintilian, *Institutio Oratoria*, 4 vols., ed and trans. H. E. Butler, London, 1920–1922, viii. 6, l. 54, in vol. 3。关于《特洛伊罗斯》中的“结构反讽”（structural irony），可以参见：Muscatine, *Chaucer and the French Tradition*, p. 132。

颂扬和批判，这种自然主义本身在《特洛伊罗斯与克瑞西达》中既因其实用性而受到珍视，又因其无效性而遭到指责。反讽可以围绕"因为宽厚的心中涌起了怜悯"这样的单行诗句发挥效用，结果这个在《骑士的故事》中用于赞美忒修斯的句子（第1761行）在《商人的故事》中又能颠倒过来对狠心的五月女郎进行讽刺性描写（第1986行），而这种颠倒本身破坏了反讽的基础（我们可能会看出，忒修斯并不总是充满怜悯）。如果此类例子被这些宽泛的术语吸收，就可以无限地扩张，但那当然是要点所在。乔叟的整体风格具有这种特点，即通过语言的手段在语言中发现对立统一。

将反讽看作是乔叟文体的关键，这有些危险，因为自从乔治·基特里奇在《乔叟及其诗歌》（*Chaucer and His Poetry*, 1915）一书中十分自由地使用这个术语后，对反讽就已有很随意的运用和随之而来的意义含糊。德里克·皮尔索尔正确地指出，反讽具有的寓于任何意义的潜力是十分有害的："如果任何东西都是反讽的，那一切就索然无味了"，这是因为"通过视点变化而寻求的复杂性恰恰深受其害"。[1] 然而，正如乔叟两种文体的起源引起的困惑一样，危险存在的原因在于这种结构既无处不在又是基础性的，以这种特殊的方式做出错误概括至少正确地表达了某些要点。因为同样的理由，如果不去探索"双关词"，我们就不会发现乔叟多数作品中特有的丰富性。乔叟等于告诉了我们这一点，当他在作品的一些地方将"认真"与"游戏"进行对比[2] 或者把《坎特伯雷故事》中的整个故事竞赛围绕着"道德意义"（sentence）和"趣味"（solaas）（第一组第798行）组织起来的时候。在上面的每一个例子中，乔叟肯定是持这种观点：这些对立面相互包含；做出相互区分也很有必要，因为在戏谑中也有真挚，在严肃中亦有娱乐，反之亦然。因此，这种双重性的多样和广泛中所蕴含的更大的论断必然是这样的："模棱语"和反讽不但是语言的理想形式，而且也正是语言所传达的意义的理想形式，而这对乔叟而言，也是真理应有的形式，无论发现的是何种真理。

1 Derek Pearsall, *The Canterbury Tales*, London, 1985, p. 63.

2 参见：《声誉之宫》，第822行；《特洛伊罗斯与克瑞西达》，第三卷第254行和第四卷第1465行；《贞女传奇》，第2703行；《坎特伯雷故事》，第一组第3186行，第四组第609，733，1594行，及第九组第100行。

编后记

克里斯托弗·坎农(Christopher Cannon),曾任美国纽约大学英文系主任,致力于中世纪英语语言和文学研究,特别注重中古英语及其变革与中古英语文学发展的内在关联;代表作有《乔叟英语的造就:词语研究》(*The Making of Chaucer's English: A Study of Words*, 1998)、《英语文学之基础》(*The Grounds of English Literature*, 2004)和《中古英语文学:文化史》(*Middle English Literature: A Cultural History*, 2008)等;其最新力作《从读写到文学:1300—1400年的英格兰》(*From Literacy to Literature: England, 1300–1400*, 2016)主要探讨初等英语教学对理查德二世时期(乔叟时代)英语诗歌的特殊意义。正是在他多年研究中古英语与中古英语文学的内在关联的基础上,《乔叟的文体》("Chaucer's Style")一文深入分析了乔叟诗歌的节律、韵式和文体。本文译自:Piero Boitani and Jill Mann (eds.), *The Cambridge Companion to Chaucer*, 2nd ed., Cambridge: Cambridge UP, 2003, pp. 233–250。

持书的男人，或者“谁画的狮子？”

作者　［英国］普丽西拉·马丁
译者　胡杰

I

这一点很肯定，就像 In principio，
Mulier est hominis confusio——
夫人，这句拉丁语的意思就是：
“男人的全部欢乐就在于女子。”

（《坎特伯雷故事》，第二组第 4353—4356 行）[1]

上面是《修女院教士的故事》里作为主角的公鸡羌梯克利对他的母鸡妻子们中最喜欢的佩特洛特所说的一段话。当他援引 Mulier est hominis confusio（女人导致了男人的毁灭）这句拉丁文，并将其翻译成“男人的全部欢乐就在于女子”时，他其实浓缩了中世纪对待女性的两种极端态度。羌梯克利将它们如此笼统表达，好像这两种态度是一样的，但其实它们正好相反。每一种态度只暗示一种单一的两性关系，而且这种关系也都从单一的视角出发，即“女人”对“男人”意味着什么而不是“男人”对“女人”意味着什么，或者女人可能对于她自己或者对于其他女人

1　对乔叟的引用都出自：*The Riverside Chaucer*, general editor, Larry D. Benson, Boston, 1987。（本文中《坎特伯雷故事》引文的译文全出自：《坎特伯雷故事》，黄杲炘译，上海：上海译文出版社，2013 年。下面对该作引文的组码、行码按原文随文注出，不再加注。——译者注）

或者对于其他男人或者对于上帝意味着什么。然而在其戏剧性和文化的语境中，这些诗行其实牵涉到多元关系。这里稍微列举几个：男人与女人的关系，个体男人与女人的关系，亚当和夏娃的关系，亚当夏娃与他们子孙后代的关系，夏娃和圣母马利亚的关系，新旧约之间的关系，《圣经》和其他文本的关系，拉丁语和英语的关系，神圣和亵渎的关系，神职人员和世俗之人的关系，羌梯克利和佩特洛特的关系，羌梯克利的确信与佩特洛特的怀疑之间的关系，修女院教士与乔叟的关系，修女院教士与修女院院长的关系，修女院教士与其他信众的关系，修女院教士和其他朝圣者的关系，修女院教士的故事与其他故事之间的关系，等等。

然而，羌梯克利的这些诗行又是什么意思呢？他头一晚做了一个噩梦，梦见自己险些被一头凶猛动物所捕获——他的颜色有点黄也有点红，有黑色的尾巴尖和黑色的耳朵尖，两只眼睛闪着光亮。他把这个梦境看作凶兆。事实证明他是对的。他后来确实被一只狐狸抓住了。但佩特洛特却对羌梯克利的恐惧十分鄙视。她说，梦境什么意思也没有，比如加图就曾建议不要对梦太认真。梦是由生理不平衡引起的，体内过剩的红胆汁和黑胆汁会使人梦见红色和黑色的怪物。她认为羌梯克利应该更男子汉一点，否则他就不配得到她的爱；最后她建议羌梯克利吃一些通便药。可羌梯克利用了一大堆例证来反驳佩特洛特并引用了和加图一样值得尊敬的权威人士来支持梦境是有意义的理论。[1] 但是最后他还是被佩特洛特红红的眼眶所征服，放弃了谨慎，从栖木上跳下来，用他的羽毛去挑逗她，在妻妾间神气地踮着脚走来走去。

上面那些诗行是在羌梯克利演讲结束时，当他从理性滑向感性时才出现的，所以羌梯克利的误译可以看作是他情绪改变的风向标。他意识

---

1 W. C. 柯里（W. C. Curry）在《乔叟与中世纪梦的知识》（*Chaucer and the Medieval Dream Lore*, New York, 1926, 2nd edn, 1960）一书里专门开辟章节讨论“中世纪梦的知识”（第 195—218 页）和“羌梯克利与佩特洛特”（第 219—240 页）。彼得·埃尔伯（Peter Elbow）在《乔叟之对立》（*Oppositions in Chaucer*, Middletown, Conn., 1973）一书中就他们对梦的对立阐释展开了有效讨论（第 95—113 页），他认为“在每件事背后，当然都有性别的对立，特别是涉及语言时”（第 101 页）。另一作者希拉·德拉尼（Sheila Delany）在她的《困惑的女人：乔叟反大众的〈修女院教士的故事〉》（“Mulier est hominis confusio: Chaucer’s Anti-Popular *Nun’s Priest Tale*,” *Mosaic*, 17, 1984, pp. 1–8）一文中也对此进行了讨论，她认为乔叟对待素材的态度表明了他反女性的立场。查尔斯·A. 欧文（Charles A. Owen）的《五篇〈坎特伯雷故事〉：反讽与符号之研究》（“Five of *The Canterbury Tales*: A Study in Irony and Symbol,” *JEGP*, LII, 1985, pp. 294–311, in *Chaucer: Modern Essays in Criticism*, ed. Wagenknecht, New York, 1959, pp. 251–270）一文，分析了这段演讲，认为羌梯克利表现了修女院教士的厌女倾向。

到他在误译吗？他意识到写这句拉丁文的人是把女性当作男性的毁灭而不是欢乐吗？也许他自己并不懂拉丁文，而修女院的教士正在警示那些懂拉丁文的观众注意到他的扬扬自得。也许羌梯克利出于惧怕，或者是为了讨好佩特洛特故意误译。也可能他故意误译是为了和观众中的大男子主义者和饱学之士一起讥笑他那群（推测是）没文化的母鸡。[1]

当然，假设公鸡和母鸡的教育背景这种荒谬行为让我们看到与他们相似的人类的荒谬。我们在两方面都不对。如果我们与他们完全不同，那么我们通过寓意和类比、虚构和寓言来努力理解世界的企图就完全是主观的。如果我们与他们相似，那么我们看起来就和他们一样愚蠢。在所有他们与我们的相似点中，他们被设定成一些人们最喜欢的性别模式。佩特洛特迷人、太现实、爱责骂、专横跋扈，她迷惑丈夫，向他献媚，又诽谤其男子气，以获得对丈夫的控制。而羌梯克利对自己的性别优势深信不疑（"有一点，天主给了我很大恩典"——第二组第 4349 行）。他惧内但也独断、自负、爱炫耀、爱听奉承话（男性的第二性别特征，狐狸也犯了同样的毛病）、好色而又怕老婆。其中一些品质——尤其是最后一个——很可能让我们想起已婚夫妇的原型。乔叟生造了"大女人"（archewyves，《坎特伯雷故事》第五组第 1195 行）这个词来描写像巴思妇人那样专横的女人。佩特洛特当然也被认为是在大女人原型即夏娃之后裔的行列中。如亚当一样，羌梯克利听从他老婆的话，放弃自己明智的判断。他们的故事是伊甸园堕落的现代诙谐版，故事也发生在花园，危险的对手伺机在侧。他们俩的关系暗指了最早的婚姻模式。和所有其他女性一样，佩特洛特卷入夏娃的罪恶之中，是丈夫覆灭的潜在诱因。像夏娃一样，是她不甘心自己在性别等级中的弱势地位而提出坏的建议，是她激起了丈夫的欲望——如果人们硬要谴责佩特洛特的劝告，而不是羌梯克利的自负的话——也几乎就是她导致了丈夫在园中被劫持。[2]

---

1 关于拉丁语是男性的保留领域，参见：Walter J. Ong, *Orality and Literacy: The Technologizing of the World*, New York,1982, pp. 112–115。

2 讨论《修女院教士的故事》中的天堂原型的文章有：J. Burke Sever, "Chaucer's Originality in the *Nun's Priest Tale*," *SP*, 43, 1946, pp. 22–41; David Holbrook, "The Nonne Preestes Tale," in *The Age of Chaucer*, ed. Boris Ford, London, 1954, pp. 118–128; John Speirs, *Chaucer the Maker*, 2nd edn, London, 1960, pp. 185–193; B. F. Hupper, *A Reading of the* Canterbury Tales, New York, 1964, pp. 174–184; Bernard S. Levy and George R. Adams, "Chaunticleer's Paradise: Lost and Regained," *Medieval Studies*, 29, 1967, pp. 178–192。

但是如果这则故事引起了这种方式的阅读，那其实只是为了谴责它。“起初”（In principio）是《圣经》的开篇也是《创世记》和《约翰福音》的开头。它与新旧约书中向人类显示上帝所创世界之威严互为呼应。“女人是男人的毁灭”自然是确定无疑了，就像神圣文本的开篇话语“起初”一样是确定无疑的。但是紧接在此箴言后面的误译却使它的意义——或者说信息——不那么确定。事实上，越神圣的文本越可能招致更多的评论、争议和“权威解释”。这也是为什么我们对待神圣文本要权衡再三，而不轻信任何一种轻易得到的解释。[1] 有时神圣文本可能会被调用起来合法化那些本来偏颇的意义。“女人是男人的毁灭”紧跟着“起初”，好像这也是上帝说的话。《修女院教士的故事》里虽然使用了许多对这个原初故事的回应，但是它的修辞却暗示我们这样的类推和羌梯克利的误译一样都是错误的。在戏仿注经的世界里，人类的堕落一点也不致命。虽然羌梯克利的梦有一定预见性，但结果并不非如梦境所显示。虽然在常识理解和躲避行为上有所偏差，但佩特洛特的理性应该有她一定的正确性。

最后，我们发现对这两种态度的笼统归纳不仅表明两种语言上的差异，而且表现出两种文化传统的差异。拉丁语，对西方基督国家而言是《圣经》、教堂、法律和受教育者的语言。“女人是男人的毁灭”根源于一个拉丁的、《圣经》的、官方的、教会的、知识的、男权的和厌女的传统。羌梯克利的英语误译暗指一个非官方的宫廷传统，或者如果您愿意，也可以理解为一种反文化姿态。[2] 在这种反文化中，两性的爱是人类最深沉的幸福来源；女性应该受到尊敬而不是辱骂。对女性的彬彬有礼是这种文化所倡导的，就像羌梯克利尊称佩特洛特为夫人（虽然这个敬语用在一只母鸡身上有点言过其实）。在这里，女人不是男人毁灭的原因，而是他们快乐和幸福的来源——这可能是同样的难以承受之重。

但拉丁文化和英语文化所共同的是中世纪的极端化倾向。女性要么是其“毁灭”要么是“他的全部欢乐”，要么是夏娃要么是马利亚，要么是圣母要么是妓女，要么是圣徒要么是恶妇。女性要么通通都好，要么全盘皆坏——就像羌梯克利的全好全坏的糊涂账。但是这两种态度互补多于对立，来源于

1 关于乔叟对阐释性问题的持续关注，参见：Judith Ferster, *Chaucer on Interpretation*, Cambridge, London and Boston, 1985。

2 关于乔叟与“反文化”的讨论，见：Derek Brewer, “Gothic Chaucer,” in *Writers and Their Background: Geoffrey Chaucer*, ed. Derek Brewer, London, 1974, pp. 1–32。

同样的需要、同样的恐惧和同样的挫败感。在类型上，圣母马利亚平衡了夏娃，两者的关系可追溯到新旧约之间的关系。浪漫传奇里的女主角是宗教理想和纯净欲望对象的宫廷演绎。按照羌梯克利的理解，这样的女人和迷惑男人的妖妇一样都是以男人为中心的。这样的女性与其说可以保证自己是好人，还不如说更能保证男人可以安然无恙地爱上她们。所以当我们考量的是精神实质而非文字表面时，羌梯克利的翻译最终证明是准确的。

II

他有一本书，常常用来当消遣——
无论白天和黑夜，随时要念念。
他把这书叫做《瓦莱与泰奥佛》，
看着这书，他常常笑得很快活；
另外，从前在罗马还有个学者，
叫圣哲罗姆，是当红衣主教的，
他写了一本书攻击约维尼安；
在他那书里，还有德尔图里安、
克里西波斯、卓图拉、埃罗伊兹——
她是巴黎附近修女院的主持；
除了这些，还有所罗门的《箴言》
和奥维德《爱的艺术》等等名篇，
所有这些书全都装订成一册。
每天他把日常的俗事做完了，
无论白天和黑夜，只要有时间，
作为习惯，他就拿这本书消遣，
读着书中那些坏老婆的故事。
他满肚子是她们的生平轶事，
数量比《圣经》中的好女人还多。
讲到这点，我要请你们相信我：
读书人不可能称赞我们女人，
除非他们称赞的是位女圣人——

对于其他女人就没有这回事。
谁画的狮子？是人还是狮子？
正像教士在经堂中讲的典故，
凭天起誓，若是由女人来记述，
那么她们所记下的男人罪孽，
亚当的同类将永远无法洗涤。

（《坎特伯雷故事》，第四组第 669—696 行）

关于巴思妇人我们能说的很多很多，但还是让她先为自己发声。我们无须从《坎特伯雷故事》的《总引》来认识她的形象，只需要从她自己故事的自传性引子来认识她。上面这段引言描述了巴思妇人和詹金——她的第五任丈夫之间的冷战策略，有一天逐渐升级为暴力的顶点。和《修女院教士的故事》一样，这个引子也讲述了一个丈夫利用反女性的传统攻击妻子，妄图用渊博的知识驳倒她的故事。但是这个故事已经没有了《修女院教士的故事》里那种优雅的反讽：公鸡和母鸡似乎比人类夫妻举止要高雅得多。不管怎样斗嘴生气，羌梯克利和佩特洛特还是体面地相互安慰。佩特洛特有些唠叨，但是她对羌梯克利的情感表露无遗。羌梯克利对佩特洛特持恩主姿态，但也常常蜜语奉承。但詹金总是想挑衅妻子而且也确实达到了目的。而巴思妇人对丈夫的厌烦和憎恨持续发酵，直到一天夜里发展成为肢体冲突。巴思妇人从詹金的书中撕掉了三页，并在他脸上打了一拳使其朝后仰面倒去。[1]

这段引语包含一幅小插图和一个问题。这个问题——“谁画的狮子？”——出自一则寓言。在寓言中，狮子对一幅表现人类战胜狮子的图画评论说：“如果这幅画让狮子来画一定是完全不同的景象了。”［不知道乔叟在那部遗失了的《狮子之书》（*Book of the Leoun*）[2] 里写了些什

1 关于此场景，戴维·亚尔斯（David Aers）在《乔叟、朗格伦和创造性想象》（*Chaucer, Langland and the Creative Imagination*, London, 1980）一书中进行了深入讨论；保拉·诺伊斯（Paula Neuss）在《乔叟诗作中写作与书的形象》（“Images of Writing and the Book in Chaucer's Poetry,” *RES*, no. 32, 1981, pp. 385-397）一文中也对此展开了讨论，她认为这个场景强调了没文化的妇女对书籍的憎恨，但是在我看来，她低估了巴思妇人的批判能力。

2 乔叟在《坎特伯雷故事》结尾的“本书作者在此告辞”中提到他曾写过一部《狮子之书》，但这部书已经散失。——译者注

么?］巴思妇人评论说，男人们写书，接受教育，他们的观点广为传播。难怪女人们的口碑不好。如果女性可以写书，可以记述她们与男性相处的经验，那么“亚当的同类”（第696行）将永远无法洗涤其罪孽。“谁画的狮子?”揭示了女性主义的一个中心议题，也是现代女性批评中一个让人头疼的问题：女性对占优势的男权文学传统的继承问题。比如在《阁楼上的疯女人》中，作者就通过引用，“强调我们文化中作者身份与父权权威的混淆”。[1]据称，弥尔顿曾让其女儿们为他诵读用她们不甚理解的语言所写的著作。如果这个故事是假的，那么它大概源于《失乐园》中的性别观。詹金的妻子也深受文学之苦，但是她明白是怎么回事，并且反抗这种思想上的强制灌输。她回忆说“我就像母狮子一样倔强”（第四组第637行），而且她倔强的反对最后发展为从丈夫手中撕书，直接把他变成一头“发怒的雄狮”（第794行）。

那幅小插图是一个男人给女人读书。这幅插图本身可能就暗示了一个男人比女人识字多的父权社会。巴思夫妇的干架爆发在一天晚上当“詹金，我们这一家之主，/坐在炉火边，读着他的那本书”（Jankyn, that was oure sire, / Redde on his book）（第713—714行）之时。这里的sire（先生）既可指丈夫，在这里那是显而易见的，也不可避免地带有与主人、父权的关联。神职人员的精神上的父亲身份也是詹金之所以可以扬扬自得地拥有男性权威的原因之一。他阅读的书是所有反女性的经典资料的收集。所有的作品都“装订成一册”（第681行），代表了异常强大的心理积蓄。这样编纂的集子主要是为了打消年轻人结婚的念头，鼓励其成为神职人员。[2]詹金“一度曾在牛津大学里学习，/后来离校”（第527—528行），是个变节的神职人员，并不是这种教育的成功者。他很可能因为迷恋世俗生活，比如说婚姻和金钱，放弃了神职学习和授任。事实上，他通过娶一个比他自己大得多的富有妻子，既获得了婚姻也赢得了金钱。但就是这个靠妻子发财的小白脸仍被赋予了读书人的权威。他是一个受后世尊敬的形象：持书的男人。在他身后，绵延着由福音传播者和教会的学者等人物所构成的悠长的文学艺术和视觉艺术传统。比如说，詹金所引

1 Sandra M. Gilbert and Susan Gubar, *The Madwoman in the Attic*, New Haven, Conn., 1979, p. 11.

2 Robert A. Pratt, “Jankyn’s Book of Wikked Wyves: Antimatrimonial Propaganda in the Universities,” *AnM*, 3, 1962, pp. 5–27.

用的哲罗姆就通常被画在拉丁语版《圣经》上，配以大主教的帽子，旁边卧着温驯的狮子。（羌梯克利——那只拿着书的公鸡只不过是同一人物形象的超现实主义幻象。）这些男性形象承担着布道、举行圣餐仪式、听取忏悔、提供精神帮助等功能。在基督教神学中，婚姻关系类似于耶稣基督与教堂的关系，詹金是在用对待受到感召的信众的态度对待他妻子。

巴思妇人完全意识到这种厌女思想代代相传，她也完全意识到在詹金身后，有许多世纪以来男人对女人的中伤诽谤，形成了强烈的反女性传统。这种男性创造的传统并不比那幅画有狮子被人打败的图画客观多少。能识文断字的通常都是男人，而在西方基督教世界，他们越来越倾向于成为独身的神职人员。詹金最喜欢阅读的就是宣传这项事业的书籍。很多书不仅是男性所著，而且是由因为神职而选择独身的男性所著。更糟糕的是，它们还有可能是由那些没有获得必须独身的神职而又不得不饱受失败感和禁欲所折磨的学士所著。巴思妇人或许过于相信星相决定论，[1]她认为金星[2]的孩子们和学士——水星的孩子——是天生的对头。既然她把自己描绘成"金星人"（第609行），那么巴思妇人这个占星家对自己嫁给前学士的做法当然不会有太好的预感。但是她也认为在一个人的性格中情欲和思想总是处于冲突之中：当学士老了，没有力气再做情爱之事时，就会坐下来说些女人不值得信任的糊涂话。此时正该写些东西否定以前的事。套用《医生的故事》的教益，在罪孽抛弃他之前别抛弃罪孽。

巴思妇人本人在她的引子里逆向使用了反女性讽刺。在她前三桩嫁给有钱老男人的婚姻里，她叙述了她如何捏造他们谴责自己的陈腐言辞来向年迈的丈夫们首先发难。她声称，他们在喝醉酒后就会在婚姻问题上高谈阔论，历数女人的不是。那些所谓的不是当然是大家所熟知的。[3]娶穷女人花费高，娶个有钱女人又高高在上。漂亮女人很难忠贞，丑女

1 关于巴思妇人的占星术的讨论，可参见下面著作中那种不那么确定的解释：Curry, *Chaucer and the Medieval Science*, pp. 99–118; Chauncey Wood, *Chaucer and the Country of the Stars*, Princeton, NJ, 1970, pp. 172–180。此外，还可见H. 马歇尔·莱斯特（H. Marshall Leicester）最近一篇有趣的文章："The Wife of Bath as Chaucerian Subject," *Studies in the Age of Chaucer*, Proceedings no.1, 1984, pp. 201–210。在此文中，莱斯特认为巴思妇人对占星术的各种运用是她"自我构建的变化行为"。

2 金星（Venus），也即爱神，因此"金星的孩子们"暗指信奉爱情的人。——译者注

3 大多数素材来源于：Jerome, *Adversus Jovinianum*。

人又太过花痴。这篇激烈的长篇演说采用的全是反女性的修辞，为放大女性的淫荡不惜借用动物的意象。丑女人“会像叭儿狗”（第四组第267行）一样扑到任何男人身上；鹅不会因为羽毛灰就没有配偶。婚姻比买家禽和耐用的家什物件更具风险——“买牛马、买狗买驴”（第285行）都要反复检验后才买下，但对妻子婚前并不检查。等发现有瑕疵时，已经太晚了。这段演说还通篇涉及女人不忠的问题：不忠是女人打扮得花枝招展或者想往外跑的唯一动机。一个光鲜动人的女人就像一只皮毛光滑的猫，急于出去“求偶”（第354行），最好烧伤它的皮毛，它就会老老实实地待在家里。这样的中伤语句大多是老生常谈，有些甚至还是格言式的。逼得男人逃出家去的三样东西是：漏雨的屋子，冒着烟的火，加上个整天唠叨抱怨的老婆。但这样的嘲讽也着实削弱了格言的丰富性，比如“没有鹅会因为太灰色而找不到配偶”就像现代格言“所有猫在黑暗中都是灰色的”一样用单一的色调掩盖了人类情感的多样性。圣保罗是一定要被引用的：女人应穿着朴素，而不应穿金戴银、衣着华丽、发式花哨。最后，丈夫们还被控诉将女人的爱情比作地狱，比作不毛之地，比作野火，比作毁灭性的虫子——也许人们真的很难谴责他们，如果他们真那么比喻的话。巴思妇人为她前三段婚姻描绘出一幅可怕的图画。事实上，她丈夫们的有些怨怼似乎是可以理解的，如果我们假定一个老男人有权利买一个年轻的姑娘并希望她成为忠贞体贴的伴侣的话。相反，每段婚姻都是一个战场，而巴思妇人把自己描写成先发制人的主妇：“哪个人先来到磨坊，他就先磨；/我先发难，才平息了一场风波。”（第389—390行）但她究竟为什么要以这样的方式对她的丈夫们发动攻击呢？她对他们的批评主要由她所想象的他们对她的批评所组成。为什么不针对他们的错误攻击他们呢？乔叟是借她的口谴责她本人，用他最能言善辩的女性形象来说出反对女性的话吗？还是因为根本就没有相应的讽刺男性的传统，所以巴思妇人只得被迫运用对女性的讽刺来达到自己的目的？但是，拿着这样武器的攻击是最好的防御吗？也许是这样，但我想我们也应该认真对待如此长篇大论的怨恨之显而易见的原因——如果她所说并非她的丈夫们对待她的真实态度，那么我们更应该如此。男人对女人做出的最糟糕的事是他们创造了这些不好的形象。巴思妇人与之对阵的不仅仅是某单个丈夫，更是整个讽刺性的男性文学传统——“他们讲我的话，我统统不放过”（第425行）——和男性典籍：“但你的这种条条和这套指导，/

只像小虫叫，根本不在我心上。”（第346—347行）

巴思妇人的第五任丈夫，即那个学士，就把自己看作是男性传统的代表而且邪恶地利用着这一传统。她栽赃给前三任丈夫的批评要是和詹金的所作所为比起来就实在是太微不足道了。他的目的是伤害，他阅读坏女人的故事书的乐趣无以复加。他很“快活”（第669行）地读这本书，将其视为娱乐（“当消遣”，第670行），读得专注（“白天和黑夜”，第672行；“每天每夜”，第682行；“时时来念”，第670行）。这样的书让他放声大笑（“看着这书，他常常笑得很快活”，第672行）。以前我们总说宫廷传统带来盲目的女性崇拜，把自己爱慕的女性亵渎神灵般地抬升到近乎神圣的地位，使其成为同上帝竞争爱的对手。[1] 但是在这里我们看到，厌女传统同样也可能是偶像崇拜，同样能执拗地干扰我们去思考什么是好和什么是神圣。詹金，这个以前的学士，似乎已经把它用来替代早晚祷告和经书阅读。这本书他读得“投入又仔细”（第739行），“每天他把日常的俗事做完了”（第684行），一有闲暇就会拿起它。他所知道的坏女人的“传奇”（第686行）——这是一个描写圣徒传记所用的词——和生平，远比《圣经》里好女人的故事要多得多。他用古典传统进行“布道”（第641行）和“训导”（第642行），讲古罗马人如何抛弃自己的妻子。詹金就是阅读神圣典籍或神学书籍的男人的戏仿形象。面对他丑态百出的精神指导，他妻子的激烈反抗恰如其分地与温顺的女弟子的沉默专注形成对照。

更让人难以忍受的是他絮絮叨叨的教训。巴思妇人在控诉她前三任丈夫时，就对长期污蔑女性的陈词滥调率先发难。“你说……你说……”（第248，251，254，257，263，270，273，278，282，285，292，293，302，337，348，362，366，376行）在她讲述詹金对女性的侮辱时充斥着这样的短语：他“随时要念念”（第670行）；他“读着他的那本书”（第714行）；“接着他读给我另一个故事”（第721，724行）；“这个故事，他读得投入又仔细”（第739行）；“他又读了些近代女人的故事”（第765行）；“我看他老捧着那本可恨的书，/瞧他那样子像要读它一整夜”（第788—789行）。紧接着是说教的声音，如“他告诉我”（第647，740，747，757行）和“他说道”（第775行），“他又说”（第778行），“他还说”（第782行），等

1 主要出自D. W. 罗伯逊（*A Preface to Chaucer*, Princeton, NJ, 1962）以及他的追随者们。

等，以强调詹金的独白，一直说到深夜。他在火炉边的演讲更是不断重复的"……的故事……的故事……的故事"回响在他的演讲过程中。他"先是读夏娃的故事"（第715行），然后是"赫拉克勒斯和他情人的故事"（第725行），"克里特王后帕西法厄的故事"（第733行），"克吕泰墨斯特拉的故事"（第737行），"莉薇亚、露西拉的故事"（第747行），"他又读了些近代女人的故事"（第765行）。他快要结束时说，"他不会忘记"（第727行）苏格拉底在其婚姻中遭了多大的罪。坏妻子的名单不断扩充，最后变成了泛指性贬低："有些人……有些人……有些人……"（第766，769，771行）总的来说，有关坏女人的话题，詹金知道的比这世界上的花花草草还多。

詹金那些可怕的坏女人故事可以当作羌梯克利"女人是男人的毁灭"这句话的最好注解。但是，在詹金的故事里，我们并没有看到羌梯克利用夏娃／马利亚之类型学做出的双向性阐释的努力。女人仅仅是男人的毁灭。詹金"先是读夏娃，说是因为她犯罪，／就此害苦了我们整个的人类，／而耶稣基督为救赎人的罪孽，／宁可自己被杀，流尽了心头血"（第715—718行）。所以，女性是世界上一切罪恶的根源，夏娃的女儿们继续着她害人的行径。她们出现在詹金那本关于女人引诱和背叛的选集里，在两性的爱情关系中表现得尤其歹毒可恶。大利拉出卖了力士参孙，（在他熟睡时）剪掉了他的头发，最终导致他的双眼被非利士人所挖，失去了力气（第721—723行）。他［像《商人的故事》里的佟月一样］实际上瞎了，因为他已经象征性地被爱情弄瞎了双眼。他应该认清与女人的肉体接触只会带来虚弱和损毁。赫拉克勒斯被他可爱的妻子所害，最后导致"他活活烧死"（第726行），此举实际上也象征性地烧死了爱情的信徒们。污蔑女性的故事还在继续。冉蒂泼跟苏格拉底撒泼，"把尿泼在他头上"（第729行），这个例子似乎在说明：身体——可憎的女性的象征——背叛了头脑——理性的男性的特征。帕西法厄和公牛之间纵欲的人兽故事对巴思妇人太过恐怖，她都不愿多说，而詹金读起来却很享受（"他居心不良，认为非常有意思"，第734行）[1]。克吕泰墨斯特拉犯下通奸罪，因为"淫荡"（第737行）杀害了自己的丈夫。贪婪的

---

1 多洛雷斯·帕洛莫（Dolores Palomo）认为巴思妇人"［对帕西法厄故事］的反感似乎有些不统一，因为此前她曾把自己与一个二十岁的男子调情的事几乎看作一个美德"（*Chaucer Review*, 9, 1975, p. 113），好像她的第五段婚姻等同于兽性的。

埃瑞菲伦因为一点小小的贿赂，不惜走漏消息，导致了丈夫的死亡。女人的爱和恨都同样具有毁灭性，此主题除了表现在大利拉和得伊阿尼拉的例子中之外，还继续体现在莉薇亚和露西拉的故事中。前者故意毒死了丈夫，而后者则无意中以一剂爱情之药也毒死了丈夫（第 747—756 行）。丈夫也希望妻子死。拉图米乌斯的三位妻子在一棵树上上吊身亡，他的邻居向他要一根从那树上剪下的枝丫（第 757—764 行）。这个小故事意在说明女人的可憎而非男人的歹毒。当詹金举出近代一些女人的例子，如她们“就在床上把丈夫杀死，/ 让他的尸体直挺挺躺在地上，/ 自己同奸夫放肆胡搞到天亮”（第 766—768 行），劝诫性故事变得越发耸人听闻。他从历史故事讲到茶余饭后的闲谈传说，最后用一连串警句进行总结：与爱唠叨的女人居住还不如和猛兽恶龙相处；女人脱掉衬衣也就抛开了羞耻之心；不贞洁的女人就算再漂亮也只像金环挂在猪的鼻子上（第 782—785 行）。

当詹金显然要整夜诵读他那本“可恨的书”（第 789 行）时，他的妻子再也受不了了。她从那书里撕下三页，还打了他一拳。他回敬了一拳，她倒在了地上，假装快死了。他趴在她身上请求原谅，她又打了一拳。这场打斗有搞笑的一面，有如潘趣（Punch）与朱迪（Judy）木偶剧里乱打一气那种幽默，也有两个演员弹来跳去的滑稽。但艾丽森和詹金毕竟不是玩偶，他们的拳头会带来伤害——艾丽森被打聋了一只耳朵——而他们对骂的话语更加伤人。或者换种说法，他们所说的话是武器，而他们的拳头是另一种语言。妻子打人，因为她受到了伤害：“谁愿意体会体会或作点想象，/ 想象我心中多么难过和痛苦？”（第 786—787 行）她诉诸武力——另一种语言——因为詹金掌握了所有常规语言的火力。

对女性如此地嘲讽到底会对女性造成什么样的心理影响呢？巴思妇人指出，很少有女作家能给出“狮子的”视角。乔叟同时代的女诗人克里斯蒂娜·德·皮桑的一番话就证明了厌女传统如何造成痛苦，带来了无法对此传统产生批判性思考的困难：

> 只需瞄一眼这本书，即使它不具权威，也让我惊奇到底是怎么回事，为什么有这么多不同的男人——在他们中间不乏饱学之士——一直以来而且现在也是，在他们的言语中、论著里，那样倾向于对女人和其行为表达如此恶毒的侮辱。不仅仅是一两个人，甚至也不仅

仅是这个马太欧(Matheolus)[1](不管怎样,这本书名声不好,旨在讽刺)。总体来说,是所有哲学家、诗人、演说家的所有论著都这么认为……他们好像从同一个嘴巴里发出同一种声音。他们一致的结论是:女人的行为容易倾向并且充满各种罪恶。……

不管作者是谁,几乎每一部有关道德的书,在读完之前,我就会发现它必然会辟出一些章节来把女人攻击一番。仅此理由,就让我相信好像真是这么回事,尽管我的智力,因为其贫乏和无知,并没有发现我自己犯过什么大的错误,同样也没发现其他女人犯过什么错。*我因此更依赖别人的判断而非我自己的感受和所知。*(斜体为我所添加)我被钉在这个思维体系里如此之久以至于我变得麻木迟钝。像喷涌而出的喷泉,我在脑海里回忆起一个又一个权威人士,他们一遍遍重申的这种观点。所以我最后认定上帝一定是创造了某种很粗鄙的生物,他们称之为女人。我同时也很惊奇我们这位值得尊敬的艺术家怎么能设计出如此令人讨厌的作品,如他们所说,成为所有罪恶和缺点的容器、避难所和温床。当我这样想时,一种不愉快和伤心在我心里油然而生,因为我憎恨自己,憎恨所有女性,好像我们天生都是畸形的怪物。[2]

克里斯蒂娜的叙述者已经内化了詹金用来反对他妻子的所有材料。[3]虽然她不能看到有何证据证明她自身或者她非常了解的其他女性的罪恶,但是面对如此密集的思想灌输她也无法再运用自己的判断了。厌女的权威们把毁灭性的信息灌输进她的大脑,直到她也开始讨厌自己,而且不明白上帝究竟为什么要创造女性。克里斯蒂娜本身是一个作家,她的解决办法是写一本关于女性美德的书,但是这只针对少数受过教育、智力超群的女性。巴思妇人所描述的家庭打斗还在以更多、

---

1 马太欧是一位13世纪的法国诗人,其著作《马太欧哀思录》(*The Lamentations of Matheolus*)是一部极端反女性的诗作。——译者注

2 Christine de Pizan, *The City of Ladies*, tr. Earl Jeffrey Richards, London, 1983, pp. 3–5.

3 写完这一章,我发现这两段也放在苏珊·席巴诺夫(Susan Schibanoff)的一篇有趣的讨论女性读者反应论的文章里,即:"Taking the Gold out of Egypt: The Art of Reading as a Women," in *Gender and Reading*, ed. Elizabeth A. Flynn and Patrocinio P. Schweickart, Baltimore, Md., 1986, pp. 83–106。

更复杂的方式继续，也提供一些短暂的满足，虽然最后还是反面印证了女性的不理性。除了打架和写作，应该还有一些策略。睿智的竞争者如巴思妇人顺势利用厌女的准则反击男性，比如她引用权威，狡猾地逆向使用男人思维，遵从“既然男人总是比女人讲理，/ 你难免就要耐心地受点委屈”（第441—442行）的逻辑。否则，就是现成的修女院院长而不是巴思妇人的例子，像一个没头脑的女人一样，眼前有什么就享受什么。

现代女性主义研究者们为我们打开了视野，看清了由男性创造的语言带来的性别危害。[1] 乔叟是一位充分意识到了男性文学影响力的作家。纵观他一生，他为书籍的力量所痴迷，他诗作里的叙述者也是一个通过阅读理解生活的人。在他现存最早的作品中，叙述者梦见自己在一个房间里，窗子上画着特洛伊战争的故事，墙上画着《玫瑰传奇》。在他职业的告别辞——《坎特伯雷故事》的“本书作者在此告辞”里，他请求人们原谅他“带有犯罪倾向的部分”。《声誉之宫》的高潮是一个梦魇般的幻象，里面是真理与谎言的信息爆炸，无法阻止，也没法逃避。他的许多人物都拿书当作生活的范本，即使荒诞的性喜剧《磨坊主的故事》都没脱离诺亚方舟故事的影子。对于乔叟，在他的动物寓言中，他能赋予羌梯克利和佩特洛特最明显的人类特征就是引用。羌梯克利的引用把我们深深地带进我们文化的核心，以及男性对女性身份的构建。

通过羌梯克利和詹金，乔叟嘲笑了那些利用书籍夸夸其谈、偏见丛生的男性。虽然他自己也是一个以书为伴的男人，但他的叙述者不是教师也不是牧师。作为一个世俗而有知识的新兴阶级中的一员，他呈现出的是一个熟悉的现代形象：一个孤独的读者。他因知识、书籍、相互冲突的信息以及反复无常的声誉而感到困惑、苦恼、纠结、彷徨。在乔叟的描绘里，声誉女神对她所授予的声誉是否公正毫无兴趣。但乔叟却让人们注意，他对其女性人物的塑造负有责任。克瑞西达害怕女人们会因为她的不忠而恨她，而叙述者也向他受众中的女士们为自己辩解。在《贞女传奇》的引子中，他被要求写些好女人的故事作为弥补。这些段落，不管是出于反讽的目的还是什么，至少突出了问题之所在。我们已经看到詹

1 此类讨论有：Robin Lakoff, *Language and Women's Place*, New York, 1975; Dale Spender, *Man-made Language*, London, 1980; Deborah Cameron, *Feminism and Linguistics*, London, 1985。

金怎样对待坏的女性形象。但好的女性形象同样会带来损害。对于古代那些受冤枉的德行高尚的女人,道丽甘建议她们自杀。甚至学士也警告女人们,不要去刻意模仿具有忍耐精神的格里泽尔达之恭顺。[1] 下面让我们再看乔叟早期版本中两个理想的妇女形象,一个是宫廷的,一个是宗教的。[2]

编后记

普丽西拉·马丁（Priscilla Martin）的主要研究领域为中世纪和文艺复兴时期英语文学,其主要著作研究乔叟、莎士比亚和朗格伦。她的专著《乔叟的女性人物——修女、妻子和亚马孙式女战士》（*Chaucer's Women: Nuns, Wives, and Amazons*, Iowa City: U of Iowa P, 1990）是最早用女性主义和性别理论研究乔叟作品的著作之一。《持书的男人,或者"谁画的狮子?"》（"The Man with the Book, or 'Who Painted the Lion?'"）一文为该书第一章(第1—13页);作者在文中运用女性主义批评理论主要分析了《坎特伯雷故事》里的两个重要女性人物:《修女院教士的故事》里的佩特洛特和《巴思妇人的引子》里的巴思妇人,以揭示男性文化如何建构女性身份。

1 格里泽尔达是《坎特伯雷故事》中《学士的故事》里的女主人公。道丽甘则是《平民地主的故事》中的人物。——译者注

2 这两个形象分别指乔叟最早两个作品《ABC》和《公爵夫人书》中的圣母马利亚和兰开斯特公爵的夫人布兰茜。作者将在该书第二章中分析这两个人物。——译者注

殖民主义、拉丁语之推行和抗拒性

作者　［美国］约翰·M. 鲍尔斯
译者　颜林海

安妮·米德尔顿是最早提出对中世纪研究采取殖民/后殖民批评的可能性的学者之一，她在1992年美国现代语言学会（MLA）出版的《重划疆界》中指出：

> ［如果］中世纪研究的一个核心问题是对权威进行本土语言化的转化过程和借此对权威的重新界定，那么我们有充分理由期待，研究中世纪的学者和批评家将会看到和发展由与种族和殖民文学的学者有着共同知识兴趣的人所组成的一个重要群体……不仅在现代的而且在中世纪的殖民生活中都是既成事实的多语性、读写能力、文本生成、对经典化书面文体和形式的战略性改造等，都是这些领域中批评和研究共同关心的问题。关于这些交流的比较文化诗学很值得我们为之付出努力。[1]

我本人的研究从20世纪90年代就开始关注乔叟的去殖民化努力，即研究他通过作为英语语言诗歌的推动者在英法敌对期间所起到的作用。[2]乔叟的文学生涯开始于他翻译法国诗歌《玫瑰传奇》，不久，他就开

1 Anne Middleton, "Medieval Studies," in *Redrawing the Boundaries: The Transformation of English and American Literary Studies*, ed. Stephen Greenblatt and Giles Gunn, New York: Modern Language Association of America, 1992, p. 30.

2 John Bowers, "Chaucer After Retters: The Wartime Origins of English Literature," in *Inscribing the Hundred Years' War in French and English* （转下页）

始改编，他的第一部梦幻诗《公爵夫人书》仿效和讽刺了那些颇负盛名的法语传统文风。在成为叙事诗人之后，他更是力拒法国式幻想而尝试更加新颖的模式，即意大利的薄伽丘模式。如果从文本对话角度看他的反应、竞争、深思熟虑和革新，他所追求的事业就是抵御外来威胁的运动，无论语言上的还是文学上的，这一点还是比较清晰的。[1] 我讨论的重点不是爱德华·萨义德（Edward Said）和霍米·巴巴（Homi Bhabha）提出的后殖民理论，而旨在进行批评实践，探讨乔叟与拉丁文本传统的关系；我把这种关系看作是在语言、文化和体制控制方面的另一种更古老而且似乎更难以控制的外来强加之物，如同在他的《律师的故事》中体现的那样。

乔叟的英语翻译工程

比德（Bede）那本基础性的叙述著作《英格兰人教会史》（*The Ecclesiastical History of the English People*）是用拉丁语写成的，它叙述了罗马人对英格兰的两次征服和殖民化。首先是罗马军团的短暂性胜利和罗马帝国军事统治，接着是教皇格列高利（Pope Gregory）派遣的罗马传教士所取得的真正的永久性胜利。基督教罗马之重新征服英格兰的一个核心组成是强行推行拉丁语，先是将其作为《圣经》和礼拜仪式的语言，最终使其成为神学、编年史、教育、科学和法律记录的语言。基督教著作，如《词源》（*Etymologies*），就是使用旧的统治者语言并取得了成功——“伊西多尔以其方式讲述了拉丁语的历史，以至拉丁语好像是罗马天主教的财富”——而且《乔叟生平记载》（*Chaucer Life-Records*）中收集的 14 世纪的拉丁语文献也见证了这种语言入侵在行政管理、金融、商业中所取得的节节胜利。[2] 然而，这些拉丁语文本中出现的本地语言词

（接上页）*Cultures*, ed. Denis N. Baker, Albany: State U of New York P, 2000, pp. 91–125; and “Chaucer After Smithfield: From Postcolonial Writer to Imperial Author,” in *The Postcolonial Middle Ages*, ed. Jeffrey Jerome Cohen, New York: St. Martin’s, 2000, pp. 53–66.

1 关于法语作为取得主导地位的入侵者语言的作用，参见：Ronald Wardhaugh, *Languages in Competition: Dominance, Diversity, and Decline*, Oxford: Blackwell, 1987, pp. 43–62。

2 Emily Wilson, “From Neto to Newts,” *Times Literary Supplement*, 5444, 3 August 2007, p. 3; Martin M. Crow and Clair C. Olson (eds.), *Chaucer’s Life-Records*, Oxford: Oxford UP, 1966.

汇和词序也可以看作是一种对拉丁语的侵蚀和归化,而乔叟身为官僚和公务员,一生都参与其中。[1] 简言之,在修道院和大学这些教士聚居地之外,中世纪末期的英国拉丁语使用呈现出三个主要特征,它们是一种语言受到另一种竞争语言的压制时在过渡时期才具有的特征,即:说的频率较低,书写潦草,大量借用本土语汇和句法。

14 世纪最后几十年,乔叟用一项广泛的翻译工程对这种外语入侵发动了一场文学造反。[2] 他的《波伊斯》把一部拉丁传统的哲学经典译成了英语。《公爵夫人书》以用民族语言讲述的奥维德的《变形记》中有关基尤克斯和阿尔古容妮的神话故事开篇。《声誉之宫》的开头也是用英语讲述主要来自维吉尔的《埃涅阿斯纪》第四卷的内容。除了在《声誉之宫》里提及其他拉丁史学家外,他还把罗利乌斯誉为《特洛伊罗斯与克瑞西达》的主要权威来源,这部诗作也因此而被伪装成大规模译自拉丁语,而非改编自薄伽丘的意大利语《菲拉斯特拉托》。在《坎特伯雷故事》中,学士承认他那具有忍耐精神的格里泽尔达源自彼特拉克的拉丁语文本。《第二位修女的故事》中的圣塞西莉亚的生平是译自《黄金传说》(*Legenda Aurea*),原来的散文体也改成了高雅的英语国王韵体诗。乔叟给自己分配的任务就是把布雷西亚的阿尔贝塔诺 (Albertano of Brescia) 所著的《安慰与建议之书》(*Liber Consolationis et Consilii*) 翻译成英语的《梅利别斯的故事》。《修道士的故事》选译了薄伽丘的《名人鉴证》(*De Casibus Virorum Illustrium*) 中的几个悲剧故事,早期的手抄稿,比如艾莱斯米尔

1 威廉·罗斯威尔 (William Rothwell) 的《三种语言的英格兰》("The Trilingual England," *Studies in the Age of Chaucer*, 16, 1994, pp. 45–67) 论证了乔叟使用的官方拉丁语在本质上是盎格鲁-法语,它只是在表面上翻译成更具权威的语言而已。劳拉·莱特 (Laura Wright) 的《1380—1480 年间一份伦敦档案中的混合语言写作》("Macaronic Writing in a London Archive, 1380–1480," in *History of Englishes: New Methods and Interpretations in Historical Linguistics*, ed. Matti Risannen, Berlin: Monton de Gruyter, 1992, pp. 762–770) 研究了乔叟时代伦敦市政府档案材料中的这种混合语言的状况。

2 德里克·布鲁尔所编的《作家与其背景:杰弗里·乔叟》(*Writers and Their Background: Geoffrey Chaucer*, Athens: Ohio UP, 1975) 包括两篇研究乔叟使用拉丁语文本的论文: Bruce Harbert, "Chaucer and the Latin Classics"; Dronke and Mann, "Chaucer and the Medieval Latin Poets"。下文提供了一个很及时的有关翻译家乔叟的研究文献综述: Rogers Ellis, "Translation," in *A Companion to Chaucer*, ed. Peter Brown, Oxford: Blackwell, 2000, pp. 443–458。

(Ellesmere)手抄稿[1]仍然保留了拉丁语标题。《堂区长的故事》糅合了分别由威廉·佩拉尔杜斯(William Peraldus)和佩纳福尔特的圣雷蒙德(Saint Raymund of Pennaforte)所著的两部拉丁语忏悔手册中的材料。乔叟在"本书作者在此告辞"中公开肯定了他"翻译波伊提乌斯的《哲学的安慰》,说到我写的其他一些圣徒行传、讲道文和有关道德和献身于神的书"(第九组第1089—1091行),当然这些都是从拉丁语原文翻译过来的。

其他很严肃的宗教文本翻译包括他散失了的译作《论抹大拉的马利亚》(*De Maria Magdalena*)和《论人类之苦难》(*De Miseria Conditionis Humane*),它们被列在《贞女传奇》的引子里,而《贞女传奇》本身很明显就是一个经典故事集,其中,像《狄多传奇》这样的故事,据说是源自"维吉尔·曼托安"(Virgil Mantoan)和"奥维德"(Ovyde)。[2]乔叟的《论星盘》和《行星赤道》(*The Equatorie of the Planetis*)(后者是否为乔叟所著,笔者表示怀疑)是最早用英语书写的科学著作。正如安德鲁·科尔指出的那样,《论星盘》的开场语罕见地表明了本地语具有同等地位——"我要用浅显的英语来表达真实的结论……如同人们已经在拉丁语里所做的那样"(第50—54行),而且实际上还因为将拉丁语视作用来传递来自更早、更权威的语言——希腊语、阿拉伯语和希伯来语——的科学信息的中间语而降低了它的地位:"拉丁民众最初吸取了其他各种语言,然后用自己的语言,也就是说,用拉丁语书写下来"(第33—36行)。[3]

与同时代的伦敦人威廉·朗格伦和约翰·高尔相比,乔叟在回避拉丁语上显得尤为突出。朗格伦在《农夫皮尔斯》中混杂了许多拉丁引文,因此,他的诗堪称双语大杂烩。[4]他一边不断地引用学术权威来为这种使用双语的现象加以辩护,一边又沉迷于引用拉丁文,模糊了文本与

1 艾莱斯米尔手抄稿是产生于15世纪早期的《坎特伯雷故事》手抄稿,因曾属于艾莱斯米尔伯爵家族而得其名。——译者注

2 关于这两个拉丁语源材料,参见:John P. McCall, "Chaucer and the Pseudo Origen *De Maria Magdalena*: A Preliminary Study," *Speculum*, 46, 1971, pp. 491–509; R. E. Lewis, "Chaucer's Artistic Use of Pope Innocent III's *De Miseria Conditionis Humane*," *Studies in Philology*, 64, 1967, pp. 1–16; Karen Elizabeth Gross, "Chaucer, Mary Magdalene, and the Consolation of Love," *Chaucer Review*, 41, 2006, pp. 1–37。

3 Andrew Cole, "Chaucer's English Lesson," *Speculum*, 77, 2000, p. 1153.

4 参见:John A. Alford, "The Role of the Quotations in *Piers Plowman*," *Speculum*, 52, 1977, pp. 80–99; Judson Boyce Allen, "Langland's Reading and Writing: *Detractor* and the Pardon Scene," *Speculum*, 59, 1984, pp. 342–362。

注释的界限，从而导致弱化其诗歌之英语性的结果。默顿·布卢姆菲尔德曾做出一著名的评价，说读《农夫皮尔斯》“就像是在读一篇对不知名的文本的评论”，这话暗示的是“这个不知名的文本有可能是用拉丁语写的”。[1] 高尔的多语生涯包括从本质上看是拉丁语作品的《呐喊》（*Vox Clamantis*）和《三卷编年史》（*Cronica Tripertita*），甚至他那首杰出的英语诗也取了一个非英语标题 *Confessio Amantis*（《情人的自白》），而且其中所含的拉丁语诗句数量之多足以翻译成一卷。[2] 高尔版的康斯坦丝的故事充当了乔叟《律师的故事》的原型，从本质上来说也带有拉丁语评论，但经乔叟的翻译，这些拉丁语评论全然消失了。[3] 现代各种版本都消解了乔叟偶尔在零星注释中使用拉丁语的特征，这在《巴思妇人的引子》中尤其突出，其中的学术语言对于女性叙述者来说显得很是奇怪，尽管如此，在其他方面，若与朗格伦和高尔相比，诗人则避免使用学术性语言。[4]

乔叟不是神职人员，缺乏神职人员在《圣经》和神学方面的特权，所以不遗余力地对拉丁语进行调侃，这一点体现在以下各处：修女院院长的那条非《圣经》格言“爱战胜一切”（Amor vincit omnia）（第一组第162行），那个醉醺醺的差役鹦鹉学舌般地模仿律师强调法律用语“问题

1 Morton W. Bloomfield, *"Piers Plowman" as a Fourteenth-Century Apocalypse*, New Brunswick: Rutgers UP, 1962, p. 32.

2 Siân Echard and Claire Fanger, *The Latin Verses in the* Confessio Amantis*: An Annotated Translation*, East Lansing, Mich.: Colleagues, 1991. 关于这些拉丁语诗句和页边评注，参见：Derek Pearsall, "Gower's Latin in the *Confessio Amantis*," in *Latin and Vernacular: Studies in Late-Medieval Texts and Manuscripts*, ed. A. J. Minnis, Woodbridge: D. S. Brewer, 1989, pp. 13–25; Joyce Coleman, "Lay Readers and Hard Latin: How Gower May Have Intended the *Confessio Amantis* to Be Read," *Studies in the Age of Chaucer*, 24, 2002, pp. 209–235。

3 John Gower, *The English Works*, ed. G. C. Macaulay, 4 vols., London: K. Paul, Trench, Trubner, 1900–1901, vol. I, pp. 146–173, Book II, lines 587–1612. 彼得·尼科尔森（Peter Nicholson）的《乔叟对高尔的借鉴：〈律师的故事〉的根源》（"Chaucer Borrows from Gower: The Sources of the *Man of Law's Tale*"）一文论证了乔叟的第一手文献源自高尔，其二级权威则是特勒韦（Trevet）。关于特勒韦成功地扩展到广大的世俗受众，参见：Ruth J. Dean, "Nicholas Trevet: Historian," in *Medieval Learning and Literature: Essays Presented to Richard Willaim Hunt*, ed. J. J. G. Alexander and M. T. Gibson, Oxford: Clarendon, 1976, pp. 328–352。

4 参见：Graham D. Caie, "The Significance of the Early Manuscript Glosses "（其中特别涉及《巴思妇人的引子》）; Graham D. Caie, "The Significance of Marginal Glosses in the Earliest Manuscripts of *The Canterbury Tales*," in *Chaucer and Scriptural Tradition*, ed. David Lyle Jeffrey, Ottawa: U of Ottawa P,1984, pp. 75–88; C. David Benson and Barry A. Windeatt, "The Manuscript Glosses to Chaucer's *Troilus and Criseyde*," *Chaucer Review*, 25, 1990, pp. 33–53。

是，法律的哪条”（Questio quid juris）（第一组第646行），公鸡羌梯克利对拉丁语In principio, / Mulier est hominis confusio[1]（第七组第3163—3164行）的喜剧性误译，虚伪的卖赎罪券教士的引语“贪恋钱财是万恶之本”（Radix malorum est Cupiditas）（第二组第334行），还有《修女院院长的故事》中的那个学童因唱“圣母救世主”（Alma redemptoris matter）（第二组第641行）而被杀。通过在《巴思妇人的引子》中和（甚至是有点谨小慎微地）《贞女传奇》的开头更看重直接经验而使拉丁语文本的学术权威大打折扣，乔叟在喜剧性情节中反复抨击那些对学究式拉丁语的使用和（更经常是）误用。在《磨坊主的故事》里，尼古拉根据那本用拉丁语写成的星相学书捏造第二次诺亚洪水即将来临。在《平民地主的故事》中，奥尔良学士的拉丁语历书预测说有一次满潮，但并不会淹没礁石。在《教士跟班的故事》里，关于炼金术的拉丁语论文提供了技术却从未成功炼出金子。在《巴思妇人的引子》中，詹金读的那本《恶妇之书》（*Book of Wicked Wives*），几乎可以肯定是一本拉丁语文集，先是被撕毁然后被烧掉，那是对神职人员的厌女症进行的彻底抨击。

值得注意的是，好几个具有学者身份的人物本应该说点拉丁语，却都没有。如果说牛津学士“爱做的事就是施教与学习”（第一组第308行），他就会用拉丁语学和教。在《平民地主的故事》中，那位没有名字的奥尔良学士在与奥雷留斯和他的兄弟说话时，就是用学术语言——“他用拉丁语向他们打着招呼”（第六组第1174行）——但说的什么内容却未曾提及。《管家的故事》中的约翰和阿伦，如果他们按照剑桥学者的要求说一口拉丁语，也就不会因为说一口蛮夷腔调的北方方言而一起遭到嘲弄。[2]的确，如果阿伦在爬错了床而大肆海夸自己跟磨坊

1 羌梯克利将这行拉丁语译为“男人的全部欢乐就在于女子”（译文出自：《坎特伯雷故事》，黄杲炘译，上海：上海译文出版社，2013年。本文中《坎特伯雷故事》引文译文均出自此译本，不再另注）。黄译本这里给了一个脚注，其中说：“这个短语与下面一行连在一起后意为：从一开始，女人导致了男人的毁灭（这里的‘女人’指夏娃），与羌梯克利的解释相反。”——译者注

2 关于这两个学生的乡土言语，参见：J. R. R. Tolkien, “Chaucer as a Philologist: *The Reeve's Tale*,” *Translations of the Philological Society*, 32, 1934, pp. 1–70; Simon Horobin, “J. R. R. Tolkien as a Philologist: A Reconsideration of the Northernisms in Chaucer's *Reeve's Tale*,” *English Studies*, 82, 2001, pp. 97–105; Wendy Scase, “Tolkien, Philology, and *The Reeve's Tale*: Towards the Cultural Move in Middle English Studies,” *Studies in the Age of Chaucer*, 24, 2002, pp. 325–334。

主女儿的床笫之欢的时候说一口拉丁语，他的夸口也不会遭到愤怒的父亲一顿暴打。阿伦的拉丁语将会是一个真正的英国人最痛恨的东西，那是一群享有特权的精英所使用的神秘莫测的媒介，而他们把最基本的忠诚最后都奉献给了外国权威。[1]为此，我们还可以举些例子，如律师熟悉奥维德的《书信集》（*Epistles*）和《变形记》（第二组第55，93行），而且精通法律条例，“每一条法令法规他记得清楚”（第一组第327行），这可以比作是乔叟的伦敦同事和律师约翰·高尔，如果他是朝圣者，兴许能冒出一些拉丁语来夸示自己的法律行业，但其实他并非如此。[2]

14世纪最后二十年，乔叟反对神职人员享有特权；他用翻译来对付拉丁语这个基督教权威的强制性外来语的主导地位。当时并非只有乔叟才是如此，罗拉德派（Lollards）的翻译活动也可以看作是当时说民族语言的下层人物质疑他们在罗马教会统治下的殖民地位。正如拉尔夫·汉纳得出的结论那样：“翻译最终涉及控制权的问题，涉及已经得以确立的官方文化行使其对文本的占有权以决定其意义与运用。”[3]罗拉德派反对外国教皇的统治，反对征税让英国人的钱流出去。他们反对外国任命主教，反对主教必须向教皇宣誓。他们反对外国人指摘英国本土神学家，如最著名的约翰·威克里夫。[4]《罗拉德派的十二点结论》（*Twelve*

1 Ruth Mazo Karras, “Sharing Wine, Women, and Song: Masculine Identity Formation in the Medieval European Universities,” in *Becoming Male in the Middle Ages*, ed. Jeffrey Jerome Cohen and Bonnie Wheeler, New York: Garland, 1997, pp. 187–202.

2 《律师的故事》中的律师也与诗人的牛津朋友拉尔夫·斯特罗德（Ralph Strode）相似，参见：Rodney Delasanta, “Chaucer and Strode,” *Chaucer Review*, 26, 1991, pp. 205–218; Joseph Hornsby, “A Sergeant of the Lawe, War and Wyse,” in *Chaucer's Pilgrims: An Historical Guide to the Pilgrims in* The Canterbury Tales, ed. Laura C. Lambdin and Robert T. Lambidin, Westport, Conn.: Greenwood, 1996, pp. 116–134。

3 Ralph Hanna, “The Difficulty of Ricardian Prose Translation: The Case of the Lollards,” *Modern Language Quarterly*, 51, 1990, p. 33. 也可参见《中世纪的批评与异议》（*Criticism and Dissent in the Middle Ages*, ed. Rita Copeland, Cambridge: Cambridge UP, 1996）中其所著章节：“‘Vae Octuplex,’ Lollard Socio-textual Ideology, and Ricardian-Lancastrian Translation,” pp. 244–263。

4 关于罗拉德派对罗马的敌意，参见：E. W. Talbert, “The Lollard Chronicle of the Papacy,” *Journal of English and Germanic Philology*, 41, 1942, pp. 163–193; Anne Hudson, *The Premature Reformation: Wycliffite Texts and Lollard History*, Oxford: Clarendon, 1988, pp. 327–334。

Conclusions of the Lollards, 1395）通过将腐败归咎于罗马的影响开始了他们要求彻底改革的主张："英国教会自从有了大罗马教会这个继母就开始堕落"。[1]

在乔叟写作《坎特伯雷故事》时，14 世纪 90 年代也产生了两部分别翻译的英文《圣经》。现存 230 多份的《威克里夫圣经》（Wycliffite Bible）通常被认为是最高质量的手稿——体积庞大，手写体，包括红色字体，装饰精美奢侈——有可能产生于牛津、伦敦，或者出自一家实力雄厚的私人缮写室。[2] 罗拉德派的翻译工程不是家庭手工作坊式的，而是一项有组织、资金雄厚的事业；看来这与乔叟自己坚持进行的翻译活动越来越紧密相关，他一直致力于将权威的拉丁语文本翻译成民族语言，让本地读者也能轻而易举地阅读。《威克里夫圣经》的前言非常清楚地表达出这种爱国情怀，甚至把比德也纳入这项民族事业之中。

> 比德翻译了《圣经》并用大量撒克逊语来进行解释，而撒克逊语在当时就是这个国家的通用语。然而不仅比德，还有那位创建了牛津的国王阿尔弗雷德（King Alured），他在生命的最后日子里将《诗篇》（Sauter）[3] 的开头部分译为撒克逊语，如果他没死，还会翻译得更多。法国人、波希米亚人和威尔士人也都有用各自的母语翻译的《圣经》和其他祷告和阐释类书籍。为什么英国人就不该拥有他们自己的母语译本呢？[4]

吉尔·黑文斯已把研究重点放在了罗拉德派的翻译活动与本地语的使用、英国民族主义以及摆脱外国统治的基督教信仰者所在的社区的关联上。[5]

---

1 Anne Hudson (ed.), *Selections from English Wycliffite Writings*, Cambridge: Cambridge UP, 1978, p. 24.

2 Ralph Hanna, *Pursuing History: Middle English Manuscripts and Their Texts*, Stanford: Stanford UP, 1996, pp. 58–59.

3 Sauter，或者 psaltere，saltere，是古英语词汇，来自拉丁语 psalterium，即《诗篇》（the Book of Psalms），后来加进了一些其他内容。——译者注

4 同 1，p. 71。

5 Jill C. Havens, "'As Englishe is Comoun Language to Oure Puple': The Lollards and Their Imagined 'English' Community," in *Imagining a Medieval English Nation*, ed. Kathy Lavezzo, Minneapolis: U of Minnesota P, 2004, pp. 96–128.

约翰·威克里夫本人早就通过引用理查德二世的王后、波希米亚的安妮的阅读实践以呼吁民族自豪感和英格兰民族身份感，他说："我们高贵的英格兰王后、皇帝的妹妹获得容许拥有三种语言，即波希米亚语、德语和拉丁语的福音书；如果称她为异端，那就带有路西法的傲慢。"[1]安妮王后不仅仅是瓦茨拉夫四世[2]的妹妹，而且也是神圣罗马帝国皇帝查理四世的女儿。她来到英国不仅带来了她显赫的文化气质，也带来了她的语言才华，这一点深得威克里夫钦佩。[3]在《律师的故事》中，乔叟自己也把具有罗马皇室血脉的康斯坦丝称为"皇帝的女儿"（第二组第655行）——也许明显是作为理查德二世王后的前身——以便修正基督教英格兰民族的血统，从而实际上否认官方的教皇事业之首功，借此改写了比德基础性叙述的定论。

律师对拉丁历史的修正

康斯坦丝被海浪冲到诺森伯兰（第二组第526—527行）时，声称自己什么也记不得了，像她这种文化健忘症在民族身份的创立过程中经常会出现，如19世纪哲学家埃内斯特·伦南所说："民族的精髓是许多由所有个体共享的东西，但同时也是他们往往忘记了的东西！"[4]这种集体健忘症也得到了霍米·巴巴的确认，他在写民族史时把这种集体健忘症看作一个本质特征："正是这种健忘——起源上的消减——才创建了该民族叙事的开端。"[5]饶有讽刺意味的是，对历史记录的健忘在这里可能要归咎于律师；作为法律专家，自威廉一世以来的

1 John Wyclif, *De Triplici Vinculo Amoris*, in *John Wiclif's Polemical Works in Latin*, 2 vols., ed. Rudolf Buddensieg, Oxford: Blackwell, 2006, p. 168. 本文作者自译。

2 指瓦茨拉夫四世（Václav IV或Wenceslas IV, 1361—1419），波希米亚国王（1378—1419年在位），后成为神圣罗马帝国的君主（1378—1400年在位），英王理查德二世的王后是其妹妹。——译者注

3 Alfred Thomas, *Anne's Bohemia Czech Literature and Society, 1310–1420*, Minneapolis: U of Minnesota P, 1998. 该书足以让我们感到王后高贵的背景："此时，'波希米亚'成了时尚的代名词。"(I)

4 Ernest Renan, "What Is a Nation?" (1982), trans. Marin Thom, in *Nation and Narration*, ed. Homi K. Bhabha, London: Routledge,1990, pp. 8–22.

5 Homi K. Bhabha, "Dissemi Nation: Time, Narrative, and the Margins of the Modern Nation," in *Nation and Narration*, p. 310.

每一件法案判例，他都记得很清楚，每一条法令，他也能逐字“背得”（第一组第323—327行）。但律师还是有足够的机会去虚构捏造，因为主张古代习惯法的要求产生了自己的原创性神话，这种原创性神话可能对法律专业人士来说具有很大的价值：“只要法律记忆本质上还是一个时间问题，那么语言就是不成文的东西之典范，因而代表了或象征着事物的本源。”[1] 作为这些逃避和修正的证据，习惯法实施者心照不宣地通过对“宗教学者的司法帝国主义”[2] 视而不见来主张一种法律独立，因此，律师含蓄地支持威克里夫在其作品如《论皇家官职》（*De Officio Regis*）和《论教会》（*De Ecclesia*）中所主张的英国法律的至高无上性。[3]

在著名的比德版传教事业中，当格列高利教皇碰到那些纯真可爱的英国奴隶小男孩们时，还只是一个年轻的牧师，他得知他们的国王名叫“Alla”（阿拉），于是说出那句著名的文字游戏“Allaluia!”（阿拉路亚），期望这些可爱的异教徒皈依真正的信仰。[4] 由于《律师的故事》描写了阿拉国王（A. D. 560—588）是如何在与康斯坦丝的婚礼之前皈依的，这个版本建立了这位罗马贵妇人在执行拯救英格兰异教徒的使命上的优先权，她比奥古斯丁率领的教皇传教团于597年到达之时早了整整一代人的时间。乔叟的故事与传统引用的标准描述有出

1 Peter Goodrich, *Languages of Law: From Logics of Memory to Nomadic Masks*, London: Weidenfeld and Nicolson, 1990, pp. 42, 50; Joseph Hornsby, "A Sergeant of the Lawe, War and Wyse," in *Chaucer's Pilgrims: An Historical Guide to the Pilgrims in* The Canterbury Tales, ed. Laura C. Lambdin and Robert T. Lambidin, Westport, Conn.: Greenwood, 1996, pp. 128–129.

2 James A. Brundage, *Medieval Canon Law*, London: Longman, 1995, p. 72. 该书描述了强大的罗马法律权威。《律师的故事》里对英诺森三世的依赖让人想起了潜隐的罗马圣典学者。参见：Robert E. Lewis, "Glosses to the *Man of Law's Tale* from Pope Innocent III's *De Miseria Humane Conditionis* in the *Man of Law's Prologue* and *Tale*," *PMLA*, 81, 1966, pp. 485–492。

3 参见：Frederic William Maitland, "Wyclif on English and Roman Law," *Law Quarterly Review*, 12, 1898, pp. 76–78; Edith C. Tatnall, "John Wyclif and *Ecclesia Anglicana*," *Journal of Ecclesiastical History*, 20, 1969, pp. 19–43。

4 Bede, *The Ecclesiastical History of the English People*, ed. Bertram Colgrave and R. A. B. Mynors, Oxford: Clarendon, 1969, pp. 131–134. 凯茜·拉维佐（Kathy Lavezzo）所著《世界边缘的天使：地理、文学与英语共同体》（*Angels on the Edge of the World: Geography, Literature, and English Community*）一书，尤其是“另一个国家”（"Another Country"）一章，探讨了这个故事拥有英国民族身份的内在含义。

入，包括同时代人朗格伦的《农夫皮尔斯》中提及的情况——“格列高利派教士前去布道”（B 本第 15 章第 442 行），以及《圣厄肯沃尔德》(*Saint Erkenwald*) 的开头诗行：“圣奥斯汀受教皇之命来到桑威奇”（第 12 行）。[1]

通过对耳熟能详的主流叙事的抑制，《律师的故事》虚幻化英格兰的皈依，使之没有屈服于罗马的权威，也没有被强制性地使用拉丁语。后来，阿拉国王去罗马朝觐来为自己赎罪，他是以著名基督教君主的身份前来，那是对比德的叙述的继续改写。不是未来的教皇格列高利，而是英国国王阿拉被安排来凝视那个在不列颠出生的“漂亮小孩”（第二组第 1018 行）的脸，而这个男孩竟然就是他自己的孩子。随后罗马皇帝重复了这一男性的戏剧性注视（第二组第 1095—1096 行），那使男人喜好男孩的目光自然化而不具有同性恋色彩。罗拉德派作品，如《十二点结论》，越来越多地将教士的禁欲 (clerical celibacy) 与性变态联系起来：“神职要求的节欲法律……必然导致在神圣的教堂中存在鸡奸现象。”[2] 为了避免有人觉得格列高利让俊美的英国男童皈依有强烈情感欲求，[3] 康斯坦丝便具有了宗教劝导者和妻子的双重身份，这意味着她拥有了名副其实的“教士职位”。

“殖民主义并不仅仅满足于强制性统治一个被控制国家的现在和未来，”弗朗茨 · 法农说，“它还转向被压迫人民的过去，对其进行歪曲、诋毁和摧毁。”[4] 乔叟把最重要的开场部分设定在新的时代，并加以改写；在此过程中，他将基督教的胜利组织为一种解放性叙事 (narrative of

---

1 William Langland, Piers Plowman*: A Parallel-Text Edition of the A, B, C and Z Versions*, ed. A. V. C. Schmidt, London: Longman, 1995, p. 598; *The Complete Works of the* Pearl *Poet*, p. 324.

2 Anne Hudson (ed.), *Selections from English Wycliffite Writings*, Cambridge: Cambridge UP, 1978, p. 25.

3 参见：Allen J. Frantzen, *Before the Closet: Same-Sex Love from* Beowulf *to* Angels in America, Chicago: U of Chicago P, 1981, pp. 266–277; Kathy Lavezzo, “Gregory’s Boys: The Homoerotic Production of English Whiteness,” in *Sex and Sexuality in Anglo-Saxon England: Essays in Memory of Daniel Gilmore Calder*, ed. Carol Braun Pasternack and Lisa Weston, Tempe: Arizona Center for Medieval and Renaissance Studies, 2005, pp. 63–92。

4 参见：Frantz Fanon, *The Wretched of the Earth*, trans. Constance Farrington, New York: Grove, 1963, p. 210。

emancipation)，这是一种抵抗行为。[1]除了修正基督教英国的官方起始点外，《律师的故事》甚至发起了更有效的攻击，以打破恪守单一时间线，即直线性时间（linear temporality）观念，它一直困扰着"殖民"和"后殖民"这些概念，因为它们在持续的帝国征服过程中内置了"之前，之中，之后"这些意义。[2]《骑士的故事》在故事开讲前提供了一个原初性时刻；与此不同的是，艾莱斯米尔手抄稿里的第二组（Fragment II）却以新的一天、对春天的重新描绘，甚至是用时钟日历重新计算时间如4月18日上午10：00等方式给人一种完全重新开始的感觉。"我们所见到的是，"V. A. 科尔韦写道，"仿佛《坎特伯雷故事》有一个新的开头。"[3]这种重新开头会破坏因与果的线性关系，因为这种多样性、重叠性和异质性让人困惑不解。这种混乱因一个明显的年代错误而加强，这个年代错误是把先知穆罕默德（死于632年）建立的伊斯兰教同阿拉国王（560—588年）的统治和莫里修斯（582—602年）[4]的帝王之业全放在同一个时间框架之中。[5]正是通过这种在起源的关键点上打乱官方叙述和领先于比德的基础性叙述，《律师的故事》把霍米·巴巴所谓的"具有微分性甚至析取性的历史和文化时刻"当作广泛分散的突发事件来布局，这就可以让读者充分发挥想象力，既可以想象是现在发生的，也可以出于民族主义的愿望想象成

1 Jeffrey Jerome Cohen, "Introduction," *The Postcolonial Middle Ages*, ed. Jeffrey Jerome Cohen, New York: St. Martin's, 2000, p. 7; Lee Patterson, *Temporal Circumstances: Form and History in the* Canterbury Tales, New York: Palgrave Macmillan, 2006. 帕特森在书中评价了利奥塔（Lyotard）对宏大叙事（grand récit）的"解放性叙事"的批评。

2 Anne McClintock, "The Angel of Progress: Pitfalls of the Term 'Post-Colonialism,'" *Social Text*, 31–32, 1992, p. 85.

3 V. A. Kolve, *Chaucer and the Imagery of Narrative: The First Five* Canterbury Tales, Stanford: Stanford UP, 1984. 作者在第292页评论说，早期的乔叟学者中有一场大讨论被人们遗忘了，即《律师的故事》是否是整个作品最原始的开头，或者说是第一天稍后的一个新的开始，或者说是第二天的崭新开始；比如可参见：C. Brown, "The Man of Law's Head-link and the Prologue of the *Canterbury Tales*," *Studies in Philology*, 34, 1937, pp. 8–35; "Author's Revisions in the *Canterbury Tales*," *PMLA*, 57, 1942, pp. 29–50。戴维·雷宾（David Raybin）在下文中详细考察了这些时间处理方式是如何产生历史错置感的："Custance and History: Women as Outsider in Chaucer's *Man of Law's Tale*," *Studies in the Age of Chaucer*, 12, 1960, pp. 65–84。

4 莫里修斯（Flavius Mauricius Tiberius Augustus）为东罗马帝国皇帝。——译者注

5 年代错误第一次被注意到是在斯基特（Skeat）编辑的书中：Walter W. Skeat (ed.), *Complete Works of Geoffrey Chaucer*, 6 vols., Oxford: Clarendon, 1894, vol. 5, p. 147。

是将来发生的。[1]

约翰·福蒂斯丘爵士曾特别提到，阅读历史主要是研究律师；[2]因此，律师成了记录6世纪康斯坦丝旅行的最理想的叙事者。乔叟的故事来源多样，已经对拉丁语史学提出了挑战，那首先体现在尼古拉斯·特勒韦（Nicholas Trevet）的法语版《编年史》（*Chroniques*，约1334）里，还有约翰·高尔的英语诗作《情人的自白》。[3]在他的《引子》里，律师把乔叟本人说成是与他志趣相投的诗人，用本国语写诗——“然而很多人知道，就凭着往时/他那种英语，讲述了很多故事”（第二组第49—50行）；他还说乔叟也是一名作家，专写来自拉丁传统的古典故事，如赛伊和奥申的故事，以及《贞女传奇》，后者有卢克丽丝、提斯柏、狄多等古典女主人公（第二组第55—64行）。不过，与这些异教徒女主人公不同的是，真正的拉丁作品中未见有康斯坦丝这一人物。当她出现在英语民族的舞台上时，唯独她这个人物是用本土英语来刻画的。

《律师的故事》中的语言处理也是值得注意的。在高尔笔下，康斯坦丝到达诺森伯兰时，没有提及她有丝毫的语言障碍；特勒韦的声明值得注意，他说国王的女儿受过全方位的教育，能“说好几种语言”，所以她的撒克逊语已经说得很流利了，就连阿拉国王也猜她一定是日耳曼人、瑞典人、丹麦人，甚至还猜她是撒克逊人。[4]但在乔叟笔下，康斯坦丝的船到达时，她遭到巡吏的盘问，语言问题被提及，但只是一笔带过，并非真的问题：

> 她讲一种并不纯粹的拉丁语，
> 不过总算还能让人家听明白。

（第二组第519—520行）

1 Homi K. Bhabha, “Postcolonial Criticism,” in *Redrawing the Boundaries: The Transformation of English and American Literary Studies*, ed. Stephen Greenblatt and Giles Ginn, New York: Modern Language Association of America, 1992, pp. 441–442.

2 Sir John Fortescue, *De Laudibus Legum Anglie*, ed. and trans. S. B. Chrimes, Cambridge: Cambridge UP, 1942, p. 119.

3 Andrew Galloway, “Latin England,” in *Imagining a Medieval English Nation*, ed. Lavezzo, pp. 41–95. 盖洛维在文中讨论了僧侣历史学家如雷纳夫·希格登（Ranulph Higden）和托马斯·沃尔辛厄姆（Thomas Walsingham）对英国民族认同的持续性贡献。

4 Margaret Schlauch, “The Man of Law’s Tale,” in *Sources and Analogues of Chaucer’s* Canterbury Tales, ed. W. F. Bryan and Germaine Dempster, Chicago: University Press, 1941, p. 168: “E ele lui respoundi en Sessoneys, qe fu la langage Elda, come cele questoir apprise en diuerses laungages.”（由于受过多种语言教育，她用撒克逊语回答，那是阿拉国王的语言。）

尽管她说的这种混杂式拉丁语在欧洲大部分地区都是作为通用语来使用，[1] 但诗人乔叟并没有记录下这种混杂语，而且她很快就讲英语，好像她与人们融洽相处，使她已经能像英国本土人那样尽情地用英语表达。

在接下来皈依基督教过程中，康斯坦丝提出的真信仰并没有把拉丁语硬塞给刚刚改变信仰的英国人。那些旧有的不列吞人[2] 早已悄悄地信奉基督教，大概使用的是他们自己的语言，这甚至比高尔提及的宗教存在还要早，但召唤的并不是那个比德不停引用的凯尔特异教的幽灵。后来，当杀害赫曼吉的凶手被迫手按《圣经》发誓时，高尔版本只是说手按"一本书"，而乔叟说得非常具体，不是拉丁语版《圣经》，而是威尔士语版《圣经》——"不列吞语的《福音书》即刻取来"（第二组第 666 行）——这部《圣经》突然像是《威克里夫圣经》的前言中引用过的威尔士语译本。阿拉国王虽然改信基督教，但并没有强迫其人民接受占统治地位的拉丁语，正如他在政治上没有强迫他的国家并入罗马化欧洲一样。

尽管是国王的女儿，但康斯坦丝追求基督教事业并没有借助任何帝国的力量或基督教会组织的帮助。她也没推行仅由男性组成的教士队伍用拉丁语主持的礼拜和圣餐仪式。[3] 而最初陪伴康斯坦丝的罗马主教早在叙利亚时就遭到了杀害。正如神的奇迹帮助大众改变了信仰，耶稣直接插手了这场皇家婚姻，婚礼过程没有举行任何有祭司的宗教仪式：

> 后来，耶稣又显示他的仁慈，
> 使阿拉娶了这位圣洁的女子——
> 婚礼隆重盛大，凭基督的福佑，
> 姣好的康斯坦丝又成了王后。
>
> （第二组第 690—693 行）

1 William Rothwell, "The Trilingual England of Geoffrey Chaucer," *Studies in the Age of Chaucer*, 16, 1994, pp. 53–54; John Burrow, "A Maner Latyn Corrupt," *Medium Ævum*, 30, 1961, pp. 33–37.

2 不列吞人（Britons）是盎格鲁-撒克逊人迁移来之前不列颠的原住民，属凯尔特人。——译者注

3 在约翰·高尔的《情人的自白》（见 *The Complete Works of John Gower*, ed. G. C. Macaulay, 4 vols., Oxford: Clarendon, 1899–1902, I, p. 154）中，"一个来自威尔士的主教"（l. 904）给阿拉和康斯坦丝主持了婚礼；主教再次出现，给他们的儿子洗礼（I, p. 155, ll. 936–937）。

由于康斯坦丝从未承担像圣塞西莉亚（Saint Cecilia）一样的布道者角色，也没有像巴思妇人那样提议用英语版《圣经》，所以她没有具威胁性地以罗拉德派女神学家先驱者的身份出现。[1] 在这场信仰改变过程中，康斯坦丝只起到催化剂而非活跃的实施者的作用，她向英国人传递的是一种宗教礼物，一种可以避免经济腐败和行政腐败的礼物，这些腐败行为为早在 8 世纪就已经伪造出来的君士坦丁赠礼所支撑。

罗马地理学在欧洲大陆之外的地方也开始被去中心化，先是在叙利亚，接着是在诺森伯兰。然而，阿拉国王的国内这种坚定的英国气息没有使这片国土成为偏远之地，也没有使其臣民被视为低等的、近似于人类的、语言难懂的土著人而可以让人理所当然地掠夺他们的土地。[2] 当地最原始的居民是不列吞人，他们是最虔诚的基督徒；在这个偏僻的岛上，只有一个例外，那就是多纳吉在那封满是谎言的信中所说康斯坦丝生下的那个“妖魔一样的可怕的怪物”（第二组第 751 行）。英语变成了一种甚至无法表达此般邪恶意图和行为的语言：

你这多纳吉，英语中没有字眼
可用来形容你的凶狠与恶毒！

（第二组第 778—779 行）[3]

尽管康斯坦丝的父亲在特勒韦的《编年史》和高尔的《情人的自白》

---

1 关于乔叟的两个女传道者，参见：Alcuin Blamires, “The Wife of Bath and Lollardy,” *Medium Ævum*, 58, 1989, pp. 224–242; Lynn Staley Johnson, “Chaucer’s Tale of the Second Nun and the Strategies of Dissent,” *Studies in Philology*, 89, 1992, pp. 314–333。

2 Jeffrey Jerome Cohen, “Hybrids, Monsters, Borderlands: The Bodies of Gerald of Wales,” in *The Postcolonial Middle Ages*, ed. Jeffrey Jerome Cohen, New York: St. Martin’s, 2000, pp. 87, 95. Kathy Lavezzo, “Beyond Rome: Mapping Gender and Justice in *The Man of Law’s Tale*,” *Studies in the Age of Chaucer*, 24, 2002, pp. 149–180. 后文中，作者全面涵盖了关于不列颠的地理边界的问题，她还预先考虑到了笔者的观点，即“乔叟的律师自相矛盾地设想英国获得神法这样的礼物，而无须向罗马负责”，并提供了一个“修订版的盎格鲁-撒克逊演变史”（第 161—162 页）。

3 英语的不充足性变成了《圣经》翻译争论中的常规话题，参见：Anne Hudson, “Lollardy: The English Heresy?” 1982, reprinted in her *Lollards and Their Books*, London: Hambledon, 1985, pp. 153–154。关于这次发生于约 1400 年的争论的范围，参见：Kantik Ghosh, *The Wycliffite Heresy: Authority and the Interpretation of Texts*, Cambridge: Cambridge UP, 2002, pp. 86–111。

中都有名有姓，叫提比利乌斯·康斯坦丁（Tiberius Constantine），但在乔叟书中，他却被设置成无名人士，从而导致其皇室血统失去了加强统治的权威性。还有一个变化值得注意，那就是乔叟把皇室血脉设定为来自罗马，而特勒韦从一开始就把它描写成来自拜占庭。[1]君士坦丁堡继续扮演着大城市的角色，这个城市正好是乔叟的同事约翰·克兰沃爵士（Sir John Clanvowe）和朋友威廉·内维尔爵士（Sir William Neville）1391年去世的城市。[2]既然在乔叟生前最后几年，英国宫廷正准备接待拜占庭皇帝曼努埃尔二世帕里奥洛格斯（Manuel II Paleologus），那么罗马皇帝和希腊皇帝之间的区别就很好理解了。[3]显然，乔叟是想让他的女主人公通过她的罗马血统来代表罗马基督教王国。[4]

这些虽然有些零碎但极其重要，因为律师作为一位职业人士在产权案中就是辩护人，这就必然涉及要充分而正确地追溯祖先以确定后代的法定继承权。[5]在乔叟版的英国历史中，宗法继承进一步失效，那体现在康斯坦丝的儿子未能从其父亲阿拉国王处获得继承权。由于名字及其所处的年代皆可确定，莫里斯被重新纳入教皇封列的罗马继承人的序列中，罗马历史中也可以找到他确切的位置，但乔叟就是故意不提。

那孩子莫里斯受了教皇之封，

---

1 帕特里夏·J. 埃贝特勒兹（Patricia J. Ebetlez）在《河边版乔叟》第857页的解释性注释表明，在乔叟版本中地理和政治发生了重要的变化，即坚持罗马的帝国位置。参见：Margaret Schlauch, “The Man of Law's Tale, ” in *Sources and Analogues of Chaucer's* Canterbury Tales, ed. W. F. Bryan and Germaine Dempster, London: Routledge and Kegan Paul,1941, p. 165。文中特勒韦把康斯坦丝的父亲介绍成拜占庭皇帝提比利乌斯（Tiberius Constantius，582年去世）。

2 参见：Siegrid Düll, Anthony Luttrell, and Maurice Keen, “Faithful Unto Death: The Tomb Slab of Sir William Neville and Sir John Clanvowe, Constantinople 1391,” *Antiquaries Journal*, 71, 1991, pp. 174–190。

3 参见：Donald M. Nicol, “A Byzantine Emperor in England: Manuel II's Visit to London in 1400–1401,” *University of Birmingham Historical Journal*, 12, 1970, pp. 204–225; David R. Carlson, “Greeks in England, 1400,” in *Interstices: Studies in Late Middle English and Anglo-Latin Texts in Honour of A. G. Rigg*, ed. Richard Firth Green and Linne R. Mooney, Toronto: U of Toronto P, 2004, pp. 74–98。

4 这些变化的背后的某个地方潜伏着这么一个事实，即英国支持罗马教皇是为对付法国。参见：Margaret Harvey, *Solutions to the Schism: A Study of Some English Attitudes, 1378 to 1409*, St. Ottilien: EOS Verlag, 1983。

5 参见：Paul Brand, *The Origin of the English Legal Professions*, Oxford: Blackwell, 1992, pp. 38–39。

后来做了皇帝，是个好基督徒，
对基督教的教会立下过大功；
但他的故事我这里不想细述，
因为我讲的以康斯坦丝为主。
在古罗马史中，人们可以找到，
莫里斯生平事迹，但我没记牢。

（第二组第 1121—1127 行）

莫里斯是阿拉国王的唯一继承人，但从未坚称自己对诺森伯兰王国具有世袭统治权，更为重要的是，他并没有设法扩大罗马基督教对英国的影响。

随着丈夫的死亡，康斯坦丝的王室职责也结束了，她不再担任王后，不再去监督王国及其宗教的任何殖民地式管理。由于她又不是长期占据外国的先锋，她就只好哪里来哪里去："这位圣洁的人儿回到了罗马"（第二组第 1149 行）。正如她的海上航行类似贸易之旅，商业力量在统一欧洲方面比帝国力量更为有效，那一批商人在安排康斯坦丝的第一次婚姻上所充当的中间人角色表明了这一点。《律师的故事》中的这些商人隐隐让人想起了奴隶贩子，他们让格列高利灵光一闪，第一次想去教化英格兰异教徒。正如凯瑟琳·戴维斯对康斯坦丝的第二次婚姻做出的评价那样："一切都表明这种血亲关系的成功和合法性，也确定了欧洲——现在英国也纳入其中——这个适合基督教传播与交流的地方的范围。"[1]然而这个重要的早期英格兰王国，一方面坚决保持英国的独立——根据乔叟的描述——不受任何外国军事、政治或语言的统治，另一方面又想方设法成为基督教国家。

拉丁帝国的回击

本尼迪克特·安德森特别提到，要想一个国家摆脱帝国的统治，最基本的要求就是普及本国语言，而不是什么拉丁语这种所谓"真理语

1 Kathleen Davis, "Time Behind the Veil: The Media, the Middle Ages, and Orientalism Now," in *The Postcolonial Middle Ages*, ed. Jeffrey Jerome Cohen, New York: St. Matin's, 2000, p. 117.

言”。[1] 早在 1388 年——这正好是我们认为乔叟开始撰写《坎特伯雷故事》的时间，教皇帝国就发起了一场运动来加以回击，禁止用英语翻译《圣经》这种可用逐出教会来进行惩罚的异端行为。阿伦德尔（Arundel）大主教利用自己的权威身份“全英首席主教和罗马教廷使节”制定了《章程》（Constitutions）（确切地说是 1409 年制定的）。安妮·赫德森对其中的第七条进行精研细读，清楚地揭示了其对《圣经》翻译的禁令程度——“把从拉丁语书中获得的意思用英语表达出来的行为事实上就证明是异端”——这种反对危险的英语书的运动往前二十年达到了高潮。[2]

乔叟在《论星盘》（第 56—57 行）中为理查德二世时期对英语的使用进行了辩护，说国王“是这种语言之主”，这表明在 14 世纪 90 年代初期，官方也隐隐约约有反对用本土语撰写这类论文的声音。在《贞女传奇》的引子中，乔叟对这种压制运动进行了戏剧化设置，他把自己设想成一个被指控为“异教徒”的英语作家（F 本第 330 行）。他因为撰写了英文本《玫瑰传奇》和《特洛伊罗斯》而应受到犯有异端行为的指控，这可能是另一个来自诗人的罗拉德式玩笑，因为这些作品以其本土语即法语和意大利语早已存在了；另一方面，阿尔赛丝王后，即安妮王后投射到作品中的文学形象，认为他翻译具有“神圣性”（F 本第 424 行）的拉丁语作品完全没有问题，可以免责，这些作品包括波伊提乌、圣塞西莉亚传说和关于抹大拉的马利亚的拉丁语训诫。[3] 这些文本都是由他的罗拉德派同时代人译成英语，那实际上冒着被教会调查和报复的危险。

作为对比德的权威拉丁语写作的抵制，乔叟对不列颠基督教起源的

1 Benedict Anderson, *Imagined Communities: Reflections on the Origin and Spread of Nationalism*, rev. ed., London: Verso, 1991, p. 36.

2 Anne Hudson, “Lollardy: The English Heresy?” 1982, reprinted in her *Lollards and Their Books*, London: Hambledon, 1985, pp. 149–151. 关于早期的颠覆性英语小册子的最强有力的主张来自：Steven Justice, *Writing and Rebellion: England in 1381*, Berkeley and Los Angeles: U of California P, 1994, esp. pp. 67–101。关于其长期的影响，参见：Nicholas Watson, “Censorship and Cultural Change in Late Medieval England: Vernacular Theology, the Oxford Translation Debate, and Arundel’s Constitutions of 1409,” *Speculum*, 70, 1995, pp. 822–864。

3 参见：Paul Strohm, “Chaucer’s Lollard Joke：History and the Textual Unconscious,” *Studies in the Age of Chaucer*, 17, 1995, pp. 23–42; Fiona Somerset, “Here, There, and Everywhere? Wycliffite Conceptions of the Eucharist and Chaucer’s ‘Other’ Lollard Joke,” in *Lollards and Their Influence in Late Medieval England*, ed. Fiona Somerset, Jill C. Havens, and Derrick G. Pitard, Woodbridge: Boydell, 2003, pp. 127–138。

改写直接引发了诗人对异端行为最直截了当的批评。在《律师的故事》的尾声中，旅店老板认为堂区长就是一个“罗拉德”（第二组第1177行），要在真正的信徒中散播异教思想。[1] 船长替换了堂区长接着讲故事，而具有讽刺意味的是，船长更加激烈地鼓吹使用本地语，同时拒绝谈论那些按传统属于使用拉丁语的人讨论的话题——包括法律在内：

> 但是我的故事里没什么哲理，
> 也没有高深古怪的法律名词——
> 我的肚子里没有什么拉丁字。
>
> （第二组第1188—1190行）

这种替换堂区长的行为颠覆了语言意识形态，他声称自己没有拉丁语素养的正统长处才反对牧师用拉丁语进行“说教”和讲解“福音”（第二组第1176，1180行）。

乔叟决定完全用英语创作自己的诗歌和散文，尽管这个决定在文学史上是一件老生常谈的事，但如果对他的作品采取后殖民方法去阐释，那就意味着要越过这些长期以来已被接受的标准观点，这样才能在他描述的民族史中探测出重要的中断（interruptions），探索其间的断裂（gaps）——通过这些断裂文本产生出那些最为不敬的批评，这种不敬来自那些出身于底层的人物之不满，而且经常出现在最具特色的乔叟式讥讽挖苦之中，甚至在他那些风格高雅的宗教叙述中也是如此。他在其英语梦幻诗中嘲讽式地采用法语文学手法的同时，还从事翻译拉丁文本的活动，因此这可以用安妮·米德尔顿所说的话来准确理解，即在“对权威进行本土语言化的转换”的后殖民事业中“对经典化书面文体和形式的战略性改造”。

1 参见：Susan Schilbanoff, “Worlds Apart: Orientalism, Antifeminism, and Heresy in Chaucer’s *Man of Law’s Tale*,” *Exemplaria*, 8, 1996, pp. 59–96。关于堂区长的正教问题，参见：Katherine Little, “Chaucer’s Parson and the Specter of Wycliffism,” *Studies in the Age of Chaucer*, 23, 2001, pp. 225–253。《律师的故事》的结尾连接部分没有在艾莱斯米尔手抄稿中保存下来，这证明乔叟将这一插曲删除了，而且反拉丁语的朝圣者在后来的书稿中以各种身份出现，如船长、差役和扈从。参见：John M. Bowers, “Chaucer’s *Canterbury Tales* – Politically Corrected,” in *Rewriting Chaucer: Culture, Authority, and the Idea of the Authentic Text, 1400–1602*, ed. Thomas A. Prendergast and Barbara Kline, Columbus: Ohio State UP, 1999, pp. 19–24。

编后记

约翰·M. 鲍尔斯(John M. Bowers),美国内华达大学英文系教授。在近年的乔叟学者中,他是比较突出地使用后殖民理论研究乔叟并发表了一些很独到的见解的学者之一;其代表著作有《〈坎特伯雷故事〉:15世纪的延续与版本》(The Canterbury Tales*: Fifteenth-Century Continuations and Editions*, 1992)、《乔叟与朗格伦:敌对传统》(*Chaucer and Langland: The Antagonistic Tradition*, 2007)等;他现正在撰写运用后殖民理论研究乔叟的专著《帝国之乔叟》(*Imperial Chaucer*)。《殖民主义、拉丁语之推行和抗拒性》("Colonialism, Latinity, and Resistance")是运用后殖民理论研究乔叟的成功之作。本文译自:Susanna Fein and David Raybin (eds.), *Chaucer: Contemporary Approaches*, University Park: Pennsylvania State UP, 2009, pp. 116–131。

梦幻诗歌[1]

作者 ［英国］A. C. 斯皮林

译者 谢冬文

我从未在《乔叟评论》（*The Chaucer Review*）上发表过什么，也未曾认真考虑过去那里发表，然而2006年在卡拉马祖举办了由《乔叟评论》资助的名为“乔叟研究的主要议题：体裁和主题”的研讨会，戴维和苏珊娜邀请我在会上谈谈“梦幻之境”（Dream Vision），我真是受宠若惊。我想他们邀请我，是因为三十年前我出版的那本名为《中世纪梦幻诗》的书。[2]我在卡拉马祖宣读的那篇文章，以及扩充之后形成的本篇论文，所探讨的难免不全。首先，我要研究一下近年来乔叟梦幻诗篇的诠释方向；在文末，我要谈谈上世纪大多数乔叟批评文献中都有的一种假设，这种假设特别影响到梦幻诗歌的解读方式，在此建议将其摒弃。在论文的中心部分，我会增加一些关于梦幻诗［以及其他由人物叙述的文本（homodiegetic texts）］的一个特征的新想法，我相信这一特征还没有引起足够重视，也没有得到应有的评价。

乔叟的学识

首先，我认为，近来和当下有关梦幻诗篇的研究，以及通常对乔叟作

1 我非常感谢凯瑟琳·麦金利（Kathryn McKinley）对当时那篇文章的宝贵评价，本论文就是基于那篇文章拓展而来。

2 A. C. Spearing, *Medieval Dream-Poetry*, Cambridge: Cambridge UP, 1976.

品的探讨，大多数似乎都高估了乔叟的学识，特别是高估了当时乔叟受众的知识水平。之所以如此，部分原因是现代研究乔叟的条件被学者们无意识地投射回到14世纪。我们有太多印刷版或电子版的古典和中世纪文本，注解甚是完备，且往往译成了现代英语；如果怀疑哪个是引文或是用典，一查便知。然而，乔叟和他当时的读者们的境况则全然不同：诚然他们的记忆力训练更有素，比我们更强，可是以我们的标准看，他们手头的文本却少得可怜。尤其是就我所知，14世纪后期的英国除了乔叟，没有任何证据证明其他任何人曾接触过意大利语诗歌手抄稿；既然没有证据，我认为我们应该慎重：当乔叟将但丁或者薄伽丘作品中的段落改编用于《声誉之宫》、《百鸟议会》以及《贞女传奇》的“引子”，我们不宜轻易假定他希望他当时的读者或听众能够辨识之，遑论知道它们出自什么语境，并注意到有何重要改动或省略。在我看来，现代学者的学识和乔叟时代的受众的知识，甚或是乔叟本人有可能所学之间有一鸿沟，且这一鸿沟不断在扩大。许多研究梦幻诗篇的学者非常博学，相形之下，乔叟及其受众的知识委实过于贫乏。其受众的意大利语知识当然更为贫乏，甚至是中世纪学界广泛研究的拉丁文作品，如维吉尔、奥维德和波伊提乌的著作以及他们所传承的神话，乔叟的受众也知之甚少。

且以《声誉之宫》中乔叟对古典神话的处理方式为例。如同一部流行的中古英语浪漫传奇，这部诗作是写给“每一位 / 懂得英语的人”（第509—510行）；[1]果然，除了少数几个短小段落（第143—148，518—528，尤其是1091—1109行）外，这部诗作在风格和韵律上对浪漫传奇颇有借鉴。[2]乔叟说是写给每一位能懂英语的人，而我们则不能信以为真；他注解古典神话颇为费心，可见其心中确实没有博学的受众。乔叟解释了忘川：“忘川，/ 本是地狱里的苦水河，/ 附近与黑民族西莫列人为邻”（第71—73行）。乔叟指出了“伏尔堪 / 是棕色的脸容”（第138—

1 本文中对乔叟诗作（《坎特伯雷故事》除外）引文的译文出自：《乔叟文集》，方重译，上海：上海译文出版社，1979年。下面不再加注，引文行码按原文随文夹注。——译者注

2 若想详知中古英语浪漫传奇对乔叟文体风格的影响，请参见：D. S. Brewer, “The Relationship of Chaucer to the English and European Traditions,” in *Chaucer and Chaucerians: Critical Studies in Middle English Literature*, ed. D. S. Brewer, Tuscaloosa: U of Alabama P, 1966, pp. 1-38; P. M. Kean, *Chaucer and the Making of English Peotry*, 2 vols., London: Routlege, 1972; A. C. Spearing, *Medieaval to Renaissance in English Poetry*, Cambridge: Cambridge UP, 1985。

139 行)。乔叟写了"心肠狠毒的裘诺 / 即天帝求必妥 (Jupiter) 的妻后"(第 198—199 行)——其实根本不需要这样解释裘诺 (Juno)。乔叟定义了伊渥洛斯 (Aeolus) 为"风神伊渥洛斯"(203);乔叟解释了甘尼米德 (Ganymede)"生就凡人之身, / 是求必妥背他上天, / 当了诸神的膳司"(第 590—592 行);乔叟还交代了神话故事中的"雷神, / 人们称他求必妥"(第 608—609 行) 和马尔斯 (Mars),"就是战神"(第 1447 行)。对此类基本知识的解释暗示出,诗人无法确定当时的受众是否知道求必妥、裘诺、马尔斯等是何方神灵。[1]

乔叟创作诗篇之时将自己置于当时受众的理解能力之内,关于这一点,我无须争论;但如果这一假定用于现代作家詹姆斯·乔伊斯或者 T. S. 艾略特,我们完全有理由一口否决。当然,随着时间的推移,14 世纪后期乔叟受众的受教育程度应该是越来越好,其中可能就有乔叟的教育之功,因为相较《声誉之宫》而言,在《贞女传奇》的"引子"里,这种解释性文字大为减少。再者,乔叟的全部四部梦幻诗篇表现出古老异教传统中的人文主义精神,而且在所有这四部诗篇中,我们看到乔叟涉足基督教世界和异教世界的共通之处——这一区域在乔叟的心爱书籍之一、波伊提乌的《哲学的慰藉》里已经标示出来。[2] 我仍然认为关于一个学识有限的受众之假设比依赖"反讽"的另外一种选择更值得相信,特别是当反讽以头脑简单的"叙事者"为代价时,尽管现在这一选择已经几乎成为使乔叟作品易于进行学术阐释的一种理所当然的方式。

《声誉之宫》里那些解释中最透彻的一段也体现出乔叟学识的局限性。这是一个非常著名的段落:

马西亚竟然剥去了

1 我认为克里斯托弗·巴斯维尔 (Christopher Baswell) 在其下面著作中忽略了这些方面: *Virgil in Medieval England: Figuring the "Aeneid" from the Twelfth Century to Chaucer*, Cambridge: Cambridge UP, 1995, pp. 220–248。巴斯维尔从博德利 (Bodley) 和费尔法克斯 (Fairfax) 手稿的拉丁文注释中发现的所谓"根本的手稿学颠覆"(radical codicological subversion)(第 247 页) 反映并证实了他在诗篇中发现的所谓"学识",那些拉丁文注释出现之久,可追溯至诗篇创作和作者去世之时。

2 早在《公爵夫人书》中,乔叟就关注到了基督教与异教的相同之处,不过忽略了基尤克斯和阿尔古容妮的故事的变形,所以结局只是忧伤和死亡。他的读者不知道他诗行"我现在不会告诉你"(第 216 行) 中省略了什么,只知道故事有所删节。许多现代的解读重新将超自然的慰藉加入了诗篇,而事实上乔叟曾经是一意地将其排除在外。

脸上、颈上以及身上的皮，
就为了
同阿波罗比笛。

（第1229—1232行）

这些诗行恰恰表明乔叟并没有接触过马西亚斯（Marsyas）故事的正版，他是受但丁笔下的意大利语名字所误导，还可能受让·德·莫恩的《玫瑰传奇》里对其解读之错误影响，竟然错以为这位剥皮的神灵（flayed satyr）是女性。后来是阿尔弗雷德·戴维指出这一误解可能源自法文；他还注意到乔叟似乎更习惯于仰仗法语文本。“经常，”戴维是这样写的，“即使当乔叟声称是在直接借用一位著名的拉丁作家时，几乎所有的东西也都能追溯到《玫瑰传奇》或其他法语中介。如同在乔叟作品中有如此多的情况那样，我们在罗马诗人、薄伽丘或但丁，更不用说那些神秘的中世纪拉丁作品那里搜寻之前，应该先问一问：‘那是否是在《玫瑰传奇》里？’”[1] 我至今仍然认为这个建议很好，只可惜重视之人寥寥。

法语源材料

于是有了我的第二个观点，即，对于梦幻诗篇的研究，我们还没有穷究法语源材料，毕竟乔叟阅读过的法语作品远多于英语、意大利语甚或是拉丁语作品。我发现A. J. 明尼斯是迄今为止研究乔叟梦幻诗篇最彻底、最博学、最有思想的学者，而他也持类似观点。他认为：“曾几何时，大家纷纷强调意大利语对乔叟的影响，最近有一些乔叟研究转而评价法语传统，包括古法语宫廷诗歌对他的影响。”[2] 应该说梦幻诗篇一个非常重要的语境是盎格鲁-法兰西宫廷文化；具有悖论意义的是，这一文化竟然在百年战争时期特别繁荣。巴里·温迪厄特非常有心，曾将著名的（主要是法

---

1 Alfred David, “How Marcia Lost Her Skin: A Note on Chaucer’s Mythology,” in *The Learned and the Lewed: Studies in Chaucer and Medieval Literature*, ed. Larry D. Benson, Cambridge: Harvard UP, 1974, p. 26.

2 Alastair J. Minnis, “Chaucer’s Shorter Poems: Social and Cultural Contexts,” in *Oxford Guides to Chaucer: The Shorter Poems*, ed. A. J. Minnis, with V. J. Scattergood and J. J. Smith, Oxford: Oxford UP, 1995, p. 16.

语）源材料的英文翻译本汇编到一起，[1] 但我们不应假定源材料仅只这些。

这里试以《贞女传奇》的“引子”中一个段落为例，在此处乔叟祈求那些能以自己的恋爱经验写诗的情人们予以帮助，那些“能写情诗的情人”（F 本第 69 行）[2]。他承认，他们早在他之前就已经收获了诗歌：

> 我来迟了一步，拾着落穗，东一把，西一捆，
> 有时偶然在他们的余堆里检出一束佳句就非常得意。
>
> （F 本第 75—77 行）

溯源追远，收割、拾穗意象的真正出处是《路得记》（the Book of Ruth）；埃伦・马丁写过一篇重要但往往被忽略的文章，研究过对该用典的一些评价，探讨过其话外之音。[3] 不过有一个可能更直接的出处我想到目前为止还未曾被学界发现，那就是 13 世纪的一首法语诗歌，于翁・德・梅里的《反基督之比武》（*Tornoiemenz Antecrist*）。诗歌的结尾是这样的：

> 收获者手过之处，
> 若还发现有任何的谷粒，
> 我会非常开心地将其拾起。[4]

在这些诗行的前面，作者提及了自己的诗歌前辈：克雷蒂安・德・特鲁瓦和拉乌尔・德・乌登克（Raoul de Houdenc）。于翁的这首诗存有英语手稿，据说它很可能是《农夫皮尔斯》的源头，[5] 因此，乔叟很可能读过。

---

1 Barry A. Windeatt (ed. and trans.), *Chaucer's Dream Poetry: Sources and Analogues*, Cambridge: D. S. Brewer, 1982.

2 这一行（lovers that kan make of sentiment）方译本中没有译文，由本文译者译。——译者注

3 Ellen E. Martin, “Chaucer's Ruth: An Exegetical Poetic in the Prologue to the *Legend of Good Women*,” *Exemplaria*, 3, 1991, pp. 201–224.

4 Huon de Méri, *“Le Torneiment Anticrist”: A Critical Edition*, ed. Margaret O. Bender, University, Miss: Romance Monographs, 1976, p. 150, ll. 3542–3544.（引文译自本文作者提供的英文译文。——译者注）

5 John Burrow, *Langland's Fictions*, Oxford: Clarendon, 1993, p. 70, note 31. 伯罗注意到托马斯・沃顿（Thomas Warton）早就认为朗格伦曾经使用过《反基督之比武》。英语手稿为 BL Harley 4417 和 Bodl. Douce 308。

当然，在此并非猜测乔叟曾引用过《反基督之比武》并且期待读者能够辨识，我只想说在阅读法语诗歌的过程中，乔叟可能恰巧读到过将诗人比作拾穗之人的诗作，然后自己拾起来了——话又说回来，这一意象也可能别有所出。虽然我对这一可能出处的发现（如果真是如此的话）纯因巧合，不过我建议好好研究一番 13 世纪和 14 世纪的法语诗篇，可能真会拾到更多写入他梦幻诗篇的谷穗，毕竟那是乔叟年轻时，也许也是他在后来的年月里主要的消遣读物。

幻境抑或梦境

《贞女传奇》的“引子”在乔叟的梦幻诗篇中最具想象力，其中奇幻般的章句，就在上文探讨过的段落数行之后，有的颂扬雏菊，也有的彰显缪斯般的人物，她可以随心所欲地从乔叟的心灵召唤出自己喜爱的乐章。这些诗行引自薄伽丘的《菲拉斯特拉托》，不过在《特洛伊罗斯与克瑞西达》中并未借鉴。（乔叟是否想过自己的读者可能知道这一用典的出处？当然没有——再说了，他在作品中从未提及薄伽丘。）虽然为卡拉马祖会议而写的文章题为“梦幻之境”，[1] 但乔叟的四部这类诗篇更像是梦境而非幻境。许多研究者却持不同观点，比如凯瑟琳·林奇将这些诗篇置于“精神之旅”这一传统的语境中进行解读，也就是说，把它们视为“‘哲学幻境诗’（philosophical visions），主要致力于探寻和定义人与神学真谛的关联，绘制今生通往来世之路，进而通过表现梦想者 / 叙事者在精神指引下一步步强化其心灵、抖擞其精神的体验来证实这一道路的可行性”。[2] 林奇对此前一些将乔叟的梦幻诗作为精神或哲学之旅的解读不甚满意的原因是，她认为这些人在技术层面上或多或少地低估了乔叟对他那个时代的哲学辩论的兴趣，而她就是要弥补这一缺憾。有些学者也尝试过将乔叟梦幻诗解读为“旨在于读者之间激起伦理思考的非常严肃的

1 这本是一个公认的名称，如在下列文献中：Deanne Williams, “The Dream Visions,” in *The Yale Companion to Chaucer*, ed. Seth Lerer, New Haven: Yale U, 2006, pp. 147–178; Kathryn L. Lynch (ed.), *Geoffrey Chaucer, Dream Visions and Other Poems*, New York: Norton, 2007。

2 Kathryn L. Lynch, *Chaucer's Philosophical Visions*, Cambridge: D. S. Brewer, 2000, pp. 63, 65.

作品”；[1] 不可否认，与这些学者相比，林奇更精通14世纪的经院哲学，对于乔叟梦幻诗所传递的愉悦性也更敏锐，但她却无法令我心悦诚服。诚然，乔叟是一位哲学诗人，正如托马斯·厄斯克所说，乔叟终其一生都在探讨作品《特洛伊罗斯与克瑞西达》所体现的宿命和自由意志，[2] 不过我认为他最关注的似乎是自然哲学（natural philosophy）（由于受到中世纪的技术的局限，通常是思考型自然哲学）。史蒂文·克鲁格的一个重要研究成果就是揭示了在中世纪后期，用科学和自然的方法研究梦境越来越具有影响力，[3] 因为亚里士多德有关睡眠与梦境的著作被译成了拉丁文，知道的人也越来越多。乔叟梦幻诗的一个重要主题，或者说最重要的主题，就是爱情，一个从自然主义角度去理解性爱、颇有洞察力的相似探讨是玛丽·瓦克对中世纪相思病（lovesickness）现象那令人赞叹的研究。[4] 梦境——因“悲惨的景象”（sorwful ymagynacioun）而产生的夜间“狂想浮影”（fantasies）（《公爵夫人书》，第14和第28行）——是中世纪相思病症状之一；再者，梦境和爱情越来越被视为身体的或者至少身心的现象，属于相对的、经验的范畴，很难说是绝对的、超验的范畴。当然，这并不是说对它们的看法是一维的：实际上，中世纪作家最善于用相对和绝对之间、躯体和精神之间的张力来表现梦和爱情——尤其在乔叟的梦幻诗篇及《特洛伊罗斯与克瑞西达》中情人的梦境有精彩的表现。乔叟对爱情情有独钟，这一点没有人会怀疑，然而乔叟梦幻诗篇的评论文章虽多，我觉得乔叟热衷梦幻题材的事实却没有引起足够重视。乔叟喜爱梦境，可能因为自己深有体验，当然也因为梦境不仅在诸如西塞罗的《西皮奥之梦》（*Somnium Scipionis*）和马克罗比乌斯的评论等古典文本中有所探讨——因为“在中世纪鼎盛时期及后期，人们转向曾被马克罗比乌斯冠

1 Michael St. John, *Chaucer's Dream Visions: Courtliness and Individual Identity*, Philadelphia: U of Pennsylvania P, 1992, p. 207.

2 Thomas Usk, "The Noble Philosophical Poete in Englissh," in *The Testament of Love*, ed. R. Allen Shoaf, Kalamazoo: Medieval Institute Publications, 1998, p. 226.

3 Steven F. Kruger, *Dreaming in the Middle Ages*, Cambridge: Cambridge UP, 1992; "Medical and Moral Authority in the Late Medieval Dream," in *Reading Dreams: The Interpretation of Dreams from Chaucer to Shakespeare*, ed. Peter Brown, Oxford: Oxford UP, 1999.

4 Mary Frances Wack, *Loversickness in the Middle Ages: The Viaticum and Its Commentaries*, Philadelphia: U of Pennsylvania P, 1990.

为‘不值得解析’的梦境种类”[1]——而且在他同期文人的作品中也有出现。是罗伯特·普拉特最先提及罗伯特·霍尔考特（Robert Holkot）对《修女院教士的故事》的明智评论，指出后者发现故事中存有梦境，[2]而后克鲁格进行了更深入的探讨。

在此我仅举一例，用作品《富人与穷人》（*Dives and Pauper*）的摘选证明在乔叟时代同样存在关注梦境的自然和超自然因素的作品，我相信这部作品尚未有人从梦境角度探讨过：

> 富人：应该信赖或相信梦吗？
>
> 穷人：两种原因引起梦，一种来自内部，另外一种来自外部。梦之内因有三个。一个是男人或女人在他们睡觉中通常的幻觉骚动，这样的梦只不过是幻觉和虚幻。所以所罗门说：有多少梦就有多少虚幻（《传道书》5：6）。他说：有多少梦就有多少虚幻，[3]因为这类人比其他二十个人的梦还多。另外一个内在原因是人体的状况，因为当人们感到寒冷时，他们会梦见霜雪，所以一位聪明的医生通过倾听他们的梦境就可能部分地知道他们身体的状况，是健康的还是生病了。第三个内在原因是心灵的状况，因为人们通常会梦见他们醒着时心里最关切的那些事，不论是研究，是爱情，还是仇恨、愤怒、恐惧、悲痛、关心、傲慢或谦恭。
>
> 梦的外部原因有物质方面和精神方面两类。物质原因是指人们置身其中的空中和地域的状况以及他们身旁的其他事物；因此在下雨的天气里，人们梦见水和鱼。因为男人和女人们的身体根据居住的空间和地域而变化。所以，写出《论睡眠》（*De sompno & vigilia*）的那位哲学家[4]说，医生们应该注意到病人的梦境并因此而得知他们所处的环境。

1 Robert R. Edwards, *The Dream of Chaucer: Representation and Reflection in the Early Narratives*, Durham: Duke UP, 1989, p. 25.

2 Robert A. Pratt, “Some Latin Sources of the Nonnes Preest on Dreams,” *Speculum*, 52, 1977, pp. 538–570.

3 在中世纪，引文往往比较随意，不很准确。这一段钦定本英文《圣经》的原文是：For in the multitude of dreams and many words there are also divers vanities。中文和合本《圣经》的译文是“多梦和多言，其中多有虚幻”。这段经文也非出自《传道书》5：6，而是5：7。另外，这里引文重复是因为，作者先引了拉丁文经文（在当时，除极少不完整的“非法”民族语言译本外，《圣经》都是拉丁文），随即译成中古英语。——译者注

4 指亚里士多德。——译者注

梦的外在精神原因有两个，其中一个是好的，因为那是上帝自己或其天使，而那又分三类。对有些那样的梦仅仅需要想象，如法老和尼布甲尼撒[1]的梦；有些仅仅需要理解，如圣保罗和巴兰的梦；有些梦既需要想象也需要解释，如《启示录》里圣约翰的梦，以及但以理的预言里的梦，它们都通过想象和解释道出了它们所象征的奇妙之事。但法老和尼布甲尼撒对他们的幻境和梦都全然不解。

梦之另外一个外在原因并不好，它是通过魔鬼的幻象降临，主要用于巫术。它有时源于男人和女人们在醒着时过分辛劳。所以所罗门说，人们辛劳之后多梦，他们往往梦见他们醒着时所忙活的事。它有时根源于过度的节欲和饥饿。它有时是因为吃太多肉喝太多酒；有时却因为不喜欢在醒着时碰见的男人或女人。正如事情的结果是其根源的表征一样，也如烟雾象征恐惧，那些梦也是产生它们的根源之征兆。因此，睿智之人能够根据一些梦合理地说出许多梦的根源；所以一些根源会泄露其他一些因此而即将降临的隐秘之事。因为一个因常会带来多种果，一个接一个。

富人：请给我一些例子。

穷人：经验表明，如果一个男人在摆脱同一个女人待在一起太久或想念她太多，那天晚上他就会在一个很甜蜜的梦中梦到她。如果他将这个梦说与一个睿智的人听，那人就会告诉他，他已经深深地爱上了那个女人，如果他不及时抽身，就会酿出恶果。所以，那些有智慧之人说，正如梦之产生有不同原因，揭示它所反映出的各种根源自然也是合理的，并应告诉人们不要跨越界限。同时，指出那些由于上帝的启示而出现在梦境里的情景，自然也是合理的，如果人们获得恩典而能理解的话，就像约瑟和但以理那样。然而，产生梦的根源如此繁多，的确很难获悉它究竟源自何处，源自上帝或者自然或者魔鬼或者任何其他因素，因此相信梦是很危险的，正如圣格列高利所说（lib. viii, supper illud Iob）……[2]

1 尼布甲尼撒是《圣经》中记载的巴比伦国王。——译者注

2 *Dives and Paupers*, ed. Barnum, 1: pp. 174–177（增加了分段）。非常感谢克里斯蒂娜·塞尔沃纳（Cristina Cervone）为我指出这一段。（《富人与穷人》产生于15世纪初，是一部中古英语著作，大体与乔叟同时。引文由本书编选者译。——译者注）

《富人与穷人》是用民族语言[1]撰写的对话体神学概要，不过我对这部作品感兴趣的真正原因却是它缺乏创新性。文章的论点和插图都没有新颖之处，但令人惊讶的是本节选段对梦境的自然原因 (natural cause) 的重视，而这一方面的权威是亚里士多德，“那位哲学家”。许多脍炙人口的《圣经》选段表明，有些梦境或许是神的启示 (divinely inspired revelations)，但是难就难在不知道究竟哪些是，而哪些又不是；这部作品的作者，即使在这样的神学语境中，似乎最关注由自然因素对人的身心影响而引发梦境的方式，以及梦境可以被用于诊断的潜在价值。雨季造就有鱼之梦，冷天则造就有雪之梦。诚以为，这种“科学”的表现形式其实也是乔叟的创作特点：对他来说，占星术也是科学，星相对梦境的影响 (正如《百鸟议会》中金星[2]对梦境的影响) 也不是像古人可能错误认为的那样是超自然的，而是像有人在睡觉前所读之书的影响一样自然。乔叟的梦幻诗常常指向幻境 (vision)，不过，除了《贞女传奇》引子中的一些情境，我认为他的梦幻诗所指的并不是像《珍珠》(*Pearl*) 那样的虚构幻境——换言之，如芭芭拉・纽曼所述：“诗歌梦幻之境的目的是……创造出有美学满足感的作品，让读者能领悟……那种超验之事 (the transcendent)。”[3] 又如詹姆斯・辛普森对《声誉之宫》和《百鸟议会》的评价：“这些诗篇可能会引发那种不容置疑的神启的梦境知识的范例；不过它们自己的梦境知识却往往来源于世俗和肢体的体验。”[4] 诚以为，梦幻诗作为一种体裁引起乔叟的特别关注，原因有二：其一，梦是我们最有趣的自然体验之一；其二，可以创作出诗歌，因而以文学的形式重现 (reproduce) 这种体验的某些方面。

梦境与自由

过去四十年，许多有关梦幻诗篇的学术文章探讨过诗篇“持续反思

1 民族语言 (the vernacular) 或者“方言”，这里指中古英语，是相对于中世纪的“国际语言”拉丁语而言。在当时，英语、法语、意大利语等都属于“方言”。——译者注

2 金星 (Venus) 同时也意指爱神维纳斯。——译者注

3 Barbara Newman, “What Did It Mean to Say ‘I Saw’? The Clash Between Theory and Practice in Medieval Visionary Culture,” *Speculum*, 80, 2005, p. 4.

4 James Simpson, “Chaucer as a European Writer,” in *The Yale Companion to Chaucer*, ed. Seth Lerer, New Haven: Yale UP, 2006, p. 70.

自然和艺术策略（device）”[1] 的方法。事实证明，这种探讨确实不错；只可惜，它似乎——或许可以说是不可避免——与梦幻诗篇的真相南辕北辙，与梦体验的诗性（poetic）南辕北辙。这种诗性带给乔叟和其他中世纪诗人的是他们文化中少有的创作自由。我们非常清楚，几乎所有的中世纪非人物叙事（heterodiegetic medieval narrative）[2] 都是复述的形式：它所尊崇的是原故事（old story）的权威，而不是创作新故事的可能性。复述可以是也常常是真正的创新，只可惜很少有中世纪诗人认为自己可以自由地创作全新的叙事。哪怕是乔叟，哪怕是闪耀着创新光辉的诗篇《特洛伊罗斯与克瑞西达》，也没有自由地改换从薄伽丘的故事照搬而来的框架。而薄伽丘又是照搬自伯努瓦·德·圣莫尔[3]：实际上，是他增强其固定性这一幻觉，因为他说该作源自古典作品，这就使它成为固定不变的特洛伊历史的一部分。虽然我们习惯性地认为，乔叟因为必须讲述克瑞西达的不忠而一再表示遗憾，但那只不过是反讽而已；虽然当乔叟声称自己真心宁愿去讲述“彭纳洛帕和阿尔塞丝娣的忠贞”（第五卷第 1778 行）时，可能真有一丝反讽，因为他根本就不需要讲述这个故事，但我怀疑，如果我们想象他因受制于文化束缚只能够复述前人的故事而不感到一点遗憾，我们会误解了乔叟。用“反讽”去诠释《特洛伊罗斯与克瑞西达》的叙事性话语（narratorial discourse）效果，太简单化了，尤其是在 20 世纪的阐释里，反讽常常是作为一种借口将以前那些对该故事的讲述里表达的厌恶女性道德论调（作为被愚蠢的幼稚的叙事者所误解了的诗人自己的态度）塞进诗作之中，而这正是乔叟尽力在避免的，至少也是想使其不那么简单。[4] 在这种情形中，梦境［加上由人物叙述的文本（homodiegetic forms），比如作品的引子］提供了不用遵循预设的叙事方式的自由。在《公爵夫人书》中，当梦中的乔叟随着小狗走进森林，

> 沿着一条花径走去

1 Edwards, *The Dream of Chaucer*, xvi.

2 非人物叙事（heterodiegetic narrative）是指叙述者不是故事中的人物。——译者注

3 伯努瓦·德·圣莫尔（Benoît de Sainte-Maure）是 12 世纪法国诗人，其代表作为《特洛伊传奇》（*Roman de Troie*）。——译者注

4 这一观点在以下著作中有更深入的探讨：A. C. Spearing, *Textural Subjectivity: The Encoding of Subjectivity in Medieval Narratives and Lyrics*, Oxford: Oxford UP, 2005, pp. 68–100。

绿草如茵，花香扑鼻，
我脚下有如踏着美锦般的花草地，
看来很少有人走过……

（第398—401行）

他不知道，我们也不知道，他将被带往何方。这条路真的“很少有人走过”：这部诗作是用许多来自流行的法语诗歌的片段创作的，其中一些乔叟的受众有可能已经看出，只不过乔叟用的是独特的拼凑（bricolage）方式，就如同真实梦境那样，而不是复述单一出处的故事。在《声誉之宫》中也是如此。叙述者的梦开始于神庙之中，他在用既定的形式，按神庙“墙上一块铜牌上面写”（第142行）的复述了著名的狄多与埃涅阿斯的故事[1]之后，走出庙来，发现自己置身于恐怖而陌生的沙漠，突然一只老鹰从天而降，将他抓起。于是乎，他和我们再一次不知道接下来将会发生什么。

我们可能没有察觉，也没有珍视这种自由，其原因有二。第一，现在的叙事艺术家，即小说家，视创作自由为与生俱来的自然权利；然而中世纪叙事诗人却并不享有这种权利。不论唐·德里罗（Don DeLillo）或者菲利普·罗斯（Philip Roth），伊恩·麦克尤恩（Ian McEwan）或者马丁·艾米斯（Martin Amis），他们一旦开始创作，就完全按自己的选择，任其发展；然而中世纪诗人在复述狄多和埃涅阿斯或者特里斯坦（Tristan）和伊索尔特（Iseult）的故事时，则决然不能这样。第二是因为我们学者研究乔叟时，总喜欢从他的作品出处着手。有时候，如上面那个小小的例子一样，我们会沾沾自喜于发现了新出处；可是，研究文献日积月累，很难想象他还使用过其他的材料，或者哪怕仅仅是将材料用不同的方式组合。借用自纪尧姆·德·洛里斯、纪尧姆·德·马肖以及让·傅华萨的那些段落已经确定无疑，很难想象还会有什么改变。学术解读的目的不是产生那种不可预测的愉悦，而是要给人必然如此的感觉：大家越是觉得这个批评家在对的方向正确地诠释文本，这个批评家就越权威。不过学术界对方向的追求与从诗人自由创作中获得愉悦的能力则完全是两码事，哪怕——如在乔叟的梦幻诗里那样——创作也意味着“发现”，换言之，借用的是这一个段落，而非另外一个。现如今的批评家中，只有为数不多的

1 如大家所知，乔叟对这个故事的态度加入了维吉尔和奥维德的观点，不过故事本身还是原来的样子。

人既真切感受到乔叟梦幻诗篇的创作自由，也真切感受到这些诗篇赋予或强加给其读者平等的阅读自由，海伦·菲利普斯便是其中之一："乔叟的每一首梦幻诗都从迪体（dits）[1]和梦幻诗传统借用，也进行了新的编排，从而邀请读者参与创造意义。《声誉之宫》使用了前往另一个世界的旅行、梦境、女神们、争论和神庙，可是需要乔叟的读者去领悟这一次次体验以及一个个层面之间的关联。"[2] 话又说回来，如果《声誉之宫》的读者是（像我一样的）学者，学术圈文化会强烈驱使我们发表文章，从特定的角度探讨文本的意义；此时此刻，自由便也不见了。细细想来，我们当然可以找到所有类型的梦幻诗篇；只是找得越多，就越容易忘记它们向前进展中那种可贵的不可预知性。

再者，加里·索尔·莫森对19世纪和20世纪俄国文学（托尔斯泰、陀思妥耶夫斯基、巴赫金）的叙事做过一系列研究，可能很少有中世纪研究者拜读过，他认为即使是小说家的自由也受到叙事形式的限制。莫森所说的"伏笔"（foreshadowing）——虚构事件因之而"接连发生"——是叙事中的通常效果（在中世纪复述中不可避免）；不过，他进而说道："即使没有明显的伏笔，它也因叙事对结构和终结的依赖而隐含其中。在结构严谨的故事里，一切都指向（或者终将指向）结局，指向那最终将展示出来的范式（pattern）。"[3] 正如乔叟《特洛伊罗斯与克瑞西达》中的彭大瑞所说，"结局既是每篇故事的重点"（第二卷第260行），这其实也辉映了谚语"结局乃作品之王冠"（finis coronat opus）。因此，用莫森的话说，"只要叙事作品倚

1 迪体是一种中世纪法语叙事歌谣体裁，用于口头朗诵，接近浪漫传奇，内容多以爱情为主。——译者注

2 Helen Phillips, "The French Background," in *Chaucer: An Oxford Guide*, ed. Steve Ellis, Oxford: Oxford UP, 2005, p. 299. 请参见：Jill Mann, "The Authority of the Audience in Chaucer," in *Poetic: Theory and Practice in Medieval English Literature*, ed. Piero Boitani and Anna Torti, Cambridge: D. S. Brewer, 1991, pp. 1–12。关于《百鸟议会》的文学内容的评价："在这里，我们没有真正扎实地研究过任何单部作品本身，没有认真分析作品自己的规则、作品与其他被文学传统和固定模式桎梏了的文学素材及人生之间的关系。这不是专业解读，这是真正的阅读，所产生的只不过是读者心里一知半解的词汇和意象。"（p. 5）

3 Gary Saul Morson, *Narrative and Freedom: The Shadows of Time*, New Haven: Yale UP, 1994, p. 7. 本书中，莫森对托尔斯泰和陀思妥耶夫斯基通过创作那些包含在写作过程中发生的真实而没有完成的事件的作品以寻求逃避"时间的阴影"的方式，特别感兴趣。

靠着结构，它们就已经预先设定好了，要表达某种宿命感”；[1] 我也在别处讲过，[2] 特洛伊罗斯是宿命主义者，不仅仅因为乔叟赋予其中世纪之人信以为异教的哲学立场，还因为他是（而且也多少知道自己是）别人写过的历史/故事［(hi)story］中的角色：

他又想道，“啊，幸福的爱神可必德，
我追忆你围攻我的经过，
足够写成一部书，
像一篇故事一样。”

（第五卷第 582—585 行）

乔叟常常热衷于在复述的故事里探讨宿命和自由意志，是因为他对叙事的性质和问题感兴趣，对广义层面的哲学热点感兴趣。

很明显，我们所做之梦并不是复述的或者“构建严谨”的故事（虽然当我们后来向他人讲述的时候，梦境变得脉络更清楚了）；梦中之事没有伏笔预测的可能，且我们所能记住的梦往往是醒来时刚刚打断的梦。乔叟的梦幻诗恰恰就有梦境的这些特征。作为评论家，我们竭尽所能地将其置于优秀叙事的熟悉形式之中，以至结局成为作品之王冠，但事实上真不是那么回事。在《中世纪梦幻诗》中，我注意到马肖的作品《花园之歌》（*dit dou Vergier*）里“有一个例子，展现了后世梦幻诗的一个基本特征：做梦之人因某种感知障碍而在梦里醒过来”——在这里是爱神飞走之时摇曳了灌木，一滴冷冷的露珠顺势掉到了他的脸上[3]——可惜我当时在分解“结构和结局”之时，未能领悟到这种结局的重要意义。《公爵夫人书》中的梦被钟声打断，钟“似乎正在敲着十二下”（第 1323 行）；在《百鸟议会》中，乔叟被鸟“叫声”（第 693 行）惊醒了，然后继续读书，以期找到梦境中没有出现或者定义的“事情”（第 20 行）；《贞女传奇》的引子可谓是独创性结局，因为梦没有结束；最令人惊叹的当属《声誉之宫》，梦一直没有中断过，只是以看到一个“看起来似乎很有权威的”（第

1 Morson, *Narrative and Freedom*, p. 8.

2 例如：A. C. Spearing, *Chaucer: "Troilus and Criseyde,"* London: Edward Arnold, 1976, pp. 60–61。

3 Spearing, *Medieval Dream-Poetry*, pp. 42–43.

2157—2158 行）人而结束。近来在评论界，时不时有人认为这种结局，或者干脆是终止（termination），[1] 并不是偶然的，而是从一开始就匠心独运，是证实梦境中声誉女神随意践踏文本权威。[2] 也许如此，但是也完全可能如拉里·本森所言，《声誉之宫》的无结尾（inclusiveness）反映了在协商理查德二世和卡特琳娜·维斯孔蒂（Caterina Visconti）的婚姻时，无法预测协商的失败—— 1379 年 12 月所收到的消息是，"没有消息"。[3] 或者说，虽然乔叟没有用这种方式表述正在进行的事件，但《声誉之宫》一开始就仿佛真的是一场梦，一场不知道如何结束的梦。乔叟当然熟悉诗艺的原则，知道诗人动笔之前，胸中之诗应该已经完整；他还在《特洛伊罗斯与克瑞西达》中借用文索夫的杰弗里的意象将诗人比作工匠：

> 凡人想建造一所房屋，
> 决不能操之过急，
> 应该停下手来打心中伸展出一条尺，
> 推敲测度，
> 才能达成目的。
>
> （第一卷第 1065—1069 行）

不过这不是说乔叟每部作品都必须如此。再者，重要的是，乔叟借用此意象不是为了酝酿诗篇，而是彭大瑞在计划情爱之事（竟然还是结局悲惨

---

1 旺多姆的马修（Matthew of Vendôme）在《作诗的艺术》（*Ars versificatoria*）一书中把意外结束（accidental ending）——在这里是由于作者的死亡——看作 quae potius dicenda essterminatio quam conclusio（不是结局而是终止）。请参见：Edmond Faral, *Les Arts poetiques du XIIe et du XIIIe siècle*, Paris: E. Champion, 1962, p. 192。

2 例如：Piero Boitani, *Chaucer and the Imaginary World of Fame*, Cambridge: D. S. Brewer, 1984, pp. 189–208; Penelope Reed Doob, *The Idea of the Labyrinth from Classical Antiquity Through the Middle Age*, Ithaca: Cornell UP, 1990, pp. 307–339。

3 L. D. Benson, "The 'Love-Tydynges,'" in *Chaucer in the Eightith*, ed. Julian N. Wasserman and Robert J. Blanche, Syracuse, N. Y.: Syracuse UP, 1986, p. 215. 在以下文章中，本森指出《百鸟议会》里面描述女性的脚 / 翼的竞争时也有类似的无结尾性："The Occasion of *The Parliament of Fowls*," in *The Wisdom of Poetry: Essays in Early English Literature in Honor of Morton W. Bloomfield*, ed. Larry D. Benson and Siegfried Wenzel, Kalamazoo: Medieval Institute Publications, 1982, pp. 123–444。如果他说的没错，则乔叟，以及莫森所说的托尔斯泰和陀思妥耶夫斯基，冒险给自己的诗歌带入还将继续的不完整事件，但其实是取得了自由。

的情事)。

在弗吉尼亚大学,我常为本科生开设中世纪梦境和幻境的讨论课,近年来发现越来越多的学生真心喜欢乔叟的梦幻诗。可以说大多数本科生很聪明,但是他们几乎没有看过学术界、评论界的文章,我怀疑这种情况也与我的授课有相当关系;可喜的是近几年开课时,我发现有学生是真喜欢《公爵夫人书》,是真被《声誉之宫》的疯狂而无法预测的结构所吸引。有些东西真的变了,可能这意味着我们整个的文化变得更能容忍不稳定的结构、去中心化的发展,以及非现实主义的表达方式。我不认为评论界(包括我自己)已经赶上了这一潮流。

文本中的"我"

我现在写的东西,自己也是一知半解,也不知道能不能弄清楚。最后想谈的这一点,希望是更确定的。[1] 就梦幻诗的叙事而言,第一人称代词的使用尤为明显,我所拜读过的最近四十余年内研究梦幻诗的文章几乎都想当然地认为这些代词所指代的一定是一个自我,即"梦者"或"叙事者",认为这个独立的人物完全可以与这些诗歌中的各种第三人称代词相提并论。[2] 且看 G. L. 基特里奇早有的著名论断:《公爵夫人书》中的"我","这个孩子般的做梦者,从不思考,只有感觉和印象,除非以最浅显的语言告知,从不明白事物的意义,很明显不是杰弗里·乔叟这位深谙世事的幽默大师"[3]。从某种意义上讲,这完全正确,因为诗中的"我"是一个文本现象,而杰弗里·乔叟在世之时是活生生的人;但这并不是基特里奇想说的。他所关注的不是文本的和活生生的人的区别,而是两个在同一不确定层面上的存在者之间的区别:一个是做梦者,另一个是诗人;一个很天真,另一个

1 接下来所探讨的在作者的下面著作中(特别是第 1—36 页)有更详细的解读:*Textual Subjectivity: The Encoding of Subjectivity in Medieval Narratives and Lyrics*, Oxford: Oxford UP, 2005。

2 对梦幻诗的"叙事者"研究最彻底全面的是:Robert R. Edwards, *The Dream of Chaucer: Representation and Reflection in the Early Narratives*, Durham: Duke UP, 1989, pp. 41–46。可惜,他没有具体研究第一人称的特殊功用。读者还可以参见:David Lawton, *Chaucer's Narrators*, Cambridge: D. S. Brewer, 1985。

3 George Lyman Kittredge, *Chaucer and His Poetry*, Cambridge: Harvard UP, 1915, p. 50.

很世故。现在来看,这一区分不仅仅是一个命题,而是几乎所有乔叟评论文献公认无疑的论断。在解读梦幻诗时这一点尤为显见,可能是因为现实生活中的梦,一定有做梦之人,且一定只能是"我",因为没有人可以直接体验别人的梦。然而,大家一致认同文本中第一人称人物必须指称一个虚构的自我,这一假定的最强有力的动机有着更深层次的原因:大家似乎接受了,文字只不过是对话语的表现,于是由人物叙述的文本中的"我"一定指向说话者,一位具有现实世界中的人之本体特征的虚构的男人或女人。当然在许多文本中,这是对的:最明显的例子当属勃朗宁的戏剧独白。不过,我认为对于许多中世纪文本而言,这有待商榷,因为它们往往用多重修辞将无内在必然联系的、半自主的部分硬凑到一起——形式描述、别的书籍的内容提要、叙事夹抒情,凡此种种。由人物叙述的文本确实是虚构的,但这并不意味着它一定出自一位统一的虚构代理人。乔叟梦幻诗的许多方面不能够简单地说成是"做梦者"或"叙事者"意识的表达或刻画。难道《声誉之宫》中对古典神话的解释也可以用来解释"叙事者"的天真?倘然如此,其目的是什么?许多现代评论家似乎津津乐道于梦幻诗中"做梦者"的迟钝,但是这种津津乐道价值几何或能满足什么?再来看看《百鸟议会》中非常著名的形式特点,它是乔叟四部梦幻诗篇中唯一一部用诗节书写,有抒情诗范式并讲求对称之美的诗作。[1]《百鸟议会》的七行诗节对应《西皮奥之梦》的七个章节,百鸟名目是放在诗歌正中心位置,也放在完成的手稿的正中心位置。[2]这些特点不可能属于叙事者、做梦者或说话者,因此不能用他们的个人心理来解释;如果你认同这一点,那么认为可以将这首诗完全当作戏剧性独白来解读的假定就坍塌了;于是如果文中有第一

1 许多评论文章忽视了《百鸟议会》和其他三部梦幻诗的这一区别,只是在四部诗作的明显随意性特点下寻找其抒情模式。罗斯玛丽·P. 麦格尔(Rosmarie P. McGerr)的以下著作是一个突出的例子:*Chaucer's Open Books: Resistance to Closure in Medieval Discourse*, Gainesville: UP of Florida, 1998, p. 62。麦格尔发现《声誉之宫》"反复循环,自我映照,似乎一再地将读者带回开始",可以与马肖的抒情诗媲美。她还建议比较《声誉之宫》与复调抒情诗,我认为这更令人信服。有关中世纪抒情诗与叙事诗的美学区别,请参见:Edwards, *The Dream of Chaucer,* pp. 12–14。

2 有关数字模式(numerical patterning)和象征(symbolism),参见:David Chamberlain, "The Music of the Spheres and *The Parliament of Fowls*," *Chaucer Review*, 5, 1970, pp. 32–56。我所探讨的是《百鸟议会》外在表现形式的对称性,只在书写文本中体现,与梦境般无序行文是有出入的,请参见:A. C. Spearing, "'Al This Mene I Be Love,'" *Studies in the Age of Chaucer*, Proceedings, 2, 1987, pp. 169–177。

人称单数的话，你会茫茫然而无法确定究竟哪一位第一人称单数才是表达自我意识的真正叙事者。我相信这种不确定性很有意义，因为我们得学会如何阅读中世纪人物叙述（medieval homodiegesis）：中世纪没有对此进行任何的理论探讨，我们只有依靠自己去思考如何看待文中属于过去的文本"我"（textual "I"），我们再也不能想当然地使用对我们来说很自然的方法来解读。借用德里达的话，那就是，除非我们愿意"让自己以为明白之事物神秘化"。[1]

我认为最好莫过于将其归为许多法国学者近期所界定的文学形式迪体，用杰奎琳·切尔奎利尼的话说，那是一种"以'我'表演的话语"（a discourse that stages an "I"），不过这个"我"是作为文本和语法空间，而不是作为一个人或作者的代理人。这是一种常常模仿说话（speech）的形式，但如贝尔纳·利贝蒙所说，它"牢固地建立在书写行为之上"；又如切尔奎利尼所言，它"不是基于记忆模式而是基于书写模式"。[2]很难给迪体下一个准确的定义："很难根据任何特殊的形式或主题特点准确地界定。"[3]但是它是赋予诗人和受众的自由的标志，莫森称之为"我们所体验的人生"的自由，"没有结尾或亚里士多德式结局，即一个终点，并且此时继续已经无法想象，此时也牵系着所有未了之事"。[4]在莫森强有力的分析基础上，我再加一句：所体验的生活就是第一人称的人生。迪体是无体裁性的（nongenre），没有结构，也没有结局，但是它本身却是一种体裁，所以可以称其为超体裁（supergenre）；梦幻诗是它的一种亚体裁（subgenre），而引子（prologue）是另一种。（在乔叟作品中，《巴

1 Jacques Derrida, *Of Grammatology*, trans. Gayatri Chakravorty Spivak, Baltimore: Johns Hopkins UP, 1976, p. 70.

2 Jacqueline Cerquiglini, "Le Clerc et l'écriture: *Le Voir dit* de Guillaume de Machaut et la definition du dit," in *Literatur in der Gesellschaft des Spatmittelalters*, Begleitsreihe zum GRMLA, vol. I, ed. Hans Ulrich Gumbrecht, Heidelberg: C. Winter, 1980, p. 160; Bernard Ribémont (ed.), *Écrire pour dire: Études sur le dit médiéval*, Paris: Klincksieck, 1990, p. 5. 本文作者自译。本段的论点在下文中有更深入的探讨：A. C. Spearing, "Textual Performance: Chaucerian Prologues and the French *Dit*," in *Text and Voice: The Rhetoric of Authority in the Middle Ages*, ed. Marianne Borch, Odense: UP of Southern Denmark, 2004。

3 Michel Zink, "Dit," in *Dictionnaire des lettres fraçaises: Le Moyen Age*, ed. Robert Bossuat, Louis Pichard, and Guy Raynaud de Lage, rev. ed., Paris: Fayard, 1992, p. 38. 作者自译。

4 Morson, *Narrative and Freedom*, p. 38.

思妇人的引子》是后一种的绝佳例子。）迪体是一种文本表现（textual performance），其文本属性允许书写话语（不是口语话语）的不连贯性，于是这种文本表现变成了编辑体或蒙太奇。在此，也可以借米歇尔·津克用很有趣的法语和英语混杂来描述迪体的例子来诠释乔叟的梦幻诗：l'equivalent d'un *one man show* du music-hall ou du café-théatre。[1] 只不过其中的"一个人"（one man）不是文本中的"我"，而是作者：是他在表演，而梦幻诗中文本的"我"则承载许多目的。它在大部分时间里没有特定的功用，只是告知我们一些必要的信息，如在《公爵夫人书》中，有哪些古典神灵，黑衣人说的籁歌（lay）的内容又是什么（第471—486行）。诚以为，两种情形之中都无须像我们阅读戏剧独白那样费劲去厘清诗中"我"的心理状态：为什么《声誉之宫》中的"我"如此熟悉异教神话？为什么《公爵夫人书》中的"我"后来似乎忘却了我们已经从"籁歌"中知道了的事（黑衣人的女人死了）？为什么《贞女传奇》的引子中的"我"后来似乎不知道爱神的女王是谁，只是说她自称阿尔塞丝娣？不过反过来讲，有时候文本的"我"似乎成了乔叟自己（不是虚构的"叙事者"或"说话人"）自我发现的一种工具。我想《声誉之宫》中有一例：一位无名之人站在乔叟的后面问他叫什么名字，来此是不是为了讨取声誉，乔叟通过提到名字但没有直接说出而给予了否定的回答：

任何人的嘴上都不提我的名字，
只当我已辞别了人世，我感到十分安顿。
我最了解我自己的处境；
不论我如何思念，如何困恼，
我一定独自担当下来，
至少我要尽我所能，
把大部分包干才是。

（第1876—1882行）

诗行中的犹疑证明了它们只是解释性文字——"至少我要尽我所能"确定了一方面，也拒绝了另一方面——其模棱两可也是如此。站在乔叟背

1 Michel Zink, *La Subjectivité Littéraire: Autour du siècle de Saint Louis*, Paris: PU de France, 1985, p. 63.

后的人究竟是谁？“只当我已辞别了人世”究竟何意？近来有些编者认为它有必要解读为“当我死后”[1]，然而语法上讲应该是“只当我已死了”。事实上，很难说哪一个真实地反映了文意。这些诗行似乎表明乔叟意图追求自我的神秘可能性，那完全与来自他人的界定不同——那在所有文化中都是神秘的，但在乔叟时代尤其如此；在那时，一个人的角色、职位及声誉都是由社会决定，因而似乎有可能剥夺了自我的可能性。这些诗行很好地佐证了约翰·加尼姆的观点：在梦幻诗里，“乔叟实际上在阶级、性别和诗歌竞争的话语中戏剧化了主体焦虑”[2]。在梦中，我们真的会时不时发现自己的一些事情，我们和别人之间的一些事，或者真的领悟到神秘及不确定性；我认为这些在乔叟梦幻诗中有时也真的存在。我很期待在今后四十年的梦幻诗研究文献中拜读到在这些方面更多的探讨。

编后记

A. C. 斯皮林（A. C. Spearing），毕业于剑桥大学，著名中世纪英国文学和文化学者，美国弗吉尼亚大学教授和英国剑桥大学终身研究员（Life Fellow）。他著述甚丰，其中《中世纪梦幻诗》（*Medieval Dream-Poetry*, 1976）、《〈高文〉诗人》（*The* Gawain-*Poet: A Critical Study*, 1970）、《中世纪诗歌解读》（*Readings in Medieval Poetry*, 1987）、《作为观察者的中世纪诗人》（*The Medieval Poet as Voyeur*, 1993），以及《文本主体性》（*Textual Subjectivity: The Encoding of Subjectivity in Medieval Romances and Lyrics*, 2005）等著作在中世纪英语文学研究领域特别有影响。《梦幻诗歌》（“Dream Poetry”）一文译自：Susanna Fein and David Raybin (eds.), *Chaucer: Contemporary Approaches*, University Park: Pennsylvania State UP, 2009, pp. 159–178。

---

1 请参见：Nick Havely (ed.), *Geoffrey Chaucer, The House of Fame*, Durham: Durham Medieval Texts, 1994, p. 202; Lynch (ed.), *Geoffrey Chaucer: Dream Visions and Other Poems*, p. 86。

2 John Ganim, “The Interpretation of Dreams: Chaucer’s Early Poems, Literary Criticism and Literary Theory,” in *Chaucer’s Dream Visions and Shorter Poems*, ed. William A. Quinn, New York: Garland, 1999, p. 468.

早期乔叟

作者　［英国］A. C. 斯皮林

译者　任海燕

前面两章已经就乔叟有可能熟悉的一种叙事诗进行了讨论——有学者甚至推测乔叟有可能一度收藏过手抄稿，其中，《奥菲欧爵士》得以传世至今[1]——而这种叙事诗似乎确实对乔叟继承的那种英诗风格产生了巨大影响。[2]在接触并吸纳了意大利文艺复兴早期的主要诗歌作品之后，乔叟本人成熟时期的作品——从《百鸟议会》开始，包括《特洛伊罗斯与克瑞西达》在内的一系列作品，本书第五章将对后者结尾那些诗节展开讨论——超越了中世纪英国的浪漫传奇传统，他所创作出的诗歌更为高贵，诗风愈加复杂多变，并且具有更开阔的哲学视野。这是一次重要的转型，将对此后英诗的发展产生深远影响；[3]不过，在本章里，我将探讨乔叟早期的两首诗作，那时的乔叟仍然按《哈夫洛克》（*Havelok*）或是《奥菲欧爵士》中的四重音对句进行创作，依旧是这类相对简单的叙事诗的作者的直接传人。这两首分别为《公爵夫人书》和《声誉之宫》；在这两首诗中，我们已然能够察觉到一种相对而言细微但却很明显的转型，即使是在最早可以上溯至1368年的《公爵夫人书》中（也许尤其如此），也

1 这一观点由L. H. 卢米斯（L. H. Loomis）提出，参见："Chaucer and the Auchinleck MS," in *Essays and Studies in Honor of Carleton Brown*, New York, 1940, pp. 111–128。

2 参见：D. S. Brewer, "The Relationship of Chaucer to the English and European Traditions," in *Chaucer and Chaucerians*, ed. D. S. Brewer, London, 1966, pp. 1–47, esp. pp. 22–25; P. M. Kean, *Chaucer and the Making of English Poetry*, London, 1972, vol. I, pp. 1–30。

3 笔者在拙著《英语诗歌中的中世纪到文艺复兴》（*Medieval to Renaissance in English Poetry*, Cambridge, 1985）第二、第三章中对此进行了更为详尽的探讨。

有一种独特的宫廷爱情观和宫廷式风格，这在早期的其他任何英诗中都找不到与之完全相同的。[1]乔叟在14世纪60和70年代用本土语言创作出宫廷叙事诗之后，在80年代继续推广和深化这种新的宫廷风格，以至于在1387年，他的一位同时代人称他为"英语世界中高贵的哲学诗人"（the noble *philosophical* poet in English）。[2]这一称呼中的单数名词暗示了这一转变是在没有任何人襄助的情形下完成的，这似乎与历史事实相符。

《声誉之宫》

虽然《声誉之宫》成诗晚于《公爵夫人书》，但该诗的第一卷中有一节在文体上与英国的浪漫传奇关系尤为密切，因此我将首先探讨这两首"前哲学式"诗歌中后写就的这首。《声誉之宫》成诗的确切时间无法考证，但很有可能是14世纪70年代中期；可以确定它一定晚于1372年至1373年乔叟的第一次意大利之行，因为在这首诗中，乔叟第一次从文学上就他所阅读的但丁的作品进行了回应。但丁的抱负和成就远远高出乔叟在英语或是法语界所能读到的任何其他诗人，他为乔叟树立了一个既令人兴奋又让人不安的新榜样，让他知道以本土语言[3]创作的诗人可以取得何种成就。兴许乔叟一时还无法全然接受这个关于诗歌和诗人的全新理念，以至于他没能写完《声誉之宫》。但丁对于乔叟的影响最先清楚地反映在三卷诗中第一卷的末尾：一只鹰［来自《炼狱篇》（*Purgatorio*）第九首］飞下来，驮着梦中的诗人扶摇直上天空。接下来，在第二卷和第三卷的序言中，我们可以看到乔叟深陷一场复杂的争斗中，试图化用但丁那超拔的文风和瑰丽的想象中一些最具特色的部分。[4]但在第一卷里，在叙述鹰下落之前和就梦不紧不慢地展开介绍性讨论之后那大约350行

1 从风格和整体上而言，在乔叟之前的浪漫传奇中，最接近具备一种统一的宫廷式风格的作品可能是《亚历山大国王》（约1300年）和《巴勒莫的威廉》（*William of Palerne*，约1360年）。

2 Thomas Usk in *The Testament of Love*, in *Chaucerian and Other Pieces*, ed. W. W. Skeat, Oxford, 1897, p. 123.

3 指相对于拉丁语的本土或民族语言（vernacular）。——译者注

4 参见：*Medieval to Renaissance in English Poetry*, pp. 22–30。

诗，构成了一种相对而言更为直接的叙述范例。这些诗行复述的是再现于维纳斯的庙宇之中，经大幅删节之后的《埃涅阿斯纪》的故事，而乔叟在梦中去到那儿。对于一位中世纪宫廷诗人而言，这个版本的故事聚焦埃涅阿斯和狄多的风流情事，再合适不过。在这里，我们再次看到《哈夫洛克》或是《奥菲欧爵士》中那紧凑急迫的四重音对句。这些对句中暗喻不多，却颇多一些相对来说比较简单的词汇，这些词能够从声音和句法上制造重复和变奏。从表面上看，诗歌中存在着一种不太明显却一以贯之的言语模式，同我们在《哈夫洛克》中看到的许多手法相同。例如，使用程式化的对子和简单的列举，往往以押头韵的方式连接，如“lord and lady, grom and wench”（“显爵贵妇，仆从婢奴”，[1] 第 206 行），“Hir lyf, hir love, hir lust”（“她的生命、她的欢爱、她的主子”，[2] 第 258 行），以及“For had he lawghed, had he loured”（“因为他笑、他皱眉”，第 409 行）。另有一些稍微繁复，但是对于创作《哈夫洛克》的诗人来说仍然是不费吹灰之力就能掌控的模式，如在刚开始描述维纳斯的庙宇时，反复使用“和”（and）与“许多”（moo）这样的字眼，使之在总的韵律和句法的框架内，出现在各种不同的位置：

In whiche ther were *moo* ymages
Of golde, stondynge in sondry stages,
And moo ryche tabernacles,
And with perré *moo* pynacles,
And moo curiouse portreytures,
And queynte maner of figures
Of olde werk then I saugh ever.

（但见墙上
竖满了金像，
还有许多华贵的神龛，
许多嵌有宝石的尖塔，

1 引文译文出自：《乔叟文集》，方重译，上海：上海译文出版社，1979 年，第 33 页。方译本为散文体，改为按诗行排列，其他引文同此处理。——译者注

2 同上，第 34 页。——译者注

许多精美的绘画和古玩珍奇，
每一种的数量之多
真是我有生以来所从未见过的。）

（第 121—127 行）[1]

毫无疑问，从文体来看，乔叟的早期作品，即使是那些从其他语言翻译过来的作品，不可避免地大量借鉴了他那些不知姓名的英国前辈们。确实，像《声誉之宫》或者《公爵夫人书》一般流畅的叙述风格一定得植根于诗人母语的写作传统之中，它不可能仅仅依靠以其他语言写作而获得。在《声誉之宫》的这部分，几乎毫无迹象显示乔叟试图用英语来模仿该故事原作的文风（该故事主要来源于《埃涅阿斯纪》的第一卷和第四卷，而有些细节则取自奥维德的《女杰书简》的第七卷）。也许，唯一的例外在埃涅阿斯故事的第一句，这几乎是逐字翻译自《埃涅阿斯纪》中著名的起始句：

我将竭力歌唱武功
以及由特罗亚境内出奔的
那位英雄，
是命运指引他先到意大利，
途中饱受风险，
抵达了拉得文尼亚的岸滨。

（第 143—148 行）[2]

值得一提的是，这是故事里唯一一处特别指明为“写”在庙宇中（第 142 行），而不是以其他形式描述出来。在此处，乔叟甚至插入了一句很谦卑的“竭力”（yif I kan），更适合一位谦恭的中世纪说书人的身份，而不像是维吉尔那种史诗式的庄重。自此之后，乔叟放弃尝试将维吉尔诗中典雅的文体和极为繁复的六音步诗行改编为节奏轻快、句式简单的英诗对句；虽然如前文指出，在第二卷和第三卷的序言中，他试图通过借鉴但丁，

1 引文译文出自：《乔叟文集》，方重译，第 32 页。——译者注
2 同上。——译者注

来尝试以一种不同的方式取得古典意义上的崇高。[1]

总体来说，确实，在乔叟的这些早期叙事作品中，词语编排的成分似乎不如在诸如《哈夫洛克》等作品中明显。乔叟在词语的使用上比《哈夫洛克》的创作者要内敛得多。《哈夫洛克》在靠近开篇的一个段落中，接连19行都押在同一个韵上，这种张扬可不是乔叟想要的。他无疑认为这种简单的技巧展示已经过时，甚至可能还有些粗鄙。他的目标似乎是一种更优雅的风格，与宫廷式会话更为接近，此种风格以机巧而非走极端的方式突出重点，[2]这样兴许能造成一种信手拈来、宛若天成的印象。如果真是这样，这无疑是乔叟所希望达成的艺术效果的一部分。需要指出的是，在第三卷的序言中，乔叟宣称他并不希望那样："在这里表现诗艺"（第1094—1095行），"固然我说不上 / 具有任何技能"（第1099—1100行）。[3]乔叟此言的语境是为了表达作为一位作家的谦逊；即使是这样，他想表达的并不是他不具备"诗艺"或者"技能"，而只是他不想炫耀罢了。在《哈夫洛克》面世一个世纪之后，艺术要实现的目标之一就是隐藏于看似毫无技艺的表面之后。

在这一百年中，还出现了另一个新的因素。正如我们所见，无论表层设计如何精巧，《奥菲欧爵士》和《哈夫洛克》的根本结构仍然是浪漫传奇，是在直线型叙述中的单向性发展。《声誉之宫》第一卷的情节依然是浪漫传奇式的，就如同《奥菲欧爵士》中一个古典的故事以中世纪的方式重新讲述一样。与创作《奥菲欧爵士》的诗人相比，乔叟与某些特定的、已经形诸文字的古典文献关系更为紧密，更愿意在一个历史的语境中理解古典文化，但他仍然以中世纪的方式讲述《埃涅阿斯纪》。他将它看成一个关于骑士（第226，455行）和贵妇人的故事，称德莫逢（Demophon）为"雅典的一位王公"（第388行），对着忒修斯惊呼"愿魔鬼毁了他的灵魂"（第408行），而尊称维纳斯为"我亲爱的女神"（第213行）。[4]乔叟

1 关于 yif I kan 更多的评论，参见：*Medieval to Renaissance in English Poetry*, p. 22 and n. 18。埃里希·奥尔巴赫（Erich Auerbach）在《古代晚期与中世纪的文学语言和其公众》（*Literary Language and Its Public in Late Latin Antiquity and in the Middle Ages*, London, 1965）第三章中，就古法语的 *Eneas* 在文风上与维吉尔的《埃涅阿斯纪》的关系所做的精彩论述，大部分同样适用于《声誉之宫》的这一部分。

2 关于乔叟的这种机巧精致风格的论述，参见：P. M. Kean, *Chaucer and the Making of English Poetry*, vol. 1, chapter 2。

3 这两处引文译文出自：《乔叟文集》，方重译，第50页。——译者注

4 这三处引文译文出处同上，第36，37，33页。——译者注

将《埃涅阿斯纪》中复杂的叙事结构进行简化，把中世纪修辞学家所称的史诗的人为顺序（ordo artificialis）改造成更受浪漫传奇作家青睐的自然顺序（ordo naturalis）；这样一来，叙述的顺序与事件发生的时间顺序相一致。[1] 在乔叟的版本中，故事变得对狄多大为有利。罗马的政治命运——让维吉尔能够以目的论为缘由替埃涅阿斯的行为进行辩护的基石——这样的重大问题全然消失，取而代之的是有关个人爱情和忠贞的故事。埃涅阿斯在这些方面的失败大受指摘：他被斥为那一长串负心汉中的一员，狄多不仅仅因为身为受害的个体获得我们的同情，更成为在男性股掌中遭受折磨的女性的代表。

如此一来，乔叟早期版本的狄多和埃涅阿斯的故事（就如同晚些时候在《贞女传奇》中的版本一样）具有了打上女性主义偏见烙印的短篇宫廷浪漫传奇的效果。但是，从一个重要的方面来看，浪漫传奇的素材变成另一种完全不同的形式，已经不再是简单的直线叙述。整个故事由乔叟根据睡梦中在维纳斯神庙里所见的图画记录讲述出来。在说完“一块铜牌，上面写道”（第 142 行）之后，故事的各个事件除了一次是“在那墙画上所见”（第 211 行）[2] 之外，大体上都被描述为“雕刻”。也许有人将它们想象为彩色的雕刻，不过艺术介质的确切性质已不那么重要，要紧的是它们在讲述出来之前已经被描绘出来。其结果是，不断向前推进的不再是叙述本身，而是做梦的人。他先“看到”故事中的一个事件，接着是另一个事件，而这些事件早已定格成画。诗歌的第 151—264 行以及第 433—473 行对于看这个动作尤为强调，第一卷中的这些诗节中到处是诸如“首先我见到”（第 151 行），“其次我又看到”（第 162 行），“我还看见”（第 174 行），“我还看见上面刻着”（第 193，212，253 行）以及“此后我还看见”（第 433，451 行）[3] 之类的词组。即便在诗中未提及看见和雕刻这样的字眼之处，这些诗节的句式也迫使我们时时铭记，是做梦者在描绘故事图像时的凝视而非故事在掌控叙述。“看到”（saw）这个动词往往后面跟着“如何”（how）——这是如何发生的，那又是如何发生的，之后如何会如此这般。（在《埃涅阿斯纪》一节中，“如何”一词这样反复出

1 以下著作注意到此点：J. A. W. Bennett, *Chaucer's Book of Fame*, Oxford, 1968, p. 29。

2 这两处引文译文出自：《乔叟文集》，方重译，第 32，33 页。——译者注

3 这五处引文译文出处同上，第 33，33，33，33，37 页。——译者注

现近 30 次。）通过这种方式，即便是在句法层面，实际发生的故事也已经降级为从句，依附于看这类动词。

这种安排的一个显而易见的后果是，身为做梦者的叙述者从故事中剥离出来，与此同时，他作为故事评论者的重要性愈加凸显。下面我还将回到这个话题，而此处让我尤为关注的后果是整体的画意影像主义（pictorialism），即视觉感官的主导作用，关于这一点该诗作中有许多其他迹象。由此，做梦者最初来到的那所庙宇应该是维纳斯的神庙，因为他认出了它的造像，其意义经由那些视觉意象的编码所传达：

……但心中确信
这一定是维娜丝住的一座神庙；
因为我忽见
有一幅她的画像，
赤身裸体浮卧海面。
此外，还有她额上一顶花圈，
开着红白玫瑰，
她梳发的梳子一把，
她的群鸽，
她的盲儿可必德，
以及棕色脸容的伏尔堪。

（第 129—139 行）[1]

与此同时，除了提供从视觉图形上进行理解的信息外，这段诗文对于色彩的运用也极为敏感。当后来维纳斯假扮成女猎人，以人形出现在实际的故事中时，背后占主导的观念依然是那种过度的绘画的美：

一个武士阿吉德
同遇维娜丝，
她穿着稀有的服装，

1 引文译文出自：《乔叟文集》，方重译，第 32 页。Venus 一词在方译本中被译为“维娜丝”，本文在诗歌引文部分沿用方重原译，但文中其余各处均译为“维纳斯”。——译者注

好似一个女猎者，
风吹动着她的长发……

（第 226—230 行）[1]

人们马上就能“看到”她如波浪般的秀发，就好像有可能在中世纪雕塑或是绘画中看到的那样。

绘画式的意象占据主导地位，这是中世纪晚期叙述的特点。《声誉之宫》已然朝中世纪晚期的画意影像主义发展，以词语来详尽地表现一个场景或是故事的画面。中世纪谈论修辞的作品中大多都有关于词语描绘的指南和范例，的确如此，人们似乎常常认定诗艺（ars poetica）[乔叟的“诗艺”（art poetical）] 的实质就是描述的艺术：此处，贺拉斯的“诗如画”（ut pictura poesis）直取其字面意义。反过来说，诸如“色彩”和“绘画”一类的术语往往用于修辞润色，例如乔叟曾经（修辞性地！）反问：

我何必雕琢字句，
或多添辞藻
来抒情描爱呢？

（第 245—247 行）[2]

约翰·赫伊津哈留意到这种倾向后评论道：“在日渐衰落的中世纪，思维上的一个基本特点是视觉占据主导地位。这一特点，”他尖锐地补充道，“与思想的萎缩密切相关”。在观看实际的绘画作品时，我们并不会因“对细节的那种无尽热情”[3] 而产生审美疲劳（因为在这里，眼睛几乎能立刻感受到众多细节所产生的整体效果）。然而，在诗歌中，细节需要一个接一个地叠加累积，造成时间上的拖沓，其效果就可能是精力的消耗，以令人疲倦的停滞为代价换来的是如百科全书一般的无所不包。

然而，在《声誉之宫》中，即便无法想象叙述中提到的那雕刻成的连

1 引文译文出自：《乔叟文集》，方重译，第 34 页。——译者注
2 同上。——译者注
3 *The Waning of the Middle Ages*, Harmondsworth, 1955, pp. 285, 281.

环漫画能够移动，也不存在这种停滞（哪怕只从字面来理解停滞）。其间有一种向前的活力，此时，这活力存在于叙述者的举动中，他热切地引导着他的受众踏上一场神庙之旅。《声誉之宫》之所以能够实现绘画式描述静态场景却无停滞之感，一个可能的原因是，与创作《霍恩王》（*King Horn*）、《哈夫洛克》或是《奥菲欧爵士》的作家不同，对于乔叟的读者而言，他讲述的故事早已存在于其他已经付诸文字的版本中，读者也知道这些故事，乔叟的作品只不过是在挑战这些已经存在的作品。[由此，他才会明目张胆地提到“不妨一读浮亚尔（Virgile）的《伊尼德》（*Eneydos*）一书，/ 或奥维德的《情书集》（*Epistle*）”（第 378—379 行），[1] 而这在早先的英语叙述中闻所未闻——这一点我后面还会提及。] 于是，故事本身可能不再至关重要，而讲述故事的方式可能变得更加重要。中世纪关于诗艺的教科书理所当然地认为，诗的题材是固定的，而诗歌创作属于讲述者。他通过使用描述、创造人物言语、进行道德思考、列举有说服力的例证等，来修饰这些题材。这正是《声誉之宫》第一卷中的情形。狄多有一大段关于埃涅阿斯不忠的怨诗（compleynt）[2]（第 300—310，315—360 行）；乔叟插入了一段很长的诗文，从古典传说中截取关于男人背弃了女人信任的例证（第 388—426 行）；他还间或加入一句俗语，诸如“闪亮的东西未必是黄金”（第 272 行），或者“看准了药草，/ 才好放心往眼睛上抹”（第 290—291 行），再或者“凡事既已做了，更有何话可说”（第 361 行）[3]，等等。总体来说，加入这些内容并不仅仅是为了将叙述置于本土语言的语境中，更是巧妙地使用它们来传达某些特定主题。关于这方面，我已经提到过将整个故事打上浓重的个人色彩（并由此令其不具政治意味）以及传达女性联合起来与男性对抗的主题，而这些是如此地突出，以至于罗马的建立似乎远远不及狄多所遭受的痛苦重要。此外，还要加上对于怜悯的强调——既包括女性对男性显示出来的哀思，尽管鲜有男性受之无愧，还有由简单的手法诸如叙述人发出的“天哪”（第 183，265，268，370 行）或者“呵，这样的事还不伤尽人心吗？”（第

1 引文译文出自：《乔叟文集》，方重译，第 36 页。——译者注

2 怨诗是中世纪一种比较流行的抒情诗，既可单独成篇，也可用于叙事诗中，以表达人物的哀怨、痛苦或不满的心情。乔叟流传下好几首很优秀的怨诗。——译者注

3 这三处引文译文出处同 1，第 34，35，36 页。——译者注

396 行）[1] 等，以引发我们对悲惨境遇中的狄多心生怜悯。（体验悲痛再次成为中世纪后期的一个特点。）第三个重要的主题是名声或者名誉，正是它最终将诗的第一卷与其他部分联系起来。这在狄多的怨诗中，在她哭诉丧失了“美名”时（第 345—360 行）有直接的描述。乔叟对于他所取材的故事中将埃涅阿斯描绘得过于高贵的批评，也间接隐射了这个主题。

此外，乔叟将讲述者的重要性戏剧化，这其实是诗艺的题中之义。诚如我们所见，在早期的英语浪漫传奇里，叙述者只不过是一个语法上的假设性存在，是一个空职。在《声誉之宫》中，叙述者不再缺席，他常常突出自己，甚至在甚为谦逊的“竭力”（yif I kan）中也可以看到他。在某种意义上，他似乎看上去已经成为全诗的主角。这也确实在梦的虚构中得到了暗示，因为做梦的人须成为他们的梦之中心，且在一首由梦构成的诗歌中，所发生的事情不可避免地必须全然由作为做梦人的叙述者的经历组成。从另一方面来说，这并不意味着“谁是叙述者”这个问题能得到一个确定的答案。有时候在他身上看到的似乎并不仅仅是诗艺所要求的那种笼统的“诗人”角色，还有乔叟自己作为诗人的某些影子。在第一卷中，他站出来为自己的无能道歉，说他无法从个人知识出发来谈论爱，无法解释为什么如果他那样做，他将冒着让听众无聊透顶的风险：

我何必雕琢字句，
或多添辞藻
来抒情描爱呢？这不可能；
我无此本领。
也不必絮述
他俩如何相识，
说起来话太长，
有误你们的光阴。

（第 245—252 行）[2]

1 引文译文出自：《乔叟文集》，方重译，第 36 页。——译者注
2 同上，第 34 页。——译者注

在这里，我们看到乔叟在其宫廷诗歌中常常采用的一种姿态，这是由于缺乏关于爱的个人经验，但又不得不描写爱（因为在宫廷的圈子里，从理论上说，这是诗歌仅有的主题），只得通过通报他在书中（或者像这里一样，画中）所得来描写爱。当然，我们并没有理由就此猜测这便是乔叟的实际生活状况。在《声誉之宫》接下来的部分里，当他到达声誉的宫殿，被问到是不是为自己找寻名望时，他带着坚定、自立的表情应答，并提及自己的作品。至少，这听上去更为真实：

任何人的嘴上都不提我的名字，
只当我已辞别了人世，我感到十分安顿。
我最了解我自己的处境；
不论我如何思念，如何困恼，
我一定独自担当下来，
至少我要尽我所能，
把大部分包干才是。

（第 1876—1882 行）[1]

在第二卷和第三卷的序中，他再次采用了但丁式的风格和态度，暗示了一种比在该诗作中其他地方更加宏大的关于诗歌灵感的构想。但重要的并不是这些段落中有一些可能是真实的自我表达而另外一些不是——也许它们都是做出来的姿态，我们永远也无法确定这一点——重要的是它们相互之间并不能很好地统一起来，展示某个单独的叙述者的人格。“叙述者”或者“做梦人”居于显要位置是出于其他考虑，而不是为了塑造人物或是自我表达。

这些其他考虑之一，是吸引人们关注所使用的文学手法，这在某种程度上造成了一种对于已完成内容的批判性超脱感——既与原有的故事保持距离，也与呈现故事的技巧保持距离。举个简单的例子，叙事中用以修饰润色的俗语之一是这样呈现的：

我不免要引用一句古谚：

1 引文译文出自：《乔叟文集》，方重译，第 62 页。——译者注

“看准了药草，
才好放心往眼睛上抹”；
这句话确有道理。

（第289—292行）

又如，狄多的怨诗也属此类。在其开篇有一段叙述人的插入语：

我就这样梦见
她号哭诉苦；
我照实讲来。

（第311—313行）

当怨诗完毕时，又出现一次：

凡事既已做了，更有何话可说；
她的一切申诉哀号
实在是枉然的了。

（第361—363行）[1]

狄多的话也许能打动我们，获得我们的怜悯，但是我们不能忘记这是一个诗歌技艺的范例。最后一句话加强了超脱感，它指出，这种怨诉作为文学手法无论多么有效，都全然不能影响故事接下来发生的各个事件。

在乔叟的创作生涯中，叙述上的这个特点经常在作品中显现。它往往被视作塑造叙述者的方式（天真，学究气，笨拙，无法理解他正在讲述的故事，等等），或者嘲讽整个文本的方式。我早前已经指出，前一种解释并不能令人信服，而第二种解释似乎同样不能让人满意，因为它试图中和故事所激发的各种情绪：如果反讽是狄多哀伤的语境，一旦我们觉得它很感人，就定然落入陷阱。这样一种解释也许更让人信服：这种叙述是为了让人关注诗歌的文本性以及它的互文性，即它存在于大

1 这三处引文译文出自：《乔叟文集》，方重译，第35，35，36页。——译者注

量的相关文本之中，靠与它们的差异而建构起它独特的意义。[1] 早期的英语叙述中不存在这种意识：因此虽然《奥菲欧爵士》似乎可以诠释为关于游吟技艺或是诗歌本身的影响力的一首诗，它却没有包含关于其自身文学地位或是文学先例的指涉。而在《声誉之宫》中，正如一位新近作家指出的那样，“厄洛斯（Eros）的含混宇宙……与文学世界不谋而合”。[2]

不仅仅在第三卷中，当乔叟看到伟大的作家们肩上扛着他们赋予写作题材的名声时是这样，早在第一卷中就是这种情形了。我们可以猜度，乔叟的取材来源所采用的绘画形式能掩饰其文本性来源的实质，但事实上，不需要多长时间，我们就能感受到其文本性来源。与不断重复出现的动词“看”一道，我们发现埃涅阿斯的家庭从特洛伊逃亡“看上去真令人伤心”（第 180 行），这一诗行后面在涉及克瑞乌莎（Creusa）的灵魂[3] 告诉埃涅阿斯将来要做的事时再一次重复（第 189 行）。狄多的长篇怨诉甚至无须假装具备绘画形式，而前文引到叙述者对其的中断，尤其是在其中插入“不必引用任何权威作家的话”（第 314 行）[4] 时，也暗示了这样一种事实——因为这样一篇精心修饰过的诉说来自文本性权威而非梦中所见的画面，那更容易使人相信。乔叟叙述内容的真实来源，在一段明面上否认实则暗指的叙述中透露出来。在这段叙述中，他拒绝提供狄多自杀的细节或是她临终的只言片语及信函：

至于她死时究竟是如何情景，
临终讲了些什么话，

---

1 关于互文性这一概念，参见：Julia Kristeva, *Semiotike*, Paris, 1969, p. 146。乔纳森·卡勒（Jonathan Culler）在《结构主义诗学》（*Structuralist Poetics*, London, 1975, p. 139）中曾引用克里斯蒂娃的论述：“每一个文本都由各种引文镶嵌合成，每一个文本都是对其他文本的吸收和改造。”对近些年出现的这些理论家而言，与其说这些“引文”有具体的出处和类比，不如说它们与其他的文化话语有关。此处，我是在一个更为简单的意义上使用这个术语。在这个方面，如同在其他各个方面一样，相对于现代的作品，当我们将近年兴起的理论中的各种概念运用到中世纪作品的批评中时，它们似乎更简单、更显而易见。

2 Piero Boitani, in *Literature in Fourteenth-Century England*, ed. Piero Boitani and Anna Torti, Tübingen, 1983, p. 13.

3 克瑞乌莎是埃涅阿斯的妻子，死于特洛伊陷落之时。她的灵魂告诉埃涅阿斯，他将注定前往意大利完成其使命。——译者注

4 引文译文出自：《乔叟文集》，方重译，第 35 页。——译者注

谁若愿意知道，
不妨一读浮亟尔的《伊尼德》一书，
或奥维德的《情书集》，
这就是她临终以前所写的信简；
如果不是太长，
我一定要照录下来。

（第 375—382 行）[1]

我们留意到此处的解释同回避埃涅阿斯和狄多的情爱关系细节时所使用的理由如出一辙——如果提供了细节将会导致冗长乏味——回避的结果是这一版本的故事恰到好处地回避了热烈的爱情和自杀这两个最为人熟知同时也是最耸人听闻的元素。与此同时，我们也意识到乔叟的版本只有在互文的语境中才有意义，这个语境包含了其他版本的故事，讲述了乔叟显然省略了的内容。

叙述者的举动让人随着故事的进展继续关注文本性和互文性。他列举了男性对女性不忠的例证说，“人们都可以从书里阅读”（第 385 行）[那确实源自《女杰书简》]；这些例证的最末一行再次提到“据书上说”（第 426 行）。[2] 最后，在对如画境般的《埃涅阿斯纪》的结尾部分那逐渐仓促的总结中，我们意识到，需要从更多的文本中获取与第六卷相关的更深入的信息。埃涅阿斯造访地下世界，

他目睹地狱中的种种苛刑，
说来未免太长；
谁若愿意知道，
必须攻读维吉尔的许多诗篇，
或读克洛第恩，或读但丁，
他们都讲得很好。

（第 445—450 行）[3]

1 引文译文出自：《乔叟文集》，方重译，第 36 页。——译者注

2 这两处引文译文出处同上，第 36，37 页。——译者注

3 引文译文出处同上，第 37 页。另外，方译本中对于 Virgile 的译名并未统一。——译者注

这是乔叟第一次提到但丁，正是在他的影响下，乔叟才意识到可以有很多方式来用本国语言作诗，而不是局限于英语浪漫传奇所提供的那些可能性。在此，这位意大利诗人成为描写地下世界及其惩罚的文学权威之一；这些权威们共同建构的这个互文景象在“大量诗行”中几乎呈现出具体的情境。也许在此处，互文性成了负担，但总的来说，中世纪晚期的诗人愿意承认他们并非其作品全然意义上的“创作者”，这远不像现代读者可能认为的那样是一种限制。那些浪漫主义诗人以及后浪漫主义诗人还有经典小说家才纠结于创新的责任，并受困于一种来自不敢承认师承而感受到的内疚之中，而完全的创新是不可能的。乔叟和他的一些同时代人以及后继者毫不犹豫地坦承自己不过是众多讲述古老故事的人中最近的一批，而这使得他们即便在自己的作品中使用了众多前人的文本，也不会受到这些文本的束缚，因为这样的坦诚令他们成为他们所化用的那些文本的评论者，谦卑却不失批判性。乔叟的叙述中拥有的宁静的力量自当在很大程度上归功于坦承互文性所带来的自由。

《公爵夫人书》

《公爵夫人书》是乔叟最早的有据可查的诗作；一般认为这首诗是为了刚特的约翰的第一任妻子，兰开斯特公爵夫人于 1368 年 9 月去世而作，有可能就在其后的几个月的时间内快速写成。[1] 乔叟与他的英国先人们一个关键性的不同在于他对于自己作为诗人的行为具有高度自觉，也许正是这种自觉，令他初涉创作就采用了将诗置于梦境这种时髦的法国形式。[2] 梦和诗歌都是虚构的形式，我们所有人都做梦，但只有少数有天分的人能写诗。梦境诗的一个重要功用似乎在于它是为虚构在中世纪谋取一席之地而做的尝试。这种尝试很有必要，因为在中世纪的思想中，虚构形同作伪，将故事降格为谎言。梦的性质则是含混的，因为它们既有可

---

1 对当时情况和诗歌之间关系的详细叙述，参见：Derek Brewer, *Chaucer and His World*, London, 1978, pp. 111–113。

2 本段余下部分可以与拙著《中世纪梦幻诗》（Cambridge, 1976）对照阅读，更精简的论述请参照拙文："Dream-Poems," in *The New Pelican Guide to English Literature*, ed. Boris Ford, vol. I, part 1, Harmondsworth, 1982, pp. 235–247。

能被当成由身体或是心理异常导致的不负责任的、具有欺骗性的幻觉，也有可能（只是可能）成为对于真实情形的预见，此时人的头脑在某些超能力量的作用下能够瞥见醒着时双眼看不到的事情。《声誉之宫》的前面58行概述了中世纪的人们对于梦的原因及可信度所持有的不同观点，但并未就此得出任何结论。事实上，如果将梦视为诗的有效的对应物，就实现乔叟的意图而言，这样的不确定性很有必要。《公爵夫人书》是一首梦境诗，在这首诗中，乔叟第一次尝试以这样的不确定性界定诗性虚构并为之正名。

在《公爵夫人书》中，乔叟将自己描绘成饱受失眠困扰之人，为了打发漫漫长夜，他阅读了这样一卷作品，里面写道：

书中是古代的
作家和诗人撰写的
寓言杂品，
便利人们背诵，
只消懂得珍惜自然的法则。

（第52—56行）[1]

这部源自古代异教时期的故事集显然是奥维德的《变形记》，因为他在其中读到了基尤克斯和阿尔古容妮的故事，而这故事本身就包含了一个由睡眠之神墨菲斯（Morpheus）托给阿尔古容妮的梦，以告知其丈夫的死讯。这最终让乔叟意识到，他有可能通过向墨菲斯祈祷而进入梦乡，并且梦境的内容也会随之受到影响。除开解释来因去果，阿尔古容妮的梦为乔叟后来运用梦境提供了一个显著的范式。基尤克斯出海远行迟迟未归，阿尔古容妮向朱诺（Juno）祈祷获得有关他的命运的消息［由此虚构和真正的梦像已然交织在一起了，在这个异教的虚构文本中，阿尔古容妮祈求获得关于她丈夫的“正确的启示”（第119行）］。梦便是朱诺的回答，而它源自睡眠的洞穴的黑暗与静默。就像我们认为的那样，它源起于大脑的无意识。就其本身而言，它只是虚构。阿尔古容妮似乎见到了她的丈夫，但是乔叟也像奥维德一样，清楚指出她实际上看到的是“溺毙的

1 引文译文出自：《乔叟文集》，方重译，第5页。——译者注

尸体”(第 195 行)[1]——一具由墨菲斯的技艺操纵的尸体。但是梦的影像告诉她的消息却是真实的:基尤克斯已经溺水身亡,她一觉醒来会发现海水将他的尸身冲上岸来。阿尔古容妮的梦是能够揭示真相的虚构,因此它为乔叟在这首诗以及其他梦境诗中为虚构行为进行普遍的辩护,提供了一个范例。

将诗视为虚构——换言之,认为诗是使用语言来模仿生活——只是界定它的一种方式,且不是中世纪最为常见的方式。另一种界定诗歌的主要方式,同时也是更为普遍的方式,是视诗为一种独特的,从审美角度而言有吸引力的,或是“创造性地”使用语言的方式:诗是修辞或是比喻性话语,是带上了某些文体特征的语言形式。[2] 这种理解诗歌的方式同另一种相比较,同样源远流长,尤其是在论修辞的论文中。中世纪不少谈论诗艺的篇章都会提及,不过其作者感兴趣的不是诗歌与真实的关系,而是诗歌所包含的大量比喻和修辞。[当然,诗是虚构和诗是修辞话语,这两种理解诗的方式并非泾渭分明。修辞中的一个大类——常常被当成最具诗歌特点的一类——便是隐喻;扩展了的隐喻即是寓言,而寓言就是虚构的一种形式。在 14 世纪的意大利,在诸如彼特拉克的加冕演说和薄伽丘的《诸神谱系》等在为诗正名时认为,世俗的虚构之所以有价值正是因其寓言性质。不过,乔叟似乎并不赞同这一观点,他更青睐于使用“奇特”的梦(《公爵夫人书》第 277 行,《声誉之宫》第 62 行)[3] 而不是体系化的寓言式幻景作为诗的模板。]

拉丁文诗艺中的信条与法国宫廷诗在很大程度上有交集,而后者正是《公爵夫人书》的原型和模板,这在半个世纪前就很清楚了。我们碰巧知道乔叟谙熟文索夫的杰弗里的《新诗学》,因为他在《特洛伊罗斯与克瑞西达》中引用了这首诗,并在《修女院教士的故事》中提到了其作者“亟弗雷啊,我的尊师”[4],不过他不需要依靠任何这样的作品作为他早期诗歌中修辞的来源。“他不需要翻开教科书,他最早的修辞课来自马肖和

1 这两处引文译文出自:《乔叟文集》,方重译,第 6,7 页。——译者注

2 类似的对于文学的定义,可以参见:Tzvetan Todorov, “The Notion of Literature,” *New Literary History*, 5, 1973–1974, pp. 5–16。

3 鉴于方译本对于两处的译法不同,此处选用了《公爵夫人书》第 277 行的译法。——译者注

4 引文译文出处同 1,第 685 页。——译者注

《玫瑰传奇》的字里行间。”[1] 此外，在支撑乔叟早期诗歌构架的宫廷理念体系中，诗的修辞、爱和高贵的出身之间联系极为紧密。宫廷文化将三件事情视为理所当然：诗的题材是爱；诗来源于真情实感，源自个人爱的体验［乔叟很谦虚地将“你们这些情人有真情实感”（《贞女传奇》“引子”F本第69行）和他自己无法写出“这些情调”，只得取自“拉丁原作”（《特洛伊罗斯与克瑞西达》第二卷第13—14行）[2] 区分开来］；这样的体验只有出身名门的人才有可能经历。乔叟笔下的扈从，以平民地主满是欣赏的眼光看来，完美地结合了这三重条件：他出身名门，举止高贵；他以最风雅的方式谈情论爱；像平民地主向他保证的那样，当他机巧地给故事结尾时（因为文雅而口若悬河地谈论爱并不意味着总是很有趣）：

先生，我认为你讲得挺有感情！
据我的看法，我们这一群人里，
任何一位的口才不能同你比。[3]

但是，如果这样的诗希望真的动人，它逃不出这样一个悖论：它会成为表达感受到的情感的方式，但它也会不将其表达出来。情感，爱的经历本身，拒绝以言语形式呈现。当平民地主谈及奥雷留斯这个在他的故事中与朝圣的扈从相对应的角色时说道，他爱了道丽甘两年多，爱到心烦意乱，爱到绝望，但是，

他既不敢说出来……
只能在歌中流露自己的悲伤，
因为诗歌中常有情人的哀告。[4]

1 Benjamin S. Harrison, “Medieval Rhetoric in the *Book of the Duchess*,” *Publications of the Modern Language Association of America*, 49, 1934, p. 442. 这里提到的乔叟的片段包括《特洛伊罗斯与克瑞西达》第1065—1069行（译自《新诗学》第43—45行）和《坎特伯雷故事》第七组第3347行。

2 引文译文出自：《乔叟文集》，方重译，第123页。——译者注

3 引文译文出自：《坎特伯雷故事》，黄杲炘译，上海：上海译文出版社，2013年，第六组第676—678行。——译者注

4 同上，第六组第943—945行。——译者注

"在他的歌中,他多少会以一般哀歌的形式掩饰悲伤。"[1] 约翰·史蒂文斯这样评论道。他同时援引了一段,其中包括以上几行,并说:

> 宫廷中关于爱的抒情诗也许本质上就是个谜——以一种谜一样或是隐晦的方式将你的想法传达给另一个人,而这个人是或者假装是你的情人。[2]

毋庸置疑,在某种意义上,所有的诗歌都掩饰了与它们的创作相关的个人因素,就如同哈罗德·布鲁姆所说,诗的比喻堪比弗洛伊德式防卫,用以抵抗"令人不快的真相,而这些真相与内在产生的危险有关"[3]。但是,掩饰的技巧对于中世纪宫廷爱情诗歌尤为合适,这是诗艺中明确传授的。

文索夫的杰弗里反复数次提到,在传统的意象中,诗歌风格好比衣饰,"让诗艺上前来为整件事披上语言的外衣"[4]。对于穿衣人而言,衣服必须合体,但是衣服的首要功能自然还是遮蔽身体。那是它们的首要功用;不过需要提一句,在文明社会中,衣服设计出来并不仅仅为了遮蔽,同时也为了部分地以及间接地显露身体。功能上的这种含混无疑解释了为什么衣服能成为诗歌的精彩辞章之贴切隐喻,长久地流传下来。但是,从我现在的目的出发,我认为集中讨论辞藻的遮蔽功能将大有裨益而不至于误导。修辞学家所传授的大多数文体技巧对于法国或者英国那些以本国语言写成的相对轻巧和透明的诗歌并不适用;事实上,它们往往只适用于像拉丁语这样词形变化丰富的语言。然而,扩充的技巧是诗艺原则的主要组成部分,这些用于英语或是法语之中有如在拉丁语中一般自如。

---

1 wreye (上文所引第 944 行原文为 Save in his songes somewhat would he wreye——译者) 可以指"揭示"或者"暴露"。在当前的语境中,正如(下一个——译者)注释里史蒂文斯指出的,它很可能指的是"掩饰"。可以对照参考 Hym self to wrey 中特洛伊罗斯对克瑞西达一见钟情时的焦虑(《特洛伊罗斯》第一卷第 329 行)。也许,重要的是,无论 wreye 指什么,《平民地主的故事》里这一段的大意和这一段与我的论述意图之间的关系都是不变的。

2 John Stevens, *Music and Poetry in the Early Tudor Court*, London, 1961, p. 216.

3 Harold Bloom, "Freud's Concepts of Defense and the Poetic Will," in *The Literary Freud: Mechanisms of Defense and the Poetic Will*, ed. Joseph H. Smith, New Haven, 1980, p. 1.

4 Geoffroi de Vinsauf, *Poetria nova*, line 61, in *Les arts poétiques du XIIe et du XIIIe siècle*, ed. Edmond Faral, Paris, 1924; trans. Margaret F. Nims, Toronto, 1967.

中世纪意义上的扩充，至少暗指直接陈述的延迟；文索夫的杰弗里阐述的八种扩充方法要么掩饰直接意义，要么延迟它的表达。它们是：变化、迂回表达、比较、顿呼、拟人、离题、描述和反面陈述。我们无法确切得知奥雷留斯用了这其中的几种，但可以肯定他使用了比较，因为在“小诗、/ 短歌、回旋曲、双韵短诗和怨词”中，他唱到自己如何

> 憔悴得像地狱中的女魔一样，
> 又像是厄科爱上了那喀索斯，
> 因不敢吐露愁思而只能一死。[1]

(在中世纪以俗语写成的爱情歌谣中，像这样将古典神话中的人物拿来进行比较，听上去可能有些奇怪，但是在乔叟的想象中，《平民地主的故事》发生在仍是异教统治的古代。) 而奥雷留斯最终向道丽甘表示，他已经实现了她在轻率之中提出的应许奥雷留斯心愿的条件 (如果他能够令围绕着布列塔尼海岸的黑色礁石消失，她就会爱他) 的那段，那是一段延迟的杰作：一段 28 行的讲话 (第 1311—1338 行)，用到了恭维、绕圈子、插入语和其他制造延迟的策略，一直拖到最后面才说出“那些礁石已消失”那句直接的陈述。

当乔叟创作《平民地主的故事》时，宫廷风格在英语中已经确立下来，而这在很大程度上归功于乔叟自己的努力。与之相比，《公爵夫人书》有可能是以英语写成的第一首完整的宫廷诗；它以第一人称怨诉起首，奥雷留斯的怨诉很有可能正是这样一种怨诗。诗中的说话者哀叹自己无法入眠，导致他“没有任何感受” (第 11 行)；他的脑海里充满了“悲惨的景象” (第 14 行) 和“狂想浮影” (第 28 行)，他“心情沉郁” (第 23 行)，饱受对死亡之恐惧的折磨。这篇开场白意在建立某种个人体验，但它以一种极为详尽的方式表达出来，掩饰了造成这种体验的原因。如果视之为宫廷式修辞，我们必须认为，“病魔 / 纠缠了我八年之久” (第 36—37 行) 和“有一位医生” (第 39 行)[2] 能够治愈它，这些都是在比喻意义上而非在字面意义上；但我们不知道这医生是谁，也不清楚这被描述为疾病的经验是什么。“悲惨的景象”解释了为什么说话者继续做梦，而提到忧郁、黑胆汁，也解释了为什么这个梦与穿黑衣的人有关，不过我们无

1 引文译文出自：《坎特伯雷故事》，黄杲炘译，第六组第 947—952 行。——译者注
2 这六处引文译文全出自：《乔叟文集》，方重译，第 4 页。——译者注

从确认，构成这个文学表达之基础的是何种文字议定，或是何种真实的或虚构的人类处境。

有鉴于此，当意识到以这种宫廷式怨诗的方式向我们进行自我介绍的那个人，竟然对诗中余下的绝大部分抱有一种奇怪的写实态度时，我们很有可能觉得诧异。但是，乔叟最初的受众（无论他们是谁）大概不会这么惊讶，因为他们并不期待在叙述者的刻画上有连贯性。我认为，开场白和后面部分虽然主题一致，但在对连贯的自觉上确实存在不一致。这也许同《声誉之宫》里一样，乔叟并不关注在叙述意识层面建立起一种完全的连贯性。[1] 无论如何，《公爵夫人书》的叙述者似乎从未想过要以字面解释之外的任何其他方式来诠释他所读到的奥维德的故事。这个故事"内容很不平常"（第 61 行），对于阿尔古容妮，他怀抱一种天真的同情，就好像真有其人一般：

夫人愁眉不展，
真叫我一面写这诗篇，
一面就难免要为她发愁，
我满心的怜悯，
每天想起她的忧伤
也觉得一刻都难挨过。

（第 95—100 行）

他继而认为，古典传说为现实生活中的情境提供了有益的指导；确实，他"除了一个神，不知道有其他的神"（第 237 行），但他仍然认为需要替墨菲斯提供一张结实且奢华的羽毛床，

一副又白又软的鸽毛床垫……

1 参照比较：Robert F. Jordan, "The Compositional Structure of the *Book of the Duchess*," *Chaucer Review*, 9, 1974–1975, p. 108。乔丹认为：

"……这首诗的叙事模式松散且不连贯，做梦人的过渡性功能凌驾于他的戏剧功能和人物刻画之上。做梦人主要的功能是实现诗歌内容从一个主题转移到另一个，他身上呈现了诗歌内容发展到某个特定阶段所必备的特点。这并不是要否认乔叟赋予了做梦者某种连贯的、具有辨识度的性格特点，不过这确实质疑了一种观念的基础，那就是将做梦者看成具备某种在经历中不断发展的统一意识。"

用海外出品的细软的金丝黑缎
包扎起来，
还有许多床枕，
套着法国棱城布制成的枕套，
好让他睡得酣熟，
不致在床间反复不安。

（第250,252—256行）

——如果他能带他进入梦乡的话。他愿意为墨菲斯或是朱诺，“或是任何一个人”（第244行），[1] 做这一切。他是如此按字面理解，以至于他显然没能意识到，除了异教徒，“墨菲斯”只能是“睡眠”的比喻，而他所使用的语言中的口语式表达，诸如那句快活的“或是任何一个人”，令这种写实的描述更具可信度。

当他对于墨菲斯的誓言获得回报时，我们进入了诗的主体部分——一个梦，关于这个梦他同样只能说这很“奇特”（第277行）——乔叟牢牢地树立起了这个写实的形象。作为宫廷诗的第一人称叙述者，他必须以足够宫廷体的方式说话，但是他所使用的详尽扩充的手法大体上都与写实主义相一致。他极详细地描述睡梦之中将他唤醒的歌唱着的小鸟［“丝毫不吝惜自己的嗓子”（第320行）］，理想的卧室，在森林中听到、而后加入的狩猎，以及森林本身，提供了一大堆冗余得让人喘不过气来的细节，让我们不得不将这一切归咎于天真。同墨菲斯一样，“花神和风神”（第402行）对他来说不是有象征意义的虚构人物，而是真实的存在，“他们二人指使春花开放”（第403行）；他离题谈到的“阿拉伯的数学大家阿尔格斯”（第435行）同样在悄悄透露信息。诚然，这里有一个段落，极具象征意义，它结合使用隐喻和拟人来告诉我们大地如何“已忘了严冬，/ 忘了寒冷的清晨 / 所带来的穷困”（第410—412行），[2] 但是在写实主义的大语境中，即便是这样一个段落，说话者似乎也并未希望传达言外之意。当然，这只不过是一种主观印象，虽然我知道其他人也有同样的印象，但是接下来的部分将会证明这种印象的客观性。

乔叟看到“一位非常英俊的骑士”（第452行），通身着黑，倚在一棵橡

1 这五处引文译文出自：《乔叟文集》，方重译，第5,6,8,8,8页。——译者注
2 这六处引文译文出处同上，第9,9,11,11,11,11页。——译者注

树旁。他听到他发出一声令人同情的哀叹，于是彬彬有礼地上前与他搭话，想知道他苦恼的缘由。诗中余下的三分之二都是他们的对话，从中我们得知，这位骑士失去了他的心上人并且——不过这个信息直到诗的结尾部分才透露出来——他之所以会失去她是因为她已经过世。这位骑士详细地描绘了自己的痛苦以及他是如何成功地获取心上人的垂青，他的这位"怀特，意指颜色洁白"（第948行）。他极尽赞美之能事地褒扬她，使用的是并非全然抽象的词语。可以肯定的是，这位骑士就是刚特的约翰，"怀特"是布兰茜，是二人在虚构的梦境里的理想化身。黑骑士的出现，让人无法不留意到他与梦中乔叟之间的反差，前者的雄辩自始至终使用比喻修辞，而后者却十分写实——这一反差与骑士的社会地位之高和做梦者的地位之低之间的反差不谋而合，并在后者中得到了强化：

请看这位武士的话讲得何等得体，
好像我是打扰了另一个人，与他全不相干似的。
他既不粗鲁，也不冷淡。

（第529—531行）[1]

对于叙述者那较低的社会地位，乔叟的大多数读者有一种笼统但不是十分明确的认识；也许，这种认识在《公爵夫人书》中他遇上这位"非常英俊的骑士"的那一刻，就开始浮现了。不管怎样，骑士使用的语言立刻表现出是用来"表示爱慕"的宫廷式修辞，而非直陈式语言。做梦者从他那儿听到的最初的词句是怨诗的一种，"一段歌词，也就是一种曲调，/不过是有词无谱"（第471—472，487行）。它以对照开始：

我已给悲哀完全压倒，
快乐早就不是我的份了。

（第475—476行）[2]

就其自身而言，这与做梦者将骑士描述为"完全苍白，十分可怜，毫无血色"（第470行）时使用的详尽扩充的手法并无二致，但是怨诗很快升华

1 这三处引文译文出自：《乔叟文集》，方重译，第11，20，13页。——译者注
2 这两处引文译文出处同上，第11，12页。——译者注

成极为形象化的话语，以呼语的形式对一个拟人化人物说：

死亡呀，你是怎么回事呵，
当你攫走我心爱的时候，
你竟不肯把我也一起掳去；……

（第 481—483 行）[1]

乔纳森·卡勒说，呼语是"诗歌自负的纯粹化身"[2]，因为这种修辞通过赋予无生命事物以生命并将其召唤到面前，来暗示诗人拥有改变现实的力量。因此，对这种扩充的手法，文索夫的杰弗里以最详尽的方式长篇大论地探讨并以最详细的例证来说明，肯定不是偶然（《新诗学》，第 263—461 行）。在他所列举的例证中，就有对于死亡的呼语（第 386—396 行）。正如人们可能预期的，相比之下，乔叟之前的英语诗歌的意图要收敛很多，如此雄心勃勃的比喻在那时很少见。[3] 在此，这个比喻的作用正是为了隐藏引起说话者哀愁的实际原因；从做梦者的角度而言，它显然成功地做到了这一点，因为他坚持无法领会那个原因。

在接下来的部分中，骑士接着使用比喻性语言述说，而做梦者准备好了一大堆同情，继续从字面上来理解。骑士充满比喻的雄辩显示出他更高的社会地位，而做梦者的误解使骑士不断地进行扩充阐释；不过更重要的是，我们逐渐意识到，骑士的雄辩所达到的效果是，让他自己不必面对引起他哀伤的根源。就像奥雷留斯不敢在道丽甘面前流露他的悲哀，骑士也不敢深刻思考

1 引文译文出自：《乔叟文集》，方重译，第 12 页。——译者注

2 *The Pursuit of Signs*, London, 1981, p. 143.

3 一个与此尤为相似但更早一些的例子（译自法文）出现在浪漫传奇《弗洛里斯和白兰奇弗洛》[*Floris and Blancheflour*, in George H. McKnight (ed.), *King Horn, Floriz and Blauncheflur, The Assumption of Our Lady*, EETS OS 14, re-ed., London, 1901] 中：

"死神，"他说，"你满怀
嫉妒，你奸诈背信，
夺走了我的情人。"

（第 281—283 行）

乔叟《公爵夫人书》的这一部分的来源是马肖的《波希米亚王之公断》，它将死亡拟人化，却并未使用呼语。《奥菲欧爵士》第 332 行中同样将死亡拟人化，并且非常接近呼语，但并不是呼语。

他的心上人过世这个直接的事实，于是他虚构出诗这一不断增宽加厚的衣袍来藏身于其下以逃避自我。正是出于逃避简单真实的需要，才有了《公爵夫人书》。骑士使用了极为繁杂的机巧来隐藏和拖延。他的第一篇长篇大论（第560—709行）就充斥着各种修辞手法。它融入了无数古典的和习得的暗示，通过各种明示或是暗示将注意力从他自己的真实情形转移开来；当它们以某种否定形式出现时，它们回避简单真实的功用显得尤为明显：

再没有任何事能消除我的愁烦了；
无论是奥维德的心病疗法，
歌神奥弗斯、德达勒斯的机巧制品
也都没有办法；
也没有名医能诊治我，
即使希波革拉第或格林之辈也无能为力。

（第567—572行）[1]

［"也没有名医能诊治我"与其他许多描写一起，将骑士和醒着时候的做梦者进行类比，后者饱受疾病折磨，只有一位医生可以将其治愈。从自然主义的梦境心理学（naturalistic dream-psychology）之角度来看，我们可以将骑士视为做梦者自身的投射；更重要的是，站在我们的角度，他们均受困于一种疾病，除非能确诊，否则毫无治愈的可能。］同一篇述说不仅将死亡拟人化，还将哀伤和命运拟人化。骑士将自己等同于拟人化了的哀伤，这尤为清楚地表明使用比喻表达法这一习惯如何能够构成克服悲伤的阻力：

要知道，如果有人清晨起来就碰见了我，
他就该说他碰到了晦气恶运，
因为我就是愁苦的化身，愁苦就是我本人。

（第595—597行）

骑士希望固定于一种拟人的姿态；除了哀伤满怀，哀伤还能做什么？出于相似的目的，他使用了重复强调的修辞法，方方面面、巨细无遗地阐述他

1 引文译文出自：《乔叟文集》，方重译，第13—14页。——译者注

的幸福成为痛苦这个想法：

我的歌声变成了哀哭；
我所有的欢笑转为泪痕，
快乐成了沉郁。

（第 599—601 行）[1]

接下来的 16 行讲述的仍是诸如此类。

在骑士的长篇描述中，命运以悖论的形象出现。一个六行的明喻将她比作蝎子（第 636—641 行），从而让我们益发远离实际发生的情形。骑士描述了他与命运女神的一局对弈，她偷奸耍滑地拿走了他的王后，将了他的军。显然，做梦者并没能理解这个美丽却具有欺骗性的寓言。他说，古代的很多名人因为过度哀痛而殒命，骑士现在似乎也在威胁着要这么做（做梦者列举的例子全是女性这一事实似乎意在巧妙地暗示这一举动毫无男子汉气概）。但是，他接着说：

可是世上倒还没有一个人
为了棋盘上的一个皇后而自苦至此呢！

（第 740—741 行）

做梦者缺乏想象力的误读明确无误地将注意力导向骑士的话语中所使用的修辞元素。骑士立刻指出了这是一种误读：

“什么？”他道。“事实不是这样。
你根本不知道你说的是什么。
我的损失严重，远不是你所能想象得到的。”

（第 742—744 行）[2]

做梦者请骑士解释，这使得骑士讲述他与“美丽善良的怀特”的爱情故事。

骑士在这部分的诗中继续使用宫廷体诗歌的修辞手法。他欣然成

1 这两处引文译文均出自：《乔叟文集》，方重译，第 14 页。——译者注
2 同上，第 16—17，17 页。——译者注

为爱神的奴隶，向他致敬，对他顶礼，祈祷获得他的青睐（第 764 及随后各行）。当"青春控制着我的一切，/ 左右着我的闲散生涯"（第 797—798 行）时，他选择了爱情作为他的"最初的行业"（第 791 行）。命运，那"矫情多诈的妖孽"（第 813 行）让他遇见一群貌若天仙的女士。其中一位尤为光艳照人，就好比夏日骄阳之于其他行星一般（第 821—829 行）。爱情让他仅仅听从她的容颜和他的内心的建议（第 835—841 行）。她的秀发"与真金无异"（第 858 行），"自然之神"（第 871 行）令她的明眸开阖。在各种拟人之外，他甚至加入了"沉闷"，对她心存畏惧（第 879 行）。当他描述这位女士时，骑士以惯常使用的描述不可能之事的方式起首，声称他缺乏"文笔和智能"（第 898 行）来揭示关于她面容的真相，然后他进行了所能想象到的最为精细的描述。对此，我们几乎没有必要详细分析，但它全是明喻和隐喻。她的喉部好似"一座象牙圆塔"（第 946 行），她的谈吐如此彬彬有礼，以至于

> 她确是活泼自如，
> 好比一枝火炬照耀着四周的人，
> 而她自己还是一样明亮。
>
> （第 963—965 行）

她是"宴会场中的一面主要明镜"（第 974 行）。当她不在场时，这群人好似"皇冠上取去了珠宝一样"（第 980 行）。在骑士眼中，她确实是"阿拉伯的孤凤"（第 982 行）。这段描述结束之后，阐述的详细程度并没降低。这位女士并不惯于给追求者分派无法完成的任务：骑士提到七个她并没有命令他们去造访的处所。对于做梦者提到的，她仅仅是在她的爱慕者眼中看起来是所有女士中最出色的一位，骑士生气地反驳道（不过并不是完全切题），他无论在什么情况下都会爱她，并提到十五个绝大部分出自古典的人名和地名来强调自己的观点。做梦者紧张地向他保证，他的好运堪比"只顾坦白而不知悔过的人"（第 1114 行）。[1]"悔过"一词让骑士提到三个他无法与之相较的背信弃义者。他就这样说下去，时不时在说话中提到图巴尔、毕达哥拉斯、自然女神、埃及的十场灾难和卡生德拉。

---

1 这 12 处引文译文出自：《乔叟文集》，方重译，第 18，18，18，18—19，19，19，20，20，20，21，21，23 页。——译者注

也许尝试总结骑士之所以表现出超凡的雄辩力的目的比详细展示其内容更有助益。在我看来，有三点很突出。其一是将简单的真实与旁物进行比较，达到暂时以旁物吸引注意力的目的；其二是凸显语言结构，这样人们将赞赏雄辩本身，其注意力转向如华丽外衣般的词语，而不再关注这外衣掩盖了什么；其三在于令骑士得以延缓直截了当地回应做梦者提出的"把你的苦恼告诉我"（第549行）的请求。于是，随着梦中对话的深入，掩饰和发现之间、骑士话语引经据典带来的愉悦和回避哀伤成因的焦虑之间，张力越来越强。骑士自己使用的那些急切的设问句，表示出他知晓详述的避实就虚的功能——这些问题其自身就是详述的手法。他问道："可是我讲到哪里来了？"（第1034行）接着，他又说："可是……又何须我来絮述呢？"（第1088行）[1] 这个为什么的问题，最终还是需要解答。

当我们逐渐接近骑士故事的尾声时，比喻式表达逐渐变得不那么明显。他重复着最初创作的歌来表达爱意，这首歌的歌词——如同其他所有在宫廷理论指导下创作的宫廷歌曲一般，写出了"我的情感"（第1172行）——显然比做梦者首次见他时听他反复吟唱的那首更简单、更直白。他的后期叙述更多表现出删繁就简而不是详尽阐述的特点。他现在的目的是"简言之"（第1239行），既不隐藏也不拖延那个单音节的"不"（第1243行）。当他初次以同样简洁的方式恳求这位女士接受他的爱时，她也是这样回答的——"我只会喊一声'饶恕我'"（第1219行）。在最后一次将他的哀伤与"卡生德拉 / 痛哭着依列厄姆 / 和特罗亚的毁灭"（第1246—1248行）进行比较以延迟之后，岁月在寥寥数行间流逝："就这样，我度过了很长一个时期……此后过了一年……这样的日子我们过了多年"（第1252，1258，1296行）。最终，针对做梦者必然会提出的问题，"现在她在何处？"（第1298行），他最后一次采取蜿蜒回旋的回避策略："这就是我刚才 / 所讲到的损失"（第1302—1303行）。接下来，才是直截了当的真相："她已长逝了！"（第1309行）立刻，组成这首诗的那些比喻和虚构出来的精巧结构坍塌了：黑骑士可以从哀伤的化身这一修辞角色中解脱出来。与此同时，做梦者也可以从那个同样受到局限的缺乏理解力、只能停留于字面之人的角色中解脱。乔叟就兰开斯特、约翰和里士满（Richmond）玩起了修辞上的双关游戏，还骑士以其真实身份，刚特

---

1 这三处引文译文出自：《乔叟文集》，方重译，第13，21，22页。——译者注

的约翰——在同布兰茜结婚之前，他是里士满伯爵，通过同她的婚姻，他获得了兰开斯特公爵的头衔。乔叟终于恢复了他作为诗人的角色，誓言要“把这梦中的遭遇谱成诗句”（第 1332 行）。[1]

在一篇令我受益良多的文章中，戴维 · 亚尔斯提出，《公爵夫人书》

> ……探索诗歌——也许一切艺术形式——不可避免地“美化”哪怕是最为折磨人的经历的方式，并且在其探究修辞形式时……将痛苦变得无法辨认。[2]

这是很有见地的见解，不过，我们同时也需要认识到，“美化”本身是接受痛苦经历这个过程中不可缺少的一部分，我试图将这种“美化”更具体地定义为一种修辞式喻说。骑士需要穷尽迂回的策略，也需要明白（或者至少需要使我们明白），在他能够面对直接的真相之前，他意在回避——“可是我讲到哪里来了？”他最终能够说“她已长逝了”，是因为他已经说得无话可说。这里需要探究比喻性表达的各种可能性，将之穷尽，直到只剩下未经修饰的真相；当然，仅仅是在比喻的语境中，直陈其事才具备它全部的修辞力量。在《公爵夫人书》中，乔叟也许是第一个创作出同法国宫廷传统的辞藻相媲美的英语诗歌的人，同时更进一步，将雄辩置于真实的语境中，又将真实置于雄辩的语境里。

编后记

《早期乔叟》（“Early Cahucer”）为作者所著《中世纪诗歌解读》一书的第四章，译自：*Readings in Medieval Poetry*, Cambridge: Cambridge UP, 1987, pp. 83–106。

---

1 这 10 处引文译文出自：《乔叟文集》，方重译，第 24，25，25，25，25，25—26，26，26，26，27 页。——译者注

2 David Aers, “Chaucer’s *Book of the Duchess*: An Art to Consume Art,” *Durham University Journal*, 69, 1976–1977, p. 201.

乔叟的克丽西德：社会中的女人，恋爱中的女人

作者　［美国］戴维·亚尔斯

译者　汪小英

心中盘算着
急性儿戴沃密得所说的话，
想着他的爵位，想到城国的危急，
以及自己孤苦伶仃的情况，
正需要友人的照顾；
老实说来，这些事都开始在她心中栽下了根，
使她渐渐打定了主意，情愿停留下来。

（《特罗勒斯与克丽西德》，第五卷第1023—1029行）[1]

无论是谁，如果想要理解乔叟在克丽西德这个人物的创造上取得的成就及这一成就的意义，都会意识到，与以往的评论不同，最近几十年有影响的评论家都避开了将中世纪作品与某种“自然主义”相关联的阐释倾向，而中世纪研究者们常常将这种“自然主义”与19世纪小说联系起来。[2] R. O. 佩恩在其重要的乔叟研究中盛赞现代评论家，也就不足为奇

---

1 引文译文出自：《乔叟文集》，方重译，上海：上海译文出版社，1979年，第249页。本文下面《特罗勒斯与克丽西德》的引文译文均出自此版本，个别地方表述略有调整，卷码行码按原文随文夹注，不再另注。另外，为了与文中所指行码对应，译文将方译本的散文形式按诗行排列。——译者注

2 本章的早期版本完成于1977年夏，随即投寄《乔叟评论》杂志，并于1979年冬在该杂志的第13卷发表。感谢伊冯娜·麦克格雷格（Yvonne McGregor）的慷慨相助，也非常感谢伊丽莎白·索尔特（Elizabeth Salter）和德里克·皮尔索尔（Derek Pearsall）的评论。我非常欣赏索尔特的论文《再论〈特罗勒斯与克丽西德〉》［“*Troilus* （转下页）

了；佩恩赞扬他们改进了研究人物的方法，“人物形象的塑造已经不再是早期评论一直努力界定的现实主义和动机—心理模式”。佩恩本人希望阐明诗歌中不存在“‘性格’的自然主义式的重构”，根本无法接近“个体的心理状态”。与D. W. 罗伯逊等人一样，佩恩在研究《特罗勒斯与克丽西德》时假定所有中世纪后期的诗歌都受制于某种确定无疑的“终极道德原则”，过去所发生的一切被看作一种直接的“理性抽象化的系列例证”。艺术人物的功能是通过与“真实存在”的偶然性相隔离的固定符号表达已知的“典型意义”，例如，克丽西德是“讲述人类欲望的愉悦性和虚荣性的一种方式”。[1] 人类存在形式的多样性与动态性就这样被改造成一套毫无争议的抽象观念和判断，如同中世纪的艺术，据说消灭个性是为了更清晰地呈现出静止不动的普遍性。然而，正如前几章（亚尔斯书中前几章——编者）所示，这样的方法蒙蔽了我们，使我们无法看到朗格伦和乔叟诗歌的主流，而我现在想要表明的是乔叟如何在塑造克丽西德这个人物的过程中发展了一种社会心理学，为我们理解个人与社会之间的互动做出了卓越贡献。乔叟在塑造克丽西德这个人物方面取得的惊人成就包括对个人行动、意识和性别（生命中最亲密的领域）与具体的社会和意识形态结构之间的从根本上相互关联的各种方式的探索；正是在具体的社会和意识形态结构中，个体变成一个个可以识别的人。乔叟的探索绝不是简单地把读者“从当代的现实转移到遥远的、浪漫的特洛伊城”，[2] 也不是以例子证明伦理和形而上学上的确定无疑的普

（接上页）*and Criseyde*: A Reconsideration," in *Patterns of Love and Courtesy*, ed. J. Lawlor, Arnold, London, 1966, pp. 86–106.]，它让我受益匪浅。

1 R. O. Payne, *The Key of Remembrance*, Yale UP, 1963, pp. 81, 181–183, 221, 222, 226, 223. 佩恩特别称赞了A. 迈兹纳（A. Mizener）的论文："Character and Action in the Case of Criseyde," *PMLA*, 54, 1939, pp. 65–79。佩恩同样提到了R. M. 乔丹（R. M. Jordan）的著作：*Chaucer and the Shape of Creation*, Harvard UP, 1967, pp. 99–100。D. W. 罗伯逊的相关评论，参见：*Preface to Chaucer*, Princeton UP, 1963; "Chaucerian Tragedy," *ELH*, 19, 1952, pp. 1–37。类似的评论，参见M. E. 麦卡尔平（M. E. McAlpine）的著作：*The Genre of* Troilus and Criseyde, Cornell UP, 1978, pp. 193 n. 11, 208–213, 230–233。（这本有趣的著作在我自己的论文投至《乔叟评论》之后出版，但我现在参看她的论点，特别是与第六章“克丽西德的波伊提乌式悲剧”相关的论点。）

2 参见K. 扬（K. Young）的论文："Chaucer's *Troilus and Criseyde* as Romance," *PMLA*, 53, 1938, pp. 38–63。（另外，因本文中《特罗勒斯与克丽西德》的引文出自方重译本，故Troy一词在诗歌引文部分沿用方重原译“特罗亚”，而文中其余各处出现的Troy则采用人们普遍接受的汉译，译为“特洛伊”。——译者注）

遍性，而是特别关注女性在宫廷社会、意识形态和文学传统中的地位。他选择薄伽丘那发生在特洛伊城的故事，更便于他对爱情、性别和女性意识进行详细的、具有想象力和同情心的探索，而不必总是向传统基督教中占统治地位的态度和思想表明自己的观点，也不需要逃离自己的读者。[1] 相反，他对克丽西德这个人物的处理显示了他对社会群体中的女性的关注——他写她们心中的期待，她们不得不承受和加以利用的那些操纵她们的压力，她们的自我形象与她们所处现实之间的矛盾。像他将在《坎特伯雷故事》里所做的一样，乔叟在这里表现出他对女性之复杂性的极大兴趣，那是一种处于社会从属地位的女性所体现出来的混合着对立、包容和积极共谋的复杂性。

很多浪漫传奇和宫廷文学作品都试图使爱情脱离现实世界中的妥协、混乱和体制化的不幸。虽然没有构建出乌托邦式的意象和故事来批判性地、真诚地审察现实，对抗现实世界，浪漫传奇却提供了一种远非简单的、安慰性的逃避。优秀的骑士甘愿为某位女性付出一切，这种模式满足了一种心理上的，也许是日益增长的需要，即创造出一种比中世纪现实社会中的爱情和婚姻更让人满意的选择。传统习俗和思想意识（包括世俗的和宗教上的）要求女性臣服于男性和土地，贵族间的联姻主要是土地交易和家族联盟。宫廷文学就是在这样的语境中改变了形象和习俗，颠倒了男女之间的关系：骑士为情人服务，效忠于情人，全心全意为情人付出。女庇护人在宫廷文学形成过程中所起的作用绝非巧合；艾琳·鲍尔（Eileen Power）认为宫廷文学对上层社会女性的心理作用类似于现代爱情故事和报纸杂志为工薪阶层女性所提供的心理作用，这一说法确有其可信性，因为被贵族男性当作女神一样崇拜的女性的形象与女性的实

1 乔叟把薄伽丘故事中的场景移到宫廷，集中描写情感上微妙的矛盾变化。克丽西德的情感随着那些决定性场景中的社会和意识形态压力而发生变化，乔叟以薄伽丘所不知晓的某种方式表现出二者之间的关联。参见以下作品中的意大利语文本：*Opere Minori in Vulgare*, Milan: Rizzoli, 1970。英译本见 R. K. 戈登（R. K. Gordon）的著作：*The Story of Troilus*, New York: Dutton, 1964, pp. 25–127。关于两位诗人对情欲和感官的不同处理方式和情景在乔叟塑造克丽西德形象时的作用，参见 R. P. 罗伯茨（R. P. ap Roberts）的两篇论文："Love in the *Filostrato*," *Ch Rev*, 7, 1972, pp. 1–26; "Criseyde's Infidelity," *Speculum*, 44, 1969, pp. 383–402。关于政治维度，参见 J. P. 麦考尔（J. P. McCall）的论文："The Trojian Scene in Chaucer's *Troilus*," *ELH*, 29, 1962, pp. 263–275。

际地位是极不协调的。[1] 我认为乔叟正是被这些矛盾吸引，并且不准备让这些矛盾和平共处。在《特罗勒斯与克丽西德》中，他实际上是在用浪漫传奇文体和宫廷文学传统来探索女性社会地位和女性自我形象之间的张力。他敏锐地观察到男性和女性的社会处境，并以文学想象的方式去了解他们在那样的处境中所付出的精神代价，然后在文学艺术中将这种代价归结于社会因素。

诗歌一开始，乔叟就表示他想要读者认真地看待克丽西德的社会处境。他强调了克丽西德此时此刻在特洛伊城里的孤立无援和作为长年战争中的叛徒之女所面临的危险以及对男性保护者的迫切需求。

乔叟说当时人们心里的共同想法就是，不仅克丽西德的父亲本人，而且他所有的亲族，都"该治罪伏法"，所以，克丽西德心中的恐惧是完全可以理解的：

> 忧虑性命不保，
> 真不知如何是好；
> 因她既是孀居，又是独宿，
> 哪敢向任何人倾吐衷曲。
>
> （《特罗勒斯与克丽西德》，第一卷第 90—91，95—98 行）

在贸然批评克丽西德"软弱"或"缺乏勇气"之前，评论家们应该跟随乔叟设身处地想想当时的情景。克丽西德的恐惧有其具体理由；她的软弱是女性属于附属群体这一社会现实的真实表现；她的孤立无援感是她面临具体危机，并处于更易受伤、更为危险的女性地位的一种主观感受。[2] 在这样的情形中，她的主要优势、她对权贵的影响力就是她的性别。她对

---

1 我会在第六章"乔叟自己的想象"中探讨中世纪的婚姻、宗教维度和乌托邦式元素。这里所提到的传统的浪漫传奇，参见：E. Power, *Medieval Women*, Cambridge UP, 1975, pp. 16–28; A. David, *The Strumpet Muse Art and Morals in Chaucer's Poetry*, Indiana UP, 1976, pp. 17, 55–56; P. Gradon, *Form and Style in Early English Literature*, London: Methuen, 1971, p. 220; M. A. Gist, *Love and War in the Medieval Romances*, Philadelphia: U of Pennsylvania P, 1947。关于梦幻在反抗社会规范中的积极作用，参见：J. Frappier, "Sur un procès fait à l'amour courtois," *Romania*, 93, 1972, pp. 145–193。

2 参见莫妮卡 · 麦卡尔平对克丽西德的精彩评论，她说克丽西德"承受着身为女性、国王的臣民、卡尔卡斯的女儿和丈夫的遗孀等的各种无能为力"：*The Genre of* Troilus and Criseyde, pp. 191–192, 199–200。

此了然于心，所以，虽然“忧惶失措”（第一卷第108行），她还是去找赫克托，[1]当时城中最有权势的男人之一：

求见赫克多跪诉，
娇柔地哭泣自辩，
哀恳他怜恕。

（《特罗勒斯与克丽西德》，第一卷第110—112行）

这一场景与男性拜倒在女性面前的形象形成了有趣的对比，它也预演了特罗勒斯和故事主要操纵者彭大瑞的形象（第三卷第183—184，953，1079—1080行）。在介绍特罗勒斯之前，乔叟就已经建构了这样的对比，即克丽西德的担惊受怕的臣服和克丽西德惊人的美貌——乔叟采用的是非常传统的外貌描述，如“天使般的”和“天上完美的艺术品”（第一卷第100—105行）。要在这样的文化氛围中幸存下来，女性得利用自身的性别，宫廷文化传统中的性别关系、编造的谎言或男性对她的幻想都可能对她有所帮助。[2]

克丽西德确实是这么做的。我们看到乔叟一开始就把宫廷文学中的性别关系和语言形式放在了一个强调“天使般”女性的从属地位和她对男性保护的迫切需要的社会语境中。是赫克托，看到她的美貌、她的孤立无助的悲伤和她的女性地位，答应保证她的安全和“体面”（第一卷第113—131行）。对她而言，得到赫克托和王室的尊重，非常重要；在第二卷中，当她与彭大瑞第一次面谈，她就径直问候赫克托，因为这位权贵的善意和存在对她在社会群体中的利益和相对安全举足轻重。同样，当她的财产其后受到威胁时，我们可以清楚地看到王室保护人对她的重要性（第二卷第1414—1491，1611—1636行）。克丽西德依赖他们，也深受他们影响，无论是对特罗勒斯本人的看法——当听到这些权贵赞扬特

1 Hector一词在方重译本中被译为“赫克多”，本文在诗歌引文部分沿用方重原译，但文中其余各处出现的Hector均译为“赫克托”。——译者注

2 伊冯娜·麦克格雷格向我指出，克丽西德决定不通过自己的舅父（乔叟将他改写成一个年长的男子）——显然也是她在特洛伊城的唯一男性亲属——去表达请求，表现出一定的独立意志。她之后对婚姻的评论（第二卷第750—760行）证实了麦克格雷格这一说法的合理性。但投身跪拜在特洛伊城最有权势的男性面前，也确实能让她得到更多好处。

罗勒斯时，她内心复杂的情感波澜慢慢平静下来（第二卷第 1583—1594 行）——还是对特罗勒斯私奔提议的考虑，都是如此；关于特罗勒斯提议私奔这一场景，我们将在后文探讨。

彭大瑞与克丽西德的第一次面谈证实了乔叟的兴趣所在，即个人意识与各种社会压力、他人操纵以及价值观之间的互动，在这个互动过程中，各种作用因素相互冲突，让人困惑（第二卷第 87—597 行）。克丽西德的本能冲动和恐惧、她的快乐和焦虑，都被小心地放置在第一卷所构建的语境中。恰逢五月，彭大瑞请她抛开沉静的生活，尽兴舞蹈。克丽西德立刻向那可能有用的社会角色（在乔叟当时的社会）求助，求其保护自己避开舅父的邀请中可能存在的危险：

> "呀！上天不容！"她道，"你发了疯吗？
> 一个寡妇能这样寻乐吗？
> 天哪，你吓得我不寒而栗了，
> 你好狂妄，简直胡诌起来！
> 我正应去山洞中祈祷，
> 诵念圣徒的行传；
> 跳舞是姑娘少妇们的事。"
>
> （《特罗勒斯与克丽西德》，第二卷第 113—119 行）

克丽西德可能在跟舅父开玩笑，但我们可以看到这个玩笑包含着真实可信的恐惧。她以自己的孀居状态来对抗这些恐惧，孀居可以使她从现实生活的威胁和自然本能的压抑所带来的风险中抽身而退。当然，克丽西德不会公然声称孀居就是她想要的生活，她舅父也很清楚这不过是她合法得体的一种自我保护，而目前她还没有被逼迫到使用这种自我保护的地步。我们还将看到她会以另一种方式评价孀居状态的潜在保护作用及其被人们公认的价值。

在接下来的闲谈中，战争很显然是中心话题，也是恐惧的另一个来源（第二卷第 124 行）。彭大瑞利用这个机会，说起特罗勒斯，直到克丽西德询问自己的"家业"和"处境"（第二卷第 212—220 行）。彭大瑞与克丽西德之间的关系是焦点：彭大瑞是克丽西德的舅父，是处于从属地位的女性的一位年长的男性亲属和指导者，交谈中的玩笑之语掩盖不了这样的权威关系，如叙述者所注意到的，外甥女应该遵从舅父的意愿（第二卷第232—252，295—298行；第三卷第581行）。彭大瑞利用舅父的身份把特罗勒斯推向克丽西德。乔叟在这里对克丽西德处境的处理与全书中的处理一样，非常巧妙。被强调的糟糕处境和彭大瑞的处心积虑都是有意利用克丽西德的恐惧之心，激起她的兴趣（第二卷第267—315行）。闲谈完这些，彭大瑞进入事情的关键部分，他说：

> 好的；且听我说来：我的甥女呀，国王的宠子，
> …………
> 高贵的特罗勒斯，他爱你如命，
> 你若不顾怜他，他就绝路了。
>
> （《特罗勒斯与克丽西德》，第二卷第316—320行）

彭大瑞强调了情人的社会地位，即国王的儿子——特罗勒斯的名字在表明他的地位和权势之后的第三行才出现。彭大瑞以此为诱饵，也以此为威胁：如果特罗勒斯因克丽西德而生病或死亡，等待她的将是什么呢（第二卷第320—350行）？彭大瑞以类似的方式进一步加大对克丽西德的压力，他说如果克丽西德不接受特罗勒斯，那么，他，她的舅父，就会割喉自杀（第二卷第323—329行）。这新增添的威胁具有双重效力，因为克丽西德不仅在地位上从属于他，而且对他还深有感情，喜欢他的陪伴。她利用彭大瑞刚刚提到的舅父身份来拖延时间，要求他把问题说清楚——“现在，”她说道，“舅父，你有什么建议？/你到底认为我该怎样做才是呢？”她舅父的回答毫不含糊，建议她完全满足特罗勒斯的情欲（第二卷第386—406行）。克丽西德本想先发制人阻止这一要求，她说彭大瑞就像自己的父亲（第408—428行）。这一策略却彻底失败，因为彭大瑞重申他之前的威胁，并要起身离开。接下来的三个诗节详细描述了克丽西德的反应，强调她是多么“心中害怕，/再没有比她更惊慌的人了”（第二卷第449—469行）。她内心的恐惧有坚实的社会基础，把它视为个人性格上的具体缺陷是毫无道理的。想起舅父的威胁及其后果，她不得不考虑自己如何在社会中生存，考虑如若彭大瑞和特罗勒斯说的都是真心话，她所面临的危险，以及舅父的个人生命安危。她告诫自己“我得小心应付才是”，这表明她多么清醒地意识到舅父对她的

操纵以及舅父如何恰到好处地利用了宫廷游戏规则。她得想办法击败他，她转向另一个领域——“爱情”；我们已经提到，传统上，女性在“爱情”领域好像占着统治地位。这使她能够宣布她不能违背自己的意愿去爱任何人，而她此时确实占有主导地位，因为她的美貌足以让国王的儿子向她求爱（第二卷第 462—504 行）。但是游戏规则既不是女人制定的，也不受女人的控制。彭大瑞有充足的理由笑了，因为在他看来，克丽西德的这一步是她为满足特罗勒斯的情欲所做的必要的退让。甥舅两人之间的对话结束时，乔叟已经把我们带进了他所探索的核心问题之一——贵族爱情传统与现实之间的矛盾：在贵族爱情传统中，女性被赞扬，地位高贵；而在现实中，女性处于从属地位，被男性操纵，为男性服务。

在对现有秩序和权力关系的微妙肯定中，我们开始看到现实情形以各种方式渗透进传统习俗。而且，乔叟已经向我们表明他要具体研究这个问题，因为这一问题不仅仅局限于克丽西德的自我意识和个人行为。

相信自己已经取得成功，彭大瑞起身离开，克丽西德则回到“她的小房间”，细细思量自己的情感。“当她独自一人”，想到是否回报对方的爱是她个人的自由时，获胜归来的特罗勒斯正骑马路过她的家门，那情形简直如克丽西德想象出来的一样（第二卷第 599—647 行）。乔叟在扩写和改写薄伽丘作品的这一部分时，成功地唤起了克丽西德内心意识的多样性和流动性。[1] 她看到特罗勒斯的出现，“他那神情深深地映进了她的心坎”；几行之后，当叙述者说“她的心 / 有点倾向于他”，特罗勒斯本人慢慢地“使爱情钻进了她的心房”时，他显然注意到了这个半是被动，半是主动的，微妙并已经成为现实的“过程”。她试着去分析他的品格和“他的地位”，但当她不再极力压抑自己的情感时，想到她“独自一人”，我们就完全能够理解她何以需要考虑自己的社会地位和爱情引发的心理危机（第 649 及其后诗行）。为自己的生存着想，她把心思转到与特罗勒斯相关的各种暗示上：

我虽此刻还不能
就把爱交给他，

1 请对比《菲拉斯特拉托》第二卷中的第 68—72 节和《特罗勒斯与克丽西德》第二卷中第 596—749 行。

可是为了我的地位和他的安宁起见，
结识如他这样一个贵人，
实在不算失身份。
我知道他是一个士子，
他既如此乐意看我，
假使我完全躲避，
他岂不要怀恨于我，
也许结果于我倒不利。

（《特罗勒斯与克丽西德》，第二卷第 703—712 行）

这段引文的头三行暗示了她不能爱特罗勒斯的理由，但此刻这些理由含糊不清，表达混乱，很容易就变成积极投入的理由，那些合法化的社会规范（“荣誉”“身份”）本身在内容上就是模棱两可的。乔叟一再强调克丽西德的社会地位及其地位的不确定性，我们也因此不无同情地看到了一种夹杂着自我保护和关心他人的复杂情感，这一复杂情感被密切关注动机复杂性的诗人非常典型地表现了出来。事实上，在上述引文中，当克丽西德想到她的“地位”既可以得到“我的国王的儿子”的保护，也可能受到来自两个不同方向的威胁时，情况就变得更为复杂了。如果她拒绝他的爱，他一定会进一步降低她的地位，她的境遇会比目前受赫克托保护的处境“更为不利”。这位宫廷爱情诗人深知，克丽西德的审时度势是非常现实的，它也再一次展示了隐藏在宫廷爱情诗形式和习俗之中的真正的权力关系。几行之后，克丽西德说到她所想到的第二个威胁，尽管与第一个不同，从乔叟当时的社会来看，却也是非常现实的：婚姻的威胁。中世纪社会的孀居者，亦即故事中特洛伊城贵族阶层的基本人物形象之一，只要有足够的生存条件，比已婚妇女更有社会优势。一旦结婚，她孀居时期的法律权利和经济权利就会被转移，她的丈夫就会完全掌控她和她的财产。这些都是克丽西德想再婚时必须考虑的因素：

我是我自己的主人，
感谢上帝，在我这地位我有相当优裕的生活，
我还年轻，是花草繁茂的牧场上一只无羁无绊的羔羊，
没有人忌妒我，我也不受任何牵涉；

我并没有一个丈夫来向我夸口说我是他手上的败将。

（《特罗勒斯与克丽西德》,第二卷第 750—754 行）

毫无疑问,这种自信的表述是她对自己所处现状及眼前焦虑的一种理想化,她的独立很显然是依靠赫克托和其他男性而获得的一种独立。让男性保护者成为丈夫,她现有的不太牢靠的独立就会被破坏,这确实是个让人难受的问题。[1] 在把自己身心完全奉献给特罗勒斯之前,克丽西德受到威胁,总是担心会失去现有的相对的独立而完全受制于他人;两人在一起后,特罗勒斯则尽量让她不再有这样的担心。

最后,她意识到这些问题不仅仅是婚姻和男性统治的问题,认真投入地爱一个人就必然是拿自己去冒险,会破坏得之不易的平静。真诚为对方付出的整个过程是敞开自我,是一种兼具欢乐与重重束缚的体验。她如此分析道:

啊,我本是一个闲散的人,
现在要不要让爱来摇动
我的安宁、奴缚我的自由?
呀,我怎敢作此傻想?
岂不见那些情场中人娱乐中充满着恐惧,
岂不见他们的羁绊和痛苦?
没有一个落进情网的女子不怨艾悲吟的。

（《特罗勒斯与克丽西德》,第二卷第 771—777 行）

从理论上说,这种恐惧与之前讨论的更为现实的物质上的恐惧不一样,但实际上,二者有重叠,乔叟再一次揭示了客观社会因素与个人心理之间难

---

1 参见:Power, *Medieval Women*, p. 38; F. R. H. Du Boulay, *Age of Ambition*, London: Nelson, 1970, p. 95。C. C. 威拉德(C. C. Willard)详细叙述了克里斯蒂娜·德·皮桑的观点,参见:"A Fifteenth Century View of Women's Role in Medieval Society: Christine de Pisan's *Livre des trois vertus*," in *The Role of Women in the Middle Ages*, ed. R. T. Morewedge, London: Hodder & Stoughton, 1975, pp. 90-120。在第 105—106 页,作者论述了孀居者的特权和弱势。让人奇怪的是,H. A. 凯利(H. A. Kelly)关于特罗勒斯与克丽西德秘密婚姻的论文忽略了第二卷第 750 及其后诗行中的这些影响因素,这一疏忽严重扭曲了他对这首诗的研究,参见:*Love and Marriage in the Age of Chaucer*, Cornell UP, 1975, pp. 217-242。

分难解的联系。[1]

微妙而富有深意的花园场景之后，克丽西德梦见了鹰，显示出乔叟对上述问题的关注。在克丽西德梦中：

一只鹰，羽毛白如骨，
抓她胁下，
扯出她的心，
换了自己的心进去，
而她却不觉恐惧或痛苦；
这只鹰在以心换心之后就飞去了。

（《特罗勒斯与克丽西德》，第二卷第926—931行）

这个梦展示了隐藏在传统温馨的换心比喻背后的爱的暴力和危险。乔叟告诉我们，尽管做梦者没有感觉到疼痛，但她能看到自己在具有攻击性和统治性的男性面前的被动地位。她的感受是用否定形式来描述的（“她却不觉恐惧或痛苦”），很明显，没有柔情，没有双方共同的投入和愉悦的享受，也缺乏安全感，因为鹰把它的心塞进去就继续往前飞了。确实，这是一个以克丽西德的恐惧，而不是以她的希望为焦点的梦，但这里的关键点是这些恐惧都深深根植于女性必须面对的现实，以及这些恐惧给亲密接触带来的种种后果。乔叟正是以这样的方式创造出“典型性”和“普遍性”，那是一个不会消解个人意识或特定社会情境的普遍性，是一个只能在个性身上并通过个性才能被理解的普遍性。

随着第三卷的进展，特罗勒斯的行为逐渐化解了克丽西德内心的恐惧，她开始把他当作一个具有爱心的保护人而依赖——虽然他的社会地位高，但他并不愿意控制她的身份和地位（第三卷第463—483行）。她仍然遵从男性的提议和命令，但我们也看到她很可能在配合的同时有意利用了这种屈服。例如，当舅父安排她去他家里过夜时，她非常恭顺地听舅父的话，说“理应听从”（第三卷第575—581行）。虽然乔叟创造了克丽西德这个人物，但他同时也提醒我们不可能完全了解像克丽西德那

1 参见克丽西德对“她自己受到爱的束缚”的反抗（第二卷第1197—1225行）；在第三卷的第169—172行中，她还聪明又含糊地跟特罗勒斯提到这一点。关于“亲密的风险”，参见：McAlpine, *The Genre of* Troilus and Criseyde, pp. 199–200。

样的人物的内心意识，并暗示克丽西德可能为了自己的利益（可能会见到特罗勒斯）而屈服，因为这样就不必承担发起者或决定者的责任。但是，他只是暗示，他让我们猜一猜当彭大瑞否认特罗勒斯在他家里时，“她怎么想？”而乔叟自己声称他并不清楚克丽西德的想法（“原作者未讲明”）。这种身份的交换虽然让我们注意到克丽西德可能利用了她的顺从和被动，但并未让我们如某些读者一样，在对克丽西德的评价上走极端，认为实际上是克丽西德这个女人操纵了整个大局。[1] 这一卷中包含着对人类爱情获得圆满的最动人的颂歌，布莱克称之为“欲望获得满足的大致表现”，乔叟称之为爱情里“最值得”的部分；即便如此，我们仍看到克丽西德与特罗勒斯最终在一起还是需要舅父的帮助和在场。这一场景特别值得注意，因为它有别于薄伽丘的文本；在薄伽丘的文本中，克丽西德自己组织并成就了爱情的圆满，她请彭大瑞把特罗勒斯带到她的身边，当晚也不需要第三者在场。[2] 与这一版本不同，乔叟展现了各种压力造成的影响和他对整个情形的透彻理解，我们看到了克丽西德的真正困惑、她在社会中的各种焦虑、特罗勒斯所谓的忌妒给她带来的沮丧、她个人的情欲，这些因素相互交织，使她“进退维谷”，受到彭大瑞的摆布，“此刻我全在你们的掌握之中了”。[3]

但是，一旦舅父完成使命，把晕倒的特罗勒斯放在她床上［“唉，侄女，不可做一声，免得误了大事”——他仍然在利用她的内心恐惧和情欲（第三卷第1065—1118行）］，克丽西德就采取了性爱上的主动，开始亲吻和爱抚特罗勒斯。[4] 然后，她就巧妙而信任地把主动权交给了特罗勒斯，这一场交易，乔叟写得精彩纷呈，富有洞见（第三卷第1177—1183行）。特罗勒斯“想不到会得到这样的幸福”，他快乐地回应着，诗人就这样创造了一个双方相互发现和彼此激发的氛围，他们沉浸在一种崭新的宁静中，与之前

1 例如P. 埃尔伯（P. Elbow）的观点，参见：*Oppositions in Chaucer*, Wesleyan State UP, pp. 55–58。

2 参见《菲拉斯特拉托》第三卷第二节第21及其后诗行；乔叟诗歌中彭大瑞的在场散见在第三卷中的第274—277，785—798，855—980行，在该卷的第1555—1582行，彭大瑞再次出现在克丽西德的床边。

3 参见第三卷第939—945行，该卷第918及其后诗行中的破句体现出克丽西德内心的困惑。

4 参见第三卷第1116—1134行。薄伽丘创造的克丽西德在《菲拉斯特拉托》的第三卷中也表现出性爱上的主动，但乔叟文本对人物内心意识和情欲的微妙探索是意大利文本中不曾出现过的。

的受人操纵和无法逃脱的爱情游戏形成了鲜明对比。

然而，即便在这让人钦羡的转折处，仍有不少意象提醒我们，女性的从属地位在这种两情相悦的亲密关系中也留下了印记。那“胆小如鼠”的特罗勒斯曾着急得在克丽西德的床头晕厥过去（第三卷第736，1092行），现在被比喻成一只掠夺性的大鸟，与克丽西德可怕梦境中的那只鹰不无相似之处：

百灵鸟被雀鹰抓住了，
她还有什么办法？

（《特罗勒斯与克丽西德》，第三卷第1191—1192行）

权力关系又一次明朗化，雀鹰的掠夺本性暴露无遗。叙述者可以想想此时百灵鸟会说什么，但乔叟没有关注百灵鸟，而是转向了刚刚获得自信的特罗勒斯。没有感谢克丽西德把他带进爱情王国并慷慨主动给他爱的亲抚，特罗勒斯开始泛泛地感谢七位幸福之神（第1203行），然后用一个传统却流露真情的意象来称呼克丽西德。这里以男性为猎人、女性为被征服的猎物（第1205—1211行）表现两人之间的关系，并通过雀鹰/百灵鸟的意象反映出来。男性统治和自我本性上的侵略性在社会现实和意识形态中被合法化，这样的社会影响甚至在包含真实爱情的最个人化的行为中都有所反映。

虽然有必要指出这点，但如果只强调这些方面而对这个典型的具有多重意义的文本置之不理则是不对的。尽管乔叟用其深刻的想象唤醒了社会和意识形态的巨大力量，尽管他不会让它们就此消失，但他确实创造了一个极具说服力的例子来说明爱情的圆满能使个人超越社会压力、心理上的各种压抑和恐惧。他们互相爱慕，全身心投入；我们不仅赞美两情相悦的情人战胜了敌对力量，而且赞美他们摈弃自我焦虑后获得的瞬间快乐，他们“感受了爱的最大功能”。种种权力冲突和精力消耗在“幸运之乡”的绿洲中都不复存在，这是一种能唤醒肉体、心灵和情感的大爱的“完美快乐”（第三卷第1219—1414行）。

关于第三卷，我想说的最后一点跟破晓歌有关（第1429—1470行）。在这里，黎明的到来并不意味着与俗世之恶相对的正义之光将受到乔叟谴责，而是日常社会再次进入他们的生活；在那个日常社会中，人们对女性的态度和采取的行为带来了我们所看到的奇怪而微妙的、充满矛盾的后果，那也是一个因男性侵略和女性被强暴而发动战争的社会。在那个社会中，人与人之间的关系和爱情屈服于权力结构和军事荣誉，并带来了灾难性后果——“你已害死了多少有情人，你的残杀还是没有止境”（第1459行）。无论如何，尽管情人们诅咒白天的来临，希望刚刚经历的爱情能够永恒，但他们并不质疑自己要重新回归贵族生活，无论分离对他们的爱情多么不利，他们都承认“再也不能拖延”（第1520行）。他们接受社会对爱情这一伟大的人类成就的贬低，接受社会价值观和战争所提出的要求。特罗勒斯却并非总是如此，乔叟的读者们也不必如此。

第四卷的序言以对抽象“命运”的严厉批评开篇，叙述者谴责它引起了我们即将看到的不幸。这种叙事方式非常传统，事实上，乔叟是在翻译薄伽丘《菲拉斯特拉托》第三部分中的最后一节。但是，这一部分与乔叟本人诗歌所揭示的东西的相关性，并没有像读者或者乔叟本人承认的那么多。我们看到，不同于薄伽丘的诗歌，也相异于大多数中世纪浪漫传奇，乔叟的作品结合相关的社会和意识形态描绘了个人意识以及克丽西德与特罗勒斯之间的关系。我们并不想说是“命运”让特罗勒斯失去了克丽西德的青睐；鉴于乔叟一直密切关注人物之间的互动，这样的表述很显然是逃避性的、虚假的解释，而传统留下的那些不相关的痕迹却在一定程度上帮助我们理解那些让人困惑的、模糊不清的、看似难解的事件和变化。第四卷证实了这一印象，它详细地描写了社会结构和文化价值观在决定克丽西德的遭遇以及这一遭遇对她与特罗勒斯关系的影响方面所起的重要作用。第四卷也使那些“命运”演说词（甚至形而上思考）成了一种看似不必要的、模糊而神秘的话语，人们将在这一话语中理解最后两卷诗歌中所发生的事情，而这一话语却只是掩盖乔叟诗歌进程中已经揭示出的人物活动。

第四卷很快把我们的注意力引向关键的社会语境（第29—231行）。首先，乔叟提醒读者特洛伊城已陷入战争多年（第29—56行）；我们大概还记得，战争的起源不在于“命运”，而在于男性社会的侵略和贪婪，它们导致了目前连续不断的合法化的暴力。乔叟描写了一天的战况，在这一天的战斗中，人们使用了各种武器，“斧锤捣出脑浆”（第四卷第43—46行）。特洛伊人遭到惨重的失败，与希腊人寻求休战和谈判，交换俘虏。卡尔卡斯此刻的突然介入突出了社会结构中的一个关键要素：女性是被动的客体，受父权统治集团摆布。卡尔卡斯决定要女儿跟他团聚，责备自己不该那么残忍把她留在一个他相信很快就会被毁灭的地方。这位父亲当年弃城叛逃，把女儿独自留下面对敌意和可能出现的迫害；现在，无论这份迟来的父爱看起来多么奇怪，无人质疑他要回女儿的权利，也没有人考虑女儿的权利（第 64—147 行）。虽然她与叛逃的父亲关系疏远，而且她也一门心思要留在自己家里（第 659—871，1128—1169 行），但卡尔卡斯、希腊人和特洛伊人都没有考虑女人也有自己的需求、欲望和应该得到他人尊重的选择权，即使克丽西德与皇室人员走得非常近，也没能改变这个事实。特罗勒斯对这一点看得很清楚，他提醒克丽西德，说他的父亲会用言语打动，或随意使用暴力的方式，把她嫁给他认为适合的人。[1]

乔叟强调这些，并认为我们应该继续认真看待它们。他带着我们从卡尔卡斯和希腊人的会议转移到特洛伊人的“议会”（第四卷第 141—217 行）。召开这次议会的目的是讨论交换战争俘虏（第 146 行），希腊代表要求用克丽西德和托亚斯王交换恩夻诺。这里的言外之意显而易见。因为克丽西德是一个女人和女儿，她没有丈夫（婚后丈夫的权威会取代父亲的权威），其处境与战俘的处境毫无二致。我们现在可以换一个角度看到赫克托的承诺如何与当时的社会现实构成矛盾冲突——赫克托曾承诺保护这位美丽的女人，这位宫廷传统中“天使般”的尤物。赫克托不愧为一位正直的王子，他还记得自己的承诺，在议会上，他说：

> “贵爵们，她并非俘虏，”他说道，
> …………
> “我们不是在这里出卖女子的。”
>
> （《特罗勒斯与克丽西德》，第四卷第 178—182 行）

这就进入了问题的核心。克丽西德不是正式的战俘，一旦承认这一点，此时所讨论的提议很明显就变成了把她卖掉，把她当作市场上一件商品

1 参见第四卷第 1471—1475 行：乔叟在这里又一次调解了中世纪的父权社会现实（见第六章第一节及该章开始的讨论部分。非常感谢麦克格雷格与我讨论卡尔卡斯这一人物的作用）。关于乔叟批判父权的有趣例子，可参见《医生的故事》；在该故事中，“可怜的父亲”形象表现出一种残忍又自以为是的自我主义（医生本人并没有认识到这一点）——见第 218—226 行。

那样处理掉,而这个市场由男人组织并为男人拥有。议会把她卖掉的决定有社会现实基础,也是乔叟当时的社会及乔叟诗歌虚构的男权社会(父亲、丈夫、统治者们)里女性地位的一个象征符号。特洛伊人恩吞诺是"一位聪明勇敢的大将……城国最善战的一个人",而克丽西德被降低到没有身份的地步,仅仅是"这个女人"(第188—192行)。克丽西德经历(卡尔卡斯叛逃带来的)危机之后,特洛伊城里"不论男女老少/都爱护她,称许她"(第一卷第130—131行);她"从未得罪这些人"(第四卷第207行);赫克托说她不是正式的战俘也确实没错;她本人也非常想留下来。但这一切事实在她的"女性"社会地位面前都无关紧要。议会把她归于女性这一社会阶层,意味着真切的权力结构被唤醒,隐藏在各种宫廷爱情形式和对女性的尊重之下的社会现实在诗中这一关键点被揭露无遗。赫克托很快就沉默了。

随着交易的进行,我们清楚地看到了接踵而来的特罗勒斯与克丽西德之间的爱情分离以及双方所承受的心理上的离别之苦,它们都根植于社会结构和男性对女性的传统态度。克丽西德被卖掉是因为她是特洛伊城内没有男主人(丈夫)的女性,她属于一个男性统治集团,他们正打算兑现她突然获得的价值。乔叟在薄伽丘的叙述基础上增加了赫克托的干预,这样,他进一步把我们的注意力转到男性和公众如何看待人类的伟大情感遭受悲剧性毁灭这个核心问题上来。[1] 他也将集中关注那些使主流文化在人们心理上积极起作用的复杂过程,那即使在从未受惠于它的人们身上也是如此。

议会决定之后,两位有情人在床上的长久讨论,充满着深情蜜意和对彼此的忠诚,也同时证实了这样的复杂过程。[2] 正如第三卷中克丽西德在他们的第一夜采取了性爱上的主动,她在这里安慰特罗勒斯并保证他们会有重聚的一天(第1261及其后诗行)。没有在糟糕的境遇中投降,而是尽力而为,这是面对巨大的压力而采取的积极主动措施。但是,如果我

---

1 关于这些细节,参见:McCall, *The Trojan Scene*; McAlpine, *The Genre of* Troilus and Criseyde, pp. 198–199, 201。

2 见第四卷第1242及其后诗行;诗人让克丽西德明确表达了自己的忠诚,见第四卷第699—700,708—714,731—945,1128—1169行。值得注意的是,尽管特罗勒斯只想到自己,并以抽象的思考安慰自己,克丽西德想到的却是自己的悲伤和情人怎么生活,见第四卷第794—795,890—903,942行。麦卡尔平(Monica McAlpine, *The Genre of* Troilus and Criseyde, p. 166)否认特罗勒斯此刻的"自我中心",我认为是不对的。

们审视这一段，我们会发现她那让人钦佩的努力是受害者对控制她的统治集团的一种心态复杂的屈服。乔叟的见解和艺术非常精妙，他向我们表明克丽西德看似自信的主动者宣言如何被妥协和服从具体社会命运的女性话语慢慢消解。一种根本的社会保守主义，亦即她整个一生所得，诱使她向充满敌意的现实完全妥协，在这个现实中，她为了男性统治集团的利益而牺牲自我。

显而易见，下面几行表明她以为可以自己做主：

我要设法
使我去后马上回来，
对于这一点，我却全无疑难。

（《特罗勒斯与克丽西德》，第四卷 1275—1277 行）

对特罗勒斯而言，这是好兆头。但是，事情紧急，克丽西德在接下来的十二个诗节中将不得不"用简洁的语言"列举"一堆方法"，却没有一个方法具体化并能保证预期的结果，更不用说一堆方法了（第 1279—1365 行）。这一切意味深长，因为不仅克丽西德的形象完全模糊不清：在她所幻想的那些能让她与特罗勒斯重聚的方法中，起决定作用的人物不受她的意志控制：

有人认为
特罗亚将把海伦后送还，
而希腊也将赔偿我们的损失。

（《特罗勒斯与克丽西德》，第四卷第 1346—1348 行）

她最初担起主动的角色（"我要设法"），而现在，她的身份从句法上就被彻底删除了，只是隐形地等待着"男性"控制下的事件的发展和有关"男性决定"的谣传（第 1350 行）。这十二个诗节描述了这个转变。然后，她可能感觉到了开头所做的承诺没有持续下去，她说："如果这一切都还不够使你放心 / 还有一层"（第 1366—1367 行）。这涉及说服她的父亲送她回到特洛伊城整理他的财产，并为之向特洛伊城一方求情（第 1368—1414 行）。最初的主动角色再次被消解，她接受了男性权威的作用，认为他们可以解除她的痛苦。她的女性角色成功地被社会化，以至男性统治者的价值观和规范都已经内化成她的意识，她想象不出任何前后一贯的方法来反对他们完全自私和残酷的判决——"我这次去，/是议会里议决的，/我认为当然就无从挽回了"（第1297—1299行）。特别值得注意的是她在这里表现出与男性贵族特罗勒斯的差异：尽管特罗勒斯现实中的既得利益受到损害，但是他所受的训练和他所过的生活都鼓励他在社会上担任一种更为积极和独立的角色。他提议反抗议会的决定，两人可以私奔。他明白要让他们之间圆满而幸福的爱情幸存下来的唯一办法就是挣脱威胁他们的各种社会束缚（第1501—1526行）。这并不是一个不负责任的充满幻想的逃离，因为他是一个可靠的骑士，已经考虑过了他们的物质需要（第1513—1526行）。是克丽西德拒绝这条反抗之路（虽然她后来对此很后悔，见第五卷第736—765行），她这样做的理由再次强调了受压迫者和处在从属地位的人如何把压迫者和统治者给予他们的价值观和思想内化成自身意识——结果导致他们自身的损害和毁灭。[1] 指导克丽西德行为的不仅仅是女性特殊的懦弱，还有男权社会对女性的态度和传统的价值观。她说：

至于依你所说，弃亲背友而去，
上帝不容许，
你为了一个女子而做出这样的事来！

（《特罗勒斯与克丽西德》，第四卷第1555—1557行）

她，一个女人，在此却以男人之间的友谊和男性贵族之间的凝聚力为参照，降低男人对女人的异性之爱，降低女性的地位。接着，她把男性发

1 我不同意莫妮卡·麦卡尔平对这一情节的阐释：她总是坚持说，讨论的关键是与海伦的被"掠夺"具有相似性的克丽西德的被"掠夺"，并赞赏克丽西德和特罗勒斯没有真正实施私奔计划（*The Genre of* Troilus and Criseyde, pp. 160–162）。事实上，克丽西德和特罗勒斯在此讨论的是他们自愿逃离一个执意要毁灭最伟大的人类成就（爱情）的社会，而正是这一最伟大的人类成就（爱情）本身引发了这种叛离！J. 贝利（J. Bayley）颇为怪异地推断说克丽西德的"困境"在于她"没有激情"（*The Character of Love*, London: Chatto & Windus, 1968, p. 107），显然是没有注意到我在这里提及的这些重要方面。乔叟在此发展的辩证法是文明社会中人们认识事物的普遍方法，中世纪研究者们已经大致接近这一认识，参见：D. Aers, "Blake and the Dialectics of Sex," *ELH*, 44, 1977, pp. 500–514。

起的战争置于他们的爱情之上（第1558—1559行），并不加批判地接受了残酷的军事“荣誉”观（第1561，1575行），我们没有看到第三卷中出现过的那种对人性化爱情的歌颂。她进而考虑“天下的人 / 将会怎样批评你？”（第1569—1570行）这恰如其分地代表了她思想意识的毫无批判性，因为这些人正是议会上的那些发言人，我们已经讨论了那个场景（第四卷第183及其后诗行）。他们完全看不起克丽西德的女性地位，为了自己的（自以为是的）眼前利益毫不犹豫地把她出卖。但是，在她的贵族情人提议私奔和反抗的关键时刻，他们那些可恶又传统的态度和行为却转而成了她求助的行为规范。训练的力量、习惯性顺从以及传统，在这里得到了最强有力的展现。反女性的社会规范和对爱情的贬低被深刻地内化为她的思想，这使她尽力维护社会上占统治地位的意识形态；在这样的意识形态当中，战争、男性的自我利益以及为男性统治集团辩护比她个人的爱情、生存和幸福更为重要。[1] 乔叟让她用斯多葛学派的“理性”和“耐心”来确定她在社会命运面前的退却，而事实上，如特罗勒斯所言，他们原本有可能采取强有力的对抗行动（第四卷第1583—1589行）；乔叟正是以这种方式圆满、漂亮地完成了对这个话题的探索。在此对这一发现不展开论述，只要注意到遍布在第四卷中的大量斯多葛式和波伊提乌式说理就足够了。也就是说，第四卷中的叙述者、特罗勒斯和克丽西德使用波伊提乌式的说理方法使在面对社会秩序时的退却显得合理而神圣，而这个社会秩序却进行人质交易、发动长期的并具有彻底毁灭性的战争。像思想史和宗教史经常显示的那样，我们看到人们用形而上思考来为当时的社会秩序辩护。无论形而上的介入对乔叟如何充满吸引力，乔叟诗歌的发展进程都颠覆了这样的策略，揭示了这些形而上思考的核心中人的主观能动性、意识形态和历史。[2]

---

1 人物内心的这些思考是源文本（《菲拉斯特拉托》第四卷）中没有的。在薄伽丘文本中，克丽西德论理的高潮是克丽西德说，事情还不至于那么糟糕，偷偷见面和少见面会使他们的爱情更加甜蜜，而常在一起反而会使爱情和欲望消失（第四卷第153节）。乔叟塑造的克丽西德和他对这个人物的整体处理都恰到好处，没有删减余地；他没有直接翻译源文本。

2 关于这点，在伊丽莎白·索尔特的论文《特罗勒斯与克丽西德》（“Troilus and Criseyde”）和阿尔弗雷德·戴维的专著《娼妓缪斯》（*Strumpet Muse*）的第二章中都有非常中肯的评论。

到第五卷开篇，特罗勒斯和克丽西德已经与伤害他们的社会现实和解，虽然之前特罗勒斯建议他们进行反抗。乔叟表明他们完全受制于现实，克丽西德"态度温和可爱"（第五卷第194行），特罗勒斯使自己的情感和行为符合当时社会中男性应有的行为规范。在我看来，对这首诗的批评一直以来没有对其丰富的社会心理的进展情况给予足够重视：乔叟深刻精确地、充满艺术想象地构建了一个社会情景，特罗勒斯和克丽西德两人的爱情在这一情景中被最后瓦解。

乔叟强调了克丽西德的软弱、从属地位，她作为一个女人的社会性（不是道德上的软弱或者个性上的极端胆怯）如何在希腊军营中变得更糟糕（第五卷第687—765行）。她是敌军的囚犯，处境甚至比第一卷开始时所描述的她在特洛伊城里的处境更孤立，完全没有精神支柱，即温暖的人类情感的支持。特罗勒斯至少有彭大瑞与之谈天，他生活在自己习惯了的环境中，有朋友，有公众地位，是一个有头有脸的大人物，而克丽西德陷入可怕的孤立无援："在希腊军中，女伴很少……不敢向任何人倾诉苦衷……自己孤苦伶仃的情况，/ 正需要友人的照顾"。[1] 诗人的强调是正确的，"倾诉"（dorste）一词也用得非常好。当她的统治者——父亲不同意她返回时，她不敢尝试偷偷逃跑。她这段心灵恐惧的独白非常感人，并再次显示乔叟的文学想象以其方式深入人物的个人意识和历史语境，这与以莱德盖特、高尔或圣徒传奇为代表的典型的中世纪人物性格塑造观大为不同。克丽西德没有把文学传统理想化，她发出了自己真实可信、正当有理的恐惧之声，那是她感受到的她所处的社会和她的性别所带来的恐惧，她害怕希腊人，害怕被强暴。[2] 她对特罗勒斯的背叛一定要放在这个乔叟如此充满理解地创造出来的语境中讨论。乔叟的这一创作方法与许多时代和国度中某些类型的人所欣赏的抽象的审判式道

1 参见第五卷第688，728，1026—1027行。麦卡尔平在其著作《〈特罗勒斯与克丽西德〉的体裁》（*The Genre of* Troilus and Criseyde）中同样强调了这一点，参见第200—204页。

2 此处可参见第五卷第701—706，712—714行。关于文学中表现的对中世纪女性的强暴威胁和对这一现象的意识，参见玛格丽特·阿德勒姆·吉斯特（Margaret Adlum Gist）所著《中世纪英语浪漫传奇中的爱情与战争》（*Love and War in the Middle English Romances*）第75及其后各页，甚至在和平和"友好"时代，女性也会"不安全"（第82—83页）；在战争时期，情况就会更糟，对女性的伤害就是战争破坏性的一部分（第83及其后各页）；类似的评论，参见：McAlpine, *The Genre of* Troilus and Criseyde, p. 204。

德主义截然相反。

她的整个处境本就充斥着种种压力，迫使受社会训练的个人顺从于敌对的现实而非反抗（如特罗勒斯所建议的那样反抗现实），如今又增添了一位新的贵族情人戴沃密得（第五卷第 771 及其后诗行）。在悲伤痛苦的无助之中，她残酷地暴露在戴沃密得的面前；对于他，她就是一条即将被捕捞进网的（无疑像女神一样的）鱼（第 775—777 行）。所以，当我们读到描写她在某些方面“不十分坚定”（第 825 行）的这个现在已经十分著名的短语之时，我们已经有足够的基础理解这一点，因为乔叟已经充分揭示了那些具有损害性的社会现实和意识形态构成了她的种种处境。他创造了一个社会性个体的深刻视野，该个体几乎不可避免会出现信念的背叛，而当时的社会习俗和行为规范既鼓励这一背叛，又以正义和道德的名义去谴责这一背叛。（乔叟所清楚理解的这个矛盾在西方社会和伦理中长期存在。）关于诗人意识到克丽西德变心离开特罗勒斯的主题，引文如下：

心中盘算着
急性儿戴沃密得所说的话，
想着他的爵位，想到城国的危急，
以及自己孤苦伶仃的情况，
正需要友人的照顾；
老实说来，这些事都开始在她心中栽下了根，
使她渐渐打定了主意，情愿停留下来。

（《特罗勒斯与克丽西德》，第五卷第 1023—1029 行）

这很明显鼓励读者承认社会组织和个人境遇在道德和精神崩溃过程中的核心作用。这一陈述吸引我们关注诗歌中的社会心理，拒绝《坎特伯雷故事》中的堂区长和像他那样的传统道德家所喜欢的那种简单的抽象道德谴责和评价。而且，诗中的句法结构值得注意，它提高了我们参与克丽西德心理意识活动的想象力，从而帮助我们理解作为道德行动基础的个人选择的本质。引文的第一行以 Retornyng（盘算着）一词开头，这个现在分词表达出孤独女性心中的反复思量过程，现在进行时态似乎消解了一切可能性，即不可能采取能够自我决

定的主动的、掌控性的行动。接下来的三个半诗行模仿她在个人意识中调和外在现实时所采用的破碎的、间接的方式,巧妙地告诉我们她如何在最难以承受的孤立和不幸中经历这一切。接着,乔叟没有如我们期待的那样,给 Retornyng 这个现在分词提供一个名词或代词(Criseyde 或者 she)做主语;他将其留在一个不完整的句式中,以 and thus bygan... 另起一句。这也消除了我们本可以界定为她的意志力的东西,正如乔叟在一个包含动作执行者、动词(描写动作过程)、受影响的参与者和结果的句式中,不让她做具有直接主导作用的主语一样。

他在这个新句子中,通过描写她 purpos for to dwell(情愿停留下来)强调了这个印象;在一定程度上,这一表达再次表明心理事件似乎是发生在她本人身上的事情,而不是她的思维活动的结果:and thus bygan to brede / The cause whi(这些事都开始在她心中栽下了根)——诗人选用不定式 to brede,又一次取消了所述过程中的具体的动作执行者(*who* is breeding...),如果说有什么情况的话,也只是暗示出那些零零碎碎的事件使她打定了主意。我们意识到,在诸如此类的情况下,我们几乎不可能说某人出于某些动机而做出了一项决定,因为在诗人艺术创作的最细微处,我们看到她的孤立无援与臣服于他人的意识之间的互动构成了一种日常状态,在这种状态下,重大的逃离,或者说,具有决定意义的意志上的反抗行为是不可想象的。[1]

乔叟在描写克丽西德背叛特罗勒斯的悲伤心情时,表达出了深刻的理解和同情;背叛行为出现的过程,伴随着克丽西德可怜却又真实的愿望,即希望通过自由的可选择的忠诚,改变她眼前极端不满意的生活,转而过上一种更可靠的生活:

> 天下女子没有一个能像她那样悲恸的,
> 当她对特罗勒斯变心之际。
> …………
> 我既已无法自救,
> 追悔也属枉然,

1 感谢德里克·皮尔索尔,是他建议我增添诗歌句式特点,扩写本章的内容。

至低限度我还可以真心对待戴沃密得。

（《特罗勒斯与克丽西德》，第五卷第 1052—1053，1069—1071 行；参见第 1051—1085 行）

这孤注一掷的想法有点辛酸，因为我们所看到的亲密关系并不是那么轻易能被取代；这个新出现的男人，用“钩子和线”（hook and lyne）使她满足他目前的需要，而在这种状况下，“真心”（trewe）几乎没什么意义。让人难过的是，无论怎么努力想把乔叟的艺术降为中世纪人物塑造和抽象道德主义的传统规范，权力结构和这种心理现实的普遍相关性都不会消失。

克丽西德在诗歌中出现的最后形象是写了一封信，在信中，她利用自己真实的恐惧和可悲的顺从来博取被她抛弃的旧情人的同情，也许，她甚至想更长久地留住他的情意（第五卷第 1590—1631，特别是第 1618—1620，1627 行）。特罗勒斯的反应没有了以前那种自我中心式的表演，乔叟表现了特罗勒斯对这段爱情的忠诚：

我知道你已将我
完全抛出了脑海，
而我却走遍人间，
仍不能一刻忘情于你！
啊，我生何不幸，
你给了我这一切的悲哀，
但我还是不能不爱你胜过任何人！

（《特罗勒斯与克丽西德》，第五卷第 1695—1701 行）

特罗勒斯还没有看到他所处的文化和社会秩序在这一悲剧中所起的主要作用。关于如何看待克丽西德的行为，他与乔叟作品读者的角度是不同的。但这更彰显出他对克丽西德的令人钦佩的忠诚，也让我们看到人类关系的各种真实的可能性和可能取得的成果，虽然人们可能屈服于难以忍受的压力，常常遭受痛苦的失败，并因此而悲伤不已。彭大瑞代表了导致这一悲剧的社会中的最深刻的传统智慧。他把克丽西德当作可爱的尤物，认为她人生的唯一目标就是满足他的男性朋友的情欲；现在，他勃然

大怒，对她大为光火：[1]

> 叫我说什么呢？我的确很恨克丽西德；
> 上帝知道，我恨她，一天将胜似一天！
> …………
> 我祈求上帝赶快将她逐出人间；
> 我再也不能多说了。
>
> （《特罗勒斯与克丽西德》，第五卷第1732—1733，1742—1743行）

乔叟自己的作品本应该让我们远离这样的缺少反思性想象和心理洞见的反应，也远离那些轻松忽略社会现实和文化制约的抽象的道德化。只有这样，才能取得重要的诗歌成就之一，即诗性地唤起一种能理解个体意识、行动、相互矛盾的意识形态、社会秩序等因素复杂互动的社会心理机制。

诗歌的最后，克丽西德被留在希腊军营。当乔叟打算结束整部作品时，他停止了对她这一阶段的研究。伊丽莎白·索尔特和其他评论家坚持认为，我们之前讨论的杰出成就和特罗勒斯死亡之后的诗行，在诗歌模式和思想风格上，构成了一个重要对比。它们的最终功能是提供一种如何阅读《特罗勒斯与克丽西德》并阐释其意义的具有权威性的相关经验。[2] 这些诗行（第1807—1855行）是一种简单而缺乏反思的断言，它们与创作克丽西德的模式形成对照，也与这些模式中复杂的道德思考形成对照。这一特点体现在特罗勒斯的"灵魂"所做的传统观察中（第1807—1825行）。在八重天，他"鄙视"与天上的极乐境界相对照的尘世间的"一切空幻"，"责斥我们还在盲逐这 / 空暂的欢乐"。这里的语言极具概括性，甚至我们都无法区别它们是出自特罗勒斯还是戴沃密得，或

1 我们可以回想起他给特罗勒斯的第一个建议，那就是如果克丽西德不得不离开特洛伊城，他只要另找一个女人就好，因为"新欢可以替代旧爱"，一切"不过是欢愉一场"。虽然叙述者（乔叟？）插话说彭大瑞不是说真的，他不过是想"帮助他的朋友"（第五卷第400—431行），但这无疑是研究传统男性的性爱观和典型的道德双重标准的恰当例子。而且，最终彭大瑞确实这么说了。那么，在什么意义上可以把一个人认为错误、邪恶的东西说成是一种"帮助"呢？

2 参见：Salter, *Troilus and Criseyde*, pp. 103–106。关于"尾声"（Epilogue）部分的更多研究，参见：McAlpine, *The Genre of* Troilus and Criseyde, p. 177, note 17, and p. 237, note 19。

者，是出自克丽西德还是《商人的故事》中的达米安——“一切”都会成为卑劣的“空幻”，一切都是可恶的“盲目”，这种静态的概括性的语言取代了我们之前讨论的作品对人物心理变化过程的微妙刻画。不再努力用具体化的诗歌语言来说明抽象的“极乐境界”，只是给一个概括性的描述，其中可以填充波伊提乌式、伊壁鸠鲁式或其他内容。甚至那“在天上求得幸福”的教导也没有成为一种超越传统的虔诚姿态，因为它还没有注意到这一建议本身的可疑本质，人的血肉之躯不可避免地要投身于社会实践，而社会实践使《坎特伯雷故事》中提出的“该如何服务于尘世？”（《总引》，第187行）的问题成为一个严肃的具有宗教意义的问题。《农夫皮尔斯》没有给出答案，乔叟同样也没有给出巧妙的回答。

咒语般诗节中那些语言和道德姿态引发了类似的评论，在这些诗节中有特罗勒斯模糊的结局、异教信仰、“渺小的世俗欲望”以及劝导时下青年脱离“尘世的空幻”去热爱基督的说教（第1828—1855行）。[1] 被特罗勒斯的“灵魂”使用过的一些词语再次出现，而当说话人坚持说我们应该想到“人世无非是 / 一座浮华的市场，像鲜花在顷刻间就要萎谢一般”时，他并没有看到与这一意象相关的某些特点。如果人生就是一个中世纪的“市场”，那么我们就是某个地区的生产者、顾客和销售者，脱离这个地区就既不会有个体也不会存在人的精神性，因为我们不是“灵魂”，而是真实存在的血肉之躯，我们的选择和行动，如同克丽西德的选择和行动一样，必然会深受这个“市场”影响。[2] 说话人在话语中排除这种意识就是排除了反思，而这种反思是乔叟想象力的必备部分。很自然的，基督徒以基督为忠诚之爱的最高典范：

> 他不会令人失望，
> 只要你能全身心地倾心于他。
> 他最是和蔼可亲，
> 我们何用追逐那虚伪的俗情？
>
> （《特罗勒斯与克丽西德》，第五卷第1845—1848行）

上述引文没有如某些评论家所想的那样，表明我们人类需要并应该与神

1 参见：Salter, *Troilus and Criseyde*, p. 106。

2 在前面的四章中，我结合朗格伦和乔叟的诗歌已经讨论过这一主题。

圣之爱呈现在尘世的虚假和不完美的一面做斗争，而是指出了其中前后不连贯的观念，即想要稳定的、彼此忠诚的关系的那些人转而刻意去追求“虚假的爱情”，进而质疑何以如此。这首诗创造的爱情故事，充满人性和情欲，并不“虚假”，其伟大强烈，甚至让克丽西德在被特洛伊议会交换到希腊军营之后都无法抵制。特罗勒斯对她的爱从来没有改变，成为异性情爱（非基督教式）关系上一个值得纪念的忠诚形象。引文中的呼吁也缺乏宗教意义。人们为何要寻求“虚假的爱情”，而明明真实而忠诚之爱正在等待他们？这一问题可能会进一步激起真正的、让人困惑难解的宗教上的追问——那些关于意志腐败、个人服务“神圣”上帝之能力、命运预定、荣耀等方面的问题。[1] 当然，《特罗勒斯与克丽西德》不是《农夫皮尔斯》，这里也不是追问这些问题的地方；我的观点是，这一模式没有把它们作为难以回答的问题呈现出来，在其宗教维度以及它的心理、道德、文学探索上都显得非常肤浅。乔叟以其诗歌进程教会我们发现，无论多么适应传统说教和道德规范，诗歌的最后诗行在思维和语言风格上都存在不足之处。那不是进行严肃的道德、宗教或者心理探究而采用的语言，也不是乔叟创造性探索克丽西德人物形象时所采用的模式。

我认为有两种可信的解释可以用来说明乔叟为什么以我刚刚提到的方式结束诗歌。莫妮卡·麦卡尔平已经精彩地给出了第一个解释：[2] 特罗勒斯的“灵魂”所说的话是偏颇、有限的，是他个人发展和个人视野的进一步体现。为强调这里没有确定的权威，诗人拒绝考虑上帝对特罗勒斯的评价，也没有给他在来世安排一个明确的位置（第 1827 行）。其他诗节也只是作为说话人，而不是诗人——叙述者——的话语加以处理。乔叟用这个人物来展示传统愿望，即人们希望看到确定无疑的结尾和作者对诗歌人物及其事件的简单而固定的评价。他本人暗中损害了这些期望（虽然承认了它们在他的文化中的重要性），并小心翼翼地安置了人类知识和想象的有限性和难以避免的偏颇性。他希望表明，像叙述者面对《特罗勒斯与克丽西德》时一样，所有想要对复杂过程做出整体的、非个人化的评价的努力都是徒劳无功的。如诗歌最后一节所提醒的，人生中有一个神圣的视角，它不可接近却又要求我们的处理方式具有自我反思

1 参见 P. 布朗（P. Brown）对奥古斯丁在这些问题上所做的心理分析的阐释，第二章，n. 31。

2 参见：McAlpine, *The Genre of* Troilus and Criseyde, pp. 177–181, 235–246。

性和无限开放性。

第二个可信的解释已经被伊丽莎白·索尔特和阿尔弗雷德·戴维深刻地讨论过：[1]乔叟，这位基督徒诗人，深深为自己作品中的丰富含义而困扰，觉得有必要退到一个更为保守肯定的立场，肯定在个人情爱问题上的道德评价和说教式话语中出现的种种传统规范，虽然他自己的诗歌发展已经超越了这些规范。根据这一解释，诗歌的最后诗行代表了作者的文学想象与理智之间的可理解而又重大的分离。

第一种解释接近最后一章对乔叟《堂区长的故事》的评论，乔叟对《堂区长的故事》的处理极具反思性和批判性；第二种解释接近对乔叟所承受的压力和恐惧的评论，正是这些压力和恐惧使乔叟在最后的"撤回声明"中偏离了他的创造性艺术成就。通过分析文本与关注作者的文化和意识形态，我认为对《特罗勒斯与克丽西德》结尾部分的这两种解释都具有说服力。读者如果想要确定其一，就很可能得依赖他对诗歌叙事声音的整体把握与他如何看待乔叟结束《特罗勒斯与克丽西德》时所采用的视角。我在此想强调的是，乔叟对个体与现实处境之间复杂而多变的互动所做的诗歌探索、他对现实语境和个人选择变化过程的理解，使用心的读者不可能再继续接受那些说教作品所宣传的泾渭分明的恶行与美德之类的传统原则。这不可避免地对那些传统的、看似简单的确定性造成了困扰，因为它意在颠覆所有的绝对性和静态的终止性。莱谢克·科拉科夫斯基（Leszek Kolakowski）的论文研究了他所谓的"牧师与小丑"之间的区别，与我们这里的讨论似有相关性：[2]

> 牧师是绝对事物的监护者，他维持对终极的崇拜，以及对人们共同认可的传统中的显见事实的崇拜。小丑走进一个完好的社会，他不归属于它，反而鲁莽无礼地冲撞它；他怀疑看似不言而喻的一切……揭开明显事物背后的不明显，终极背后的非终极。

乔叟（不像他的众多评注者）是科拉科夫斯基意义上的小丑，而不是牧师或检察官。尽管如此，如科拉科夫斯基所补充说明的，"在国王

---

1 参见：Salter, *Troilus and Criseyde*, pp. 103–106。

2 参见：L. Kolakowski, *Marxism and Beyond*, London: Pall Mall Press, 1969。特别是该著作中的《牧师与小丑》（"The Priest and the Jester"）一文，第29—57页。

的宫廷里，牧师多于小丑，如同在其王国里，警察多于艺术家”；诗人一定已经认识到了在他深刻的社会心理和富有想象的伦理思想中存在着令人不安的种种暗示，在一个牧师和理智的警察充当重要角色的文化中扮演一个小丑必定有种种烦人之处。至于克丽西德，这个社会中的女人，恋爱中的女人，乔叟既没有不明就里地支持她，也没有像一位传统的道德家那样反对她。相反，这位国王宫廷里的小丑对个人与社会之间的互动形成了一种复杂而深刻的辩证式理解，颠覆了一切牧师式的绝对；这在他当时的文化语境中意义深远，对我们现在同样具有意义。[1]

编后记

戴维·亚尔斯（David Aers），美国杜克大学英文系教授；他研究领域宽广，包括中世纪、文艺复兴和现代早期的文学、文化、宗教、政治，著述极为丰富；其专著《〈农夫皮尔斯〉与基督教寓意》（Piers Plowman *and Christian Allegory*, 1975）、《乔叟、朗格伦和创造性想象》（*Chaucer, Langland, and the Creative Imagination*, 1980）、《乔叟》（*Chaucer*, 1983）、《1360—1430年的社区、性别与个体身份》（*Community, Gender and Individual Identity, 1360–1430*, 1988）、《拯救与罪孽》（*Salvation and Sin: Augustine, Langland and Fourteenth-Century Theology*, 2009）等都是中世纪文学和文化研究领域的重要著作。《乔叟的克丽西德：社会中的女人，恋爱中的女人》（“Chaucer's Criseyde: Woman in Society, Woman in Love”）为《乔叟、朗格伦和创造性想象》中之一章，译自：Thomas Stillinger (ed.), *Critical Essays on Geoffrey Chaucer*, New York: G. K. Hall, 1998, pp. 195–218。

1 这篇论文是亚尔斯的专著《乔叟、朗格伦和创造性想象》中的一章，其中偶尔涉及其他章节的论点。有兴趣了解亚尔斯如何评价《特罗勒斯与克丽西德》的读者，可以参见他的另一篇论文：“Masculine Identity in the Courtly Community: The Self-loving in *Troilus and Criseyde*,” chap. 3 in *Community, Gender and Individual Identity: English Writing 1360–1430*, London: Routledge, 1988。——原著编者注

中世纪阶层讽喻和《总引》

作者 [英国]吉尔·曼
译者 刘进

在乔叟批评中，关于坎特伯雷香客既是个体又是类型的说法已是老生常谈。[1] 但与此众口一词相对，关于什么是类型、什么是个体，却众说纷纭。

要讨论这个问题，或许可以先提出，"个体"特质就是将一个人和其他人区分开来的特征。但这个特征不能只是单一的性格特征，因为比如托钵修士和卖赎罪券教士就都贪财。那么，个性是不是由各种特征以特定方式组合而成？遗憾的是，一些评论家恰恰认为这是类型的定义。例如，R. K. 鲁特认为，在描写修女院院长时，各种"个性化特征"的组合指向了"某种类型，这种类型在专供青年贵族女性就读的学校的校长身上

---

1 比如，G. L. 基特里奇指出，乔叟赋予每个香客"超出类型的个体特征"，虽然他还补充说："如果我们只有《总引》的话，或许我们会把香客看成是类型。"（*Chaucer and His Poetry*, Cambridge, Mass., 1927, p. 154）J. R. 赫尔伯特（J. R. Hulbert）曾在撰文时（"Chaucer's Pilgrims," *PMLA*, 64, 1949, pp. 823–828, repr. Wagenknecht, pp. 23–29），颇为嘉许地引用过 R. K. 鲁特的一番议论："乔叟在《总引》中刻画的人物肖像成功结合了个体和类型，因而力透纸背。"（*The Poetry of Chaucer*, London, 1964, p. 161）W. H. 克劳森（W. H. Clawson）论述道："每个香客……的呈现清晰锐利，俨然成为读者亲近熟悉的个体，而同时读者也认识到，每位香客不仅代表一个社会阶层，还是一个在无论哪个国家或者哪个时代都容易辨识的人物类型。"（"The Framework of the *Canterbury Tales*," *UTQ*, 20, 1951, pp. 137–154, repr. Wagenknecht, pp. 3–22）R. 鲍德温说，乔叟体会到"每个人物都是类型和个体两个极端之间艺术化的妥协，而他的同时代作家们却没有这种体会"。（*The Unity of the* Canterbury Tales, Anglistica series, v, Copenhagen, 1955, p. 43）P. F. 鲍姆（P. F. Baum）也认为："每个人物在某种程度上既是类型也是个体。"（*Chaucer: A Critical Appreciation*, Durham, N. C., 1958, p. 67）

得到了完美体现”[1]。所谓的“个体”特质于是就降格为“居住地和姓名”；“巴思妇人是某些女性原始本性的典型代表，[2]但她被赋予了一个‘临近巴思’的居住地，而部分失聪、奇形怪状的牙齿也使她进一步个性化”。

J. L. 洛斯似乎也赞同“类型”指的是性格的大致轮廓，因他曾赞美“品格（取泰奥弗拉斯托斯[3]的专门定义）和个体之间微妙的平衡——这种平衡同时保留了品格的类型特质和个体的个人习性”[4]。然而，洛斯的“个人习性”却并非鲁特认为能够赋予香客个性化特征的那些孤立的体貌特征；而事实上，具体细节，如乡勇的衣着，确实有助于建立某个阶级类型。[5]

关于类型本质的争议也分毫不少。例如，约翰·斯皮尔斯（John Speirs）有时候按照社会处境来划分人物（扈从“是永远年轻的单身汉”；乡勇则不过是“一个老实稳重的英国乡下人”；学士是“古往今来不食人间烟火的学者”；卖赎罪券教士总是“在市场上兜售廉价货的小贩，他的无耻和成功永远让人咋舌”），有时候却按照道德品质来划分（“平民地主贪吃，医生贪婪”）。[6] R. 鲍德温试图将他所谓的各个人物的“核心特质”进行特别提炼：

> 骑士可以用“受敬重”、扈从用“青春”、乡勇用“护林人”、修女院院长用“位高任重”来形容。巴思妇人可以概括为性情、眼神和谈吐各方面的“大女子”；修道士可用“嬉戏”描绘……托钵修士用“寻欢作乐”、商人用“道貌岸然”、堂区长用“喜好田园活动”来形容。[7]

面对如此纷扰的“类型”定义，我[在《乔叟与中世纪阶层讽喻》（*Chaucer and Medieval Estates Satire*）一书中]不再试图定义或描述类

1 *The Poetry of Chaucer*, p. 161.

2 此处我不完全同意鲁特教授的观点；我认为巴思妇人不是“某些女性原始本性的典型代表”，而是中世纪（乃至现代）成见构想的女性形象的普遍特征的典型代表。

3 泰奥弗拉斯托斯（Theophrastus, 371?—287? BC），古希腊哲学家和科学家，亚里士多德弟子，著述丰富，其中包括一部《品格论》（*On Characters*）。——译者注

4 *Geoffrey Chaucer*, Bloomington, 1958, p. 163.

5 鲁特说“列出的细节几乎总是同时蕴含了个体和类型”，并借此回避了该问题的困难（*The Poetry of Chaucer*, p. 161）。

6 *Chaucer the Maker*, London, 1964, pp. 103–120.

7 *The Unity of the* Canterbury Tales, p. 49.

型和个体，而仅沿着与 R. M. 卢缅斯基（R. M. Lumiansky）提出来的术语"意料之中和意料之外"（the expected and the unexpected）相似的线路进行分析。[1] 我无意试图去确定某个角色是否符合某种令人信赖的性格特征组合（这种性格特征组合植根于人类天性中恒定不变的一面）。当作者将某个角色介绍为"骑士"或者"修道士"的时候，读者心中会产生相应的期待；而我试图考察，作者提供的有关这个角色的信息在多大程度上符合在读者心中引起的预期。这样考察的结果显示，阶层类型（estates type）是乔叟在塑造坎特伯雷香客时依据的基础。但是，在考察的同时，也对乔叟塑造阶层类型的风格进行了分析；这种分析显示，对于"香客是个体还是类型？"这一问题的回答将因为是以素材来源为基础还是以读者印象为基础而不同。

过去，人们似乎认为，《总引》素材的效果等同于素材的来源：如果这些人物描绘源于对现实生活中个体的观察，那乔叟的读者看到这些人物描绘时，就会联想到这些真实个体；如果人物描绘来源于社会讽喻，那么它们留给读者的印象则是道德类型。[2] 这样的想法鼓励评论家们将类型与个体之结合看成是耳熟能详的社会阶层特征与作家构想的细节之结合。[3] 于

1 *Of Sondry Folk: The Dramatic Principle in the* Canterbury Tales, Austin, 1955, p. 22.

2 仅举一例，G. H. 考林（G. H. Cowling, *Chaucer*, London, 1927, p. 153）说："其他肖像描写皆栩栩如生，仿佛直接取自生活。"

3 认为个性化即在一个概述性纲要之上添加细节的评论家包括 H. R. 帕奇（H. R. Patch）、赫尔伯特、鲍姆、约翰 · 费希尔（John Fisher）等。帕奇（"Characters in Medieval Literature," *MLN*, 40, 1925, pp. 1–14）："只需要恰到好处的一个点——一抹胡须、一件外套或者一个面部特征——就可以实现个体和类型的结合，而 14 世纪的人们就能够在此认出好些老朋友。"赫尔伯特（"Chaucer's Pilgrims," rept. Wagenknecht, pp. 25, 27）："当读者注意到修道士是个有钱人（他的狩猎活动和昂贵的衣着），小修道院主持人，热爱狩猎野兔，且有可能成为修道院院长这些特征时，他就已经注意到了通常不属于类型的特征。"鲍姆（*Chaucer*, p. 67）："每个人物……都是个体，因为每个人都有不一样的特征：厨师长的恶疮，平民地主的面色，船长的笨拙，管家与诺福克的联系，卖赎罪券教士与若望西伐的联系，等等。"费希尔（*John Gower*, p. 293）高度赞扬了"巴思妇人肖像描写中精妙绝伦的个性化特征"。

本杰明 · 乔伊斯（Benjamin Joyce）认识到"乔叟挑选香客首先是基于社会分类和职业分类，而不是道德分类"，并且他似乎暗示说职业类型才是肖像描写的根本，而道德和占星学类别或者生理特征都是次要的——但是他也认为乔叟"为人物类型带来了活力"。用基特里奇的话说，"是通过运用具体细节"："否则的话，何须设置差役的'我问是何律法'（'Questio quid iuris'），巴思妇人的重听，修女院院长的胸针，还有，最糟糕的是，厨师小腿上那令人心悸的恶疮？"（*The Theophrastan Character in England to 1642*, London, 1967, pp. 58–62）

（转下页）

是，卢缅斯基接下来对骑士做出评述："由于结合了意料之中和意料之外的特征，他以令人难忘的个性在读者心目中留下了深刻印象。"但是，我书中关于骑士的章节已经表明，卢缅斯基所认为的"一个职业军人"身上意料之外的品质——骑士"明智、谦恭、言辞谨慎、衣着低调、宗教虔诚"——如果从他所属阶层的理想化类型特征来看，则一点也算不上意料之外。前面的章节也显示，成就个性化的不是作家构想的或者意料之外的细节（这样的细节确实存在）多么*真切实在*，因为具体细节也是阶层讽喻传统必不可少的组成部分，而作家构想的细节或者意料之外的细节与之相比并无实质上的不同。再者，作家构想的细节不仅用于丰富某个个体的特征描写，也用于丰富某种类型的特征描写。

但是，卢缅斯基也说过，采用"意料之中和意料之外"的术语"有利于把重点放到读者对技法的反应上面"；他这一论断暗示了乔叟采用何种方式说服读者，香客们*确实是*独立个体——他们是作为独立的人而存在。强调读者对技法的反应我认为是正确的，而且我也曾试着证明，读者之所以对《总引》中人物的个性化特征印象深刻，是因为乔叟鼓励读者将其视为独立个体来*做出回应*。香客们的"个性化"在于乔叟采用了某些技法，从读者那里寻求某种反馈，这种反馈无论是复杂还是明白无误，都近似于现实生活中的真实人物在我们心中激发的反馈。[1]

我们已经［在别处］探讨过这些技法具体有哪些。乔叟在读者心中

（接上页）在评论界的批评共识之中，D. W. 罗伯逊提出了不同见解；他指出，"人物肖像细节的描写只是一种手段，是为了引发对于潜在抽象现实的关注"（*Preface to Chaucer*, p. 247）。但是，在他关于这个潜在抽象现实的讨论中，他并没有考虑阶层类型，也没有提及读者对于人物个性化的印象是如何产生的。

1 罗斯玛丽·伍尔夫（Rosemary Woolf）提出了相似的观点，她特别观照了叙事者的角色，认为叙事者"木讷无知"导致他接受了香客们谈话的不道德前提。叙事者讲述各个阶层的整体现状，"似乎这些情况不过是个体特征且无伤大雅，而正因为如此才达到了讽刺效果和形成了关于个体的幻觉"。并且，她还评论道："想要寻找这些人物的历史原型，其实就被乔叟精心设置的障眼法给蒙蔽了，他用确切生动的描写制造了并不存在的个体。"（"Chaucer as a Satirist in the General Prologue to the *Canterbury Tales*," *Critical Quarterly*, I, 1959, pp. 150–157）（我深受伍尔夫女士文章的启发，当然我也对其中一些表述进行了修订。）D. S. 布鲁尔也暗示说我们关于香客们的所谓"个体感觉"主要源于一些技法，比如"加入一些对话，并描写某个人的观点、日常行为或者居住地"，而不是源于具体细节（*Chaucer and Chaucerians*, London and Edinburgh, 1966, p. 134）。E. T. 唐纳森也将读者对《总引》中人物产生的现实感称为"幻觉"，但是他拒绝阐释这种"幻觉"是如何产生的（*Chaucer's Poetry: An Anthology for the Modern Reader*, New York, 1958, p. 874）。

唤起自相矛盾的反响——一种积极的情绪反应或感官反应,与预料中的道德谴责相冲突——目的在于让读者感受到他笔下人物的复杂性。乔叟让读者无法确切知晓这些人物的社会或职业面具背后的“事实”。他制造一种“过去的经验”之感,区别于当前的外表、性格或行为,以此使读者深信他塑造的人物并非永恒不变的抽象概念,而是受到时间影响的人。并且,他还融入了一种“角色观点意识”——这些角色会对关于他们的存在、术语和评判标准的传统态度做出反应——这种意识也使得读者强烈感受到这些人物各自的独立人生。乔叟迫使读者产生这样的感受:他们正在和真正的人打交道,因为适用于道德讽喻中抽象的人物形象的绝对反应不适用于这些人物。

对于人物的“个性”和“类型”特征,或许我们也可以提出一些看法。一些评论家在这个问题上非常含糊其词;比如,鲁特曾说,个性特征和类型特征的结合使人物塑造更加成功,但没有解释原因,也没有指明具体成功在哪里。[1]乔叟用尽心思让他的人物成为“鲜活”的个体,原因之一明显在于这些人物将在《坎特伯雷故事》这部戏剧中作为个体出场表演;他们要像个体的人那样聊天、互动。因此,“个体”特征对于故事构架而言至关重要。然而,“类型”特征对于乔叟创作整部作品的目的而言也至为重要。《坎特伯雷故事》尽管并未完成,但其最明显的特征就是包罗万象。它的目的明显在于普遍性,在于包揽当时文学中的所有主题和体裁,将之呈现于这一皇皇巨著中。从某种意义上来说,《总引》以其变化多端的语气和意境,俨然正是整部作品的一个样本。在塑造骑士、堂区长和农夫时作为主导的庄严理想——骑士风度、宗教虔诚、劳动风范——在乔叟赖以创作其作品之主体部分的喜剧和严苛语气之外增添了一份严肃。但是,除此之外,《总引》由于内容和形式上都清楚无误地指涉了阶层文学,也为《坎特伯雷故事》中的不同文体贡献了一己之力。由阶层文学来实现导入功能再合适不过,因为它本身就宣称具有其普遍性,而且其主题是整个社会,那是其他文类也从中选取自身关注领域的“素材”。

然而,《坎特伯雷故事》并非简单意义上的文学文类概览。作品采用的方法不是累加而是辩证;不同的故事在相互修正甚至相互抵触间探索不同的主题,强调主题之间不同甚至截然对立的内涵。有时我们可以在

1 *The Poetry of Chaucer*, p. 161.

不同的变体中追踪到同一主题的发展变化；即使找不到统一主题的时候，也可以注意到讲故事的诱因是争斗。这个探究冲突和矛盾的过程总体上的效果就是将读者的价值观相对化，直到读者读到堂区长的绝对价值观：堂区长决不容许任何妥协和修正——但是，将这些绝对价值观分配给《故事》中的一个人物（而不是给叙事者），乔叟在某种程度上也将这些价值观相对化了。

在《总引》中能够看到乔叟同样拒绝采取绝对观点。一个重要的佐证出现在［《乔叟与中世纪阶层讽喻》中的］同其他的阶层材料进行的一项比较中——这样一个事实：受到某些香客的行为伤害的那些人未被提及——我称之为“受害者的缺失”。我们意识到这些受害者的存在——其他讽喻作品应对这种意识负责——但我们不能让这种意识引领我们在阅读《总引》时将缺失的受害者补充出来，以便进行道德评判，不管是针对修女院院长、商人、律师还是医生；我已经强调了不能这样做的重要性。乔叟故意将这些受害者忽略不计，目的在于鼓励读者从香客们自己的视角去看他们的行为，从而也忽视香客们做出某些行为时必然会忽视的人和事。[1] 当然，读者的无视与香客的无视有所不同，因为读者的无视在某种程度上出于自愿——《总引》并不是处处都保持了香客的视角——而香客的无视却是无意识的，也是他们存在的一个条件。对视角的操控以及无视（有意或者无意）通常被视为反讽的特点，而受害者的缺失正是《总引》中反讽语气得以实现的重要成分。正如我们注意到的那样，在读者意识到受害者的存在时，特别是意识到受害者对香客的态度时，作品的语气就会变得更加直截了当，从而偏离反讽语气。[2]

受害者的缺失是《总引》独特的社会伦理的一个部分，这种社会伦理甚至适用于乔叟塑造的道德高尚的人物。比如乡勇无疑是他那一行中诚

1 12 世纪关于个人动机和观点的理解益发深入，这与 12 世纪阶层观念日益重要联系密切，关于个中联系的研究可以参见：J. Le Goff, “Metier et profession d’après les manuels de confesseur au Moyen Age,” in *Beitrage zum Berufsbewusstsein des Mittelalterlichen Menschen*, ed. P. Wilpert, *Miscellanea Medievalia*, vol. 3, Berlin, 1964, pp. 44–60。

2 或许有个例外：在对托钵修士的描写中有受害者，即他所忽视的“麻风病患者”；此处我们几乎就要抛弃托钵修士的视角，但是并没有这么做，因为整个段落包裹在托钵修士自己的话语当中，而不是叙事者的话语中，所以我们是从托钵修士的视角看待麻风病患者，而不是从麻风病患者的视角来看托钵修士。在管家的肖像描写中，情况则恰好相反；我们的确从“下人”的角度来审视管家。

实可靠、勤劳肯干的一员。但是即使他也被挑错，理由是

> 没有指明他的技能有何实际用途。……描写止步于手段，结果却一直未提及。这导致给人留下的印象是一个截头去尾的意识，令人讶异。[1]

关于这幅肖像，这个解读无疑是错误的；并没有将乡勇作为个体进行评判。但是，这个评论或许会将注意力聚焦于《总引》中社会目的所起的些许作用。在讨论个人肖像时这一点已经指出过了。骑士的军事远征、商人的"借债"、律师的法律活动，甚至医生的药，它们产生的效果并不是乔叟向读者展示他们的优秀专业素养的目的。正是通过忽略效果，乔叟才能把他笔下坏人的高超伎俩放到与令人钦佩的人物的崇高品质同样的高度来进行描述。他这么做的终极目的不是要表达他对众生充满任何天真的热情，也不是为了追求喜剧效果（虽然《总引》确实有丰富的喜剧元素），甚至也不是"鉴赏家对类型的欣赏"（虽然这样的态度确实体现在叙事者呈现各个不同阶层时的反讽姿态上）。这一方法的整体效果更在于让读者的认知更加敏锐，可以更好地认清对人们的日常态度之基础，认清那些我们所关注的事和那些我们乐于忽视的事。

通常认为，朗格伦和乔叟的区别在于，一个是宗教作家，一个是世俗作家；一个重在教化，一个侧重喜剧。如果我们指出两人的区别不仅如此，或许可以把上面涉及的问题讲得更清楚。[2] 诚然，朗格伦和他之前的阶层作家群体都始终秉承"在天堂接受犒赏，在地狱受到惩戒"的思想，正是这样的思想提供了道德行为的"理由"，而乔叟是没有这样的思想的。但另一种情况也是事实，即朗格伦在某些篇章中，比如皮尔斯耕种半亩地一节，展示了一些具体道德禁令的事实依据和结果，而乔叟在《总引》中并没有提出任何系统的道德价值观平台，哪怕是暗示也没有。

---

1 M. F. Bovill, "The *Decameron* and the *Canterbury Tales*: A Comparative Study," unpublished, Oxford B. Litt. Thesis, 1966, p. 60.

2 这是十分常见的一种区分；比如鲍姆（*Chaucer*, p. 70）指出，我们印象深刻的是"一人认真迫切，一人冷静淡然……朗格伦并不感到有趣。他的幽默感和乔叟一样强烈，但是和乔叟不一样的是，他的幽默往往尖酸刻薄，不会调侃逗趣。朗格伦揭示荒唐可笑，却全然不带笑意"。也可参见：Woolf, "Chaucer as a Satirist," pp. 154–155。

当我们最初将朗格伦和乔叟做比较时，会不由自主地得出和曼利(John Matthews Manly)一样的结论，认为乔叟的讽刺说服力强，因为

> 他从不立论，人们也就无意去反驳。他从不抨击，因此人们也没有机会回击。他只是让我们看到那些傻瓜和恶棍如何表现他们本质的傻和坏，而我们就会按照他的意图去看待那些傻瓜和恶棍。[1]

毋庸置疑的是，乔叟不仅让读者相信傻瓜和恶棍也可以很有魅力，而且同时也刻意要让读者记住他们是傻瓜和恶棍。然而，如果我们仔细考察是什么因素决定着“乔叟希冀读者如何看待”那些香客，我们会发现这些因素并非完全是道德因素。比如，如果我们将托钵修士和法庭差役进行比较，会发现我们认定属于他们的过错很多都一样：嗜酒；爱炫耀所谓的博学；性放纵和腐蚀年轻人；鼓励有罪之人相信只要有足够的钱即可免罪。但是读者对二人的态度如何？我认为，如果说大家对托钵修士相对宽容，而对法庭差役充满憎恶，应该是不会错的。[2] 从世俗观点来看，这种态度理由相当充分；托钵修士的“讨人喜欢”反复得到强调，他让每个人生活简单，是令人愉悦的伙伴，有音乐天赋，还有着白皙的颈项、闪烁的目光和考究的衣着；法庭差役却用他那长着红斑的脸庞、喷吐着蒜气和葱味的臭嘴，多方侵扰人们的感官。[3] 但是，这些理由虽然足以解释读者的不同反应，却无论如何算不得道德因素。

有时候有人会说法庭差役的外表象征着他内心的腐朽；确实，对于其他道德说教的作家而言，外表的丑陋和心灵的丑陋相互联系。但是，也许可以这么说，乔叟好似要将其他作家的过程翻转过来，目的是将其根源定位于读者非理性的本能反应。具有悖论意义的是，道德教义对美丑的明确态度——认为美丑与道德价值的考量无关——却因为使用美好意象来

---

1 *New Light*, p. 25.

2 在香客们的道德水准和读者对他们的反应之间缺乏必然联系，这一点在H. R. 帕奇的评述中有所暗示：乔叟“不一定最喜欢”他的理想人物(*On Rereading Chaucer*, Cambridge, Mass., 1959, p. 155)。

3 还可以进行一些其他的比较。比如，乔叟认为卖赎罪券教士是同性恋比船长是杀人凶手更加道德败坏，我们能否接受？管家恐吓下人还是巴思妇人滥交更加恶劣？这些问题没有答案，这显示出在《总引》中没有道德天平来决定我们的好恶；试图找到道德根基以证明，比如，卖赎罪券教士是所有香客中最令人厌恶且最坏的一个，必然牵强而不令人信服(参见：G. Ethel, “Chaucer’s Worste Shrewe: The Pardoner,” *MLQ*, 20, 1959, pp. 211–227)。

宣传道德观念而暗中承认了美丑与道德的相关性。比如在《修女指南》(*Ancrene Wisse*)中,作者将奇香、珠宝等与崇高的价值观相联系,而将臭味和丑陋与邪恶相关联;然后作者发现自己很难说服读者无动于衷地面对真正难闻的臭味。[1] 在《总引》中,乔叟把道德判断和本能的情感反应之间的冲突作为一个重要特色,部分是为了制造一种复杂含混的回应,让读者意识到其中的人物都是复杂的个体,但同时也是要通过《总引》向读者显示,我们喜欢或者厌恶我们的邻里理由何在。道德因素在我们的评判中起到一定作用,但也是和其他不那么"冠冕堂皇"的因素同一水准。我们毫不犹豫地仰慕骑士或堂区长那毋庸置疑的道德水准,却也不妨碍我们享受自有其魅力之坏人的陪伴,或者憎恶那些坏得一无是处的恶棍。

我很快会再回来讨论这个系统表达的价值观缺失的意义,先看看造成这种缺失的其他手法。这其中的第一个又和阶层素材相对照,包含一些简单却生动的比喻,如像玻璃一样闪着光的头颅,像星星一样闪烁的眼睛;这些比喻贯穿于某些人物描写中,有效地让读者相信修道士和托钵修士这一类人物也有吸引人之处。反复使用这类比喻营造了一种轻松、活泼、聊天式的口吻——这种风格,正像德里克·布鲁尔曾经说过的那样,在英语浪漫传奇中得到最佳发扬,却和学究式讽刺作品那紧张严厉的风格截然相反。还有一种比喻主要是中立、说明性的——"宽度竟有盾牌大"——那种比喻倒是偶尔会在法语或盎格鲁-诺曼讽刺作品中碰到。但是第一组由于其对吸引人的强调,与讽刺作品的批评效果背道而驰,因而会破坏讽刺作家的道德说教目的。像朗格伦那样的作家偶尔也会采用一些生动的意象,但其效果通常与道德评述相辅相成。

> 他脸颊消瘦、形容枯槁,
> *好似一根在太阳下久晒的韭葱。*
> …………
> 他的脸颊松弛,*像皮囊垂悬。*[2]

---

1 这种似是而非的情形是整个作品的一大特色,特别参见:*Ancrene Wisse*, p. 45, fol. 21b, 26ff.; p. 55, fol. 27b, 11ff。

2《农夫皮尔斯》第五卷第 82—83,192 行。即使对于朗格伦而言,这也并不尽然确切;比如"像玫瑰花一样红润"的神学博士就是一个很好的例子(第十三卷第 99 行)。

在《总引》中，意象偶尔也和道德评判相辅相成；我们注意到，描写磨坊主、卖赎罪券教士和法庭差役时，作者采用动物意象，使读者确信这些人是粗鄙或令人不快的角色。在这两种用法中，意象与其说是反映了道德判断，还不如说是成就了道德判断；而其自相矛盾的使用方式意味着这些意象也破坏了道德评判标准的系统应用。

《总引》中叙事者的作用和反讽的使用备受关注，[1]但是在这个话题上它们也可能有新的含义。是叙事者自己不停地站在香客的角度——香客所处阶层的角度——并鼓动读者也从香客的角度去看世界。甚至当叙事者把香客的视角和他自己的视角分开时，这虽然看似有些矛盾，却也让读者清晰地认识到作者赋予读者的一系列关于阶层意识的洞见，也认识到像“他的买卖”一类语句中“他的”一词隐含的香客视角和读者视角之间的冲突。

此外，叙事者也充当社会其余人等的代表，与各阶层发生关联。通过此角色，叙事者向读者表明，社会大众通常无法超越职业表象来判断什么是真相或者用绝对价值观来评判职业行为。我们身处一个充斥着“行家”的世界，门外汉的道德观念根本无关紧要。叙事者认定每个香客都是一个行家，并用香客自己的术语、自己的价值观和自己的语言来表现他。所有的优良品质都成为“职业伎俩”——这不仅适用于磨坊主的偷窃行为，也适用于堂区长的美德。《总引》的世界是手段的世界，而不是结果的世界。[2]叙事者对人的评判标准大部分取决于他们个人层面上在社会关系中取得的成功；他的评判取决于他们外貌是否赏心悦目，行为举止是否得当有魅力，在社会上是否小有成就。香客们的社会角色沦为社交能力的问题。

当然，这些评判标准的运用是充满反讽意味的，所以我们必须思考

1 特别参见：E. T. Donaldson, “Chaucer the Pilgrim,” reprinted in *Speaking of Chaucer*, London, 1970, pp. 1–12。

2 这种专注于手段而非结果的行为被社会学家认为是经济市场主导型社会，尤其是资本主义社会的特色伦理道德。参见：Max Weber, *Economy and Society*, trans. G. Roth and C. Wittich, 3 vols., New York, 1968。特别是第三卷第 1188 页：“在资本主义制度下，人只有在职业之外才可能行使博爱和兄弟情谊”。资本主义意识形态以劳动分工为出发点，暗中假设每个群体的劳动相加即为社会福祉。因此它并不认为有必要分析这种福祉的本质以及实现福祉的方法。这就提出一个问题：乔叟觉得有必要改变阶层文学，是否为了表达他已经意识到，在他生活的时代，市场关系已经具有了新的重要性，虽然《总引》中的反讽语气表明乔叟并没有鼓励采纳资本主义伦理观。

《总引》中乔叟使用反讽的意义何在。我们可以把 13 世纪修辞学家布翁孔帕尼奥·德·希尼亚 (Buoncompagno de Signa) 给反讽下的定义作为切入点：

> 反讽是指用温婉甜蜜的语言来传达轻蔑和讥讽……如果因为自己没有的优点而受到赞美，很少有人会傻到听不懂其中的意味。比如你夸奖埃塞俄比亚人多么白皙，赞美小偷守护了财产安全，表扬色鬼多么贞洁，称赞瘸子行动敏捷，瞎子目光如炬，穷人富可敌国，奴隶自由自在，这些人定然会感到无以言传的悲伤，从而哑口无言，因为他们貌似受到了表扬，实则遭到谩骂；当人们说着反话来赞美某个人的邪恶行为，或者用风趣的话语进行讲述时，无疑就是谩骂。[1]

这个定义可以当作有用的切入点，恰恰因为其并不符合乔叟惯用的反讽。因为乔叟常常做的是，赞美色鬼的好色，而不是贞洁——事实上，他热衷于描述这个色鬼简直就是所有色鬼中最最好色的一个。

确实，在某些时候，乔叟似乎也会“通过反话”来赞美一个人；我们可以想想那个“有绅士风度的卖赎罪券教士”。但是，在为反讽下定义时，布翁孔帕尼奥认定，遭到讽刺的那个人的真实情况读者是知道的；比如我们知道埃塞俄比亚人其实是皮肤黝黑的。《总引》令人困惑的地方在于，它经常会削弱我们对一个人物的真正了解，哪怕它也在暗示有关某个人物的真相不一定符合叙事者热情洋溢的赞美，这一点我们已然有所体会。我们开始想有没有可能这个埃塞俄比亚人实际上父母是殖民者，从而是白种人……

如果我们用现代定义来分析乔叟的反讽，会发现一些同样的特征。厄尔·伯尼 (Earle Birney) 提出，反讽这一概念总是暗示着要制造一个幻象，即真正的不和谐或者冲突并不存在，而设计这个幻象是为了让旁观者可以立即或者最终识破它，并由此更加深刻地领会到冲突的实际存在。[2] 在《总引》里，反讽过程中幻象的制造和破灭主要是通过叙事者和叙

1 转引自：J. F. Benton, “Clio and Venus: An Historical View of Medieval Love,” in F. X. Newman (ed.), *The Meaning of Courtly Love*, New York, 1968, p. 37。原文出自布翁孔帕尼奥的《古代修辞学》(*Rhetorica Antiqua*) 一书 (该书成于 1215 年)。

2 “English Irony Before Chaucer,” *UTQ*, 6, 1937, pp. 538–557.

事者那不断变化的态度而实现的。态度变化有时非常突兀：

世界上没有人像他那样忙碌，
而看来他比实际上更要忙碌。

（第 320—321 行）[1]

或者，有时候却又非常细腻微妙，比如乔叟时常利用词汇丰富的语义内涵，如 worthy（优秀、高尚、令人尊敬），gentil（出身高贵、绅士风度、优雅），fair（美好、优秀）这些词。简要说明一下：形容词 worthy 是骑士肖像描写的一个关键词，有着深刻而严肃的意义，不仅指明骑士的社会地位，还暗示了与之相符的道德品质。在描绘托钵修士时，这个词却是反讽，指明托钵修士根本不具备这些道德品质——但是有些时候却也可以不做反讽解读，比如谈到社会地位之际：

因为他这人值得尊敬，有身份，
怎能去结识生了麻风病的人？
这对他这样的人物既不妥当，
也不体面；同这些可怜人交往
不可能给他带来任何的好处。

（第 243—247 行）

在商人的肖像描写中，这个词好似只出现过一次，是对他的社会地位的指涉：商人"的确是个人物"（第 283 行）。等读者读到对平民地主的描写时，这个词的使用有一份隐含的热忱，似乎一味想要表现叙事者的赞赏："哪里的平民地主有如此风光"（第 360 行）。[2] 乔叟尝试使用一些在对话中侧重点和内涵颇为不同的词汇，而不是意义确凿和固定的表达，让读者得到一种印象，即这些人物非常复杂，因为很难对他们做出绝对的判断。

1 本文中《坎特伯雷故事》英文原文均出自：F. N. Robinson (ed.), *The Works of Geoffrey Chaucer*, 2nd ed., London, 1957。译文出自：《坎特伯雷故事》，黄杲炘译，上海：上海译文出版社，2013 年。下面该作引文译文均出自此版本，引文行码按原文随文夹注。——译者注

2 这些意义见《牛津英语词典》（*OED*），2："关于人：因优秀品质而出众，从而应当受到尊敬或崇敬"；3："关于人：在社会上有突出地位；关于等级或身份"。

词汇不断变化的语义与读者了解人物的不断变化的基础并行不悖，或者说帮助建立了这样的基础。而且这种模棱两可不仅仅是反映了这些人物的道德模糊，也反映了我们自己的道德模糊；我们所赋予词汇的那些不断变化的语义价值反映了读者内心评判人物的标准是相对而非绝对的。秉承绝对价值观的角色用绝对词汇描写；其他角色所处的语言领域则更适用于读者日常那种对不同标准不假思索的接受。

这种文字游戏的反讽作用远远不止于为道德批判披上喜剧的外衣。乔叟用之以提出非常严肃的问题。比如，在描写骑士时，与"温文有礼"（curteisie）一词相联系的是一种绝对理想，人们可以为之献出整个生命（第 46 行）。[1] 在武功歌（chanson de geste）这一文类中——骑士似乎就是从武功歌中走出来的——这种理想成为一切行动的准则。另一方面，扈从的"谦逊有礼"（第 99 行）则与其他特征相关联，比如他倾心于爱情，他在王室礼仪方面成就卓著，这一切使得"谦逊有礼"看起来并不是一种要求严苛的理想，而是某个特定社会阶层的人的一种生活方式的一部分。[2] 作为修女院院长"最大的爱好"的"礼仪"（第 132 行）理应是精神礼仪，但是如我们所见，于她而言，却成了令人尴尬的世俗礼仪；本来应该殚精竭虑修习精神境界的雅致以讨天庭上配偶的欢爱，事实上她却成为扈从所代表的那个类型的女性代表。在提出 curteisie 一词又一种理想的宗教含义的同时，"宫廷气派"（第 139—140 行）的具体表现——个人仪表的修饰与高贵的举止行为——却显得与这种宗教含义截然相反。读者不由得感到这个词语中隐含的自相矛盾的价值观。这到底是一种宗教价值还是俗世价值？这是一种绝对价值呢，还是仅仅适用于某个社会阶层或年龄群体？这个概念中包含的高雅行为应该理解为替别人着想呢还是仅仅是仪式化了的行为？这个词的不同用法不仅反映了读者对人物角色的态度变迁，也反映了对理想本身的态度变化。

这一点我认为是乔叟式讽刺的精华；它不依赖于风趣和花哨的辞藻，

1《中古英语词典》（*MED*）（2）——（或许定义太过狭窄）"品行端正；彬彬有礼，具绅士气质；谦恭，礼貌，注重礼仪"。A. C. 考利的注释"行事大方体贴"显得更为恰切（参见：A. C. Cawley, *The Canterbury Tales*, p. 2. n. to line 46）。

2 本段中的 curteisie 在《中古英语词典》（3）注解为：Respectful, deferential, meek（恭敬、谦恭、顺从）。很重要的是，扈从通过他娴熟的切肉动作来证明自己的"谦逊有礼"；这项活动仍然有着服务于人的内涵，但是将切肉动作称为"谦逊有礼"几乎意味着也可以用这一词语来描述修女院院长考究的餐桌礼仪了。

而依赖于一种难以确定的态度，这种态度总在另外一种观点中寻求庇护，从而由两种观点的不相融合中产生喜剧感。在一些情况下，两者之间的差异简直就是真相和幻象那样不同：

> 总之，*在一切能有好处的地方*，
> 他谦逊有礼，乐于给人家帮忙。
>
> （第249—250行）

> 因为据他自己说，*他当忏悔师*
> 要比教区里的教士更加适宜。
>
> （第218—219行）

看穿幻象、驱散幻象的必要性解释了为什么我们有着一些无论用什么标准来评判皆令人仰慕的人物，为什么会用像worthy这样的词来既传递纯粹的社会观念也传递道德观念，为什么会用令人不快的意象来描写那些道德上也令人不快的角色。

但是在有些情况下我们却不能驱散幻象，因为我们只是怀疑而无法确认其是幻象。如果反对将平民地主描述为“风光的平民地主”，我们又能冠之以什么“真正”的称谓呢？我们是否知道他的宴请不过是自娱自乐，穷人是不能参加的？我们是否感到他的性情与他令人赏心悦目的外表相违背？而商人呢——“没有人知道他还有债务在身”——但是我们也不知道他的财富只是空洞的谎言。又或者是管家——“没有查账人能挑他毛病领赏”——因为他很诚实，还是因为他善于掩盖他的欺诈？

我想说的是，所有这些语义含混，加上“受害者的省却”以及道德反响与情感反响的混淆，造就了乔叟剥离道德批判之可能性的一贯成功。换句话说，读者的注意力被引向幻象；幻象偶尔的驱散是为了展示它确实是幻象，但是幻象自身也成为兴趣的焦点。奥尔巴赫对胡安·鲁伊斯主教（Juan Ruiz）《真爱之书》（*Libro de Buen Amor*）中的反讽做出的评论使我们可以用别的方法来表述这一点：

> 我想到的不是诗人自觉的反讽，虽然这种例子也很多，而是一种客观的反讽，隐藏在看似最不相调和的事物直截了当、毫无违和感的

共存之中。[1]

《总引》引导读者发现，多种评判人的方法存在于自己身上，多种语义价值并存，每一种语义价值在各自的语境下都完美有效；《总引》也由此暗示了人们得以共存的方式。《总引》中揭示的社会凝聚力不是朗格伦理想中的道德或宗教凝聚力，而是"最不相调和的事物直截了当、毫无违和感的共存"。

令人瞩目的是，乔叟在《总引》中实现这个意义的很多方式同时也是他让读者相信香客们的个体性的方式。因此，对于《总引》中的反讽和"性格刻画"这两者而言都很重要的东西我们可以称之为语境的缺失。在阶层讽喻中，对阶层的描写并不是要让读者了解他们的工作，而是要表达道德批判；《总引》中剥离了这个目的，如罗斯玛丽·伍尔夫所指出的，[2] 导致对于阶级缺陷的描写好像是对个人怪癖的描写，从而让读者感知到人物的个体性。同样，叙事语境的缺失提供了描写很多细节的动机，使这些细节有了故事意义，[3] 从而也制造了《总引》中事实报道的幻象，薄伽丘在《十日谈》中就曾使用这种技法来达到同样的效果，这一点已经有人令人信服地论述过。

貌似没来由的信息……恰如其分地营造了事实报道的幻象。除非真正发生过，还有什么理由让作者主动提及某个信息呢？[4]

而事实报道的幻象又转而帮助反讽的成立；如果作者只是报道香客的生活，那他就没有义务将他们"放置"于一个道德天平上。

但是现实的吸引力对于乔叟和薄伽丘而言却不尽相同。《总引》的

---

1 E. Auerbach, *Literary Language and Its Public in Late Latin Antiquity and in the Middle Ages*, trans. R. Manheim, London, 1965, p. 322.

2 "Chaucer as a Satirist," p. 152.

3 这个评述得益于剑桥大学彭布罗克学院 L. P. 约翰逊 (L. P. Johnson) 博士。在《特罗勒斯与克丽西德》中，遇到具有叙事意义的瞬间，乔叟总能娴熟地将男女主人公的描写相互融合；特罗勒斯骑马经过克丽西德窗前时有所描述（第二卷第 624 行始），且他的外貌强烈地影响了克丽西德对自己感情的思索。当两人结合之际，乔叟描写了克丽西德（第三卷第 1247 行始），以此道出让特罗勒斯心醉神迷的"天堂"。

4 Bovill, "The *Decameron* and the *Canterbury Tales*," p. 48. 也请参见自第 55 页始乔叟相关部分。

目的并非是要像勃朗宁笔下的弗拉·利波·利皮（Fra Lippo Lippi）绘制人物画像那样再现人物：

> 呈现他们的真实样貌，不管结果如何
> ……认为那是犯罪，
> 倘若错失了一个真实细节。

为了显示区别，可以在此简单将香客的人物刻画同乔叟在《特罗勒斯与克丽西德》中的巨大成就做一个比较：他对克丽西德的成功刻画。

科格希尔（Nevill Henry Coghill）曾经把乔叟的人物做了一个很有用的区分：一方面是通过描写塑造的人物，“精选、累加外在的细节，打造成一个完整的人”，另一方面是由语言和行为塑造的人物，比如旅店主人。[1] 这个区分还可以再进一步。彭大瑞就是经由语言和行为塑造的人物，但是这些几乎都是从外在观察的。读者不能清楚地看到他的内心活动，看不到他内心深处对他自己单相思恋情的态度，因为这个重要的事件并没有深入阐述。另一方面，在克丽西德这边，读者却可以看到她内心深处分分秒秒的活动，看到她心理进程的复杂变化，看到一个人物如何受到时间的影响。这个发展进程从她获悉特罗勒斯爱她并考虑如何应对那一刻就开始了。当彭大瑞看到她惊诧的第一反应后愤愤地大步离开并威胁说要自杀时，她恳请他留下来，这是出于一系列复杂的动机——畏惧，同情，关心名誉受损，自感自己对一个看来非常单纯的要求的回应过于残忍。[2] 这两个诗节中描写了克丽西德的激烈反应，其意义在于其复杂性。

1 *The Poet Chaucer*, 2nd ed., London, 1967, pp. 89–90.

2 第二卷第 449—462 行：

> 克丽西德心中害怕，
> 再没有比她更惊慌的人，
> 她听了他讲的许多话，
> 看他那样真心感伤，
> 祈祷恳切，
> 深怕会闹出乱子来，
> 因而心肠软了，方寸撩乱；
> 暗想道，“情场中随时都有

（转下页）

她的反应既是刻意为之，又是出自直觉，既自私，又善良。没有一种动机可以被独立出来作为"真正"的动机。

克丽西德独自一人，思忖着是否应该接受特罗勒斯的求爱时，情况也是如此。特罗勒斯社会地位崇高，长相英俊，智勇双全，德才兼备，对爱情忠贞，为她吃了不少苦，都影响着她的考量，反之，也让她担心受到折磨、遭背叛，担心人们议论纷纷（第二卷第659—665，701—728，771—805行）。对于特罗勒斯的爱，克丽西德时而觉得受宠若惊，时而又觉得受之无愧（第735—749行）。她试图冷静而理性地决定下一步行动，却分别因为一首歌、一只夜莺和一个梦而动摇（第82行始，第918行始，第925行始）。这个场景中，克丽西德纠结的内心为读者揭示出的信息远远超过她实际的想法。读者读到非常现实主义的描写，这一描写再现了人困扰复杂的反应和决定过程。还有一点也值得提及：在第四卷中，克丽西德急切地向特罗勒斯表明她接受他的爱并非出于追求快乐，或他的崇高地位，或者他的英勇，而是出于"基于忠诚和真实的美好德行"（第1667—1673行）。虽然读者在第二卷读到的场景完全不同，却也并不意味着克丽西德虚情假意。对于"当前"而言这句话是真实可信的——时间维度不仅改变了人物和读者对她的看法，而且事后看来，她面对纷繁芜杂的过去之时，选择一个小的方面也变得合乎情理。在人的行为动机领域没有单一的"真相"。

《总引》中没有哪个人物的性格深度和复杂度可以与此媲美。商人的财务状况是可以知晓的，虽然读者并不知道，而克丽西德的内心世界却无从得知。有时候，内心世界的含混通过外在器具表现出来，比如修女院院长的胸针。但是与对克丽西德的人物刻画进行对比之后，可以更清楚地看到，《总引》中人物描写的复杂性更多来源于读者对他们的态度而不是这些人物自身的性格特征。布朗森声称，在《总引》中，读者与叙

（接上页）

不幸的遭遇，
男子们往往会丧失了意志；
万一这个人就在我面前
寻了短见，岂不糟了。
那样的话，人们将对我作何感想呢；
我还得小心应付才是。"

（以上译文引自：《乔叟文集》，方重译，上海：上海译文出版社，1979年，第133页。方译本为散文体，这里根据原文做了分行处理。——译者注）

事者之间纠葛之深远甚于其他任何角色，“因为他几乎是他的‘戏剧’中唯一一位心理描写完整的角色，而且也是唯一真正对读者重要的角色”[1]。《总引》的关注重心并不在于对人物的描写，或者为了现实而现实，而在于读者与现实之间的关系，在于读者看待现实的方式和读者采取的态度，而叙事者就代表了这种关系中全部的含混和复杂。

如果我们将这场讨论的结果综合起来，就会发现《总引》中的伦理规范即是这一世界的伦理规范。视角的不断转换意味着这个伦理规范是相对的；为了培育读者这样的道德感，阶层视野是至关重要的，因为这意味着每一幅肖像画中都呈现了一种特别的生活方式。在这个世界中，读者可以发现各种各样的专业技能、经历、术语和利益；读者通过一个懒散的修道士或者一个成功商人的眼光看待这个世界，同时也意识到这些香客的观点和读者自己观点的潜在分歧。但是这种分歧是潜在的，因为在充满反讽的评述中，敷衍塞责的许可和赞同仍然具有一定程度的真实性——它确实反映了我们和邻里相处之道：内心虽然反对，表面上却赞同；更多是夸赞手段而非通过这些手段达到的结果；只要结果没有直接导致我们自身的不快，就认为不道德的行为是有趣好笑的；并且出于社会原因，我们会站在同我们打交道的人的立场，同时却认为他的生活方式“与我们全无关系”。

说《总引》的基础是这一世界的伦理规范并不是要重复原来的批评立场，认为乔叟全不关心道德问题。在这个特别的节点，采用这样的伦理规范并非要表达一种界定鲜明的态度，而仅仅是做出一个评论——而喜剧反讽确保读者不会认同这一伦理规范。乔叟的探索不仅是道德的，也是认识论的。这就是世界运行的方式，而作为世界，它没有其他的运行方式。评论家们都注意到，[2]《坎特伯雷故事》结尾处进行了与崇高的精神世界价值观的对比，但是对比的方式并不妨碍初始观点的合理性——这个世界只能按照这个世界的价值观来运行。我们有信心把这视为《坎特伯雷故事》的主旨，而看到其和《特罗勒斯与克丽西德》的主旨并行不悖，我们更增强了这份信心：反讽贯穿全诗；不相调和的事物并存；后记中突

1 B. H. Bronson, *In Search of Chaucer*, Toronto, 1960, p. 67.

2 参见：Baldwin, *The Unity of the* Canterbury Tales, chapter 5–7; A. W. Hoffman, “Chaucer’s Prologue to Pilgrimage: The Two Voices,” *ELH*, 21, 1954, pp. 1–16, repr. Wagenknecht, pp. 30–45。

兀地展现这些事物不调和，却满怀悲剧性地意识到这些事物的共存——在《特罗勒斯》中其实是它们的统一——正如它们的不调和那样不可避免。但是两部作品的区别也是显而易见的。故事的结尾引得《特罗勒斯》的叙事者摈弃自己——和读者——此前所经历的美好和高贵。虽然读者并不会把叙事者的后记当成是唯一对《特罗勒斯》体验的合乎情理的反响，这种带有悲剧性的摈弃却起了决定性的作用，奠定了作品的悲剧收尾。《坎特伯雷故事》没有同样的结尾。《故事》的"最后陈词"不是来自叙事者，而是来自堂区长，他并没有跟随读者参与到香客的世界中去。例如，虽然排斥磨坊主的世界，他却并没有排斥他个人为之兴奋的东西——比如《特罗勒斯》的叙事者在爱情圆满时的体会。正因为最后陈词交由堂区长来做，《坎特伯雷故事》的叙事者可以继续做个旁观者，可以满怀同情地响应所有的经历和态度，也可以向人们汇报这些经历和态度。《总引》和堂区长的故事之间的关系远不限于"欲爱"和"博爱"的简单对立，而要微妙得多。[1]

《总引》用俗世的价值观呈现了世界，这些价值观主要涉及一知半解状态下基于主观标准对表象进行的评估。主体性主导了香客对世界的态度，也主导了世界（或者读者）对香客的态度。不过，必须再次强调的是，至少对于香客们而言，他们关于世界的观点并不是个人的观点，而是附属于他们的职业——用中世纪的话来说，就是阶层。《总引》最终被证明是一部关于工作的诗歌。其所指涉的社会不是有着永恒或者普遍意义的个人或者类型的集合，而是一个社会，在这个社会里，工作作为社会经验决定着性情，决定着个人看待这个世界的角度。在《总引》中，正如在历史上，是细化了的分工开启了一个相对价值观和个人意识占主导的世界。

编后记

吉尔·曼（Jill Mann），英国剑桥大学、美国圣母大学等校教授，2004年起为剑桥大学格顿学院终身研究员，曾任新乔叟学会主席（1992—1994）。她是著名的中世纪和文艺复兴文学学者，著述丰富，其著作如《乔叟与中世

---

1 这些是霍夫曼的用语。霍夫曼对于俗世价值观和宗教价值观之间的对立的思考仅限于爱情领域。在我看来这是出于一种认识——春天开场白特别适合爱情诗歌。因此值得注意的是，在各种类型的中世纪诗歌中都能找到春天开场白：阶层作品、战争诗歌和讽刺诗歌都如此开场。相关例子不胜枚举。

纪阶层讽喻》(*Chaucer and Medieval Estates Satire*, 1973)、《女性化乔叟》(*Feminizing Chaucer*, 2002)以及许多论文,在学界都很有影响。吉尔·曼特别注重将乔叟时代的社会文化信息运用到乔叟作品,特别是乔叟人物的研究中,以得出独到见解。专著《乔叟与中世纪阶层讽喻》堪称这方面的典范之作。《中世纪阶层讽喻和〈总引〉》("Medieval Estates Satire and the General Prologue")一文是《乔叟与中世纪阶层讽喻》的第九章,即该书结语部分,译自:*Chaucer and Medieval Estates Satire*, Cambridge: Cambridge UP, 1973, pp. 187–202。

《坎特伯雷故事》之《总引》中的模拟化艺术

作者　［美国］小亨利·马歇尔·莱斯特
译者　汪家海

根据我的理解，判定神学典籍和教父著作中的名言语录是否引自他人，而非来自作家们自己富有权威的创见，显得尤其必要。《传道书》的作者在许多话题上催生了众多相互抵牾的箴言，我们应当将其视为作者对群氓骚动无序形态的模拟化再现，诚如教皇格列高利在其第四《对话录》中所言的那样。

彼得·阿伯拉尔（Peter Abelard）

在过去三十多年的乔叟批评史上，批评家唐纳德·R. 霍华德凭借其备受赞誉的论著《〈坎特伯雷故事〉之观念》，通过独辟蹊径的分析、鞭辟入里的论述和富有创见的命名建构起其卓尔不群、独树一帜的批评风范。在论及《骑士的故事》时，他认为：

乔叟在作品中引入了一种欢快、夸张的元素，使人们对骑士的信念产生争议。例如，当两位主角打斗正酣时，他说“让他们继续去这样你扎我刺”，然后将注意力转到忒修斯身上：

命运之神哪，你这万物的主宰！
上天预知的一切福祉和祸灾
由你在世界各处贯彻和兑现；
你坚强有力，任世人发出誓言，

从正面或反面抗拒某件事情，
但是有一天那件事照样降临，
尽管这事一千年没有第二次。
因为我们世间的欲望，无论是
要打仗要和平，或者要恨要爱，
一切都受天意的支配和主宰。
我提这个事，要把忒修斯提到，
因为打猎是这位君主的嗜好，
他尤其爱在五月里追猎大鹿。
每一天凌晨，尽管才曙光初露，
他总是穿好了衣服准备上马，
还有猎手、号手和猎狗伴随着他。
打猎对于他，有着很大的乐趣，
他的全部欢愉和渴望，就在于
自己能成为猎鹿能手，因为他
除玛斯之外，就是崇拜狄安娜。

（第一组第1663—1682行）[1]

这种安排的目的是为了告诉我们，忒修斯在某一天出门打猎，蓄意已久。在这个段落中，不难发现其戏仿史诗（mock-epic）的特征，其反讽的意味也显而易见，其意图是让我们与骑士体现的宏大的命运观保持一定的距离，并对其进行冷静的思考。《骑士的故事》中这一幽默成分是这个故事中最具争议性的方面：有批评家将其视为悲剧的解药而一笔勾销，有的则将它看作一切的中心，但没人会否认它的存在。它引入一种我们会在许多故事中遇见的特征：我们将故事作为其讲述人的戏剧性独白来阅读，但知道乔叟的一些观点隐含其间。这种特征赋予故事一种艺术性，而实际上我们不能将它归功于讲述者：我愿称之为非模拟化艺术（unimpersonated artistry）。故事的创作形式极为简约，作者时常并不凭借记忆，而是使用诗体临时即兴讲述。这种艺术性是属于作者的，尽管为香客精心挑选的方言、俚语和

1 本文中所有《坎特伯雷故事》的引文译文均出自：《坎特伯雷故事》，黄杲炘译，上海：上海译文出版社，2013年。以下引文行码按原文随文夹注，不再加注。——译者注

行为举止仍会被视为模拟化特征。对这种手法更为微妙的使用会让粗野或"低贱"的人物使用超越他的语言、修辞或才智。(有时它还和个性化的艺术缺乏,即没有艺术技巧,一种笨拙特点混杂在一起,结果造成让一个人物讲述了一则糟糕的故事,如在《托帕斯爵士》里那样,或者违背文学惯例或得体,如在《骑士的故事》里。)于是产生反讽或戏仿的效果,那是乔叟的成就,而非讲述故事的香客的模拟化技巧,后者也不应该对此居功。

在提出这一原则后,霍华德接着在论著的不同地方,借用它分析磨坊主、法庭差役、商人、扈从和伙食采购人等的故事。对此,许多批评家给予积极的响应。人们会想到查尔斯·马斯卡廷对《特洛伊罗斯》中某些重要人物独白的评论:"人物的话语应当视作对其行为的非个人的评述,它是乔叟的想法,而非其笔下人物的观点。"人们还可以想到罗伯特·M. 乔丹 (Robert M. Jordan),针对《商人的故事》中那位形象复杂的商人,他通过提供各种令人印象深刻的证据来提出异议,认为"他根本不在那里",如同分析德莱顿笔下的潘瑟 (Panther) 那样。人们也会想起安妮·米德尔顿在分析《医生的故事》时,将精心挑选的段落从香客的话语中排除。还有罗伯特·B. 伯林 (Robert B. Burlin) 对《差役的故事》的赞誉,他认为其"超出现实生活中差役应当具有的才能"。人们还会想到其他批评家对《骑士的故事》的评述。有些我将在下文中提及。

现在,按照我的观点,这种"非模拟化艺术"是个棘手却值得探讨的话题。霍华德试图对乔叟诗歌创作总体特征中的某一面进行描述,这值得嘉许,因为那使目前弥漫在众多乔叟批评家们的批评实践中的一种批评和理论原则凸显出来:这种原则为大家所接受,虽然很少被公开说出,它认为有必要回避或远离《坎特伯雷故事》中的香客叙述人,而将诗人视为作品意义之源头。如果从总体上来陈述这种设想,我并无异议。但我认为,霍华德的处理方式确乎反映出一种批评的趋势,即急于激发诗人的权威,这在乔叟批评家中十分普遍。霍华德有助于我把我的异议聚焦于更为宽泛的专业语境中的一般情况,而非针对他的批评 (他的许多观点我十分钦佩)。如果我们将"非模拟化艺术"视为一种理论前提,无论是在一般还是在具体的情况中,似乎都值得商榷,因为它似乎意味着既把一批比较奇特的假设带入任何文本的阅读之中,也——至少对我而言——

不能准确反映特别是阅读乔叟的感受。

“非模拟化艺术”暗含我们在阅读此类作品时采用的一种技巧，或者所拥有的一次经历：我们假定《坎特伯雷故事》如人们所言的那样，“各个故事与其讲述者相吻合”，意味着，各个故事是一种潜在的戏剧性独白，或使用我希望含义没有那么丰富的术语，它们是模拟化艺术 (impersonated artistry) 的范例，是特定的香客们的话语。无论如何，我们喜欢这样阅读乔叟，喜欢指出那些虚构讲述者们正适合讲述他们所讲的故事。我们大多数人，就连罗伯特·乔丹也认为，至少《坎特伯雷故事》中有些故事，当然包括其框架部分，都会鼓励我们做出这样的阐释。由此，我们带着这种想法去阅读，直到这种读法碰到麻烦，我们会遇到这样的段落：在里面我们很难将我们阅读的感受同这位香客的脾性、教养和智力统一起来。这时，我们时常会选择放弃。我们会说：“这一段一定是诗人乔叟写的，他在骑士、磨坊主、医生的头顶上或他们所戴的面具后面讲述，并由此产生反讽，让我们不要偏离基本原则，为我们指出‘正确之道’。”不幸的是，这些场合很少如我所知道的《坎特伯雷故事》中一个真正打破模拟化的例子那么明显，我是指在《修女院院长的故事》的一个诗节的中间 (7.1771；诗行数与 F. N. 罗宾逊的第二版相一致)，总叙述人开口讲“她说”。不同的批评家在同一则故事的不同段落里会发现诗人的影子，但他们在发现他后，却感到破译他的信息极为困难——如果乔叟认为为了这个信息值得中断叙述，那么它难以破译似乎就不合常理。

因此，关于针对《骑士的故事》中诙谐元素的不同批评观点，霍华德发表的看法引起人们的重视。他对于“命运乃万物之主宰”的阐释，显得非同寻常。他对这些诗行在语境中表现的反讽语气进行了解释。与众多直接关注相关段落的解读相比，他更为关注其语言表达的效果。然而，即使在这一群体中，对于“谁在这儿言说？”这个问题所给出的多样的答案，也足以激起让我感兴趣的话题。在此，仅提及那些曾经探讨过这个特殊段落的批评家们。相对而言，弗罗斯特 (Frost)、卢格尔斯 (Ruggiers) 和基恩所代表的批评界的众多人仍不太关注故事中谁在言说的问题。他们将故事中的这个段落视为“诗歌”基本意义的一部分，并严肃认真地将其视为探讨人在宇宙中的地位。另一些批评家，如霍华德等人，却从这一段落中发现了不同寻常的寓意。伯林认为，言说人就是乔叟，其目的在于暗示忒修斯虽高于命运之上，但对造物主却一无所知。而诺伊泽

(Neuse),唯一一位将这段话明确归于骑士的批评家,认为骑士故事中隐含的基督徒的观点不同于忒修斯那更为狭窄的视野。这里的说话人会是谁?其目的为何?有人会纳闷,如果他认为这段文字是对命运的操控的温和嘲讽——至少在对待如此细小的事件上时,同时认为是骑士自身乐于获得这样的效果,那么这种阐释将产生什么样的后果?霍华德的意见正好与此相反,他认为,那个段落并非真的指向忒修斯的狩猎活动,而是为了在接下来的诗行中引出忒修斯、帕拉蒙和阿塞特等人,并将他们之间纯属偶然的相见描写出来(第1683—1713行)。这种偶然相遇是故事前半部分的众多特征之一,揭示出故事中的多数情节远不是带有凶兆的宇宙力量所造成的结果(从这一观点看,帕拉蒙和阿塞特都被塑造成愚蠢的形象),而是由人类的行为和选择所共同造就,特别是讲述故事的骑士在操控整个事件并安排各种巧合时所做出的各种行为和选择。如诺伊泽所言,骑士将"古老的故事"改编成现实的场景,这种反讽的效果映衬出他对那些"古代典籍"文体风格的态度。在他看来,那种文体体现出人类在维持自身和社会的秩序时,采取一种危险的逃避态度,并无意识地将责任投射到诸神和命运上。

像"非模拟化艺术"这样的概念,主要是将言说人拆分为几个部分,并剥夺它们各自拥有的言说权,让我们难以判断某单个叙述中究竟哪些部分应属于香客讲述人,哪些应属于"作者"。在这种情形下,不同批评家们会因各自不同的立场,提出不同的看法,就显得不足为奇。所有这些程式化的安排,都会在同一个叙述语境中设计两个言说人(甚至更多),而在此语境中只有一个言说人似乎更容易操作。在我看来,这种安排在理论上存在一些问题,因为逻辑上它既不简约,也不典雅,还会产生额外的工作,也容易分散人的注意力。叙述的实体大量增加以至他们本身成为被关注的主体,并需要某种系统的或历史性的辩护,如"非模拟化艺术",或中世纪关于人格的观念的缺陷来给予说明,然而很快我们就会忙于维护我们创造的循环往复的结构形态,以至于不再关注我们原本用这种结构来进行解释的诗歌。因此,在更为详细地阐述我反对"非模拟化艺术"这一观点前,我想给出一个防止引发误解的警示。我将其称为"莱斯特剃刀"(Leicester's Razor):"如无必要,勿增叙述者。"[1]

---

1 原文为拉丁语:narratores non multiplicandi sunt praeter absolutum necessitatem。——译者注

我自然并不打算以这种总体上和本质上否定的范式来对待这一问题，尽管我认为这样有助于澄清诸多疑惑。借此机会，我想提出自己的看法：《坎特伯雷故事》中的话语具有个性化特征，而且很激进，以至于每一则故事都是其讲述人个性和人生观的表达——那是在“当下”正在展开的叙事中体现出来。我知道，诸如此类的观念司空见惯。在现代，那至少可以追溯到基特里奇，他将《坎特伯雷故事》视为一出“人间喜剧”（Human Comedy），香客们则是戏剧化人物；这一观点显然在卢缅斯基所著的《论多样化人物》（*Of Sondry Folk*）中发展至顶点（也可以说是终点，因为自此没有人再试图利用这一概念去系统地分析整部诗作）。更有甚者，如我在前文所言，我们时不时会采用这种解读方式。其中一个原因，是由于这一观点从未被人进一步向前推进，以至于我认为单篇故事的讲述，其解读几乎一直依存于外在的语境，通常要么涉及诗歌的某些历史背景（例如，我们通过其他材料获知骑士、磨坊主、律师、修女等人的情况），要么涉及对《坎特伯雷故事》框架中各位言说人的描写，特别是《总引》中的人物。这些材料通过各种方式的组合，在香客所讲的故事之外，建构起他们各自的形象。这样每则故事都可以解读为故事讲述人创作的结果。对故事的阐释受限于我们在香客身上看见的缺陷。关于历史假设的具体问题——中世纪人不可能以某些方式想和说的那种感觉——我想留待后面再讲，因为其中涉及的想法通常相对隐晦，其引发的问题更容易通过具体的事例加以解决。显然，这些假设，如我刚才所描述的那样，会导致某种阐释上的阈限，而这种阈限会使我们陷于验证参考证据之真伪的困境中；用罗伯特·O. 佩恩那句很中肯的话说——我们所要做的，就是去理解我们面前的证据：文本［《回忆之要津：乔叟诗学研究》（*The Key of Remembrance: A Study of Chaucer's Poetics*）］。

然而，将这些故事作为模拟化艺术的例证来解读时，坎特伯雷旅途框架这一具体问题将成为更加顽固的障碍。因为我使用这个短语的意思与以往批评和支持这一观点的人的意思不同，所以这个问题值得简单说明。这一问题常和逼真化联系在一起。对于《坎特伯雷故事》的虚构与逼真的一致的感受能够支撑关于真实的人参与到他们之间真实和当下的互动之中的戏剧性幻觉。最坚持认为这首诗具有戏剧性特征的批评家当属卢缅斯基。他将香客们身上的“现实特性”与他们之间的互动“戏剧”置于那些故事之外，特别是明显地置于框架叙述之中。在探讨一则故事和其戏剧性语境时，他通常会从《总引》中（以及任何相关的衔接）选择一个香客的人物素描分析开始，然后将故事作为框架中的人物性格以及场景的范例和延伸进行分析。他十分关注细节，如故事中那些与香客听众之间的直接对话（如骑士所说的“让大家看看，谁能把晚餐赢取？”），以及各个故事之间互动的程度和方式，如第三组或婚姻组。这种方法有助于从整体上对故事进行阐述，公开强化了框架的叙述作用，并让其统领单篇故事：凡是不符合先前出现的香客们的原型模式的，都与其批评无关，并受到不同程度的忽略，甚至排除在外。其他批评家很快就指出，这种解读方式忽略了太多东西。

由于并不认同这种“戏剧化”模式，我特别想指出的是，其无视诗歌中始终坚持的（尽管可能是时断时续的）文本性特征，无视作品以何种方式反复中断口头话语叙述和框架叙述的幻觉，以让读者注意到它是书写的文本。磨坊主在其故事引子中劝告说“尽可把书翻过去另选个故事”（第3177行），而《骑士的故事》中更为有趣的时刻是故事叙述人说“但是那些故事我不愿再谈”（第1201行）——这类介入式叙述不仅有损其逼真性，而且让人们注意到霍华德所说的诗歌的“书本性”特征（《〈坎特伯雷故事〉之观念》），就如同那些开场和说明性部分一样，尽管并非那样强有力，同时还使人们注意到文本的不完整形态，或者说“故事没有被记忆下来，而是即兴创作，所以文本偶然成为诗体”。如今，这种明显的文本性特征（我的意思是诗人乔叟不仅创造出书面文本，而且自觉地引发人们对其创作的注意）当然会削弱充满活力的戏剧化虚构。毫无疑问，这种情形，加之与意思相反的观念相结合，即认为有些故事的确“与讲述人相吻合”，导致霍华德和其他批评家采用“非模拟化艺术”之类的程式，以便能回应这部诗作那范围明显很广泛的效果。这种观念允许批评家徘徊于“书本性”和霍华德所称的“发声性”之间：关于前者，法国人已告诉我们，其含义是指缺场；后者则指在场，我们感受到这种在场是当“作者和我们直接对话与他复述别人对他大声讲述的故事时——我们仿佛听到他和香客的声音，并假定这是一种口头话语的传达”（《〈坎特伯雷故事〉之观念》）。如果我们不能充分拥有在场，我们至少应该得到一部分。但究竟何时、何地，尤其是谁的存在？正如我试图揭示的那样，像“非模拟化艺术”这种现象，请记住，会时断时续地出现，它让人感到某个人的在场，是通过让我们无法确定究竟是谁在给定的文本中和给定的时刻言说：是香客，还是诗人，抑或那个有趣的中间调解人——香客乔叟。

对我而言，这种“路边剧”（roadside-drama）的阐释方法和对这种方法的批评，以及所采取的妥协的立场（不管是如霍华德所明确建构的那样，还是更为直觉的感受），似乎都存在一个混乱的中心，即声音与在场之间的混乱无序。所有这些观点都要求，文本中的声音应追溯到语言背后的一个人和一个主体，一个在实施操控和限制的个体，由此来确保其表达的含义。于是，一个给定故事的语言，或者说故事中一个给定时刻的语言，就是言说人活动的目的，此时，言说人将呈现出先于文本存在的自我。因为这个原因，所有这些方法不断回溯到那样一个外在主体那里——在框架内，在诗人身上，在历史事实中，或在“中世纪思想”里——其踪迹模糊不清。但我所谓的“模拟化艺术”并不涉及外在主体。

在坚持认为《坎特伯雷故事》是一部各具个性化声音的文本的集合上，我更愿从它们的文本性出发，强调那里没有人，仅有文本。但如果说一个书写的文本隐含并强化主体——在生产文本时不论是否“表达了自我”的那个在文本之外的现实的人——的缺失，那么认为文本中的声音、文本的声音也同样缺失，那就完全不对。在写作时，声音的功能首先并不关涉人物，而是属于语言，属于语言的符码和惯例，是这些符码和惯例造就让“我”呈现出来的可能。但这种可能性意味着我们可以用“我”来说出任何话语。语言具有定位性。它总是声称或隐含一个与其他语法人物之间存在潜在的戏剧性关系的第一人称说话人，那通过语言建构起来，而无视任何真实说话人的存在或缺失。因此，究其本性，任何文本作为一种语言现象，都会产生传统意义上的言说人。言说人由文本创造出来，是语言关系的结构，而其性格则是在一个特定情形中操控各种错综复杂关系以产生文本之声音的功用。

这种“声音”是任何文本的属性，因此，从理论上说，阅读任何文本都有可能凸显其特殊的声音，即第一人称个体。例如，这样阅读会始终专注于文本中无论是表达出来的还是隐含的“我”，会产生出“我”在话语功能中的指涉特征。换句话说，以发声为导向的阅读会将话语中无论是已经表达出来的，抑或隐含的第二、第三人称人物（分别为听众和世界），主要视为说话人与听众和世界之间的联系的指示器，并观察这些因素如何反过来成为建构言说人性格的证据。对此，我们会产生疑问，究竟什么样的人会注意到这些特殊的细节而不是其他东西,并以这种方式联想到听众,以至他或她使用这种特殊的语气与之对话,等等。

有人可能会想到专门对文学作品中言说人诗学的研究。这将会是一种经典的结构主义实践,从语言学结构移向系统论证文学言说人如何能够具有他们所拥有的意义。由于我并不相信这样的实践会获得成功,还有其他原因,我不想在这里探讨这一话题,况且它根本不是我的兴趣所在。我想回到乔叟身上,做进一步的探究。虽然任何文本通过阅读都可以产生它的独特声音,但有些文本积极参与到这种声音现象中,利用它,使之成为其话语的中心——使之成为其内容。可以说,这种类型的文本关注的焦点是其言说人。我敢说,《坎特伯雷故事》就属于这样的文本,特别是其中的那些单篇故事。这些故事是模拟化艺术的范例,因为它们关注的不是之前已存在的人如何创造出语言,而是语言如何创造出人。它们详细表明一个人所说的话使他或她成为人 (im-personates him or her),也就是说,将说话人变成一个人 (person),或变成一个品格 (personality) (我更愿意使用这个词,而不是"人",因为"品格"含有像一个人那样行动而非"是"一个人的意味)。对于具体阐释这部诗作,这意味着我一直在质疑的故事与框架之间,或故事与它们的历史或社会语境之间的关系需要颠倒过来。任何故事的声音,以及任何香客的个性特征,并没有提前通过《总引》里的人物素描或历史语境交代清楚,而且那也并不依赖它们。人物品格必须通过对每则故事所创造的声音进行分析和定义,才能体现出来。正是这种前置的、存在于他或她的细密的文本生活中的品格引导着对细节的评估和对背景——不论是人物素描还是历史陈述——的强调,或阐释。比如,如果我们说《磨坊主的故事》不适合其故事讲述人,是因为它对他来说"太好了",因为一个磨坊主或者这个磨坊主不可能受到那么良好的教育或者有那么聪明,以至能讲出那样的故事,那么我们就是朝错误的方向走。事实上,正是这种社会的类型化激怒并困扰着磨坊主,特别是因为旅店店主和总叙述人远在乔叟批评家们之前,就已经将他进行社会归类了 (第 3128—3131,3167—3169,3182 行)。他故事中的人物不断沉溺于这种社会归类中,磨坊主也如此将他们类型化。磨坊主的这一做法使之成为故事中一个主题,对此他有自己的看法和感受。故事的结尾表明那位受伤害的、令人同情的木匠如何为了镇上人和香客们的欢乐而被牺牲掉;他因尼古拉的同类人之阶级团结而无所适从:“因为书生们立刻会互相支持”(第3847行)。有人会接着解释,故事中磨坊主的情态如何返回去并明显地扭曲了他在《总引》中的形象,使之与后来可能呈现的形象相当不同,但这一点在医生身上更为简洁地表现出来。我们在《总引》中读到“而在研读《圣经》上花的时间少”(第一组第438行)这一诗行时,它听起来带着道义上谴责的味道。然而从故事的角度重新审视,在细节上会呈现出新颖的、更为强烈的个性化特征,这在医生独特但却笨拙地使用耶弗他的女儿(第三组第238—250行)这一例证故事上充分反映出来。诗人通过回顾性的评论塑造出一个无可指责的、具有传统道德意识的人,其职业习惯将他的阅读兴趣引向医学文本,而不是神学读本。他会利用这些圣经知识,牺牲叙述上的一致性,赢得人们的同情:他忘却,或总在压抑着,耶弗他的女儿要求让时间来哀悼其失贞,然而维吉尼娅还是被杀死以保存她的贞洁。虽然故事里的情境远比这复杂,但我认为,其总的观点十分明确:故事使人物形象具体化,而非相反。

我现在所探讨的模拟化技巧与单篇故事是否和《坎特伯雷故事》的框架叙述之间存在整合性的问题没有必然的联系。骑士在其故事中提及写作这一细节,在朝圣旅程的语境下的确不符常规。它常被视作(人们所猜测的)《帕拉蒙和阿塞特》的不完整的修改版,被认为早在乔叟创作《坎特伯雷故事》之前就已问世,只是后来被诗人辑录在其第一组诗中。谈及写作这一细节可视为一种证据,说明骑士并非“原初的”言说人;按照霍华德的解读,骑士一直都不是故事的讲述人。对于创作时间的争议,就其本身而言,无疑是可行的,但这与故事是否具有模拟化特征无关。这一问题能够,而且应该至少一开始就与朝圣旅程的叙述隔离开来。诸如骑士的“写作”这类细节不是立刻会产生关联,因为它们并没有影响到创造一位言说人的愿望(它们可能后来在不同层面的分析上有联系)。模拟化,即通过对发声的操控将我们引向一部叙事作品对我们就叙述者说了些什么这一手法,无论是从分析上还是时间顺序上来说,都早在乔叟的《坎特伯雷故事》式戏剧化之前便已存在。最恰当的方法是将整个叙述连带所有细节归附于某单个言说人(按“莱斯特剃刀”的权威),凭借其为证据来建构言说人的意识,公开言说人的“身份”,直至完成分析。遵循框架中的说法,认为《骑士的故事》就是“骑士所讲的故事”,这样既便利而又没有坏处,只要我们认识到,它只是让我们辨别出谁是言说人,但并没有提前告诉我们任何可信的关于他的事情。

我想进一步逾越常规，给有悖常识的争论加以总结。我认为在处理一首诗的前景与背景的关系时，我们应当颠覆常规的批评方法，将香客们看作是由他们的故事所创造，而不是他们创作了故事。我已进一步指出，乔叟的虚构可以解释14世纪英国社会的历史事实，而不是相反。在此，我坚持认为，诗人是由其诗歌创造出来的，而不是诗歌的创作者。更为违背常理的是，我想在我的剃刀上增加一个缺口，重新提出在乔叟身上存在双重叙述者的说法。我这样做的目的，在于质疑一个比各种“非模拟化艺术观”流传更为广泛、更加持久的说法，即香客乔叟这一观点。这里，我必须承认我对自己的立场并非那么自信。因为我现在挑战的是E. 塔尔博特·唐纳森首次提出的观点。我知道，这么多年来唐纳森对乔叟诗歌的阐释最为精彩，而且他使用的正是我在这儿一直倡导的阅读技巧。

然而，从表面上来看，我正在探讨的这些问题显然是由香客乔叟——来自《总引》以及各单篇故事的引子中那位单纯的叙述者——这一概念所引发，他经常抓不住自己正描述的那些复杂现象的要点，以至于作为讽刺家或者诗人或者那个男人的乔叟可以使我们认识到那些现象之复杂。这种想法导致在同一文本中会同时，而不是依次（尽管有些批评家也考虑过这种可能性）出现多个言说人。这就要求在任何给定的段落中，我们首先必须通过香客乔叟所说的话语判断出他要表达的含义，然后通过他的含义弄清诗人乔叟的意思所在。这里，在区分文本的声音与文本之后和之外的存在——他多少决定着我们在那里发现的意义——上，也经常发生困惑。对诗人乔叟的描写有时明显呈现出形而上的色彩，如唐纳森在《论说乔叟》（*Speaking of Chaucer*）的这一段落中所言：

> 毋庸置疑，叙述人乔叟，如同他笔下虚构的人物，一定已发现修女院院长身上的魅力，并对她充满爱慕之意。与这个变幻莫测的世道相处如此之好，乔叟一定知晓与他人相处之道；但很值得怀疑的是，一个人仅凭佯装喜欢他人，就能和他们关系融洽：一个人必须付与真心才行。但第三个人物——诗人乔叟，其控制的领域凌驾并囊括叙述人乔叟和香客乔叟存在的区域。在这一空间里，修女院院长既是令人艳羡、和蔼可亲的淑女，也是修女院院长。

但唐纳森正在探讨的“更高领域”，是而且也只能是指那部诗作，即文本，这一点他自己熟谙于心，而诗人乔叟只能是我一直所称的文本的声音。这里，唐纳森一直关注文本所说的内容，特别是《总引》部分不容置疑地呈现出的社会、人类以及道德因素之间的张力。将言说人划分成香客、男人和诗人是一种记录这些张力和它们之间复杂关系并揭示出“强加在一个道德世界之上的社会愿景”的方式，我对此目的并无异议。然而，我认为没必要让这些张力具体演化成同一个言说人身上具有的不同性格。我认为以这种方法来探讨《总引》中的叙述人会是一种误导，因为它将促使我们视他如同一位故人，而不关注他所说的话语。在过去二十年的乔叟批评史上，香客乔叟的总体性格特征已演化成各种具体形象被人们接受。对人物性格采取这种僵化的观念容易让人滋生漫不经心的阅读心理，而唐纳德却很少这样做。

假如我来归纳《总引》中言说人的性格特征，我会效仿约翰·M. 梅杰 (John M. Major) 的看法，认为言说人并非那么纯真，而是相当的世故。但我对此感到疑惑，这种性格认同即使被人接受，对于解决诗中存在的问题，也须费尽一番周折。因为它仍没有告诉我们谁是言说人，而这却正是我们想要探究的问题。香客乔叟这一概念至少给我们提供了一个有着七情六欲的普通男人形象 (homme moyen sensuel)，通过他，我们才感受到我们身在何处。但我认为，《总引》部分故意并巧妙地拒绝给予我们的，恰恰是这种让我们认识到身处何地以及和谁在打交道的感觉。这里我所能提供的只是一个简短的建议，即分析几行刻画修道士肖像的诗行，那是表现叙述人天真性格的著名段落：

有的条文说打猎者灵魂肮脏，
说修士如果不注意遵守规章，
也就无异于完全脱离修道院，
这就像一条鱼已经同水无缘——
他认为这种话不值一个牡蛎，
认为那条文不值拔光毛的鸡。
依我说，他这种想法理由充足。
凭什么得在修院里死啃经书？——
那样的钻研让他钻研得发疯。

干吗照圣奥古斯丁的话做人?
动手劳作对世人能有什么用?
圣奥古斯丁不妨自己去劳动!
所以这修士自然是骑手猎手。

（第一组第 177—189 行）

这些诗行反映出修士身上直率的性格特征。我认同大多数评论家的观点，认为引述他的话虽不完全，但让我们能分辨出他的风格，例如，那句“不值一个牡蛎”。还有他探访的标准，只要我们愿意，便可以轻易将他衡量辨别出来。这里的确呈现出社会和道德世界之间的张力，但问题是，是谁引发这些话题？谁应为那短小的连续的跨行把“干吗照圣奥古斯丁的话做人？”变成一个争论的焦点负责？在一开始描写其肖像特征时，其坐骑的马鞍便被说成能发出如同“教堂的钟声”那样的响声，这一不怀好意的细节是谁说的？谁在那样费力解释那则关于鱼的谚语的准确运用：“这就是说”？若不是言说人，还会是谁？但这些例证并没有告诉我们，他只是进行道义上的评判，或只是取笑修士而已（两者并非同一回事，却同时发生）。香客身上的活力、他的男子汉阳刚气质所产生的积极向上的感觉，也体现在其肖像描写中。言说人对修士身上率真的本性加以逗笑取乐表现得太过明显，让我们不至于只将他视为道德说教者。他言说的方式会引发诸多复杂的看法，明显从“依我说，他这种想法理由充足”这句话上体现出来：这是他和修士谈话时所讲的话，但与此时他在这段肖像描写中所说的一样吗？当时他真的要表达那种意思吗？他现在做如此想吗？在什么意义上？

这种做法的目的不仅在于阐明言说人观点的复杂精妙，而且凸显其表达上的曲折隐晦，全都采用反讽式并置和含义丰富之词汇，其准确意义让人难以蠡测。事实上，我们知道，言说人并没有过多地表现其内在的自我，他告诉我们的和他对修士所说的一样，其思想也并非那么简单明了。社会、道德以及现实世界之间的多种张力通过单个的话语体现出来，它们只呈现出彼此关系的紧张，并没有获得最终的解决方案和结论，因为我们仍无法说清言说人对修士和传统道德的看法。我们所知道的是，我们在与之打交道的言说人总在回避我们，那些表示他在场的踪迹同时又表明他不在场。言说人是作为没有被理解之人而在此，其总体特性不会一下子被认清。他在其自我外在化的行为中，呈现出与其外在特征、其言说的差异。我想，正是这种效应在文本中创造出“现实感”，让人感受到有某个人在那里。在文学中（如同在生活里），人物的现实性是他们的神秘所发挥的一种作用，也是让我们感受到以下事情的一种程度所发挥的作用：发生在这些人物身上的实际情形远多于我们所知晓或预测到的。克丽西德是乔叟作品中一个著名的、被详细分析的人物典型。但我认为《坎特伯雷故事》中的总叙述人也是如此。他的身份难以定义，这也可以解释他何以被视为香客乔叟。因为其身份是他没有提及之事的作用——因为它源自隐射、反讽、暗喻、含义的多样性和意图，这些均发生在取自非常不同的话语区域的各种例证之间的间隙中——这里有一种冲动，试图通过强迫封闭这些间隙和通过建立联系来减少令他不安的不确定性。但以这种方式来抑制不确定性，将会使复杂的含义简单化。我们是通过忽略言说人“没有述及”之事（因为，毕竟他只是暗示，并没有公开提及它们），以及强调他使用最通俗易懂、最为表面的含义来表达其话语之意思，来推断出“香客乔叟”。这样的阐释并非没有认识其含义的复杂，只是将其复杂的含义归于“那部诗作”或“诗人乔叟”，由此产生出我所主张的是一个矛盾：一个复杂而老练的叙事之单纯而幼稚的叙述人。

然而事实上，不仅是《总引》，而且整部《坎特伯雷故事》，都使人们难以对其言说人给予快速或简单的理解。为了说明其缘由，我将介绍双重叙述这一概念。首先，整部诗作明显只存在一位言说人，而他同时也是这部诗作的作者。这部诗作那显而易见的文本性使其必然如此。乔叟有可能会“修正”诗歌中的一些异常情形，如骑士故事中的“但是那些故事我不愿再谈”，还会给现存作品的各片段之间安排一些完整的、首尾一致的连接来完成《坎特伯雷故事》这部作品。似乎不太可能的是，他会修改律师的承诺以采用无韵散文来讲述他那君王押韵体的故事，或《修女院院长的故事》中间的“她说道”，或《磨坊主的故事》的引子中“把书翻过去”这样的段落，或《梅利别斯的故事》中过度使用的非戏剧化的长篇叙述。我确信，他不会改变这种基本的“偶然性发生，即一则不是凭借记忆而是即兴讲述的故事应该使用韵文形式”。这里涉及的就不仅仅是我们有权忽略的那种中立媒介。如果五音步双韵体是诗歌的通用形式，那么节律体诗歌（特别是君王体，还有修士故事中的诗节，甚至托帕斯爵士故事的尾韵体）在形式上发挥相同的作用，把不同层次的言语转化成书写形式：

它让言说人不仅在讲述故事时，而且在生活中都佯装使用高雅体裁。如果诗歌中某种诗节应看作是韵文形式，为何其他类型的诗歌和散文不亦如此呢？诗歌对这些差异的强调，给口头传诵提供了有趣的暗示。《坎特伯雷故事》的创作，不像戏剧那样，供人口头讲述，而是为了供世人来阅读，就像它是口头讲述的那样。诗歌就是对口头表演形式的文学模仿。

这种基本的文本特性让我们不断认识到，作品的框架、报道式叙述都是明显的虚构。既没有朝圣的旅程，也没有香客。不管乔叟是否曾经去过坎特伯雷教堂，不管诗中的人物是否取自“现实生活”，呈现在我们面前的，是一位诗人、一位作者的活动，将他自己的韵律和范式，他自己的形式和声音，还有他自己的复杂理解赋予这部诗作的材料。这位作者就是诗歌的言说人，文本的声音。作品中别无他物，只有那个声音，那个文本。《坎特伯雷故事》的叙述人就是我们称为诗人乔叟的那位言说人，尽管为了更为准确——我禁不住，这一次——要称他为诗歌乔叟。

除此之外，当我们依据他的话语给这位作者和言说人进行性格刻画并开始将文本中的声音具体化时，我们最初的一个发现也是正确的，那就是，从传统意义上来说，他是一位模拟者，在他和我们之间放置了他虚构的其他人物。这就是故事中存在双重话语的由来：每则故事都是乔叟在模拟一位香客，叙述人则按骑士、管家或第二位修女的声音来进行讲述。他们都是他创造的人物，发出他虚构的声音，是他赋予他们以生命。

但从另一个角度来看，准确地说，他也从他们身上获取了生命。他花费大量的时间和精力使得香客们获得个性的独立，在诗歌中持续不断地进行模拟化，这表明，它不但给乔叟，也给我们提供了一个更加让人信服的视角。诗歌通过反复不断地探索和尝试，模仿他人的声音来讲述，从另一个角度来看，其目的在于拓展和延伸自我。而诗歌和其他事物一起，就是对这种尝试的记录。

虽然这种描述未尽翔实，但我已设法勾勒出《总引》中言说人声音的不完整性——不确定性与对被贴上类型标签的拒绝。这种特征必然导致《总引》自身的未完成性，其重要的主题之一在于揭示传统社会道德体制，包括社会阶层、等级体制，以及类似划分存在的不足，其目的是处理个体和他人之间关系的复杂性。言说人不仅体现出这种不足，还认识并感受到：“除此之外，我还要请你们原谅，/ 如果人物身份和地位的状况 / 没能在叙述中得到恰当表现”（第一组第 743—745 行）。然后，从这种不足之处，他将注意力转到香客们身上。他让香客们各自独立地讲述，以使自己摆脱他试图给那些香客进行分类而产生的种种限制与不确定性。这种分类的企图，在《总引》的开篇部分，看似普遍而非个人化，实际上一直只是他的观点，由于其过于复杂，他自己无法言说。另外，《总引》没有让所有的香客充分发挥各自的作用。通过相同的符号和出于相似的缘由，叙述者和他对世界的理解也没有获得充分体现。因此，在故事中，言说人通过将我们的注意力集中于他扮演的复杂而多样的人物角色、他使用的各种声音，而故意拖延我们的脚步，让我们无法快速并轻松地理解。我们知道，他既是每一位香客，也是他们全体；但他似乎认为，我们只有自己去发现谁是骑士、堂区长、卖赎罪券教士以及巴思妇人，方能发现他。

我们可能迫不及待地想去弄清谁是《总引》中的言说人，但作为整部诗篇的声音，他可能是我们最无希望认识的一位香客。我们只有通过理解故事中其他每一位香客，并依次厘清他们之间复杂的关系，才能认清他。《总引》中言说人的声音和诗人个性之间的关系就像单个人物的肖像描写与其故事之间以及《总引》与所有故事之间的关系。它是序言式的发声，一种刚刚开始讲述的声音。乔叟的《总引》，就像我的这篇序文，需要在那些故事中，通过渐进的、审慎的，但一直是充满偶然性和不确定性的模拟化实践，才得以完成。《坎特伯雷故事》的言说人——乔叟——如同那些香客一样，也是自我建构的声音；在这个意义上说，他的确和香客们一样是虚构的。他实践的正是我称谓的“模拟化艺术”，并最终在其作品中将其自身加以模拟，尽其所能在他作品中将自己创造成丰满的形象。

编后记

小亨利·马歇尔·莱斯特（Henry Marshall Leicester, Jr），加利福尼亚大学圣克鲁兹分校英文系教授，中世纪英语文学和乔叟学者，其代表作《醒悟的自我》（*The Disenchanted Self: Representing the Subject in the* Canterbury Tales, 1990）运用解构主义、心理分析、性别理论、文化研究等理论深入探讨乔叟和《坎特伯雷故事》研究中一个长期重点，即人物与自我以及那些香客叙述者与他们的故事之间的关系，拓宽了乔叟研究中新的视野。《〈坎特伯雷故事〉之〈总引〉中的模拟化艺术》（"The Art of Impersonation: A General Prologue to the *Canterbury Tales*"）原发表于《美国现代语言协会会刊》（*PMLA*, Vol. 95, No. 2, March 1980），表达了该书中的基本观点。本文译自：Harold Bloom (ed.), *Modern Critical Interpretations: Geoffrey Chaucer's The General Prologue to the* Canterbury Tales, New York: Chelsea House, 1988, pp. 85–100。

《坎特伯雷故事》的戏剧性与婚姻主题

作者　［美国］乔治·莱曼·基特里奇
译者　吴美群

(第 148—156 页)[1]

将多个故事连在一起组成文集是一种非常古老、应用广泛又清晰明朗的设计。这是一种传统的方法，远在乔叟出生之前，便存在于世界各地的文学和民间传说中。在有大把休闲时间可供人们聚集在一起的古代，人们除了讲故事又能做什么呢？事实上哪怕在小说和报刊流行的当今时代，这种活动也没有消亡。在这些消磨时间却非交际性的发明出现之前，讲故事在各种情况下都是非常普遍又不可避免的活动。乔叟的问题并不是通过涉猎文学去寻找一种想法，因为它就存在于周围的生活中，根本用不着他去找。显然他很熟悉一些故事集，而且也明显尊重传统。同时他还了解一些文学技巧，深谙人类的古老习俗。

乔叟所采用的那种框架结构类似于文学史上此前已有的一些框架，但这除了说明生活中的某些事情之间或多或少存在相似性以外，并无其他意义。乔叟不必借鉴也无须发明：他只需观察。他的天赋似乎首先让他能够在多种观察中做出正确的决定，并在各种框架中发现最具优势的一种。香客为乔叟所熟悉，正如商业旅客为我们所熟知一样。而且他极有可能曾亲自前往坎特伯雷朝圣，并了解到香客们确实是通过讲故事来消磨时间；这就像牛顿并不是通过阅读关于果树栽培的论文来了解苹果的落地。

1 本文分两部分，摘自：George Lyman Kittredge, *Chaucer and His Poetry*, Cambridge: Harvard UP, 1915, pp. 148–156, 185–223。

值得顺便一提的是，在所有同类作品中最动人的当属塞坎比（Sercambi）的《故事集》（*Novelle*），它的框架同样是朝圣之旅。虽然两者的时间和地点并不冲突，甚至可以想象乔叟和塞坎比曾在意大利相遇（尽管并无证据），但这也很难说明两者之间存在历史性联系。真正的困难并不像日期和地点这么明确，它们虽然不明显，却难以克服。尽管如此，塞坎比的设计终究是非常珍贵的资料，哪怕并不能证明乔叟对他的模仿。它可以表明的是，某个原创能力远在乔叟之下的作家是有可能偶然想到用朝圣的方式来作为组织故事集的便利框架的。

乔叟在想到朝圣这个点子之前，曾经两次创作过故事集。这两次创作经历带给我们的是《悲剧集》（*Tragedies*）（这些故事后来由修道士讲述[1]）和《丘比特圣徒传奇》（*Legend of Cupid's Saints*），即《贞女传奇》。两部作品都明显展现了中世纪文学讲究秩序的传统。同时，它们也明确证明了乔叟对传统的顺从，一种本能的意愿驱使他服从于技巧的权威，折服于修辞的统治。这一认识意义重大。我们发现这位伟大的诗人并不是一个缺乏教育、不受约束、不讲规则的天才；也不是一个好问却让人难堪的孩童，无视原则和结构，也不接受批评经典的指导。事实正好相反！乔叟是一个认真学习文学形式的学生，他沉着热切地服从老师的指导。而且他无心违背被视为教育主要原则的系统性组合原则（schematism）。因此乔叟所接受的教育让他在时机成熟之时既能自由地操控生动的原创力，又不至于失去自我控制力。

考虑到这些因素，我们发现一条判断规则有利于分析乔叟最后一部杰作，《坎特伯雷故事》。用一句最简单的话说便是：乔叟时刻清楚自己所为。因此，当我们认为乔叟似乎在扰乱戏剧得体原则时——如学士对巴思妇人的讽刺性赞美、卖赎罪券教士在忏悔时的怪诞不恭——我们就应该注意自己的脚步了，因为草率的推理是危险的。我们所面对的是一个综采各家之长的伟大的文学艺术家。以上种种细节绝非随意的夸耀。无论如何它们都同样服从作者总体设计的得体原则。

如我们所知，乔叟的这个设计便是前往坎特伯雷的朝圣之旅。为方便起见，我曾称之为“框架”。通常我们正是以此来看待它。每一个故事

1 即《坎特伯雷故事》里的《修道士的故事》。另外，本译文中《坎特伯雷故事》里的人物姓名和称谓以及引文均按：《坎特伯雷故事》，黄杲炘译，上海：上海译文出版社，2013年。——译者注

似乎都是一个单独的个体，可以单独阅读，而且似乎往往是乔叟亲自在讲述故事。人们至多只会以一种不太热衷的方式质询：故事是否适合骑士、差役或者平民地主。然而极少有人敢于从戏剧视角的角度来衡量这些故事。这显然正是我们的首要任务。

多样性和伟大性是乔叟在坎特伯雷朝圣情节中所领悟的优势。它们与作者早期文学试验中的单调背景形成显著对比，这两次试验便是我们接下来重新讨论的《悲剧集》和《贞女传奇》。

这两部作品均按照主题而非结构来统一。因此这是一种机械而非有机的统一。《悲剧集》——乔叟对此的想法受惠于《玫瑰传奇》和薄伽丘的《名人鉴证》——中有一些阴郁的故事梗概，那与其说是叙事，还不如说是关于一些被幸运女神毁灭的高贵人物的阐述。《贞女传奇》是《黄金传说》和奥维德《女杰书简》的结合，而且它有一个遵循法国爱情梦幻故事模式的十分迷人的引子。在这部诗作里我们读到许多古代著名女子的生平，她们因爱上不忠之人而丧生或者遭遇更坏的结局。两部作品的设计毫无疑问都十分僵化。由于受到各自所采取的程式（一种是悲剧；一种是传奇）和主题的局限，它们不论在形式上还是题材上都缺乏变化。当然它们也不可能有变化，因为各部分之间根本不存在联系。作者没有预设戏剧表现，甚至压根就未曾想到；所有的故事均由一个人讲述，那就是诗人自己。

再回到《坎特伯雷故事》，我们发现了惊人的变化。这归根结底源于乔叟采用了坎特伯雷朝圣旅途的设计。故事不再具有形式和主题上的相似性，也并不是采取同一个基调。它们有着无穷的变化性，因为故事是由大量不同的人所讲述。无论是在风格还是主旨上，每一位读者均可能根据自己的喜好而得到不一样的收获，正如乔叟自己在为磨坊主辩护时所宣称的，“他用自己的方式讲述故事”。甚至那些不喜欢低级喜剧的人，也能找到足够多的文雅历史，以及道德和宗教内容。

> 所以若有哪一位不爱听的话，
> 尽可把书翻过去另选个故事；
> 因为他会发现好故事多的是，
> 那些古代的故事有短也有长，
> 论内容都是高贵、高洁又高尚。

如果你选错了，请别把我责怪。[1]

但这并不是全部。乔叟采用坎特伯雷朝圣旅途并不仅仅是为了讲故事。我知道大部分读者将这部杰作简单地当成一个虚构故事的宝库，甚至很多评论者也这么认为。然而我相信每位读者都会感觉到乔叟对朝圣者本身的兴趣并不亚于对他们各自叙述的兴趣。这毫无疑问印证了德莱顿在将乔叟和奥维德进行对比时心中所想："他们都深谙创作之道，我是指创作激情；在更广的意义上说，是指对人物以及他们各自的装束和举止的描写。比如，我看见博西斯和腓利门在我眼前，清晰生动，就像是某位古代画家画出的一般。同样，《坎特伯雷故事》里所有的香客，他们的气质，他们的相貌，他们的穿着打扮，全都那样清晰逼真，好像我刚同他们一道在萨瑟克的泰巴旅店共进晚餐。然而即使在这方面，乔叟的人物形象也远更为生动，更为鲜明清晰。"

如果不是德莱顿在这里几乎就提出《坎特伯雷故事》实际上是一部人间喜剧的观点，我可能会被骗得很惨。显然他是想将我们的注意力吸引到那些使乔叟作品和之前任何一部故事集相区别的方面上去。正如我们所见，乔叟很有自己的判断力。他在世间无数行为中，选择用朝圣之旅将自己的故事分配给前往坎特伯雷朝圣而相识于途中旅店的那群各式各样的人。更了不起的是他有天赋塑造那些朝圣者，并赋予每个人独特的个性，使他们超越人物的类型。如果我们只读《总引》部分，就有可能仅将朝圣者定位于类型化人物。这样的错误普遍易犯，情有可原。但我们万万不能止步于《总引》，而应该继续前行到剧作之中。朝圣者并非静止不变：他们在行动也在生活。无论德莱顿有意与否，坎特伯雷朝圣之旅都是一部人间喜剧。骑士、磨坊主、卖赎罪券教士、巴思妇人以及其他人物都是戏剧人物。《总引》也不单纯只是引子：它是戏剧的第一幕，将人物放置于行动之中。因此人物是按照他们内在的活力而行动，他们并不是说故事的木偶，而是有生命力的男人和女人。从这种角度来说，并不是朝圣者为了故事而存在，而是故事为了朝圣者而展开，这显然也符合乔叟的意图。从结构上说，这些故事只是长篇的话语，直接或间接地表达不同人物的性格。在这方面，它们或多或少可以与哈姆雷特、伊阿古或者麦克

1 引文出自《磨坊主的引子》，第 68—73 行。——译者注

白的戏剧独白相比较。但它们不仅仅是戏剧独白，因为它们中每一个都指向其他人物，并引起共鸣和评论，所以它们在真正意义上属于对话的一部分。

进一步说——这一点至关重要——情节的行动无论多么简单，都包含了朝圣者之间大量不同的关系。他们出于一种共同的动机，随意地临时集合在一起；尽管如此，他们在此时确实构成了特别亲密的关系。他们沿着道路缓慢前行，从一个村庄到另一个村庄，一个旅馆到另一个旅馆，小团队成员随时在变化，同时始终保持着新意。事情在不断发生，他们对彼此的了解越来越深刻，而各自的性格也不断在展示。他们彼此之间产生了临时的友谊。玩笑也引发了矛盾，如旅馆主人对卖赎罪券教士开的玩笑便遭到误解。不同阶级或者职业之间的敌意在酝酿，比如差役和托钵修士之间便有着众所周知的矛盾，并引发了激烈争吵。因此，无论从内容，还是讲述风格，抑或是两者兼顾来看，每一位朝圣者的故事都不仅仅受其本人性格影响，而且还受到环境、情景以及与其他成员临时组成的关系，甚至此前故事里某些事情的影响，并为其所决定。因此，如果我们忽视那些引子、结语和各种将故事连接起来的简短谈话和叙述，那么很可能会大大失去对原意的把握。如果诗作不是没能完成，乔叟还会为我们提供很多这样的内容；但他已经提供的这些部分，不仅它们本身优秀的质量，而且它们对理解这部作品杰出的整体设计的视野和各种细节所起的作用，都有无限价值。

(第 185—223 页)

乔叟人间喜剧的另外一幕是完整的［但不包括坎宾思汗(Cambuscan)的故事］，而且十分完美。这一幕开始于《巴思妇人的引子》，以《平民地主的故事》收场。这一幕的主题是婚姻，它被作为有序社会中最重要的问题从不同视角进行讨论。问题的解决将这一幕推向终点。

这一幕的主要人物巴思妇人开启了这场辩论，其他参与者时刻把她牢记在心，并多次提及她和她的言论。即使是故事之间那些引起争论的喜剧性插曲也是由巴思妇人的引子引发的。前往坎特伯雷的旅途中最具戏剧性的便是这些与婚姻有关的故事，而且对于关注朝圣者们相互之间的关系而言，这些故事也是最重要的。如果忽略这一点，将会导致大量的误解。

巴思妇人的主题表面上是婚姻中的磨难。她断言自己能以专家的权威来讨论这个问题，因为她已经活过了五位丈夫，每一位都是不同程度的富人，而且如果上帝愿意再派遣一位的话，她时刻准备迎接第六位丈夫。

> 感谢天主，我嫁了五个丈夫！
> 欢迎第六个，任何时候来都好。[1]

有人——是否是队伍中的某个传教士？——在不久前告诉她应该只结一次婚。然而这种声明是恼人的：巴思妇人在《圣经》中找不到任何证据证明这一点，她当然也不倾向于这么认为。因此她为自己的原则和行为进行了一系列激烈的争辩。她承认禁欲的生活可能是高贵而神圣的，非常适合使徒保罗和其他圣人。考虑到这些圣人，她在形式上承认对方的胜利，但同时她又非常清楚地表达了自己的立场。就这一点而言，她鄙视教堂的理想，同时鄙夷一切对此趋之若鹜的人。她认为人性足够好。这是她的第一个异端邪说。但她在宣布的时候如此快乐，以至于无人生气，尽管部分朝圣者内心肯定强烈排斥她的观点。

卖赎罪券教士便欢天喜地地打断了她的话。这位贵妇是如此娴熟地运用《圣经》的内容，并雄辩地表达自己的观点，卖赎罪券教士不由自主地发出了赞美："你的这番说教真了不起！"[2] 可是他又辩称："但你所说的显然足以让任何一个男人对婚姻心生恐惧。"[3] 这样的恭维并非毫无意义，因为卖赎罪券教士是一个优秀的布道者，他本人便是"一部高贵的传道书"。

巴思妇人幽默地回应他的话，并半诙谐半威胁地进一步揭示：

> 妇人道："且慢，故事还没开始呢；
> 在我讲完前，你有一桶酒可喝，
> 不过这酒的滋味不如麦芽酒。
> 等你听完了我讲的故事以后，

1《巴思妇人的引子》，第 44—45 行。——译者注

2 同上，第 165 行。——译者注

3 这个引语并非卖赎罪券教士的原话，而是对他的话（第 167—168 行）的释义（paraphrase）。下文中也有这类放在引号中的释义，不再加注。——译者注

就知道我婚姻中尝到的苦辣——
这方面，我这一辈子都是行家，
这也就是说，鞭子操在我手里——
到那时你再决定愿意不愿意
把我桶里开出的东西抿一抿。
所以要当心，千万别靠得太近；
因为，我这里要讲十来个事例。”[1]

卖赎罪券教士敦促她继续下去，并请求道：“请将你的实际准则告诉我们年轻人。”妇人很高兴地同意了，但她同时要求同伴们都欣然接受她的玩笑。

妇人满怀激情地继续讲述她的婚姻史。在此过程中，她又向大家道出了一个新奇的异端学说——这才是她言说的真正主题。它就是妻子乃一家之主的教条；顺从是丈夫的而不是妻子的职责。无论如何，男人无法和女人相抗衡。让丈夫们退回到一个合适的位置，而不再滑稽地追求与自己并不相符的位置，这样婚姻便会幸福。否则的话，婚姻里除了悲伤没有任何希望。她使用了许多古怪的学问来支撑自己的论点，而这些学问均来自她第五任也是最近一任丈夫，这位丈夫曾是一名专业的学者。同时她也通过引用自己的切身经验驳倒了很多与自己对立的观点，切身经验往往比权威观点更具说服力。她总有自己独特的方式，有时候恐吓丈夫，有时候哄骗他们。但是五位丈夫中没有一人能推翻她的统治，唯有投降。这便是幸福的婚姻。谁能了解得像她这么透彻？曾经有一次当她回头看到生活中的美好时，确实差一点想要屈服：

耶稣基督啊，可是每当我想起
年轻时我那些寻欢作乐的事，
这回忆就强烈撩拨我的心弦——
直到今天都让我有一种快感，
因为年轻时品尝过人世欢情。[2]

1《巴思妇人的引子》，第169—179行。——译者注
2 同上，第469—473行。——译者注

这是有关人性的伟大的戏剧性表达之一，而巴思妇人也是人类所塑造的最具魅力的人物形象之一。

我们也可能相信，朝圣者并非无视巴思妇人的高谈阔论。对于她的对立面人物修女院院长来说，这些言论没什么意义，也无所谓好坏，因为她压根就不了解一个世俗寡妇的言谈。而修道士和学士自然感到很愤慨：这样的异端邪说决不能毫无争议地通过，哪怕是开玩笑也不可以。其中学士的不满尤其明显，因为妇人的矛头直接指向他；她倒不是恶意为之，而是恶作剧般地挑衅。妇人不仅涉及一系列神学争论，而且费尽心思攻击他的阶层 (order)，[1] 特别谴责他们这类人对女人的讽刺。她认为，“没有哪个学士会称赞女人，他们也不可能称赞”。最糟糕的是，妇人还坦言自己曾与牛津的一个学士结婚，他和朝圣队伍中最谦恭的学者是校友，而妇人也曾使他可耻地服从自己。妇人我行我素，放任自己成为异端首领。虽然不必对她太过认真，但也需要对她进行谴责。既然学士拥有如此大无畏的正统信仰，而且他的每一句话都“符合道德和道义”，那么还有谁比学士本人更适合来谴责巴思妇人？不过学士本人的习惯并非冲在前面。机会总会来的，他现在只是骑着马静静地听着，并不发表看法，他静待时机到来。

总是更加健谈的朝圣者最先发言，卖赎罪券教士已经打断过巴思妇人，现在轮到了托钵修士。当妇人宣布自己的引子已经结束，故事即将开始的时候，他饶有兴趣地笑着评说道：“好吧，太太，你故事还没讲，前奏倒是很长！”差役气愤地反驳道：

> 凭天主的双臂起誓，
> 插嘴说话的总是个托钵修士。
> 大家看，每份饭菜和每件事情，
> 总是会引来托钵修士和苍蝇。
> 你刚才说前奏，这是什么意思？
> 这样插嘴败坏了我们的兴致——
> 管它慢走或快走，不走或趴下。[2]

1 在中世纪，学士属于宗教阶层 (religious order)。——译者注

2《巴思妇人的引子》，第 833—839 行。黄杲炘先生在此处加注说：“吃教会饭的差役与托钵修士有矛盾，但听不懂‘前奏’，以为此词同马的‘行走’有关。”——译者注

激烈的争吵一直进行，直到旅店主人出面严厉制止，并吩咐妇人继续讲故事。巴思妇人回答说："只要这可敬的托钵修士说行，我便非常乐意。""完全同意。"托钵修士礼貌地回答，因此故事继续。

巴思妇人和托钵修士之间并无争论。他们彼此都非常了解。正如《总引》所说，托钵修士正是想要与巴思妇人这种富有、可敬的女性市民结交。与郊区那些患麻风病者和贫病交加的人相比，他更喜欢她们的圈子。他们彼此彬彬有礼，显得和善可亲，而差役的插话虽然是为妇人辩护，却显得不合时宜。他的真正目的是为了斥责托钵修士，因为两人之间存在强烈的职业上的嫉妒。就妇人来说，她并不喜欢差役，因为他们在中世纪就像18世纪的法警一样非常普遍又不受欢迎；因此她根本无视差役不请自来的辩护。这类细节对于乔叟同时代的读者来说，是无须加注说明的。它们理所当然地被当作背景的组成部分。

巴思妇人讲述了一个关于女人最大的欲望是什么的故事，这是一个古老又著名的故事，现存有多种版本。从她口中讲出，这个故事成为一个直观的例证，强化了她说教中的观点。女人的抱负是拥有对男人的主权，圆桌骑士发现自己身处奇怪困境时按照妻子的选择进行判断总会获得幸福的结局。之后他和妻子幸福完美地生活在一起，直到生命的终结。——所以巴思妇人总结道："我祈祷，让不服妻子管教的人早死掉。"[1] 中世纪的女权主义便如此表达出来。布道结束了，其寓意也强有力地表达出来。

因此巴思妇人的长篇演说进展非常顺利。她通过经验、权威和一个具有说服力的故事，十分满意地证明了自己的观点，而且似乎并无人有意找她麻烦。

托钵修士隐忍含蓄地赞美了她，却又非常聪明地调转方向转而攻击差役。自从这位可敬之人责备自己嘲笑妇人的引子，他便一直一脸愠色地看着对方。接下来便是一段可笑的插曲，正如之前磨坊主和管家之间的矛盾一样。托钵修士讲了一则关于一个差役被魔鬼夺取性命的故事，差役听后非常生气，站在马镫上，无比讽刺地回讲了一个乞丐托钵修士的故事，故事是以琐碎卑贱的讽刺故事为基础。整个朝圣过程中，人物间的戏剧性交互作用在此处表现最为显著。虽非自愿，妇人确实成了争论的

1《巴思妇人的故事》，第406行。——译者注

动因。我们注意到，哈利·贝利非常乐意地停止了掌控行动。戏剧指引着自身，按照戏剧人物的关系、人物性格和情景逻辑在发展。从表面看，有关婚姻的讨论终结于开始这一讨论的人。这一天的行程以差役的故事结尾。当旅馆主人叫牛津的学士第二天再开始讲故事时，意味着他无论如何也不想重新开始关于婚姻的争辩。

牛津的学士不声不响，旅馆主人认为他就像婚礼筵席上的新娘一样矜持。“高兴起来！”哈利喊道，“没有时间去研究了。为我们讲一个快活的故事，无须用高雅的方式讲，用一种你最擅长的方式讲，但务必用平实的语言，这样我们就都能听懂。”

旅店主人讲：“牛津的学士先生，
你一本正经骑在马上不吭声，
就像坐在结婚筵席上的新娘；
今天到现在，一句话你都没讲。
我想，大概你在研究诡辩术吧？
但所罗门讲过‘物各有时’的话。
看在天主的分上，高兴起来；
考虑或研究问题不要挑现在。
尽力给我们讲个快活的故事，
因为无论谁进了我们这圈子，
我们的游戏规则对他就有效。
但别像修士在大斋节的说教：
别让我们为往日的罪而流泪，
别让我们听你的故事就瞌睡。
给我们讲个有趣的冒险故事；
用不到什么术语、润色和修辞，
这一类本事，等你要写大文章
再使出来，例如给国王写奏章。
现在我们就请你讲出故事来，
只要让我们大家一听就明白。”[1]

1《学士的引子》，第 1—20 行。——译者注牛津的学士谦恭地答应了，开始讲述格里泽尔达的故事。这个故事是一位意大利贵族学者彼特拉克在帕多瓦讲给他听的，如今这人已经去世，钉在棺材里。愿天主让他的灵魂得到安息！

故事在很单纯的气氛中开始，直到故事已经讲了很长一段，朝圣者们才发现学士的指向。原来学士是在讲一个很有忍耐精神的温顺妻子的故事，这位妻子几经考验，对丈夫始终忠贞不渝。他用完美的技巧回应了巴思妇人的故事，却丝毫不显露自己对巴思妇人观点的注意，也不表现他在意妇人对自己阶层的猛烈攻击。巴思妇人曾经说过："没有哪个学士会称赞女人。"然而现在就有这么个学士，重复另外一位学士讲给他听的故事，故事的主题便是妻子的忠诚以及女人在面对困境时的刚毅。

我们不应该忘记学士的故事，它就像巴思妇人长篇大论的布道一样面向朝圣者而非我们，虽然我们获得特权得以偷听。我们不应该只是听，还应该看。换言之，应该用心灵之眼去观察朝圣者，观察他们的行为举止。自然，他们对故事是感兴趣的；当然，他们也懂得学士的所作所为。他在回应巴思妇人——在驳斥她的异端邪说，同时也从她辱骂性的逗趣中维护自己的阶层。

人们几乎想不出更高超的技巧来回应。学士有着绝妙的漫不经心和深思熟虑。他并未谈论巴思妇人，他的故事也并不包含个人暗示。乍看起来，这只不过是他偶然从一位博学的意大利朋友那里听来的动人故事，而且他也认为这应该能够取悦同伴们。但是当格里泽尔达的形象缓慢浮现出来，每一位朝圣者都能发现她就是巴思妇人的绝妙对照。此外，不论你我如何感受，对于乔叟的同时代人来说，这个故事是无限伤感的。彼特拉克的一位朋友在大声朗读这故事时中途崩溃，无法继续，他动情如此之深，只得将手稿交给身边的扈从让其继续读完。另外也有人无动于衷地读完这个故事，但那只是因为他不相信世间还有如此可爱、顺从，在困境面前如此坚忍的妻子存在。

这一点——故事的不可信——有可能会削弱抗衡巴思妇人故事的力量，前提是她能逻辑缜密地利用这一缺陷。但她不可能做到这一点，除非她放弃自己的主要观点，那就是女人远远优于男人。她的确可以反驳说，这个故事证明男人太过分了，它表明既然男人如此极端地滥用控制权，那么他们并不适合掌控妻子。然而，在她能组织起任何反驳之前——的确，如果她不是那么深受故事情感之影响而还能控制自己的辩护能力的话——作为一位专业的逻辑学家和尽责的道德家，这位学士使任何反驳都成枉然，因为他用彼特拉克的话来说明故事的教益："这个故事并非要劝说女人要像格里泽尔达一样坚忍，因为这样便超越了人性的能力。它教导我们——无论男人还是女人——如何屈从上帝赐予我们的苦难。沃尔特侯爵是一个无情的灵魂试验者，上帝并不会如此。上帝赐予我们的磨难是为了我们好，我们应该以基督徒的顺从接受它们。"

讲这个故事，不是要个个女性
去学格里泽尔达那样的谦卑
（即使愿学，学起来也过于费劲），
而是要人人明白自己的地位，
在逆境中也要像她坚定无悔；
彼特拉克正为了这样的目的，
写了这故事，用了庄重的文体。
因为既然女子对人间的男子
都这么容忍，那么高兴地接受
天主的赐予，对我们就更容易；
他试探他造的人也更有理由——
但对他救赎的人，他不会引诱。
看看《雅各书》就知道雅各说过
神时时都在考验世人，这没错。
不仅如此，神为了磨练我们，
时时挥动苦难这厉害的皮鞭，
以各种各样的方式抽打我们；
他这样，不是要知道我们意愿，
因为他很早就知道我们弱点；
他一切作为都为了我们大家。
我们就在生活中磨练品德吧。[1]

这种情况不容小觑。学士通过赞美女人既维护了自己的阶层又重新建立

1《学士的故事》，第 1086—1106 行。——译者注

了女子应该顺从的权威教条。但他并没有对巴思妇人说过一句话，而且就他给出的寓意而言，他使自己的故事避免了争议——他用最朴实的方式宣布，这不是针对女人而是针对所有基督徒的教训。如果就此停止讨论，那他始终无法完成对巴思妇人的反驳。

但学士并没有停止谈论这个话题，他准备让那位准女权主义异端首领以及所有其他同伴们大吃一惊。突然，他在没有任何警告的情况下将矛头指向了巴思妇人；他淡定有礼、面带微笑地诵读一首刚刚为她和她的同类而作的颂歌，称赞她刚刚证明了自己是一个勇敢的战士："愿上帝为她确立生活方式和生存原则；如果她们不胜利，世界将深受其苦"——

> 愿主保佑她同类和她的一生，
> 让她们掌权，否则太令人感慨。[1]

因此他向一切聪明谨慎的已婚女士慷慨陈词，公开赞美女权主义，并劝说她们追随巴思妇人的观点和行为。

> 各位，结束之前我还要讲句话：
> 如今哪怕我们把整座城找遍，
> 也难找到两三个格里泽尔达；
> 因为如果让她们受那种考验，
> 她们的那种金币虽然很耀眼，
> 但是在其中，黄铜掺进了不少——
> 拿来一拗，还没弯就已经断掉。
> 各位，为了巴思妇人的那份爱，
> 愿主保佑她同类和她的一生，
> 让她们掌权，否则太令人感慨；
> 我年轻活跃，怀着欢快的心情
> 要给你们唱支歌，让你们高兴。
> 现在严肃的事情我们不谈了；
> 下面请你们听我这样一支歌。

1《学士的故事》，第1115—1116行。——译者注

格里泽尔达同她那种忍耐心
都已死亡,都已在意大利埋葬;
为此我要向世人公开喊一声:
一位丈夫无论有多硬的心肠,
也别为了把格里泽尔达寻觅
而考验妻子,因为他准会失望!
高贵的妻子们,你们非常聪明,
别让谦卑把你们的舌头锁上,
别希望文人看到你们的品性
就像前人写格里泽尔达那样,
写你们贤淑仁爱的非凡事迹,
免得被瘦牛吞下肚子当食粮!
要学习回声女神,不要不出声,
要让你们的回答也同样响亮;
别因为纯真就受人家的欺凌,
对于主动权千万得当仁不让。
这条教训得牢牢记在心坎里,
因为它管用,而且有利于双方。
机智强悍的妻子,准备好战斗;
既然你们像骆驼那样地健壮,
那么男人的欺侮就不要忍受。
瘦弱的妻子,要像印度虎那样
凶狠又顽强,千万别不堪一击;
要像座风车叽叽呱呱不停嚷。
别怕他们,对他们别毕恭毕敬,
因为尽管你丈夫把甲胄穿上,
你那种言辞之箭的锐利锋刃
照样能刺穿他的面甲和心脏。
用妒忌把他牢牢捆住,我劝你,
让他畏缩得就像是鹌鹑那样。
如果你很美,那么就走进人群,
给大家看看你的面庞和服装;

如果你很丑，那就要赢得友情，
你为人就得勤快，花钱得豪爽；
神态轻松得像是椴树的叶子——
让丈夫担心得扭绞着手哭嚷。[1]

这是一个完全戏剧化的时刻。与其说是乔叟在说话，不如说是牛津的学士在说话，每一句话都与之相适应。他的嘲弄性赞美不仅是一部持续辛辣的讽刺杰作，而且在韵律、措辞以及讽刺的有力凝结方面也是一个艺术高超的杰出榜样。除了训练有素的修辞学家学士先生，没人可以创造出这样的话语。也只有学士这位逻辑大师和久经考验的辩论者可以如此敏捷地发起论战，正所谓一放松防卫，便被击中要害。学士还是一位证明了自己的诚挚和能力的道德哲学家。这样一个跋[2]因为被认为与学士的性格不符，在传统上往往被断定为是对戏剧得体原则的违背，这是文学中的幽默之一。相反，正如我们所见，它有最精美的艺术，不仅正好符合他的性格，而且对于当时的情景以及那些戏剧人物之间的关系也都恰到好处。

漫不经心的批评将《巴思妇人的引子》扔进历代中世纪诗人对女人的那一大堆讽刺之中。这种随意的方法忽略了那将《坎特伯雷故事》与中世纪通常的叙事性和劝诫性诗歌相区别的基本因素。巴思妇人是一个根据自己的性格表达自己的个体，而不是讽刺大师的毒箭之伪装。她的自我展示适应于自己，但推及所有妻子或女人，便变得滑稽可笑，那正如将伊阿古那些愤世嫉俗的言语理解为莎士比亚对所有男人和丈夫们的讽刺一样滑稽可笑。我们甚至可以让磨坊主来证明：

世上多的是贤妻良母好女人，
好的对坏的往往是一千对一。
你这点也清楚，除非不通情理。[3]

同样，这个讽刺性的跋不能被看作乔叟对关于格里泽尔达的寓言之虚假

1《学士的故事》，第 1107—1156 行。——译者注
2 上面那段长篇引文的主要部分是故事之后的跋（Envoy）。——译者注
3 第一组第 3154—3156 行。（即《磨坊主的引子》第 46—48 行。——译者注）

道德的反对，而是由学士在特定情景下所说。即使就学士而言，那也不是对妻子或者女人的攻击，而只是对某一特定之人——桀骜不驯的巴思寡妇——以及任何采纳她原则或者加入她异端阵营的人的讽刺性赞美。

学士的跋与《商人的故事》之间的戏剧性联系非常紧密。学士刚结束对女人的最后一句讽刺性忠告——让她们的丈夫"担心得扭绞着手哭嚷"，商人便绝望地附和：

"我从早到晚总得忧愁与烦恼，
受够了哭泣与号啼，"商人说道，
"而且我也相信，结了婚的男子，
有许多人的情况也同样如此。"[1]

"我妻子与格里泽尔达完全不同，我结婚才刚刚两个月，我受的苦难远大于那些终身没有妻子的人！"

接下来的故事是整部故事集中最杰出的之一——这倒不是因为其情节，那只不过是一个老套的不得体的笑话，而是因为商人赋予该故事大量粗暴的冷嘲热讽。我们无须尊重他，因为他自己都不尊重自己；但是我们不能生气。他是一个庄重而高贵的人物，人们压根不曾料想他能如此愤怒地爆发，然而他的幻灭也是如此迅猛而完整。他习惯了谨慎的言行举止，却因为娶了错误的女人为妻而成为蠢人。激动使他打开了话匣子，他竭尽全力，愤怒与羞愧使他几乎疯狂。

我们不能误解了商人的讽刺意图。其讽刺对象与其说是那位年轻的妻子五月，倒不如说是那位昏聩的一月先生，[2]他没有任何可以获得拯救的特征。商人的故事讲的是男人的愚蠢而非女人的脆弱，然而他时刻都在谴责自己。这个故事实际上也是对巴思妇人的故事和她的异端学说的回应，就像是她的许多丈夫中的一位返回人间，用他那一方的说法来驳斥她。最重要的是，我们必须避免一些评论者所犯的错误而将商人当成作者乔叟。特别是在此处，我们非常有必要将戏剧谨记于心。

旅馆主人或多或少被商人的故事惊住了。他很乐意地告诉大家，他

1《商人的故事引子》，第 1—4 行。——译者注

2 黄译本中 May（五月）和 January（一月）分别译为"伍悦"和"佟月"。——译者注

的妻子虽然有时彪悍，但却绝对忠诚可靠。但接着他又以严格保密的语气滑稽地表示——所有的朝圣者都在倾听——他希望能够挣脱婚姻的束缚。他不会说出妻子所有的毛病，因为他害怕队伍中的女人们回到萨瑟克后会泄露出去。此外，他的智慧也难担此重任，这些错误的清单就会使他的数学头脑感到眩晕。显然，哈利·贝利也向巴思妇人发动了些许攻击，而妇人依然作为一切争论的起源，占据着舞台中心。

"天主慈悲，"旅店主人大声说，
"千万别给我这样的一个老婆！
女人的把戏和花招数不胜数。
她们就像是蜜蜂一样地忙碌，
总是要欺骗我们这种老实人。
她们对事实永远也不肯承认；
这商人的故事便是一个证明。
幸而我老婆钢铁一样地坚定；
毫无疑问，她其他方面很糟糕，
那喋喋不休的舌头不依不饶，
除此之外，她还有一大堆缺点。
反正没关系，这些就不必再谈。
你们知道吗？我这就私下说说，
娶了她，叫我心里后悔又难过。
但如果我把她缺点一一道明，
那我这傻瓜也真是傻到透顶。
想要问为什么？因为我们里面
有人会把我的话传到她耳边。
至于谁去传，这个就不必宣布，
因为女人干这种交易很娴熟。
再说我智力有限，顾不了这些，
所以，我的故事到这里便了结。"[1]

1《商人的故事尾声》，第1—22行。——译者注现在旅馆主人终于确信关于婚姻的争辩已经接近尾声。婚姻的主题在朝圣者之中已经讨论得够久。他认为应该用一个爱情故事来缓解一下气氛，于是他建议由扈从来讲这样一个故事，因为他认为扈从对这类题材非常熟悉：

扈从先生请过来，如果你愿意，
请你给我们讲一个爱情故事；
可以肯定，你这种故事有不少。[1]

《扈从的故事》虽然零散却合理地赞美了坎宾思汗和铜马的传奇故事，完成了弥尔顿希望乔叟从坟墓里跳出来做的事。故事赢得了平民地主的欣赏，不仅因为故事内容，更因为它雄辩的风格和叙述者典雅的举止。平民地主是一个富有之人，非常热切地想要建立一个家庭。他有一个儿子，但儿子的低俗品位让他很伤心，因此他赞美扈从良好的教养（gentillesse），非常可怜地将他与自己粗俗的儿子相比较。他认为儿子虽然有朝一日也会富有，但不可能成为一名绅士。旅馆主人不耐烦了，也许他是假装不耐烦。或许他只是想激起平民地主的反抗，因为他考虑到他们事先协商好的一大笔罚金，也就是整个队伍一路的开销。"去你的教养，"他宣告，"来为我们讲一个故事！"

"去你的礼数，"旅店主人高叫，
"你这位地主先生清楚地知道，
每个人至少要讲一两个故事，
否则就是对自己诺言的背弃。"
"我很明白，先生，"平民地主说，
"但是要请你别用这态度对我——
我只是同这年轻人说了几句话。"
"别再多说了，快讲你的故事吧。"
"乐于从命，老板，"平民地主道，
"我照你的意思做；现在请听好。

1《扈从的故事引子》，第1—3行。——译者注

只要我这人还有足够的智慧，
那我就怎么也不会同你作对；
愿天主让这故事合你的心思，
只有你满意，我这才是好故事。”[1]

平民地主并不会坠入这种陷阱，他诚恳地同意了，没有丝毫的违逆，开始讲述阿维拉古斯和道丽甘的故事。

平民地主就像他前面的学士一样，也为哈利·贝利和其他朝圣者带来了惊奇。他又继续开始关于婚姻的争论，这场争论由于旅馆主人邀请扈从讲一个爱情故事而已经中断。他不仅将争论继续下去，而且还因为解决了这个问题而将其胜利结束。当然问题的解决也有赖于他明确呼吁了一种自己欣赏的品质——教养，这种品质在扈从身上体现明显却遭到旅馆主人的嘲弄。

平民地主故事的部分显然经过了深思熟虑，这并非偶然，而是属于乔叟计划的一部分。

我们发现平民地主迫切地渴望“教养”——这是一个讨人喜欢的古老词语，包含了文化、良好的修养和高尚的情操，或者借用奥斯里克对哈姆雷特的话说，“一个绅士所见之处”。所以他自然而然选择了一个能说明这种品质的故事。故事优雅地赞美了这些朝圣者中的两位，他们已经在乔叟人间喜剧的舞台上进行了表演，因为这部分的情节围绕一位丈夫（一位骑士）、一位情人（一位扈从）和一位魔术师（一位学士）之间关于大度的竞争展开，但关于美德的评论则留给了听众。

这个古老的故事本身并不会阐明婚姻中的主权问题。然而平民地主在故事开篇便表达出明显的意愿。布列塔尼的贵族阿维拉古斯赢得了女士道丽甘的爱情，她“认定他为自己的丈夫和主人”。出于纯粹的教养，他答应婚后绝不行使自己的权利，而继续做她恭敬的仆人，正如一个爱人应该对待他心爱的女人那样。为了回报他的良好教养，道丽甘发誓永不滥用她的统治权，而只做他真诚顺从的妻子。因此这对爱人结婚后，完美和谐地相处，彼此尊重，两人都不强调自己的主权。这种建立在教养基础上的互相爱慕、互相忍让的关系，使他们安全度过了阴谋的纠缠，使他们

1 第六组第695—708行。——译者注

的婚姻永葆幸福直到生命的终结。

根据宫廷体系来说，爱情与婚姻互不相容，因为婚姻牵涉到丈夫统治权的维护，而统治权则将爱情赶出了婚姻的领域。

> 权威与爱情相左，它们难以相处。[1]

平民地主彻底否决了这种理论。他辩称，在真正的婚姻中，根本就不存在一方对另一方的主权。爱情必须是主导原则——完美的、温柔的爱情能够带来宽容。他就是如此解决整个问题，并因此结束了由快活的异端者——巴思妇人挑起的冗长争端。

> 各位，有一点我敢肯定地讲，
> 就是朋友间彼此都必须谦让，
> 这样才会有天长日久的友谊。
> 爱情同样不能靠压力来维系，
> 你一用压力，爱神就拍动翅膀，
> 立刻飞走，再不回你这个地方！
> 爱情这东西同灵魂一样自由，
> 而女人的天性就是爱好自由，
> 不愿像奴仆受人家颐指气使——
> 我还要说句实话：男人也如此。
> 看看求爱中最有耐心的是谁，
> 他就占了比别人有利的地位。
> 可以肯定，忍耐是高尚的品德，
> 因为学者们对此讲得很透彻：
> 它能克服压力压不服的东西。
> 所以，别为了一言半语而怄气。
> 要学会忍耐，否则我可以保证：
> 管你愿意不愿意，都得学着忍。
> 因为这世界上，可以肯定的是：

1 出自奥维德的《变形记》，原文为拉丁文。——译者注人人都会偶尔讲错话、做错事。
发火、生病、星象对世人的影响，
体液组合的变化、酗酒或悲伤，
经常会使人们做错事、说错话。
所以别为一点错而大张挞伐；
每一个懂得要控制自己的人，
都会根据情况，作必要的容忍。
所以，这可敬的骑士就很明智，
为生活安宁，就这样许诺妻子；
而妻子也很明智地向他保证：
在她这方面也会尽自己本分。
这里可看到谦让、明智的约定，
妻子得到了她的仆人和夫君，
这是婚姻中的君，爱情中的仆；
而丈夫则既有权威又受束缚，
受束缚？不，他是一家的主宰，
因为他已赢得心上人、赢得爱；
这是他最忠实的情人和妻子，
这种关系与爱情的法则一致。
我们的这位骑士得意又风光，
带上了他的新娘一起回故乡，
回到他离彭马克不远的老宅，
日子始终过得既美满又安泰。
除了结过婚的人，谁能说得出
夫妻之间的那种美满和幸福，
那种和谐又舒适的快活日子？[1]

乔叟在此处，即在坎特伯雷朝圣之旅中关于夫妻问题这一幕的最后一场的目的十分清楚。他不允许平民地主讲述一个不表达寓意的故事，也不允许他将事情抛给我们去推理。相反，平民地主关于这

1 第六组第761—805行。(即《平民地主的故事》第33—77行。——译者注)

个主题的讨论准确而简练。它长约一百个诗行，没有任何冗词，并且占据故事开篇的显著位置，因此整个故事都被用来阐释和强化这一原则。在讨论的过程中，平民地主用一种拐弯抹角却让他旅途中的同伴们无法忽略的方式，暗指巴思妇人关于丈夫为奴仆的长篇大论、[1]格里泽尔达的坚忍[2]和由牛津学士所描述的沃尔特侯爵的理论，[3]也暗指对婚姻的残酷的讽刺性赞美，那种赞美使幻灭了的商人的强烈讽刺十分可怕。[4]因此，乔叟显然有意让我们认为平民地主"结束了整个事件"、对整个辩论进行了总结并为其做出了确切的结论，而这个结论也将被我们接受为信仰和实践的完美准则。

编后记

乔治·莱曼·基特里奇（George Lyman Kittredge, 1860—1941），哈佛大学英文系教授，著名的中世纪和古典文学学者，被认为是当时最杰出的乔叟学者之一；其代表作《乔叟及其诗歌》（*Chaucer and His Poetry*, 1915）、《〈高文与绿色骑士〉研究》（*A Study of Gawain and the Green Knight*, 1916）等，都很有影响。在乔叟领域，他关于《坎特伯雷故事》的戏剧性和人物塑造的深刻阐释，以及对所谓"婚姻组"（the marriage group）的独到分析，都影响了后来几代乔叟批评家。本文分两部分，摘自：*Chaucer and His Poetry*, Cambridge: Harvard UP, 1915, pp. 148–156, 185–223。标题为本书编者所加。

1 第六组第769—770行。（即《平民地主的故事》第41—42行。——译者注）

2 第六组第771行。（即《平民地主的故事》第43行。——译者注）

3 第六组第768—769行。（即《平民地主的故事》第40—41行。——译者注）

4 第六组第803—805行。（即《平民地主的故事》第75—77行。——译者注）比较第五组第1337—1341行。（即《商人的故事》第93—97行。——译者注）

《坎特伯雷故事》之浪漫传奇

作者　［英国］J. A. 伯罗

译者　谢冬文

“浪漫传奇”（romance）一词含义并不确切。该词用来指代中世纪文学作品时，其涵盖的范围非常之广，其外延之界定绝非易事。好在多数英国文学读者对于什么是浪漫传奇心中有数，这个数来自亚瑟王和圆桌骑士的故事。浪漫传奇的主角往往是一位身陷险境的骑士，骑着马，常常战斗，有时为获取贵妇人的芳心或守卫贵妇人而战，有时为打败敌人而战，有时则似乎毫无来由地战斗。恕我直言，倘若读者想在乔叟的伟大故事集中搜寻这种典型的浪漫传奇，他一定会失望；本文中所探讨的五个坎特伯雷“浪漫传奇”故事都或多或少地与前述之典型不同。乔叟似乎在创作市井故事（fabliau）、圣母之奇迹、圣徒传上是那样得心应手，好像竟然不大适应骑士浪漫传奇的创作，虽然我们后世之人认为后者正是乔叟时期最具代表性的文学体裁。[1]

乔叟创作的诗篇中唯一以亚瑟王系列为背景的是《巴思妇人的故事》——除了在纪尧姆·德·洛里斯的《玫瑰传奇》之第一个片段里顺便谈及之外，[2] 这确实是乔叟唯一提到亚瑟王的诗作。故事的起始诗行就是“不列颠人对亚瑟王都很尊崇”，似乎在明示乔叟终于要进行一次最传统的骑士浪漫文学创作。然而作品第一段尚未结束，这种期许就已经被动摇了：

---

1 关于本文探讨的五篇浪漫传奇故事中四篇的更充分的讨论，请参阅德里克·皮尔索尔著《坎特伯雷故事》（*The Canterbury Tales*, London, 1985）第四章“浪漫传奇”；关于《巴思妇人的故事》，请参照该书第 86—91 页。

2 乔叟曾翻译过《玫瑰传奇》，其译稿现存两个片段，这里指其中第一个片段。——译者注

不列颠人对亚瑟王都很尊崇，
在他那个非常古老的时代中，
这片土地到处是仙子和精灵。
快活的精灵们都由仙后带领，
常在一处处绿色田野上舞蹈——
在书上，古人这种观念能读到。
我说的，是几百年以前的事情，
现在，可再也没人看到小精灵。
因为托钵修士和其他修士们
如今密集得像阳光下的灰尘，
频繁出没在每处溪流和田间，
既是大做祈祷，又大规模行善；
他们既祝福厅堂、厨房和卧室，
也祝福高高的塔楼、城堡、城池，
还有乡村、谷仓、奶牛场、牲口棚，
于是，那些地方就没有了精灵。
因为从前精灵们来往的地方，
如今无论在午前还是在早上，
那里总是有托钵修士的影踪，
因为他总是在那区域里活动，
不是作晨祷，就是行其他圣礼；
无论是在树下，还是在树丛里，
如今妇女们可以安全地来去，
那里只有他，没有淫邪的鬼蜮，
而他只会对她们的贞操不利。

（第四组第857—881行）[1]

表面来看，这些才情横溢的诗行，其目的与《高文爵士与绿色骑士》（*Sir Gawain and the Green Knight*）的开场白无二：无非是将故事背景设定在大不列颠伟大的传奇时代，即亚瑟王统治时期。只不过，《高文》诗人

1 本文中所有《坎特伯雷故事》的引文均出自：《坎特伯雷故事》，黄杲炘译，上海：上海译文出版社，2013年。引文的组与行码也据此调整，以便于读者查找。——译者注

的前引非常庄重，其目的也诚挚，而乔叟则满是戏谑，有点漫不经心。这可以表明，巴思妇人（因为很明显这是她的声音）完全颠覆了传统的比较模式。亚瑟王浪漫传奇作家们通常将不堪的当世之时与轰轰烈烈的亚瑟王时期旧时光做对比；但是巴思妇人的开场话语似乎表明，今日时光才更为美好，至少对女性来说如此。亚瑟王时期的女性生活在持续的恐惧之中，生怕被充满林野的"精灵"或妖孽强暴；但现在，这些梦淫妖（incubi）已被托钵修士们的虔诚活动所驱逐："无论是在树下，还是在树丛里，/ 如今妇女们可以安全地来去"。对托钵修士们的奉承可以提醒我们巴思妇人属于"城里的有钱女人"——借用《总引》（第215—217行）的原话。事实上，也恰恰是这些妇人们热衷于奉承托钵修士。不过，巴思妇人是一个坚强的角色，她能够照顾好自己。或许是巴思妇人开场语之后，那位托钵修士半是嘲讽半是恭维的话语激怒了她（"你故事还没讲，前奏倒是很长"，第830行）。至少在此读者可以觉察出，当旅店主人催促巴思妇人讲故事的时候，后者的回应中带着些许的嘲讽：

> "我立刻就能从命，"巴思妇人道，
> "只要这可敬的托钵修士说行。"
>
> （第四组第854—855行）

这一讥讽式的顺从话语为故事开场语的虚假甜蜜铺展了道路。因为事实上，巴思妇人并不认为今日之托钵修士真的好过他们的精灵前辈。她将为目之所及的一切进行祈福的托钵修士比作"阳光下的灰尘"，这不仅是一种戏谑，更是对托钵修士规模之大的恐惧，这一点从法庭差役的骇人话语中可见一斑：成千上万托钵修士一窝蜂似的从魔鬼的肛门涌出来（第四组第1692—1696行）。她似乎在暗示，实际上女性仍然无法逃避托钵修士们的性侵犯。唯一值得安慰的是，托钵修士们没有继承精灵那种一侵犯必致怀孕的能力："而他只会对她们的贞操不利"。只会对她们的贞操不利，仅此而已！相比之下，以往亚瑟王时期竟似乎成了女性的黄金时代。回过头来看看，我们可能会发现，巴思妇人所描述的亚瑟王时期的仙妖们，不是男性淫魔，而是一群翩然起舞的快乐女士：

快活的精灵们都由仙后带领，
常在一处处绿色田野上舞蹈——

（第四组第 860—861 行）

有关仙后及其女伴的描写只有寥寥数语，但令人印象深刻，并且成为巴思妇人所讲故事的亚瑟王背景世界的特征。这已然成为一个女性的世界，由女性——既是仙也是人——主宰着。在此“仙”的要素并不明显，且看变成年轻美少妇的那位老太婆，文中并没有将其解释为女精灵。并且，从本故事现存的其他三个英语版本来看，她变成人间少女并不是因为中了恶毒的后母的魔法。[1] 事实上，整个故事根本就没有对她做过任何解释。只不过，从骑士首次遇见她的情形可以确切地将她联想成仙后的“女伴”。在林地房舍屋檐下，骑士偶遇多达 24 位女性在翩翩起舞；她们神秘消失之后，骑士才第一次看到那位坐在绿地上的老太婆。在“到处是仙子和精灵”的林野，这足以确立她的真实身份。

巴思妇人讲述的这个女性主宰的仙界确实引人注目。故事的主人公是一位男性，一位亚瑟王廷里的“好色武士”；然而并没有交代他姓甚名谁，这一点不像这个故事的高尔版本里的弗洛伦特 (Florent) 或者另外两个版本里的高文爵士。武士也好，高尔的弗洛伦特也好，都不是“具有冒险精神的骑士”（knyght aventurous）。故事中并没有他的男子气概的冒险行为，也没有什么英勇的壮举。一天的猎鹰后，他骑着马往回赶，并在途中干了件绝对体现男性主宰的事，强奸了一位过路的少女：不过，与梦淫妖或托钵修士不同，他得到了应有的惩罚。事实上，他的“暴行”使他自己落入女人之手——落入亚瑟王王后及身边贵妇人之手，也落入了女精灵之手。现在，他的生死取决于他是否能确知女性需要的是什么；骑士最终找到了答案，这答案证实了女性对主导权的追求：

1 三个英语类比出现在：W. F. Bryan and G. Dempster (eds.), *Sources and Analogues of Chaucer's Canterbury Tales*, Chicago, 1941。请参阅：高尔描写弗洛伦特故事的作品《情人的自白》第一部第 1841—1846 行；《高文爵士的婚姻》(*The Marriage of Sir Gawaine*) 第二部分第 16—17 诗节；《高文爵士与拉格奈尔夫人的婚礼》(*The Weddynge of Sir Gawen and Dame Ragnell*) 第 691—693 行。

总的来说，你们女人的目标
就是控制你们的情人或丈夫——
就是要他们的事由你们做主。

（第 1038—1040 行）

至此，乔叟唯一的“亚瑟王浪漫传奇”竟然成了神话故事，这故事由一个女人主讲并为一众女性主宰。或许这就是乔叟认为的亚瑟王故事吧——只是这种感觉对于马洛礼（Malory）的读者来说可能有点奇怪。在《扈从的故事》中，扈从将“仙境”描述为高文将再次从中归来的国度（第 96 行）；而修女院教士轻易地就将一本关于亚瑟王的书与女性读者联系起来：

我这个故事同样也非常真实，
完全可同《湖上的朗斯洛》相比——
这本书很受一些妇女的喜爱。

（第二组第 4401—4403 行）

此刻的乔叟心中可能想起了法语的《兰斯洛特》（*Lancelot*），该书成为 13 世纪伟大的拉丁通行本亚瑟王系列故事（Vulgate Cycle of Arthurian stories）的一部分。在但丁的《地狱篇》中有这么一个值得传诵的片段，即年轻的恋人保罗和弗兰切丝卡第一次接吻，当时他们正在阅读的也正是这本法语书。可以确定但丁曾读过《兰斯洛特》，因为在《天堂篇》里（第十六首第 14—15 行），他回想起了该书的一个很小的片段，用在此处，其效果恰到好处；不过，仍然可以推测，但丁和乔叟一样，只是将骑士浪漫传奇当作一种愉悦的休闲阅读文学形式，他们认为 14 世纪严肃的诗人对此只需稍加关注即可，真不需要投入太多的精力。

如果这真是乔叟的态度，他竟然会在所有坎特伯雷朝圣者之中，让自己来讲述一个他所有作品中最接近骑士冒险的故事，这似乎有点说不通；不过，像几乎所有读者所注意到的那样，《托帕斯爵士》完完全全就是一个戏仿之作（burlesque）。推崇骑士精神的浪漫传奇所倚重的冒险，似乎从来就没有引起乔叟的兴致。他所描述的伊阿宋与赫拉克勒斯“一路要去科尔奇斯冒险探宝”的节段让人们想起的不是男性英雄主义而是女性所忍受的痛苦［这是《贞女传奇》中《易茜菲列与默蒂亚记》（“The Legend of Hypsipyle and Medea”）的情节］：除此之外唯一具有冒险精神的乔叟式主人公就是托帕斯爵士。与一位“仙女王”相爱（第二组第1985行）后，托帕斯骑上马进入一片“仙女们”的“荒凉”之地（第1992—1993行）。托帕斯在此遭遇她的巨型守护者，一个名叫欧利丰（大象）先生的三头巨人。见此情景，他慌忙赶回家，去取甲胄。接下来是一番壮丽欢腾的披挂出征景象，俨然浪漫传奇的风格。紧接着的就是骑士出发，与巨人再战。乔叟很仔细地说明，托帕斯第二次出击之时表现得如同冒险骑士所应该的那样——铜盔为枕，露天而睡，终日汲泉而饮：

帕齐法尔是出色的战士；
也就像这一位圆桌骑士，
　他渴了就喝些泉水，
直到也一天——

（第2105—2108行）

然而此时，旅店主人已经忍无可忍，他叫停了乔叟："［你］是在把时间白白糟蹋"（第2121行）。或许此刻的哈利·贝利就是在表达创造自己的人的思想，认为这些平庸而冗长的冒险故事竟然充斥着如此众多的中世纪浪漫传奇。不过，值得注意的是，即使在这种荒唐的语境中，正如在《巴思妇人的故事》里一样，仙女王的思想仍然启迪着乔叟（在《托帕斯爵士的引子》中他把自己描述得像“精灵”），使他给出一个想象力十足的回应：

因为仙女王就住在这里，
经常打鼓、弹竖琴吹笛，
　把这里当作她的家。

（第2004—2006行）

乔叟笔下仙女王奇异的能量以及围绕她身边的器乐与翩翩舞女，给下一位伟大的英语诗人留下深刻的印象；因为斯宾塞的《仙后》就是她的后裔。在斯宾塞的作品里，亚瑟王在林中旷地入睡后，在梦境中看见“仙后”并与之相爱那一段（《仙后》第一卷第九章第 8—15 节），就是直接借鉴自《托帕斯爵士》里主人公也是以同样的方式坠入爱河那一段。

昨晚一整夜，梦见我折腾；
梦见仙女王睡进我被窝，
说是要做我相好。

（第 1977—1979 行）

很明显，斯宾塞这位女王伊丽莎白一世忠实的臣子，在《巴思妇人的故事》和《托帕斯爵士》的仙境中找到了许多称心如意的素材，在这里骑士也好，三头巨人也好，都俯首于神秘的女性权威。

然则，无论斯宾塞是否真的理解，乔叟笔下的《托帕斯爵士》首先是一种文学戏仿（literary jeu d'esprit）——是尖锐的嘲讽，它所嘲讽的不是一般的浪漫传奇，而是当时的英语浪漫传奇。只熟悉《高文爵士与绿色骑士》的现代读者可能感觉不出这一戏谑的直接效果，因为乔叟嘲讽的对象是 14 世纪一类非常不同的诗作，这些作品现在读之者寥寥，然而在当时却相当流行：更早的韵诗，如那些关于汉普顿的贝维斯（Bevis of Hampton）和沃里克的盖埃（Guy of Warwick）的传奇故事（两者均在《托帕斯爵士》中提及，第 2088—2089 行），以及更新的诗作，如乔叟同代人托马斯 · 切斯特（Thomas Chester）创作的两部亚瑟王作品《利波 · 德斯康》（*Lybeaus Desconus*）和《朗佛尔爵士》（*Sir Launfal*）[1]。乔叟在第一个诗节中的寥寥数语足以表明他的心意：

Listeth, lordes, in good entent,
And I wol telle verrayment
　Of mirthe and of solas;
Al of a knyght was fair and gent
In bataille and in tourneyment,

1 乔叟很可能和他有点交情。1360 年获释的人中就有托马斯 · 德 · 切斯特和加尔弗里德斯 · 乔叟（Galfridus Chaucer）。两人都是被法国人俘虏的。请参见：M. M. Crow and C. C. Olson (eds.), *Chaucer Life-Records*, Oxford, 1966, pp. 23–24。虽然乔叟作为诗人来讲，不喜欢打斗的场面，但是他并不是没有军事方面的亲身经历。

His name was sir Thopas.

（请你们好好听我说，各位，
我很想迎合你们的口味，
讲出个有趣的故事。
有一位骑士英俊而高贵，
比武场、战场上总显神威，
他叫做托帕斯爵士。）

（第 1902—1097 行）

乔叟同时代的读者不会将这一诗节误认为是乔叟在为自己的诗学理论发声，即使是现在的读者也甚少会犯这样的错误。在他的作品中再也没有出现过这种押尾韵的诗节，虽然这种尾韵是其同时代那些受雇佣的诗人的最爱，但对于乔叟那异常挑剔的耳朵来说，这种用一个重韵（thumping rhyme）连接在一起的两个简短的尾韵诗行，确实有些怪异。为了引起听众的注意而将他们通俗地称为“各位”（lordes）引起了大家的共鸣；而“英俊而高贵”（fair and gent）的使用似乎完全是为了将就押韵而牵强地扯上战争与竞赛的。本节中还有些其他错误的音韵，只不过现代读者很难辨认。Entent 与 verrayment 押韵（乔叟再没有在其他任何地方使用过），然而它在乔叟严肃的书写中必然还会带一个 -e：entente。很明显，对于这个故事里来自佛兰德的主人公而言，“托帕斯”是一个新异而滑稽的名字；更令人惊讶的是在其名字前面冠以爵士（Sir）的头衔，这在乔叟看来，如同在其同时代法国同行眼里那样，就是个粗俗体。乔叟只在《托帕斯爵士》中使用了这一形式，故事中这一头衔被乱用，甚至那个巨人也可以被称为欧利丰爵士。[1]

接下来探讨的两篇浪漫传奇是扈从和平民地主的故事，乔叟在坎特伯雷故事定稿中特意将它们放置在一起。放在一起，它们与《巴思妇人的故事》和《托帕斯爵士》形成强烈的对比，从而彰显浪漫传奇的核心要素：不可思议性（the marvellous）。在巴思妇人看来，亚瑟王时期的英国是一

1 关于《托帕斯爵士》中的这些以及别的错误音韵的详细说明，请参看《河边版乔叟》中的注解。对此更充分的分析，请参见：Helen Cooper, *Oxford Guides to Chaucer: The Canterbury Tales*, Oxford, 1989, pp. 299–309。

个充满了仙子和精灵的国度，而《托帕斯爵士》中的佛兰德虽然是一个滑稽世俗的地方，也毗邻“仙子和精灵的国度”。两个故事均接受仙子和精灵之地是神奇的源泉，并且认为无须后续查证，更不需要什么理由。《扈从的故事》中的鞑靼国和《平民地主的故事》中的布列塔尼则全然不同。此二处的神奇带有，或者说可能带有自然因素。在《扈从的故事》中，阿拉伯和印度的君王派来的使者向鞑靼国国王坎宾思汗和公主卡纳丝进献四件礼物，每一件礼物都具有神奇的力量：一匹铜马、一柄无鞘剑、一面镜子和一枚戒指。鞑靼国人接受不了这些神奇之物原本就是浪漫传奇中的稀松平常之物，总想寻求些解释，找到些先例。而这个描述他们各自心思的很长的段落（第六组第 189—262 行）便能够展示出乔叟最绝妙之处。铜马怎么可能飞？有人认为这马应当是“来自仙国”；有人说它是神话中的飞马，是特洛伊的木马；还有一个怀疑论者甚至建言是“一种魔术师经常表演的把戏，/ 在这种盛大宴会上博得喝彩”（第 218—219 行）：

人们就这样各自乱想或胡猜，
就像是一些大老粗无知无识，
遇到了超过他们理解力的事，
通常就胡思乱想，而想来想去，
总觉得事情会有不妙的结局。

（第 220—224 行）

由于《扈从的故事》没有完成，所以谜底也永远不会揭开；不过我们可以注意到，鞑靼人所给出的最具怀疑性的解释放在《平民地主的故事》中就可以解释礁石凭空消失的神奇。深受相思之苦的扈从奥雷留斯被要求将布列塔尼海滩边所有的礁石都移走——很明显这是“不可能办到的事”，如他所抱怨的（第六组第 1009 行）——他首先向阿波罗祈祷出现奇迹，但毫无结果；他随后向一位奥尔良学者寻求帮助，这位学者从魔法书中学过幻影术，至此奥雷留斯才终于能够得出想要的效果：“那些黑礁石似乎都已经消失。”但也仅仅是“似乎”而已。在这个故事中，神奇只是一个幻象，仿佛魔术师耍的把戏（第 1139—1151 行）。

虽然扈从和平民地主的故事放在一起，也以戏说的形式将神奇合理化，但实际看来，它们是不同的。《扈从的故事》是摆出问题，因为故事本身没有结束。有人认为，在手稿本中该未完成的故事中断后出现的“平民地主对扈从所讲的话”，应该被解读成是扈从的讲述被打断，与那旅店主人在《托帕斯爵士》中打断讲话的情形相似，尽管更为礼貌。当然，难以想象在第661—669行中扈从精心构筑的情节如何能融入坎特伯雷故事大框架中，因为这个故事接下来应该是细述坎宾思汗及其三个孩子各自的冒险经历。关于这些冒险故事，我们只有卡纳丝和那只苦恋中的苍鹰的故事的开端，而那关于讲述“出奇的历险，重大的战役”的许诺十分引人但终究还是没有了下文，正如《托帕斯爵士》那样。然而平民地主谄媚式的评说听起来并不像是在打断扈从说话（“真的，扈从先生，你讲得很好”，第六组第673行），甚至连乔叟是否相信自己的读者抑或是誊抄《坎特伯雷故事》的抄写员会如此理解都值得怀疑。作品中两处毫无疑问的打断是哈利·贝利打断乔叟和骑士打断修道士，其清晰的标志就是“别再讲下去！”（“Namoore of this!”）（第七组第919，2767行）[1] 总的来说，我们可以如埃德蒙·斯宾塞那样，认为《扈从的故事》后半部分是遗失了（《仙后》第四卷第二章第33行），或者如约翰·弥尔顿那样，认为这就是个“未讲完”的故事（《沉思者》第109行）。无论如何，斯宾塞和弥尔顿对这一“高雅智慧创作的作品”（work of noblest wit）的推崇让人不禁难以接受某些现代批评家关于《扈从的故事》——如同《托帕斯爵士》一样——配不上其作者的看法。[2]

事实上，这个故事含有一些乔叟叙事诗中最浓墨重彩的段落。故事对阿拉伯使者于鞑靼国王廷盛宴之时出现的描述与《高文》诗人对绿色骑士抵达卡米洛特（Camelot）之时的描写一样生动，两者常常被拿来做比较。更加绝妙的是对盛宴如何在拂晓之前不久结束的描写：

---

1 在这两处，黄译本分别为“别再讲下去”（第二组第2109行）和“住嘴吧”（第二组第3957行）。文中组和行码为原文作者所给。——译者注

2 想要纵览该故事的评论文章，包括将故事视作设计用来揭示浪漫传奇体裁不足之处及年轻扈从的自身缺点的“反讽式”批评解读，请参见：“The Squire's Tale,” in *Variorum Edition of the Works of Geoffrey Chaucer*, vol. 2, ed. D. C. Baker, Norman, Okla., 1990, pp. 59–74。戴维·劳顿（David Lawton）在其《乔叟的叙述者》（*Chaucer's Narrators*, Cambridge, 1985）的第五章中以严肃非反讽的口吻认真探讨了这个故事。关于这是一个尚未完成的故事的探讨，请参见：J. Burrow, “Poems without Endings,” *Studies in the Age of Chaucer*, 13, 1991, pp. 17–37。

睡眠，是良好消化的一位保姆，
这时向他们眨眼，叫他们记住：
酣饮和劳累之后得好好睡睡。
她吻过他们，张着打哈欠的嘴
对他们说道："睡觉时间已经到，
因为血在这时候已成了主导；
血液是自然之友，要好好珍惜。"
他们都打着哈欠，感谢她好意；
心里都感到她的意见的确好，
便三三两两按她吩咐去睡觉。

（第六组第 347—356 行）

后世诗人在拟人化睡眠的时候，用了更诗性的语言（"哦！静谧子夜的软香涂抹者"），不过最有力者还属这一处。睡眠以哈欠之嘴赐予的晚安之吻得到了欢宴者哈欠的响应。不停的哈欠，加之中间诗行里对血液的不断重复，构成了强有力的催眠效果，也预示了后世蒲柏的《愚人记》（*Dunciad*）结尾更为著名的传染性哈欠。同样生动的还有后面对卡纳丝（她很明智，睡得早）如何在第二天黎明时分起身步入公园的描述。清晨时分，六点刚过，

在御花园中沿一条小径走去。
蒙蒙的水汽从地面腾腾升空，
更显得那一轮太阳又大又红；
这真是一幅美丽的清晨图景，
看得她们一个个都十分高兴。

（第 392—396 行）

太阳因清晨低垂的雾气而失去了部分光彩，但也变大了，放射出奇异的光芒，照射着眼前的景色；就在此景中，卡纳丝遇见那只悲伤的苍鹰，立在"一棵白得像石灰的枯树"（第 410 行）之上。

《扈从的故事》似乎原本计划写成一个多线索、非常复杂的故事，正是这种类型的故事曾经启发了但丁（毫无疑问他又想起了法语的《兰斯

洛特》),使他谈及“亚瑟王那优美高雅的丰富多彩”——不过这里是东方的而非亚瑟王的题材。只不过诗作的残缺状况使人难以确知其真实品质。相对而言,平民地主则清晰地表明自己的故事属于布列塔尼籁歌式浪漫传奇:

古代的布列塔尼人很有文化,
他们的许多冒险以诗歌记下,
用的是他们古老语言的韵律;
有时候他们唱诗可伴有乐器,
有时候就凭着兴趣把诗朗诵。
其中有首诗我还牢记在心中,
非常乐于给你们尽力讲一下。

(第六组第 709—715 行)

布列塔尼籁歌的起源可以追溯至 12 世纪,当时来自布列塔尼的游吟诗人到法国、英国的人家里表演“籁歌”或歌曲。他们的籁歌实际上就是一种音乐表演,伴着竖琴弹奏,用凯尔特人的“布列塔尼语”(Breton tonge)演唱;但由于他们所表达的情感一般都来自故事中的人物(如特里斯坦[1]的哀怨),表演者很注意用法语解释歌曲的叙事语境。法国女诗人法国的玛丽声称,她那包括 12 首浪漫传奇式叙事诗作(romantic verse-narrative)的集子之素材就是源自这些伴随的解释性叙述,这些作品是在亨利二世(1154—1189 年在位)时期在英格兰创作的。玛丽及其仿效者用韵文创作了“不少冒险经历”(diverse aventures),其特征刚好都在英语的布列塔尼籁歌《奥菲欧爵士》[2]中得到体现,而这部作品乔叟很可能知道:

有些描写战争,有些关于磨难,
有些表现快乐和其乐融融的事件,
有些致力于描述欺诈与背叛,

1 特里斯坦(Tristan)是 12 世纪中后期出现在不列颠的传奇故事主人公,后来被融入亚瑟王浪漫传奇系列之中。——译者注

2 *Sir Orfeo*, ed. A. J. Bliss, 2nd ed., Oxford, 1966.

有些则讲述古老时代的冒险，
有些故事放荡而且滑稽可笑，
还有许多是关于精灵和女仙；
然而人们讲述的故事中，
最多的还是女爱与男欢。

（第5—12行）

在如此多样的题材中，英国诗人特别注重仙境和爱情，尤其器重后者——可以说，这两大主题一起构成了玛丽所建立的布列塔尼籁歌传统的主要特征。在玛丽的诗歌作品中，如同在《奥菲欧爵士》和《朗佛尔爵士》等英语籁歌中一样，吸引诗人的不是什么冒险，也不是什么武功（feats of arms），而是仙国以及爱情的喜乐忧愁。

乔叟可能没有读过法国的玛丽的作品；[1]但是玛丽参与建构的女性版浪漫传奇似乎比托马斯·马洛礼所钟爱的那类拼命冒险的故事（tales of derring-do）更吸引乔叟。在《平民地主的故事》中，阿维拉古斯是一位勇于冒险的骑士，他"用事实证明了自己是勇士"（第六组第732行），赢得了道丽甘的芳心；但这些事迹仅仅是被提及，在结婚一年后，如同骑士们本应该那样，阿维拉古斯离家外出，决心不再沉迷于宠溺妻子的缠绵缱绻，要用自己的武功去维护荣耀，可是叙事却没有跟上来。我们只知道他

这时决定要去英格兰一两年
（当时英格兰被人叫作不列颠），
要去凭武艺博取名望和荣誉，
因为他爱在这方面做出努力——

（第809—812行）

听到如此大量的浪漫传奇所着力表现的主要内容——用武功求取荣耀——在此仅用一个对句就给打发掉，还真是令人惊讶。"凭武艺！"《平民地主的故事》的用心在别处。虽然平民地主并不像巴思妇人和玛

1 **请参阅**：Jill Mann, "Chaucerian Themes and Style in the Franklin's Tale," in Boris Ford (ed.), *The New Pelican Guide to English Literature*, vol. I, Part I, Harmondsworth, 1982, pp. 133–153。

丽一样醉心于仙国，但在他的故事中和她们的故事中，女性都是占主导地位的。该故事最关注的莫过于道丽甘和她的感受，而其中最具特色的时刻莫过于道丽甘幽怨地思念离家未归的丈夫（第 852—894 行）和她所处的两难之境（第 1352—1458 行）。特别是由于这些段落，这一诗作俨然又是一个《贞女传奇》故事。苏格兰诗人加文·道格拉斯（Gavin Douglas）如此说自己的导师乔叟："上帝为证，他永远是女性之友。"这并非没有理由。

和《奥菲欧爵士》中描述的布列塔尼籁歌一样，《平民地主的故事》首要描述的就是爱情：道丽甘和阿维拉古斯婚后的夫妻之爱，以及阿维拉古斯对道丽甘的激情。法国的玛丽有这么一首诗，诗中一位妇人表达了自己的观点，认为没有任何绅士可以仰仗自己的男士权威（par seignurie）获得爱情，因为只有双方平等才会有值得尊重和有价值的爱情："没有平等，爱无价值"［《埃基唐》（*Equitan*），第 137 行］。平民地主也表达了本质上属于宫廷爱情的观念：

爱情同样不能靠压力来维系，
你一用压力，爱神就拍动翅膀
立刻飞走，再不回你这个地方！
爱情这东西同灵魂一样自由。

（第 764—767 行）

早在 12 世纪，作家们就发现这一信条造成了问题，因为一方面宫廷爱人应该是他的情人的仆人，而另一方面丈夫又应该是妻子的主人。克雷蒂安·德·特鲁瓦解决了这个难题，他主张，在理想的浪漫传奇婚姻中，男方可以兼具更尊贵的地位（主人）、平等的地位（朋友）和从属的地位（仆人）；平民地主在讲述道丽甘和阿维拉古斯的关系时正是引出了这个神秘的悖论（第 791—798 行）。道丽甘既是贵妇人（更尊贵的地位）、妻子（从属的地位），又是阿维拉古斯的爱人（平等的地位）。[1] 这就是平民地主

---

1 所以，在克雷蒂安·德·特鲁瓦的作品《克里赛》（*Cligès*）的结尾，女主人公菲尼斯和男主人公结婚了，但被要求仍然是后者的 amie, dame 和 fame（第 6629—6638 行）。这几个词对应平民地主所说的"爱人"（love）、"贵妇人"（lady）和"妻子"（wife）（第 786—787 行）。乔叟所说的"爱情的法则"在这两处是一致的。

对婚姻中的权威问题给出的解决之道。然而他的故事并非如所谓的婚姻组故事（《巴思妇人的故事》、《学者的故事》、《商人的故事》和《平民地主的故事》）所暗示的，只关注婚姻中的爱情。“爱情不能靠压力来维系”这一高贵的原则，在扈从奥雷留斯那儿同样适用。通过施法让礁石消失，通过轻率的诺言获取道丽甘的芳心，奥雷留斯是真心想“压制住”她的爱；可结果他却无法得逞，“他也就应该收敛自己的痴心，/ 别去干那种下贱卑劣的事情”（第 1523—1524 行）。他无法强迫她违背自己的意志。他舍弃了道丽甘所做过的承诺，还她以自由。

奥雷留斯此举把对爱情中的主宰权的拒绝与更为普遍的“绅士风度”信条关联在一起。中世纪浪漫传奇中，男女角色常常因自己的誓言或许诺而听命于对方的意志，后来为此受尽折磨。高贵的心灵要求浪漫传奇的主人公必须恪守诺言，这样一来，故事似乎早就设定好了有一个痛苦的结局；然而这一命运也可以被改写，主人公的对手也可能报之以高贵，主动放弃自己的权利，让主人公从自己划定的责任中解脱出来。这种互示高贵或“绅士风度”的模式——一方臣服，一方免除其义务——可以在许多以幸福结尾的浪漫传奇中找到踪影，这在《高文爵士与绿色骑士》的绿色教堂（Green Chapel）一幕中最为明显。《巴思妇人的故事》中，丑陋老妇试图“用权威压制爱情”，其结果似乎并不愉快：她要求年轻的骑士不但信守诺言娶她，当然他是准备那样做，并且接受她为自己的爱人：“要我爱你？还是要我进地狱吧！”（第四组第 1067 行）颇具戏剧意味的是，老太婆接着大谈“绅士风度”以及贫穷、年老的优点，无形中将尴尬的僵局拖长了，似乎幸福的结局最终取决于骑士乐意放弃自己对又老又丑的劳动妇人的歧视。从某种意义上来讲，还真是这样；因为作为回应，这位受到教育的男主角竟然使用了三重称呼，这刚好可以用来诠释平民地主所描述的浪漫传奇中的婚姻关系：

> “我的亲爱的夫人，我的贤妻呀，
> 你这么明智，我就交出我自己。”[1]
>
> （第 1230—1231 行）

---

1 原文为：My lady and my love, and my wyf so dere, / I put me in youre wise governance. 作者所指“三重称呼”指这里的 lady, love 和 wyf。——译者注

这种有所改善的臣服行为最终导致了解脱。老妇人变成了美少妇,她还放弃了自己享有的绝对“权威”:

> 抱着妻子千百遍地吻了又吻。
> 而妻子也是千依百顺听他话——
> 只要能使他快活,事事依着他。

(第 1254—1256 行)

在《平民地主的故事》中,圆满的结局得益于两次这样的“放手”(release)(这个词在第 1533 行和第 1613 行中出现),两次都彰显了相关人物身上的“特权与风度”。道丽甘和她丈夫都坚决认为她应该信守诺言,奥雷留斯深为触动,他还因这位女士的凄楚境遇而生怜悯之心,于是解除她所承诺的义务;他自己也一样,他的债主,奥尔良的学者后来也表现出风度,解除了他的债务:

> “我在想,我作为知书识礼之士,
> 万能的主不会不让我学你们,
> 同样来一个善举。千万别担心!
> 我就免除你欠我的一千镑债。”

(第六组第 1610—1613 行)

至此,故事可以终结了,这很像薄伽丘的《菲洛柯洛》,给大家一个疑问:“你们看,他们中谁的气度最大?”(第 1622 行)这似乎在暗示,平民地主坚持认为学者、扈从以及骑士身上都可以彰显宽宏的气量,表明他自己在自称为绅士的时候心中难免有些许忐忑;不过这种忐忑不是来自历史上平民地主的角色,也不是因为故事中平民地主自己的角色。平民地主完全有理由将他们自己看作绅士,虽然属于乡村类型;这个平民地主的故事,虽然看起来远非是一个想挤入上层社会之人(social climber)的作品,但也可以说是比任何其他中世纪英语诗歌更全面地诠释了自法国的玛丽和克雷蒂安·德·特鲁瓦的时代以来最杰出的中世纪宫廷文学作品中所推崇的宽宏大度与人性(generous and humane)的精神。

本文探讨的所有故事中,与其他的英语、法语中世纪浪漫传奇区别最大的当属《骑士的故事》。《骑士的故事》源自一部意大利诗篇，即乔瓦尼·薄伽丘的《苔塞伊达》；实际上《苔塞伊达》不是浪漫传奇，而是一部史诗。的确它是使用欧洲方言[1]去挑战古典12卷体史诗的最早尝试之一。仅书名就彰显了这一雄心：Teseida来自Teseo（Theseus，忒修斯），和Aeneid（《埃涅阿斯纪》）来自Aeneas（埃涅阿斯）的道理相同。其实薄伽丘这部史诗是一种杂糅（hybrid），因为如果跳出新古典主义的樊笼，应该说两位年轻的底比斯人帕拉蒙和阿塞特为美丽的艾米莉而竞争的故事完全能够跻身当时深受欢迎的意大利浪漫传奇之列；然而毫不夸张地说，诗篇的史诗体裁证实这实际上是一部更为雄心勃勃——虽不说是十分自负——的文学作品。乔叟自然无法将全部12部史诗囊括入自己的坎特伯雷故事集里；然而哪怕就是这样一个版本，一个大刀阔斧简化了的版本，一个去掉了许多史诗要素（epic machinery）的版本，也已经是一部复杂而全面的作品了，倘若仅用浪漫传奇来以偏概全，确实委屈了这部作品。[2]

文学史家们有时将12世纪浪漫传奇的兴起归因于那个时代对个体经历不断增长的兴趣与关注。诚然，玛丽和克雷蒂安作品中的男女主人公的行为动机主要出自个人的考虑，尤其是对荣耀和爱情幸福的追求。依此则帕拉蒙和阿塞特称得上典型的浪漫传奇男主人公。虽然与许多乔叟作品不同，《骑士的故事》没有一个左右故事的女性角色，但两位年轻的骑士在监狱铁窗之内一眼看到了艾米莉，从此对她的爱占据了两人的心房。自那一刻起，他们就仅仅是情人，除此之外什么也不是，这就是典型的浪漫传奇传统。对她的爱使过命的兄弟刹那间成为不共戴天的情敌；他们为了爱而相拼相杀，先是在小树林里，后来在比武场上。有些读者觉察到两位骑士的性格不同之处，然而这是否是乔叟有意为之则有待商榷。在监狱里，阿塞特宣称虽然帕拉蒙先看到了艾米莉，却是自己首先将她作为“情人”来相爱，因为帕拉蒙误以为她是一位女神；这场景无法证明与同伴相比，阿塞特并非那种十分典型的浪漫传奇角色。这种宣称无疑是一种绝望的诡辩。阿塞特和帕拉蒙一样深深地爱着艾米莉，且爱的方式也一样。后来，当他为能够在比武场上获胜向马尔斯祈祷之时，他

1 即区别于拉丁语的民族语言，这里指意大利语。——译者注

2 关于《骑士的故事》与《苔塞伊达》及拉丁文史诗传统的关系，请参见：David Anderson, *Before the Knight's Tale*, Philadelphia, 1988。

同那为获得艾米莉而向维纳斯祷告的帕拉蒙一样，在心中坚定地爱着艾米莉。阿塞特之选择的唯一意义是，很遗憾，他只得听从星球神祇萨杜恩（planet-god Saturn）[1]模棱两可的评判，后者干净利落地做出了对阿塞特不利的决定：给予了阿塞特所恳求的，但那并不是他真心想要的。

如果《骑士的故事》就只有这些，那它充其量只能算作是感伤的宫廷决疑故事，只是与《百鸟议会》中一个场景相似；在《百鸟议会》中，三只鹰向同一只雌鸟发誓永远效忠——两个故事的难题都在于如何从这种窘境中解脱出来，因为情场失意所展现出来的"风度"无法在别处找到慰藉。不过《骑士的故事》中的年轻人并不是在孤立中追寻自己的个人目标：他们属于一个更大的世界，还有其他需要关心的事项，其最佳代表是雅典君王忒修斯。薄伽丘诗作的全名是《苔塞伊达，即艾米莉之婚礼》（*Teseida delle Nozze d'Emilia*）。诗作名称一方面表明了诗歌的浪漫传奇主题，一方面又给予忒修斯君王突出的地位，仅这位君王对亚马孙人和底比斯人的征战就占据了薄伽丘十二卷的前两卷。作为第一位歌颂武功事迹的意大利诗人，薄伽丘的雄心从某种意义上讲可以比肩维吉尔或斯塔提乌斯（《苔塞伊达》，第十二卷第 84 行），但是这一雄心明显没有让乔叟也焕发出相似的壮志，武功的场景还是让他一如既往地不耐烦，他甚至砍掉了绝大多数打斗场面。但忒修斯在这部英国诗作中仍然是一个主要人物。骑士以讲述忒修斯开篇，称他为雅典的"统治者和主宰"（lord and governour），以及许多国家的征服者。他的这些武功深深地影响着帕拉蒙和阿塞特的一生。首先，占领底比斯之后，他永久监禁了这两位年轻的底比斯王子，不准赎身——很明显是将他们两个与死去的国王克瑞翁一起当作战争罪犯，因为克瑞翁曾毫无人性地不准安葬战死的人。后来，忒修斯碰见这两位年轻的武士在小树林决斗，正是他下令组织比武来决定两人的命运。最后，阿塞特死后，也正是忒修斯为帕拉蒙和艾米莉提婚，从而维持了雅典和底比斯的团结。凡此种种的行为，忒修斯都表现出对外交关系与公共秩序的关注，这里可没有像《巴思妇人的故事》那样的浪漫传奇的一席之地。与爱丽丝[2]的亚瑟王时期的不列颠不同，骑士的古希腊有政治维度

1 文章作者这里是指在乔叟诗作中，Saturn 既是土星也是罗马神话中的农神之双重身份。——译者注

2 即巴思妇人。——译者注

(political dimension)。重要的仪式场合——比武、阿塞特的葬礼、忒修斯提婚的议会——绝不仅仅是浪漫传奇中的盛况。这些场合,如社会生活所要求的,代表人类试图处置侵略、死亡及爱情所带来的混乱而无法回避的现实,并力图使其文明化。

随着故事的推进,忒修斯对帕拉蒙和阿塞特的态度也在变化;开始时他们无疑是敌人,后来他们威胁了和谐的公共秩序,最后他们成为朋友。就两位年轻人是浪漫传奇式爱人而言,最能够诠释忒修斯对他们的态度的,是当他在树林中看到两人决斗时所说的那一番话。这番话以"爱神哪,请你祝福我们大家吧!"(第一组第1785行)开始,可用的是明显的嘲弄的口吻。君王简明扼要地指出两位情人的愚蠢行径——为了一个不知道自己为之倾心的女人而甘冒生死之险:

"天哪,对于这一场狂热的争夺,
她的了解不比杜鹃或野兔多!"

(第1809—1810行)

接着他语气一转,变成了同情和宽恕的口吻;现在忒修斯虽然是清醒的已婚男士,但他不禁回忆起自己曾经也因为爱情的魔力而做过傻事:

"但是冷是热,事情总得试一试;
人或老或少,傻瓜总得做一次——
凭亲身体验,我早知道这道理,
因为,我也当过爱神的仆役。"

(第1811—1814行)

此刻的忒修斯是以一个超越了由帕拉蒙和阿塞特所代表的生活阶段的成熟的过来人之身份讲话。与莎士比亚的《仲夏夜之梦》(实际上这部作品从乔叟这部诗作借鉴良多)一样,《骑士的故事》演绎的是人类大环境里年轻的情人全身心投入的那些事,展示出年轻人最自然的一面,也展示他们的滑稽。正如莎士比亚笔下的忒修斯所说:

情人们和疯子们都富于纷乱的思想和成形的幻觉,他们所理会到的永远不是冷静的理智所能充分了解。

（第五幕第1场第4—6行）[1]

还存在一个乔叟将自己的浪漫传奇冒险投放至其中的更大的环境——至少是宇宙这么大，那是由《骑士的故事》中的那些古典神祇所代表。在《平民地主的故事》中的前基督教时代的布列塔尼，很明显阿波罗不能为自己的崇拜者做些什么，但是在异教世界的雅典，神祇们却手握实权。[2] 帕拉蒙和阿塞特的纠缠只有上升到维纳斯和马尔斯介入的程度才得以有所解决。由“冷酷的萨杜恩”提出的解决办法，实际上触及了有关事物秩序的复杂问题——这种问题与道丽甘向上帝诉苦时所牵涉的问题类似，她说这些黑礁石“看上去杂乱又丑恶，怎么会是 / 全能又全智的你创造的东西？”（第六组第869—870行）这两首诗具有《坎特伯雷故事》里其他的浪漫传奇所缺乏的哲理维度。但主要使乔叟感兴趣的与其说是这些哲理思想本身，还不如说是人类如何依照情绪或场合对这些哲理进行选择和运用的方式。如果说布列塔尼的礁石让道丽甘想起了宇宙间的邪恶与痛苦（第865—893行），那可能只因为这些邪恶与痛苦正在威胁着她挚爱的丈夫。丈夫归家后，就不再需要忍受这种磨难了，正如在《特罗勒斯与克丽西德》第三卷中，克丽西德发现特罗勒斯并不像彭大瑞所说的那样在生自己的气的时候，她就停止思考那“虚假的幸福”（第三卷第814行）。在《骑士的故事》中也有类似的场景：身陷囹圄的帕拉蒙和阿塞特陷入波伊提乌式的沉思，思考人类欲求的虚幻（第一组第1251—1267行）和人生的苦难（第1303—1327行）；可重获自由后，两个年轻人就把这些思考忘得干干净净。有些读者已经从忒修斯父亲埃勾斯坚定的悲观主义话语中发现了这个故事真正的声音：“这世界只是条大路，充满哀伤”（第2847行）。当然人们同样可以认为这不过是垂垂老者之言，不过是面对死亡时半真半假的自我安慰罢了。倒是忒修斯这位手握大权的过来人，这位君王，在

1 译文出自莎士比亚：《仲夏夜之梦》，朱生豪译，北京：中国青年出版社，2013年。——译者注

2 乔叟明白，在现实世界中，神祇就代表着以他们名字命名的星球。有关《骑士的故事》中的占星学知识，请参照本书中吉尔·曼撰写的文章（第107—108页），以及库珀（Cooper）的文章《坎特伯雷故事》（“*The Canterbury Tales*”，第77—84页）。

这首诗中说出了最令人印象深刻的哲语，那就是他在雅典议会的讲话："那位最初创造了万物的天神……"（第 2987 行）这一番大道理（关于其开场白，乔叟所借鉴的不是薄伽丘，而是波伊提乌）阐释了宇宙的秩序，在这一秩序中，微小而短暂的事物都起源于永恒不变的第一因素（a first cause）。既然尘世间死亡是不可避免的，忒修斯认为帕拉蒙和艾米莉再为阿塞特的离去而伤心就难免愚昧——尤其是他的死本就是一种荣耀：

> 何必要怨天尤人呢？我们明知
> 好样的阿塞特这位骑士之花，
> 明知他带着功成名就的光华
> 离开人生的脏牢笼，何必难过？
>
> （第 3058—3061 行）

然而即使是运用这一套真理——而且在此处就是为了切实的目的——来提亲，说这位底比斯王子应该与艾米莉成婚，忒修斯也不是以哲人而是以君王的身份说话，他是要最大限度地利用一个尴尬的人类处境，也乐意（我们可以从第 2973—2974 行推断出）用联姻的方式让雅典和底比斯的王族结盟。他也几乎不是一位哲人，因为他不顾直接与自己早前的话相矛盾，竟然赐予艾米莉和帕拉蒙婚后"完美欢快"（第 3072 行）。

《骑士的故事》也确实以婚姻中彼此恩爱的"完美欢快"而告终：

> 现在帕拉蒙真是满足又幸福，
> 尽情地享受生活、健康和财富。
> 艾米莉爱他爱得有多么深情，
> 他对于艾米莉也就同样崇敬；
> 两个人彼此间始终恩恩爱爱，
> 从来没一句怨言或半点不快。
> 帕拉蒙、艾米莉的事到此结束，
> 愿上帝保佑这支美好的队伍——阿们！
>
> （第 3101—3108 行）

这是浪漫传奇惯常的大团圆结局。在另外两个完整的坎特伯雷浪漫传奇故事里，乔叟都让男女主人公在仙境般的幸福中喜结连理：《巴思妇人的故事》中的“完美欢快”（第四组第1258行）和《平民地主的故事》中的“十二分美满”（第六组第1552行）。《骑士的故事》的幸福结局笼罩在对苦难和死亡的思考，特别是萦绕在人们心中那些阿塞特临死前说的话（第一组第2777—2779行）的阴影之中，所以在这里显得脆弱且值得怀疑，然而这正表明该故事更为严肃：

> 世界是什么？人们要追求什么？
> 此刻情人在身旁，但一过此刻，
> 便孤零零一个进了冷冷坟墓。

编后记

J. A. 伯罗（J. A. Burrow, 1932—2017）先后任教于英国牛津大学和布里斯托大学，是著名中世纪英语语言和文学专家；其代表著作有《〈高文爵士与绿色骑士〉解读》（*A Reading of* Sir Gawain and the Green Knight, 1965）、《理查德时代诗歌》（*Ricardian Poetry: Chaucer, Gower, Langland, and the* Gawain *Poet*, 1971）、《中世纪作家及其作品》（*Medieval Writers and Their Work: Middle English Literature, 1100–1500*, 1982）等。《〈坎特伯雷故事〉之浪漫传奇》（“The *Canterbury Tales* I: Romance”）译自：Piero Boitani and Jill Mann (eds.), *The Cambridge Companion to Chaucer*, 2nd ed., Cambridge: Cambridge UP, 2003, pp. 143–159。

《坎特伯雷故事》之喜剧

作者　[英国]德里克·皮尔索尔

译者　刘莉

《坎特伯雷故事》中大量的故事包含各种各样的喜剧，而且故事之间的衔接更是充斥着喜剧成分，但是这里只讨论一个特别的种类：那些叙事结构和对故事的期待有喜剧性效果的故事。总共有六个这类完整的故事，即分别由磨坊主、管家、船长、商人、托钵修士以及差役所讲述的故事；另外还有第七个，即厨师那个未能讲完的故事，它也明显会属于这一类。从其短短的 58 行，我们就可以确认它的性质，那充分说明乔叟式喜剧的初步结构一般就已形成了确切的预期，而不论乔叟在故事随后的发展中使其受到怎样的压力或者挑战，其初期的基本规律都已确立下来。某一特定故事的性质的提前预示，常常通过我们对讲述该故事的香客之性格的了解和猜测得出；五个故事的引子在制造预期上也功不可没，它们要么很有喜剧性，要么连讽刺带挖苦；但即使没有这些线索，我们也可以从被建构在叙事结构里的成分而知晓邀请我们参与的那些叙事游戏的规则。

时间是现在，故事被介绍为对当时“生活片段”的最新报道，完全没有“古代的历史告诉我们”（《骑士的故事》，第 859 行）的东西。[1] 故事地点通常在英国，一个普通的市镇或乡村。磨坊主和管家的故事俏皮地设在牛津和剑桥大学城里或附近（特鲁平顿“离剑桥不远”：第一组第 3921 行），似乎是想广泛、客观地描绘大学生们主要关注的事情和参与的活动。

1 本文中《坎特伯雷故事》引文译文皆出自乔叟：《坎特伯雷故事》，黄杲炘译，上海：上海译文出版社，2013 年。个别地方因行文需要而略加调整。引文诗作标题和行码按原文夹注标出，不再加注。——译者注

《厨师的故事》发生在伦敦，“我们这城里”（第 4365 行）。《托钵修士的故事》提到“我的家乡”（第 1299 行），再一次传达那种熟悉与亲近的感觉；而《差役的故事》发生在约克郡的霍尔德。《船长的故事》发生在法国的“圣但尼城”，随着故事的发展转移到了巴黎和布鲁日，都是大家熟悉的地方；另外一个故事中的法国场景大为不同，即《平民地主的故事》，它发生在布列塔尼附近的彭马克，带有这个地方特有的浪漫主义气息。《商人的故事》设在伦巴第的帕维亚，在英国人眼中它可能是一座“罪恶之城”；但不管这地名有什么含义，和其他方面一样，都表明《商人的故事》“不一般”。除开时间地点的设置，乔叟式喜剧还有一种特殊的语调使之成为一种独特的体裁：温婉细语，类似于对动物园的动物进行科学分析时用的语调。只有在这种故事里，才有可能出现一个商人“有钱，所以人家认为他聪明”（《船长的故事》，第 2 行），或一个老头“不知是由于他老得糊涂至极，/ 还是因为另有宗教上的动机”（《商人的故事》，第 1253—1254 行）而想要娶妻，或心平气和地描述一个妇人“表面上开一家店铺，/ 实际生活靠的是卖淫的收入”（《厨师的故事》，第 4421—4422 行）。

然而，有助于形成乔叟喜剧故事的独特体裁感的，除上述特征外，更重要的是我们在阅读时需要共享的那些假设。举一个相反的例子，如浪漫传奇，为了达到故事目的，我们需要接受关于行为举止有高贵理想存在，而忠实于该理想得以证实人生价值和彰显人生意义。因此阿维拉古斯提到“言行一致”（《平民地主的故事》，第 1479 行），阿塞特在临死之前说起“忠诚、气节和骑士行为”（《骑士的故事》，第 2789 行）以及他所赞赏的其他美德。在宗教故事和圣徒传里，同样有一个超越自身的价值体系，它通过与永生相关联反衬现世的渺小而表现人生的意义。喜剧把这些价值全都抛到一边，宣称不论是世俗价值还是宗教价值，全都不及生存和欲望的满足那么重要。人物可能暂时处于事情并非如此的幻觉中，比如阿伯沙朗和佟月，他们会有短暂的悔过。但故事的劝诫不是要“高尚”和“善良”，而是要“聪明”。在《磨坊主的故事》里，尼古拉得到他应有的报应，这给我们带来酣畅淋漓的快乐，不是因为道德正义得以伸张——由于通奸而“屁股被烫”（第 3853 行）[1] 太过陈词滥调——而是因为“骗子反被骗”的喜剧性报应。尼古拉受伤是由于他突然变笨，试图将艾丽森玩

1 为了句子通顺，此处对原译文稍有改动。原译文为“屁股狠狠烫一下”。——译者注

过的同样的把戏用到阿伯沙朗身上：这不是狡猾的动物所为，而是喜剧人物所特有。

依据这个定义，可以看出乔叟式喜剧和依据古典定义的（classically defined）喜剧明显不同。根据古典定义，作为一种有益于社会规范的文学形式，喜剧通过表现罪恶和愚蠢的荒诞，引起我们发笑，从而纠正我们的行为，比如戏剧家琼生和莫里哀、理论家柏格森和梅瑞狄斯[1]的喜剧就属于这类。而在乔叟式喜剧里，社会准则不明显，道德标准常被公然地推翻，比如《磨坊主的故事》的讲述人在垂涎欲滴地描绘了艾丽森的美貌后总结道：

> 她是报春花，叫她延龄草也对，
> 反正配得上任一位贵人的床，
> 可做任何富裕自由民的新娘。
>
> （第 3268—3270 行）

对于读者而言，通过将对道德价值的忽视或颠倒归咎于叙述者的缺陷来重申道德标准，是一种经常使用的策略，但大多是那些认为发笑不重要或误解这种特殊游戏规则的人在使用。当然这并不是说这些喜剧性故事中不存在经久惯用的讽刺：木匠约翰的自满轻信、阿伯沙朗的滑稽调情都属于讽刺喜剧的经典。但这些故事在总体上却不是讽刺喜剧：有人可能会问，讽刺什么？乔叟不会给出简单答案，也不会就此给出复杂答案。托钵修士和差役的故事似乎有所不同，但即使在这两个故事里，讽刺也成为互相挖苦的一部分，因而远离了权威的道德标准。差役和托钵修士的邪恶依然分别是两个故事的主题，却不是它们要表达的观点。

同时，不能因为拒绝对乔叟式喜剧进行道德阐释，而太热衷于里面的不道德成分，以至于推崇另一种断言——喜剧故事仅仅是“赞美生活”，是对已有价值体系的普遍颠覆，把所有正统观念统统打翻在地。巴赫金的理论在西方大受欢迎，使得很多人坚持乔叟作品里也有这样的“狂欢

1 亨利·柏格森（Henri Bergson, “Laughter”）与乔治·梅瑞狄斯（George Meredith, “An Essay in Comedy”）的文章可见：*Comedy*, ed. Wylie Sypher, New York, 1956。

喜剧”，如同莎士比亚作品那样。[1] 基本上可以肯定，大笑通常让心情得到一种放松，这是肯定生活，特别是亵渎崇敬的事物、打破禁忌、公然地使用脏话、直接地描绘排泄和性功能引起我们大笑时。这些喜剧故事的结局也会造成另外一种放松：精心营造的紧张氛围和期望发展到高潮时，最后一出却是恶作剧的爆发，心情放松的同时伴随着惊喜和反转。当我们读到，尼古拉的大叫——“救命！水，看在老天的分上！”（第 3815 行）——被木盆里的木匠理解为是预报的洪水来了；或者读到，阿伦以为回到同学的床上，抱着的却是磨坊主的脖子，这种时候的狂笑几乎有身体宣泄作用。这种大笑是活力的更新，却并不意味着在与生活（不同于艺术）相关的层面上有超越自身之意，或构成“对生活之赞美”的一部分，也就是物质功能角度的生活（这些功能似乎比智力、情感、精神功能更真实）。乔叟的喜剧故事不赞美生活，就如同不抨击道德败坏一样：这里不涉及“现实主义”，我们对这些故事里叙事做出的假设并不比我们对浪漫传奇里叙事的评论更现实主义。

在这里有必要介绍一下托钵修士和差役的故事同其他四个（或四个多）故事之间的差别，并将市井故事这一术语应用于后者。市井故事泛指所有涉及恶作剧的下层生活的滑稽故事。但是在讨论乔叟时，本文将范围缩小到特指包含婚姻和性的市井故事，而将托钵修士和差役的故事放在后面讨论。剩下的四个故事是典型的市井故事，一个中产阶级的丈夫被一个聪明的年轻人愚弄或耍骗，促成其随意与妻子发生关系。在欧洲传统里，这类故事很普遍，而且家喻户晓，薄伽丘的《十日谈》或法国故事集如《一百个新故事》（*Cent Nouvelles Nouvelles*）里比比皆是。在英国这类故事比较少，并且从严格意义上讲，乔叟的故事几乎是这类体裁的唯一范本。因为对社会阶层和社会伦理价值的简单预设，长期以来，市井故事都被认为只受底层阶级喜欢，或至多中产阶级，但这种观念被证明不实。[2] 因为小资产阶级通常是被取笑的对象，况且理解这类故事的幽默的

1 Mikhail Bakhtin, *Rabelais and His World,* trans. Helene Iswolsky, Cambridge, Mass., 1965. 用巴赫金的理论分析《磨坊主的故事》，请参看：Alfred David, *The Strumpet Muse: Art and Morals in Chaucer's Poetry*, Bloomington, Ind. / London, 1976, pp. 94, 104–105; John Ganim, *Chaucerian Theatricality*, Princeton, N. J., 1991。

2 传统的观念参见：Joseph Bedier, *Les Fabliaux*, 1893。相反的意见参见：Per Nykrog, *Les Fabliaux: étude d'historie littéraire et de stylistique médiévale*, Copenhagen, 1957。对双方意见的总结参见：D. S. Brewer, “The Fabliaux,” in *Companion to* （转下页）

关键在于懂得宫廷礼仪被拙劣模仿的微妙，所以市井故事看起来不可能只限于这些读者。

在创作中，乔叟模糊关于受众的这一分明感受，关于取笑下等人的动物性滑稽姿态的世故宫廷读者的这一感受，可能是因为他设想《坎特伯雷故事》中的受众更开明、更广泛。他以戏剧性的笔法，巧妙地将故事分配给符合故事性质的人讲述，半开玩笑地将朝圣和现实、故事和生活融合在一起［《磨坊主的故事》里的仆人，跟磨坊主一样，也叫罗宾（第 3129 行），对付房门很有一套（第 3466 行；比较《总引》第 550 行），这是最奇怪最大胆的结合］，将真实的受众（我们）置于虚幻的受众（朝圣者）之列。讲这类粗俗的故事之前，他在《总引》里预先道歉，解释说作为忠实的故事记录者，他必须如实记录，不管多么"下流或粗俗"（第 733 行），而且在《磨坊主的故事》里，又半开玩笑地道歉。很难相信乔叟真的为其所做之事而感到尴尬：这只是玩笑的一部分，是《坎特伯雷故事》中建立起来的戏剧化托词体系的一部分，允许他有充分的自由，写想要写的内容。这个自由一旦获得，就是弥足珍贵的，因为这四个市井故事毫无例外地都属于他艺术巅峰成就之列。

市井故事和浪漫传奇的关系需要再花些笔墨，因为看起来，这两类文学形式相互补充。浪漫传奇宣称人有举止高贵、自我超越的可能；而市井故事认定人之举止将一直如动物。前者将人塑造成超人，而后者将人表现为次人。两者都不"真实"或不符合现实，虽然可以说我们所理解的真实需要在现实之上投射不同角度的斜光而获得深度，这样才能获得有益的震惊、丰富性和刺激来帮助我们观察世界。浪漫传奇和市井故事相互补充，乔叟把《骑士的故事》和《磨坊主的故事》前后安排，鼓励读者如此阅读以增进认识。每类故事都根据自身的叙事法则或规律来选择人物经历。在中世纪通常的文类等级中，或者说在《坎特伯雷故事》整部作品里，将这些以及其他不同类型的故事交互放置，形成了文学形式的社会关联，市井故事也包括其中。

前面已经简单探讨过四个市井故事的叙事结构，但在深入探讨每个

（接上页）*Chaucer Studies*, ed. Beryl Rowland, Toronto / New York / London, 1968, pp. 247–267。关于对尼克洛格的观点的重要修正，表明市井故事有更广泛和更多种类的受众，参见：Charles Muscatine, "The Social Background of the Old French Fabliau," *Genre*, 9, 1976, pp. 1–19。

具体故事里乔叟使用的不同结构变式之前，可能有必要简略说明一下这个结构模式。市井故事主要由三个人物构成，即丈夫、妻子以及第三者，虽然后两者可能被复制于更复杂的情节。第三者通常是男人，现代市井故事里有可能想象第三者为女人，但中世纪市井故事不可能。丈夫属于小资产阶级，如果这个词在中世纪没有产生，那就换种说法，属于成功的手艺人；《商人的故事》里丈夫的身份是个例外，是个“爵士”。妻子比丈夫年轻，或者如果年龄上差不多，在性方面没能被满足。这点在文本中简明扼要地暗示出来，比如在《管家的故事》里，当约翰跳到这位好女人的身上时，讲述人说了一句题外话：“她已好多年不曾有这种舒畅”（第4230行）。但是需要强调的是，市井故事里面的妻子并不淫乱，故事没有暗示她们把出轨当成职业。乔叟这样做，并不是在薄伽丘直白的地方他喜欢拐弯抹角，而是因为这样能增加阴谋的质和量。第三者通常比丈夫年轻，或至少明显地性欲更旺，比如在《船长的故事》里；更重要的是，他属于另外一个阶层，通常是学生或者另一种学士、神职人员，比在同一屋檐下（短期或长期）的男主人更聪明、更灵活、更矫健。他属于无阶级的知识分子精英，破坏中产阶级的传统婚姻和经济价值，因而可以成为贵族阶级间接的同盟。《商人的故事》在这点上再次例外，第三者是佟月自家的扈从，并且在整个过程中扮演的是配角，听任这位妻子使唤，这样故事的低俗性明显得到增强。

把情节和人物都抽象成某种功能，这样分析乔叟的市井故事并不困难，而且在此基础上归纳出发挥作用的叙事规律，也不会歪曲故事的性质。但是乔叟诗歌的成功之处在于他在固定模式上的变化，挫败预期，考验形式的容纳度，考验读者惯常认知的容纳度；这四个故事那么引人入胜，正因为其中每一个故事都以其独特的方式融入了这一文类。

《磨坊主的故事》是乔叟成就最高的市井故事，而且在许多方面也是《坎特伯雷故事》里最完美的故事。尽管有低俗和痛苦的事件，但整个故事似乎情绪高昂，传达一种洋洋暖意，而且充满着音乐和情歌，不论是尼古拉弹奏“好听的乐音”（第3214行），唱“天使传报赞美诗”（可能在想象自己是天使加百利，而艾丽森是那位处女），还是阿伯沙朗月夜下在那著名的“装有铰链的窗子旁”弹奏“六弦琴”[1]（第3363行）。提到音乐的

1 此处与原译文稍有改动，原译文为“琴声”。“六弦琴”出现在第3333，3353行。——译者注

地方通常有很强的性暗示，比如当尼古拉和艾丽森调情后拿起琴：

> 尼古拉做到所有这一切之后，
> 拍着她的后背，又是吻又是搂，
> 随后，拿起他那只索尔特里琴，
> 弹拨出一连串曲调，好不高兴。
>
> （第3303—3306行）

最明显的暗示，似乎也是捕捉到故事精神的地方，是尼古拉和艾丽森轻手轻脚从木桶爬下来，上了木匠的空床后那简单的一句："真可谓兴高采烈又和谐异常"（第3652行）。这里捎带抒情的笔触，即使随后提到的音乐也不能抵消。我们被告知他们如此寻求欢愉"直到凌晨做法事的大钟敲响，/直到圣坛上修道士开始高唱"（第3655—3656行）。这两类不同的"音乐"之间的反差被暗示出来，但那仅仅是随意的一笔。一些评论家认为这里的宗教乐音是为了突出尼古拉和艾丽森的严重罪恶。尼古拉和艾丽森有事情要"忙活"，托钵修士也要忙活他们的事情，这两者之间没有竞争。故事里多处提到教堂、社区的宗教生活，仅仅是作为日常都市生活的必要组成和这个故事无与伦比的具体性的一部分。艾丽森在被尼古拉"爱抚一番"后去了她所在教区的教堂，"为的是去做该对基督做的事"（第3308行），看起来多么不合适，却很可爱。但是如果这里解释为"反讽"，显然强加给了故事原本无意承载的一种道德含义。

故事充斥着对宫廷语言和行为的滑稽模仿，使抒情性得到了进一步加强。这是非常"文艺范"的市井故事。比如对艾丽森的详细描写安排在浪漫传奇中应该描写女主角的地方，依据惯例从头到尾一一进行了优美的戏仿。描写的本身结合了粗俗和别致的魅惑：衣帽装饰着黑的白的缎带，那是已过时却最近刚在乡下流行的打扮；领口上还别着一个胸针，"那大小像圆盾上的浮雕一样"（第3266行）；她身材像鼹鼠那样娇小，像马驹一样"活泼好动"；最让人难忘的是她的气息像"储藏的苹果"（第3262行）。如果将这一幅图"挤压"进道德或讽刺画框里，明显是否认这里面含有不可抗拒的动物般的活力，或确切一点，动物般的天真无邪。就如同她表现得对尼古拉几无兴趣时：他是充满激情的情人，如果不被满足就会被爱情"憋死"（第3278行），而她是羞怯的情人，威胁道如果他不把手从“那让他销魂地方”挪开，她就会叫救命（但不会很大声）。虽然不完全理解为什么应该拒绝［像“正在钉铁掌”（第3282行）的马驹一样］，但她表现出矜持得体，至少暂时把持住了。

当然最明显的讥讽对象是阿伯沙朗，他扮演宫廷情人的举动真正滑稽。他在轻浮的卖酒姑娘那里还算得上成功，但是作为一个真正的宫廷情人太过慎重了，竟然会在夜里寻欢之前先睡上一两个钟点（第3685行），或嚼些“豆蔻和甘草”（第3691行），让嘴巴香喷喷。他走到“装有铰链的窗前”向艾丽森展开攻势的时候，事情全都做错：依照《雅歌》[1]唱情歌（第3698—3707行）是很好的宫廷传统，但不应该强调他为了爱而“浑身热汗直流”或者他对她的相思如同“羊羔想着要吃奶”；他还两次叫她“宝贝”，称谓粗鲁，极不相宜，情人扮演得十分滑稽。[2]

除了以上事例赋予故事的抒情和欢乐性，乔叟在人物塑造上还体现了出乎意料的慷慨和丰富的喜剧创造力。木匠约翰是最显著的例子。故事一开始，他就是一个传统讽刺对象：年纪大却娶了一个年轻的妻子，异常自满并且轻信。令人难忘的是，他以单纯和虔诚的基督教信仰为傲，认为能以此获得拯救，避免滑入尼古拉那种境地：

> 发生这种事情，我早就料到！
> 老天的秘密！哪能给人知道。
> 是啊，还是不识字的人有福气，
> 因为只知道上帝定下的道理。
>
> （第3453—3456行）

他很容易就相信了尼古拉说洪水就要来了的故事，表现出另外一种单纯的信仰，可能极愿意把自己当作第二个诺亚。但是听说尼古拉失踪一周了，他对尼古拉的关心又是那么善良和无私；听见洪水的消息第一个反应就想到他妻子：“哦，我的艾丽森！/哦，我的老婆！她也会淹死吗？”

---

1 《雅歌》（Song of Songs）又称《所罗门之歌》（Song of Solomon），属于《圣经·旧约》一部分，以男欢女爱为主要内容。——译者注

2 参见：E. Talbot Donaldson, “Idiom of Popular Poetry in the Miller’s Tale,” in *English Institute Essays 1950*, ed. A. S. Downer, New York, 1951, pp. 116–140; repr. in *Speaking of Chaucer*, London, 1970, pp. 13–29。

（第 3522—3523 行）这里足够让我们动一下同情之心，但仅此而已。乔叟对我们的情感投入和同情心的利用拿捏到位，这在传统市井故事里完全没有。他让我们稍稍休憩一下，允许短暂的情感闯入，继而又开起绝妙的玩笑。

故事里兴致最高的还数尼古拉，他有着“我们的英雄”的所有特征，是玩弄阴谋诡计的高手。请注意，为了确保周一整晚和艾丽森待在一起，他在木匠去奥斯讷的整个周末花费了多大功夫。如果他在周末和艾丽森偷偷上床，也不会引起怀疑。当他描绘洪水后生还的情景时，读者明显感到他快乐地沉浸在自己创造的想象中无法自拔：

> 我保证你会漂游得十分惬意，
> 就像白公鸭跟在母鸭后嬉戏。
> 那时我喊：“艾丽森！约翰！喂！
> 高兴起来吧！洪水马上就要退！”
> 你也会喊：“尼古拉先生，你好啊！
> 早安！我看你很清楚，天早亮啦！”
>
> （第 3575—3580 行）

尼古拉的智慧和活力都在他们之上，但是当他效仿艾丽森对阿伯沙朗耍过的把戏时却从高处跌落：这就是我们心目中他应有的高智商和创造力同最后得到惩罚之间的落差。阿伯沙朗值得享有那一刻的胜利。相反艾丽森逃脱了惩罚却是恰当的，并不是因为她没有做错什么，而是因为她没有做违反本性的事，这是喜剧市井故事的规则。整个故事中，她的表现都像健康的动物一样，轻快、警觉、兴致高；而阿伯沙朗不时地把自己想象成相应的动物——想吃母羊的奶的羊羔，或抓住艾丽森这只老鼠的猫（第 3347 行）。故事结尾那一系列惩罚（第 3850—3853 行）有种正义得到伸张的感觉，但并不是道德上的正义。

不仅丰富的创造力是该故事的特点，而且手法精妙娴熟成为另一个特点。故事里的暗示巧妙而不冗赘：提到尼古拉在星象学上的技巧和预测“有阵雨还是有旱情”（第 3195 行）的能力、阿伯沙朗拘谨地放屁（第 3338 行），都做出了重要的愉悦铺垫，在后文都将产生效果。阿伯沙朗确信嘴痒“至少”（第 3680 行）是接吻的预兆，这是预言式双关之一，会因任何一个延迟的行为而引爆。沿街"装着铰链的窗"之高度衡量很精准："窗子很低，只够到他的胸部"（第 3696 行），这对后续的故事发展至关紧要。最精心设计的情节是洪水迟迟没有发生，直到读到尼古拉大叫水的时候，读者突然领悟到这一情节的爆发。这是一个获得几近纯粹的审美乐趣的崇高时刻。除此之外就是马斯卡廷所说的这个故事"压倒一切的具体性（substantiality）"[1]，读者仿佛能感受到乔叟满怀怜爱。小镇生活丰富的细节以及生活气息令人赞叹，[2] 这类描写延伸、深入前景化行为之后，存在于很多地方：从约翰房屋的建筑本身，到马厩上方面朝花园的山墙（第 3572 行）；匿名的"修道院的人"猜测约翰的行踪的闲聊（第 3661 行）；不得不晚上也工作的铁匠师傅杰维斯（第 3761 行），因为打磨的东西第二天就要；可能体现得最明显的是对神秘剧的一系列隐射。街头戏剧的嘈杂和忙乱栩栩如生地体现在磨坊主自己"用彼拉多的口气"说话（第 3124 行），以及阿伯沙朗在"高台上"（第 3384 行）扮演暴君希律王——那或许有点做作、阴柔？通过描写约翰对诺亚方舟的故事惊人的无知，乔叟调皮地暗示神秘剧有可能对普通民众不起丝毫作用。

《管家的故事》也有相同的具体性，体现在对剑桥大学的背景、面粉加工的活动、沼地里疲惫地逮马，特别是黑暗中卧室混乱的描绘中。但是结构和技法上如此相似的故事竟然会产生完全不同的效果，值得赞叹。勃勃兴致与和谐全部消失，取而代之的是卑鄙和报复；唯一的音乐是全家刺耳的鼾声（第 4166 行）；故事里唯一和宫廷传统有关的暗示是磨坊主妻子滑稽地扮作贵妇人（第 3942—3943 行）。《磨坊主的故事》和《管家的故事》都因对照的效果而各自更具冲击力，成为衡量乔叟成熟作品《坎特伯雷故事》中并置技巧的标准。

似乎《管家的故事》的效果集中在摧毁性目的，任何成分都被管家用来报复磨坊主。《磨坊主的故事》以描绘艾丽森的性感诱惑开始，而管家开始他的故事时，把磨坊主当作攻击和摧毁的靶子。磨坊主的暴力、偷盗、对血统的自负都被凸显出来，并随后遭到一系列最严厉最羞辱的指责和惩罚。他自己不仅被学生打，而且被自己的妻子打；由于女儿的背叛，

1 Charles Muscatine, *Chaucer and the French Tradition: A Study in Style and Meaning*, Berkeley / Los Angeles, Calif. / London, 1957, p. 226.

2 J. A. W. Bennett, *Chaucer at Oxford and at Cambridge*, Oxford, 1974. 该书给出了《磨坊主的故事》和《管家的故事》足够的历史证据，证明这一说法。

非法得到的面粉又被学生找到；而且他寄予很高期望的女儿自身也完全报废：

居然敢败坏我家女儿好名声——
你可知道我女儿是什么出身？

（第 4271—4272 行）

甚至他允许学生寄住也得不到同情，因为他讥笑学生的书生气（第 4122—4126 行）。对他妻子的描写则直接充满了轻蔑，而对他女儿的外表以及适婚女性魅力的描绘里没有一丝可爱之处：

那女儿身体健壮，发育得很好，
臀部大，两个乳房又饱满又高，
鼻子扁平，灰色的眼睛像玻璃——
说真的，她的金黄头发真美丽。

（第 3973—3976 行）

学生们自己也没有一点尼古拉的影子，而且也没有自身的魅力。他们有点呆笨，乔叟用心地把他们塑造为北方人，带着口音讲 14 世纪的北方方言。磨坊主居然败在这样的乡巴佬手里，就更是笑柄了。

故事里对性行为的描写方式特别增添了故事的污秽性。乔叟将原法国市井故事[1]里本应有的关于性魅力的描写都删去了，其实在一个法国市井故事里，两个学生分别被那个女儿和妻子吸引。而在这里，阿伦和约翰纯粹是出于报复，并且鼾声让他们睡不着。没有音乐性，也没有抒情意味：直接像动物一样跳上两个女人——“约翰疯了似的深扎猛干”（第 4231 行）。而且这两个女人喜欢这样，那挫败了磨坊主的骄傲，质疑了他的性能力。分离场景的戏仿（因为天亮了，情人必须分开），阿伦向磨坊主女儿马琳告别，更多地是因为他疲惫了，而不是不舍：

1 关于乔叟市井故事的类似故事，参见：Larry D. Benson and Theodore M. Andersson, *The Literary Contexts of Chaucer's Fabliaux: Texts and Translations*, Indianapolis, Ind. / New York, 1971。

拂晓的时候，阿伦感到疲劳，
因为长长的夜里都在使劲干。

（第 4234—4235 行）

他发誓将永远忠于她，却只得到姑娘敷衍的回应。虽然马琳“差一点”要哭泣（第 4248 行），但主要关心的还是交还父亲用千辛万苦偷来的面粉做的饼。

让《磨坊主的故事》增色的抒情和慷慨成分在这里被逐一剔除，故事仅仅是管家报复的工具。故事的特殊基调或许可以同管家自身的性格联系起来：他似乎一心想报复，在《磨坊主的故事》冒犯到他（他也是木匠）之前就已经是这样。他就是那种故意跟别人过不去，随时狡猾地自我辩护以掩盖卑劣和多疑本性的人。在故事引子里他极力讨好别人，贬低自己，这让人厌恶。把讲述人如此搬到我们面前，乔叟让我们在读故事时至少了解他这一点：报复心极强。管家重点指出，以牙还牙这样的类似法律许可的报复是正当的（第 4181，4321 行）。但是这样解读故事的“含义”也是有问题的：结尾处卧室的骚乱是嬉闹（high-spirited）市井故事的典型场景，因此最多只能说乔叟让读者在同管家一起大笑之余，内心隐藏着不安。从更大范围来看，《管家的故事》应该是《磨坊主的故事》的姊妹篇。它们是市井故事里的双面（Jekyll and Hyde），[1] 相互包含，相互批判。

《船长的故事》在朝圣中没有对应的戏剧化背景，故事之简短让人相信这仅仅是一个“基本”的市井故事。实际上，《船长的故事》做出了一些细微而高妙的调整，有自己的独特之处。首先，比起《磨坊主的故事》和《管家的故事》来，它最大的特征似乎为否定形态：没有暴力，没有直白的性活动描写，没有宫廷典故，没有抒情式幻想，没有人会被冒犯。讲述人似乎很满足现状，很少听他讽刺挖苦，除非对世界不做评价也是一种讽刺。

没有风波是该故事最突出的特点。通篇没有一个人对另外一个人敞开、直接或诚实地说话，即使是在生气、嘲讽或渴求的情况下。每个人在交际时都非常礼貌，努力不冒犯他人，不显露真实的目的或感受。花园里商人妻子和修道士的场景，是一场优美而高雅的风俗喜剧（comedy of

1 杰克和海德（Jekyll and Hyde）出自罗伯特·路易斯·史蒂文森（Robert Louis Stevenson）的作品《化身博士》（*The Strange Case of Dr. Jekyll and Mr. Hyde*, 1886），是同一个人的双重或者分裂人格。——译者注

manners)，双方都先精心地铺垫暗示，然后再谨慎地增进对对方的了解。修道士半开玩笑地暗示她丈夫床上功夫不行（他自己脸红了，还有几分风度），激起了女人谈起她的不幸；他们发誓为对方保守秘密；修道士发现苦苦等待的这一刻终于来了；女人缺钱这一事实把他们俩结合在一起。这个场景是利益至上的引诱场景，从某种奇特的角度说，金钱的交换将他们的邂逅合法化，而不是恶化。当然这些没有明显表露出来。女人认为她做的是完全合理的生意，修道士也不是小偷或掠夺者，虽然他精心计算着给商人全家上下小费时耍了心计（第 1236 行），而且向商人借钱时表现出高超的谈话技巧（第 1459—1470 行）。

商人虽然骄傲自大，却意外地并不惹人厌恶。故事严肃甚至慷慨地塑造这个人物。他贪婪的一面没有被强调（除了妻子）；他小心并耐心地解释为什么要花大量的时间算账：

> 丈夫说道："娘子，吃这口生意饭，
> 你很难想象我们有多么艰辛。"
>
> （第 1414—1415 行）

这语气并不像第一次被迫做这样的解释。修道士向他借钱时，他又表现了出精心培养的好脾气。他的回答当然非常慷慨，一百法郎也随即兑现。但应承过后他又补上了一句话：

> "当然你非常清楚这样的道理：
> 对于生意人，银钱就是他的犁。"
>
> （第 1477—1478 行）

他想提醒修道士，在金融生意上，闲钱不是轻而易举就能碰上的，对他来说这可不是小事，而是一笔贷款；同时他还想表现得落落大方。读者很容易察觉到他希望留下好印象或者自我感觉良好。这种性格再次表现在他责怪妻子没有事先告诉他修道士已经还钱了。想到修道士有可能会误认为去巴黎见他是为了讨债，商人心里很窝火。我们被明确告知他不是去要钱的（第 1584 行）。商人不能忍受好心被这样误解。

当妻子听到修道士干的勾当——从她丈夫那里借钱给她（换来与她

快活一晚）还债，也有自己的烦恼。现在她还欠下了丈夫的债。但性可以再次解决问题，以和回报修道士相同的方式回报丈夫。一百法郎被重复使用，妻子重复利用色相，没人会觉得他们因此而变糟了。平静的郊区生活的波面上没有一丝涟漪。这个故事揭示了金钱的力量、性作为商品的性质以及自我欺骗的假象。故事虽然完全无视熟悉的伦理价值，却冷冷地让人开心。

《商人的故事》则不同，肯定是乔叟在市井故事上做的最大胆的实验，大胆得快赶上现代的"黑色喜剧"了。它比《磨坊主的故事》更强烈，并在后者的基础上拓展了技巧，如大量的抒情插入语［婚姻庆典（第1709—1741行）、佟月的情歌（第2138—2148行）］、修辞的题外话（比如第1783—1794，2057—2068行）、故事开端的一长段关于婚姻的讽刺—赞美诗（mock-encomium）以及结尾处普路托和普罗塞耳皮娜的神话故事。同《磨坊主的故事》一样，故事也有许多微妙的语言铺垫和呼应：佟月把自己的性能力比作常青的月桂（第1466行）同后面在有月桂树的花园里妻子和别人通奸相呼应（第2037行），而他把理想妻子的柔顺易调教比作蜡（第1430行）与后面妻子用蜡复制花园的钥匙相呼应（第2116行）。市井故事的核心成分集中在梨树一幕，但几乎只是对一场华丽、奇特的演出的续写。

在《管家的故事》里，读者明显感觉到了怨毒。这里仍然有怨毒的语气，而且提高到尖锐的声调。开篇对佟月想要娶妻的描写，充满了对老糊涂的蔑视，有时甚至直接尖锐地讽刺，而非戏谑地反讽。对结婚典礼的描写极尽冷嘲热讽：教士走了出来，

> 接着照例求天主祝福他们俩，
> 最后念了祷文，给他俩画了十字，
> 总之，圆满又圣洁做好每件事。

（第1706—1708行）

不仅结婚过程遭到滑稽模仿，而且婚姻本身也是值得嘲笑的。在佟月激情模仿《雅歌》歌词时，同样的忒耳西忒斯[1]式嘲讽声再次响起："爵士讲

1 忒耳西忒斯（Thersites）是荷马史诗《伊利亚特》里的希腊士兵；在后来的文学作品中，特别是在莎士比亚剧作里，他被描写成一个说话尖酸刻薄的滑稽人物。——译者注

这些肉麻的滥调陈词”（第 2149 行）。这个声音整个弥漫着一种宗教禁欲般对女人的厌恶、对性的嫉恶。这种意识没有逻辑、时断时续，却蕴含着巨大的说服力，并且乔叟还赋予其一种斯威夫特般的讽刺口才。

佟月自身不仅仅是一个传统的情人。在令人憎恶的传统形象上，乔叟还增添了丑化他的身体细节：

> 佟月爵士便紧紧搂住了新娘，
> 这鲜艳伍悦是他配偶和天堂。
> 他抚摩着她，一遍一遍地吻她，
> 用脸去挨擦新娘柔嫩的脸颊——
> 他虽然按习惯新近剃过胡子，
> 但是密密的胡子根硬得像刺，
> 像狗鲨的皮那样扎得人难受。
>
> （第 1821—1827 行）

那些表现佟月的性占有的意象，如暴食（第 1419 行）、持久强奸的幻想（第 1757—1761 行）、猴急、大量地服用春药（第 1807 行）等，都部分地产生喜剧效果，但总隐含一股厌恶和反感。好似某人讲一个黄段子，极尽可能地描述细节，把每处的讽刺都具体化。这样达到的效果震撼也令人迷惑，因为似乎除了对性的厌恶及癫狂以外，文中没有中心意识。而且佟月的道德价值观有点扭曲，随时都在考虑自己做的是否对或者是否合法。所以，他同朋友、同他自己进行长篇辩论，并怜惜却自负地向伍悦解释，他所要对她做的事，在过去是错的，但是现在有“婚姻”的保护，就是正确的了：“任凭我们怎么玩，有法律保障”（第 1841 行）。不管多么变态，我们在《商人的故事》里读到的这类引起感情和道德反思的话，在市井故事里都没出现过。

对伍悦和达米安的塑造更添故事的奇特性。在传统市井故事里，他们应该有年轻人应有的优势和特点，他们的结合应该有种快乐和活力的气息。但在本故事中，他们甚至缺乏佟月的活力。叙述者说，天知道，伍悦怎样看待佟月在新婚之夜的表现，并以一种好色之徒的口吻暗示伍悦少女的天真无邪被亵渎了，令人感受到无法形容的可怕，但是他以同样直白的口吻评价：“反正不会为他那点把戏夸赞他”（第 1854 行）。赞赏的语气同贬低佟月纵欲一样冰冷。接下来对她的“怜悯”（第1986,1995行）进行讥讽，多余地提到达米安的情书的下场（第1954行），叙述者暗示他们没有健康动物的活力，只有变态、冷淡的性。达米安至多只是这位女驯犬师的一条狮子狗；并且当他回到大厅，像训练有素的猎狗那样对佟月极其谦恭驯良（第2014行）。相比之下，佟月过度旺盛的性欲显得更正常。同样，佟月的眼盲让我们勉为其难地同情他，也让他多了点自知之明，比如当他对伍悦说到他那“并不相称的年纪”（第2180行），心知自己在伍悦心目中的印象。但这些低劣的（corrupted）理解似乎越来越多地属于叙述者。

结尾回到了市井故事的轻松、活泼的语调，伍悦的伎俩很高明。如果结尾表明佟月将乐于活在她给的幻觉下，幸福真的需要通过高明的欺骗来达到，这是市井故事惯常的结论。但是，故事总体来说保留了一种意外。乔叟通过向我们提示各种主题的道德、情感意义，挫败了这一文类应有的读者预期，而没有提供可供替代的规则理解这个故事。故事里有个叫朱斯提努斯的人，其名字的意思表明他在故事里应该有某种优势，能给读者的道德迷惑提供一个立足点；[1]但他只是在讽刺痛苦经历时才表现得睿智。对性的恐怖感无法逃避。故事安排给商人来讲述也不能解决问题，因为故事不能“包含”在我们所理解的商人的性格中。引子及其对商人婚姻不幸的描述，最多也只能让我们将其看作故事修订过程的一部分，继而让故事符合对婚姻更传统的抱怨。

托钵修士和差役的故事没有市井故事的直接吸引力，因为它们针对的是中世纪特殊的腐败行为，而非性和婚姻，但这两个故事都是讽刺故事的杰作。它们虽然不是讲述严格意义上的市井故事，但是符合同样的基本喜剧规律，即判定一个人是否成功的标准，就是看他是否足够聪明，能否找到足够的办法来充分满足胃口和根据其意志操纵世界。乔叟把对托钵修士和差役行业行为的讽刺纳入他们相互贬低的戏剧性喜剧里。听见他们相互揭短，读者最初的反应是道德上的义愤填膺，但随即又将其淹没在笑声中，因为叙述者试图证明对方是傻瓜，而不是无赖。他们非常清楚证明对方的卑劣无伤大雅，因为依从贪婪的本性怎么做都不为过。有效制胜的办法只能是暴露对方的愚蠢。托钵修士和差役都竭力将对方塑造

1 朱斯提努斯（Justinus）这个名字有“正直”之意。——译者注

为轻信得可悲的人。《托钵修士的故事》中的差役和《差役的故事》里的托钵修士，都误解了即使是最平庸的人都能明白的道理，将表象当作事实，将字面意义当作真理，最后都因愚蠢毁掉了自己。

《托钵修士的故事》很简短。开端即对虚构的差役进行攻击，但随即故事进入状态，我们渐渐忘记朝圣者托钵修士和朝圣者差役，而被差役与神秘的自由农的相遇所吸引。自由农的身份是慢慢披露的，伴随着各种各样的暗示和反讽；同时，差役对自身行业深感难堪，使他比抢劫了一百个寡妇还要丢脸：

> ……差役不敢说他是差役，
> 因为这可耻的名声散发臭气。
>
> （第 1393—1394 行）

故事最好笑的地方是魔鬼—自由农道出自己的真实身份。我们自然觉得差役会感到恐惧，或至少他能够意识到有大事要发生。但是他没有，他似乎愚蠢至极，一门心思放在魔鬼改变外形的技巧上。他像一个骗子遇上了大师级骗子，执着地追问细节，魔鬼开始表现出某种恼怒，似乎因抓捕对象居然如此的蠢笨而感到气愤。马夫怒骂马匹时的话里有话以及寡妇责骂差役时的话里有话，都没有引起差役的注意。他只听进去了字面意思。连续两次（第 1522，1629 行），他被劝着仔细再想想，进行悔过，可他甚至都不明白有什么后果。可笑的不是他被逮到了地狱，而是他到了地狱后都不会明白身在何处。

差役的回应词也很激烈，将托钵修士在下界的处所，恰到好处地放在了肛门。故事进行了长时间的铺垫，比如双关词“一个铜板”（ferthyng，第 1965 行）、“基础”（fundement，第 2103 行）、“算术”（arsmetrike，第 2222 行），结局却是一个很大的屁，当然这对一个爱吃“韭葱、大蒜和洋葱”（第一组第 634 行）的人来说再合适不过了。但是他讲的故事并不邪恶、臭气熏天，而显得很稳重机智，逻辑严密。塑造托钵修士的形象——虚伪地招摇撞骗、解释《圣经》（“作解释是件很了不起的事情”，第 1793 行）——占了故事的很大篇幅，使用了高超的技巧和修饰。托钵修士把猫从最舒适的凳子上赶下来，自己坐了上去（第 1775 行），从动作中读者明显感受到他不请自来的圆滑；读者还会注意到他对托马斯夫人的称呼带有色情意味，兄弟式亲吻被他稍加改动（“两片嘴唇发出麻雀般的叫声”，第 1804 行），吩咐女主人准备饭菜体现出苦行式的克己和方济会式的善心（“这样吃一顿家常便饭就够啦”，第 1843 行）。他逃离困境的机智甚至让人大加欣赏：作为这一家的密友，他突然意识到应该由他来预知这个家庭会丧亲，他立马开始一场虚幻的葬礼，把兄弟情谊表现得淋漓尽致：

我站起身子，泪水在脸上流淌，
没有一点喧哗也没有谁打钟。

（第 1864—1865 行）

最后那点细节反映出他脑筋转得很快：如果有人打钟，肯定能够听见。所以当托马斯抱怨给各种修士的钱打了水漂时：

“原来如此，托马斯！”托钵修士答，
“你又何必找其他的托钵修士——
一个人既然有了很好的医师，
何必再去城里找其他的医生？
你三心二意反而倒出了毛病
…………
不，这可不行，托马斯！
一文钱分了十份，还能值多少？
一样东西分散了，作用就很小；
聚在一起用，力量就会相当大。”

（第 1954—1958，1966—1969 行）

他真是福斯塔夫的祖先，对他的活力，我们不得不抛弃道德评价，以一笑回敬。

但随着故事接近尾声，托钵修士似乎“进入自动状态”：关于愤怒这宗罪的布道完全不搭边，而对托马斯的要求无理且蛮横。由于太心急，他着了托马斯的道，而且很滑稽的是，比起遭到的奇耻大辱，他似乎对平分屁的“算术”难题更生气。关于托钵修士和差役的过节、对托钵修士进行道德讽刺的可能，都随着结局而消散——提出平分这一个屁的难题及其富有想象力的精彩的解决方案。幽默战胜了讽刺，而乔叟，同往常一样，比起道德评价，似乎更喜欢同他的人物普天齐乐。[1]

编后记

德里克·皮尔索尔（Derek Pearsall），英国约克大学、美国哈佛大学等大学资深和荣誉教授，著名中世纪文学和乔叟学者，1988—1990年任新乔叟学会主席，著述甚丰，代表著作有《古英语和中古英语诗歌》（*Old English and Middle English Poetry*, 1978）、《〈坎特伯雷故事〉批评性研究》（The Canterbury Tales*: A Critical Study*, 1985）、《杰弗里·乔叟评传》（*The Life of Geoffrey Chaucer: A Critical Biography*, 1992）、《哥特欧洲》（*Gothic Europe*, 2001）等。其中《杰弗里·乔叟评传》是20世纪中期以来最优秀、最有影响的乔叟传记。《〈坎特伯雷故事〉之喜剧》（"The *Canterbury Tales* II: Comedy"）译自：Piero Boitani and Jill Mann (eds.), *The Cambridge Companion to Chaucer*, 2nd ed., Cambridge: Cambridge UP, 2003, pp. 160–177。文章深入分析了《坎特伯雷故事》里所有喜剧故事的特点和性质，认为乔叟的喜剧故事与古典传统的喜剧故事有很大区别，具有特定的意义。

1 自本篇论文第一次发表以来，针对喜剧故事，多数都是从阶级和两性政治的角度讨论的，而非从文类、形式、风格的角度。关于从阶级政治的角度讨论《磨坊主的故事》里的农民阶级意识，参见：Lee Patterson, *Chaucer and the Subject of History*, Madison, Wisc., 1991, pp. 244–279。关于从两性政治的角度讨论《磨坊主的故事》，参见：Elaine Tuttle Hansen, *Chaucer and the Fictions of Gender*, Berkeley / Los Angeles, Calif. / London, 1992, pp. 223–236。该书认为把女性性征囚禁在异常敌对的反女性主义的环境中并不幽默。持更传统观点的新旧论文被搜集在下书中：*Chaucer's Humor: Critical Essays*, ed. Jean E. Jost, New York / London, 1994。

另一种风格的乔叟：短诗

作者 ［美国］埃丝特·卡茜尔·奎因

译者 易艳萍 张炼

《堂区长的故事》[1] 似乎具有总结性的意味，但是，不管怎样，它很可能不是乔叟的最后一个作品。实际上，他的最后一个作品几乎可以肯定与第一个作品一样，也是一首短诗。因此，探讨一些乔叟本人在其中作为说话者的短诗，以此结束本项关于乔叟诗学的研究，[2] 似乎是恰当的。[3] 现在回头来看，这些短诗回应并强化了乔叟主要作品的语言和主题。它们像他的长诗一样富于变化，但由于没有了假装在做梦、跟随一个“权威”或者报道讲故事的朝圣之旅这些通常手法，其语言和主题模式更为清晰，志趣和态度的转变也更为明显。例如，宫廷爱情的用语和惯例在包括《女性的尊严》（*Womanly Noblesse*）[4] 在内的众多短诗里不断重复。该诗中的说话者赞扬这位夫人的“美德”，坚称他愿意终生为她效劳，只渴求她的恩赐与“怜悯”（pite）。尽管这首精巧的三节联韵诗所用词语与黑衣人

---

1 本文中《坎特伯雷故事》里的故事标题、人名和引文译文等，均出自：《坎特伯雷故事》，黄杲炘译，上海：上海译文出版社，2013 年。——译者注

2 指作者本人的专著：*Geoffrey Chaucer and the Poetics of Disguise*, New York: UP of America, 2008。本文为该书第五章。——译者注

3 关于乔叟的短诗，可参看：Edmund Reiss, “Dusting off the Cobwebs: A Look at Chaucer’s Lyrics,” *Chaucer Review*, 1, 1966, pp. 55–65; Chaucer, *The Minor Poems*, in *Variorum Chaucer*, vol. 5, eds. George Pace and Alfred David, Norman: U of Oklahoma P, 1982; Jay Ruud, “Many a Song and Many a Lecherous Lay,” *Tradition and Individuality in Chaucer’s Lyric Poetry*, New York: Garland, 1992。

4 本文中出自乔叟作品（除《坎特伯雷故事》外）的标题、人名以及引文的译文，基本采用方重译《乔叟文集》（上海：上海译文出版社，1979 年），有时根据引文语境略有修改。——译者注

(the Man in Black)[1] 和后来的宫廷求爱者所使用的词语相呼应，但诗中没有怀特夫人，也没有任何其他特别的夫人，只有一个理想化的合成体，让人铭记她的“美质”和她“坚定的意志”。

乔叟在使用宫廷爱情惯例方面的变化明显表现在他的诗歌《责反复无常的女性》(*Against Women Unconstant*) 里。他在与“夫人”说话时，提到了她的“水性杨花”、“多变”和“变幻成性”，其玩世不恭，让人联想到彭大瑞：[2]“今天你丧失了一个配偶，明天就可补上两个”。此外，每个诗节末的叠句“你嫌蓝色太朴素，换上了碧绿的衣装”，让人回想起《安妮丽达与阿塞特》里的诗句，但是，后一首诗里的说话者是一位被抛弃的女士。在《美人无情》(*Merciless Beaute*) 里，说话者用人们耳熟能详的词组开头：女人眼睛的伤人力量、她话语的疗伤力量、他的“忠诚”和她缺乏的“怜悯”。但是，在该诗的最后一节，说话者从痴迷转变为离弃：当宣布已经挣脱爱神的“囚牢”时，他坚称既然爱神拒绝他，而他又安然无恙，他便也拒绝爱神，因为爱神的理想情人是要受其折磨的。《致罗赛蒙德》是一首轻快的三节联韵诗，诗人温和而风趣地嘲讽了宫廷爱情的情感和用词。他将精巧的转换贯穿在这三个诗节里：首先，他声称她的美丽是“神座”，她的舞姿即是治疗他的创伤的药膏；然后，他涕泪俱下，一语双关地说自己被爱伤害，其程度甚于浸泡在“香汁”中的鱼；最后，他称呼自己为“特里斯坦[3]二世”(Tristan the secounde)，全心全意做忠仆。当乔叟重复他在其他作品中虚构的情人们的宫廷爱情式语言和惯例时，他似乎在此表达他自己的复杂情感和经历。他对女性的美与善良的敏感和对她们弱点的认识，都表现在这些诗里，就如同在他的其他虚构作品中一样。

尽管这些短诗以怨诗为题者数量众多，但在长度、语气和内在志趣方面，它们彼此迥异，鲜有共同之处。[4] 例如，长度最长且结构最复杂的两

1 黑衣人和后文提到的怀特夫人都是《公爵夫人书》里演绎宫廷爱情的角色。“怀特”是 white 的音译，意指白色。“白色”在法语里是 blanche，怀特女士指兰开斯特的布兰茜，是刚特的约翰即兰开斯特公爵的第一任妻子，也是后来的亨利四世的母亲。乔叟写《公爵夫人书》以哀悼她的去世，这是乔叟的第一部重要诗作，也是英语文学史上第一部真正意义上的宫廷爱情诗。——译者注

2 彭大瑞作为克瑞西达的舅舅和她与特洛伊罗斯的牵线人，长于辞令。——译者注

3 特里斯坦是亚瑟王的骑士、伊索尔特的丈夫和康沃尔的马克王的忠诚家臣。——译者注

4 将怨诗作为一种体裁，读者可参看：Nancy Dean, “Chaucer’s *Complaint*, a Genre Descended from the *Heroides*,” *Comparative Literature*, 19, 1967, pp. 1–27; （转下页）

首诗——《马尔斯怨诗》(*The Complaint of Mars*)和《怨诗——致怜悯》(*The Complaint unto Pity*)——之后是一首最简短的诗,《乔叟的怨诗致钱囊》(*The Complaint of Chaucer to His Purse*)。不管长度和语气有多大不同,这些诗都运用了宫廷爱情的语言和惯例。与词句优雅、依循传统的《怨诗——致情人》(*Complaint to His Lady*)形成鲜明对比的,是乔叟最新奇的诗作之一《怨诗——致怜悯》。在该诗中,"怜悯"是中心人物,既代表一个人格化的抽象概念,又代表一位已经去世的女士。但是,"怜悯"逐渐成为说话者与之说话的王室成员所缺乏的一种品质。通过将两种独特的文学形式——宫廷情人怨诗和法律诉状——巧妙融合,乔叟得以表达他在思量理查德二世举步维艰的统治时的焦虑感。

在第一部分,说话者对于情势做了一番描述:他追寻良久的"怜悯"被她的对手"残暴"和"暴行"/"暴戾"打败,已经去世。尽管"怜悯"、"残暴"和"暴行"/"暴戾"这些词语出现在传统的宫廷爱情怨诗里,但说话者对于"怜悯"的庇护的迫切需要、他的无力感和对自身安全的恐惧全都在表明,问题远不止于单相思者的痛苦。说话者四处寻找"怜悯"以抱怨他的恐惧时,获悉了"怜悯"的死讯,对于"棺柩"和"遗体"的具体指称使人想起某个真实存在的人的死亡和葬礼。[1] 虽然他感到"绝望"并为她的灵魂祈祷这些举动表明了他个人的悲伤,但是,通过发出我们该向谁诉说的疑问,他延展了"怜悯"去世的影响力。既然"怜悯"现已死去,"残暴"将"把我们杀尽"(第25—26行)。与"残暴""联合"的有"洪恩"、"品位"和"德行"。尽管担忧自己会被"处死",他还是将"诉状"藏起来不让仇人们看见(第55行)。接下来的诉状本身似乎是呈给一位理想化的女士,但乔叟使用的语言一步步使人联想起当时在位的英国君主。请注意譬如"你的光荣"、"你的荣誉"、"你的宝位"、"你的血统"和"你的力量"之类的措辞(第59,63,65,71,73行)。从发出诉求到给予一系列

(接上页)Gareth W. Dunleavy, "The Wound and the Comforter: The Consolation of Geoffrey Chaucer," *Papers on Language and Literature*, 3 Summer suppl., 1967, pp. 14–27。

1 乔叟的诗作里反复出现"怜悯"一词,可参看:Douglas Gray, "Chaucer and 'Pite'," *J. R. R. Tolkien, Scholar and Storyteller*, eds. Mary Salu and Robert T. Farrell, Ithaca: Cornell UP, 1979, pp. 173–203。"herse"这里指固定点燃的蜡烛的三角形框架,葬礼时放在棺材上,也用于圣周的熄灯礼拜(Tenebrae services)中。(方译本中,该词译为"棺柩"。——译者注)可参看:*The Riverside Chaucer*, eds. Larry D. Benson et al., 3rd ed., Boston: Houghton, 1987, p. 1078; Eamon Duffy, *The Stripping of the Altars*, New Haven: Yale UP, 1992, p. 23。

的警告之后，诗人以提出建议来结束诉状第一部分："你应""援救真理，使他摆脱困恼"，否则，这"世界就遭了浩劫"（第73—74，77行）。这番话回应了之前诗里提到的"我真心诚意"和"我从此一切绝望"[1]，强化了从个人遭际到政治觉悟上的凄凉感觉。说话者接下来继续回应这些措辞，似乎仍然在向女士和国王说话。他问道："你慈祥之花呀，'仪态'与'华贵'没有你在场能算得什么？"（第78—79行）接着，他表明了对于"残暴"将"接近你身旁"的恐惧，主张摆脱那个"险恶的结合"，否则你就将杀害"你自己的信徒"（第80—84行）。结果会是："你的名声"和"你的血统"将被毁灭，无人将知晓"怜悯"是什么，"残暴"将篡夺"你的位"，而我们将陷入绝望（第86—91行）。[2]

在请求"乐园的女王"开恩时，诗人将理想化的女士和理想化的君王融为一体。唯有这样一个人物才能控制住仇恨女神的报复，而且唯有通过展现仁慈才能做到这点。诗人祈求"你赐我一线慈光"，谈及他"爱慕你、敬畏你"，对自身缺乏创作怨诗的技巧这个问题做了一番独具特色、自我贬损的评说，最后祈求获得"怜顾"（第92—98行）。说话者声称"现已万事俱备，专候我的死亡"（第105行）。诗行中再一次回应宫廷情人怨诗的传统，但传递了一种更为普遍的失望之情。尽管"你顾不到"，但"我仍将忠诚到底"，将"永属于你；即使你通过'残暴'的手将我致死"（第110—114行）。在诉状结尾时，说话者回到该诗的开头，回到"怜悯"的死亡："现你既已逝去——啊，何其不幸！——我在此为你悼亡，对你哭诉，我心头创痛，无以自制。"（第117—119行）

本研究表明，此诗两个部分之间非同寻常的联系为探究该诗的意义提供了重要线索。尽管不变的情景和共同的词汇将两个部分统一起来，但在说话者寻找"怜悯"并得知她已去世的第一部分和说话者向一位活着的王室人物讲述的第二部分之间存在转换。稍早前，"怜悯"是他找寻的一位可以庇护他远离"残暴"的女士，后来，他的诉状却呈给了被人提醒"怜悯"的缺席将威胁他"名声"的人。乔叟将宫廷爱情怨诗和法律诉

---

1 论文作者此处引用（I was lorn）有误，乔叟诗作原文为 I was but lorn。——译者注

2 根据查尔斯·J. 诺兰（Charles J. Nolan）的研究，乔叟不仅使用法律术语，还运用14世纪写给当时国王的真实请愿书的三段式结构。可参看其文章："Structural Sophistication in 'The Complaint unto Pity,'" *Chaucer Review*, 13, 1979, pp. 363-372, esp. p. 371。

状的词语交织使用，将抽象概念与具体词语加以并置，将"怜悯"的性别进行转换，从而创作出具有强烈个人色彩的诗作，暗藏诗人对自己以及对包括理查德二世在内的其他人的关切。用夸张、悖论和双关语表现的找寻理想化女士的诉苦已经转变为向一个真实存在的君王请愿："怜悯"已经从情人在其爱着的女人身上寻求的一种品质转变为臣民渴望在君王身上发现的一种品质。[1]

至于促使乔叟创作这首特别的诗歌的情境，我们只能进行推测。但是，如果我们不考虑乔叟在写作时脑海里有关涉他自己和（或）他人的一个或者多个情境这样一种可能性的话，我们就会出现疏忽。不过，显而易见的是，乔叟将爱情、法律和宗教用语与明白无误的政治意图结合起来，刻意模糊自己的意图。作为已经去世、被人哀悼的理想化女士，"怜悯"让人想起怀特夫人。但是，作为能保护诗人远离"爱神的暴行"的女强人，"怜悯"更让人想起保护诗人免受"爱神"的暴行的阿尔赛丝[2]女王。[3]"怜悯"这个词反复出现在乔叟的诗歌里，正如在该诗中，它经常与"忠诚"、"温雅"和"怜顾"联合出现。但是，此诗里这些词语如此密集地扎堆出现，实属罕见。

《马尔斯怨诗》比《怨诗——致怜悯》篇幅长一倍多，结构更为复杂。在这首诗中，乔叟以新颖的方式再一次使用宫廷爱情的语言和惯例。但

1 对"怜悯"（Pite）的提及在第一部分第1，5，10，22，44和50行里反复出现；第二部分里在第87行出现。"残暴"（crueltee）在两个部分都反复出现，如第6，11，26，52，64，80，90和114行里都出现了。"暴行"/"暴戾"（tirannye）在第6和67行分别出现一次。诗中只有两次提到"爱"（love）：在第一部分第7行，"爱神"（Love）是人格化的存在，而在第二部分第94行，"爱慕"（love）与"敬畏"（drede）并存。此外也可参看第7行的"我真心诚意"（my trouthe）、第74行人格化的"真理"（Trouthe）、第111行的"我的忠诚"（my trouthe）等。关于生、死的词如"了结残生"（slayn）和"致死"（slee）在两部分里，从第7行至第118行都反复出现。而"温雅"（grace）和"怜顾"（mercy）却只在诗后半部分各出现两次：分别是第70，91，92和98行。

2 阿尔赛丝是《贞女传奇》（方译本中译为《善良女子殉情记》）里的女王；在该诗里，当梦中的乔叟受到爱神指责时，她曾出面保护他。——译者注

3 乔叟的《怨诗——致怜悯》在情境和语言上都让读者想起《贞女传奇》的"前引"（*LGWP*）。在两首诗里，诗人都惧怕"残暴"和"暴行"，从一位"慈祥"（benygne）的女士那儿寻求保护。此外，"怜悯"反复出现在两首诗的诗句里。"为人如此高超，待人如此仁厚"（pite renneth sonne in gentil herte）这句话不仅出现在《贞女传奇》"前引"（F本第503行/G本第491行）里，也出现在《骑士的故事》、《律师的故事》和《扈从的故事》里（《坎特伯雷故事》第一组第1761行，第二组第660行，第四组第1986行，第五组第479行）。

是，这首怨诗关涉的不是诗人，而是其他人。例如，在诗的开篇，鸟儿喜迎朝阳升起，而情人们被催促着逃离以免被“嫉妒之光”看见。接着，说话者提及“圣者发愣泰因”（Seynt Valentyne），听到一只鸟儿为了纪念这个“佳节良辰”在歌唱；他承诺以“鸟类的心情”报告当太阳神费白斯（Phebus）出现而维娜丝（Venus）离别时马尔斯的哀怨之情（第1—28行）。在毫不唐突地从“太阳”转换到“嫉妒之光”和费白斯，然后从“情人们”转换到马尔斯和维娜丝的过程中，他为接下来的故事和怨思做了铺垫。

诗人用“有一次”这个词作为开始，讲述关于马尔斯和维娜丝之间注定悲惨的爱情的古老故事。他写道：“第三天庭的主宰”由于“天体的运转”和“德性”赢得了维娜丝的爱情（第29—31行）。在这些起始诗行确立了神话和星象两个平行意境后，诗人将维娜丝描述为一位典型的宫廷贵妇：她将她的情人“驯服”，并通过严禁他“心中生妒”、“行动凶暴”和“苛酷”来“控制着他”（第32—41行）。接下来是一对反问句——“谁能比得上她此刻的威风与福分，这位高贵的武士已在她的掌握之中？”和“马尔斯已宁愿为她效劳，谁还能比他唱得响亮？”（第43—46行）反问句后再接两句誓言——“他立誓永远为她服役”和她也“立誓爱他到底”（第47—48行）。就这样，他们“永结盟好”，相互爱恋，“坐镇天庭”。约好时日后，他溜进她的“后宫内院”，等候她赶来，央求她加快步子，只等天体相聚、情人结合那一刻（第50—56行）。马尔斯称维娜丝为他“心头的甜爱”，声称当他见到她的姣好面容，“任何死的威胁都不能伤及”他（第57—63行）。尽管维娜丝为她的骑士感到“哀怜不已”，但作为一个行星，她一天移动的路程是马尔斯的两倍。不过，因为这场行星的相聚也是一次情人的结合，所以“他们去尽情言欢了”（第64—73行）。“这英勇的马尔斯”偷偷摸摸住在宫中，直到费白斯手执火炬闪进了宫门，敲响了维娜丝“内室”的门（第78—84行）。“鲜花般的维娜丝”醒来，哭泣着，眼泪几乎将自己淹没。她双手抱住马尔斯，大哭道：“呀，完了！”马尔斯不能睡去、哭泣、逃跑或者躲藏，他抓起他的“铠甲”、头盔、佩刀和长矛。但如此一番武装之后，他衣履沉重，迈不开步，更无法保护他的情人。他只有催她躲避，以免让费白斯碰见。“可怜的马尔斯”独自留在“宫中”，承受着“双重的”惩罚（第92—109行）。维娜丝逃到默格雷（Mercury）的宝塔，跨入大门，但不见一个人影。因为恐惧和没有“援助”,她躲在一个幽暗的洞穴以求庇护(第113—120行)。马尔斯作为行星移动缓慢,也是一个懦弱的神,一个易怒和忧愁的情人,跟不上他“明亮的美后”,只会问徒劳的问题,哀叹四月十二日这天由于“费白斯的摧残”而遭的“灾难”(第136—140行)。作为叙述者的乔叟此时评说道,“一如出自上天的安排”,在维娜丝哭泣之时,默格雷“疾驰而过”,向她打招呼,向她“表示友谊”(第142,144,147行)。故事结束时,马尔斯哀叹着维娜丝的离去,而诗人假装在记忆那只鸟儿的怨曲,提出会尽力讲述出来(第148—150行)。

诗人从讲述爱情故事转到怨曲,诗节也从七行诗节变成九行诗节。他提醒读者注意,哀怨都有来由;他与马尔斯的语气一致,将“说明”他痛苦的根由,即使他无意“寻求补救良方”(第155—163行)。就像在故事里一样,马尔斯赞扬情人的美貌和善良,宣称他“全心全意永远为她效劳”,“尽心尽力做她的忠仆,她的武士”,除非得到她的恩顾,否则他将死去(第167—190行)。乔叟对此评论道:“我的话丝毫不假”(第173行)。想着他的情人将“一洒同情之泪”,他声称如果她是安全的,他就不会痛楚。但他也意识到,不论情人间感情多么真挚,总会有“忌妒”和“恶意”的诽谤(第194—297行)。他并未意识到情人的新恋情,而是因为想到她担惊受怕而倍感痛苦。由于不知向谁哀叹,他问了一连串修辞性的问题来表达自己的困惑:因为什么原因高坐天庭的上帝要迫使人们不顾一切投进情网?这究竟是何道理?上帝指令苍生渴求所好,如愿以偿,却不能长期享受,那又为何而来?(第218—226行)接着他又纳闷,为什么上帝让人们去缠绵于情爱,让人们将他们的爱视为“不易毁灭”的珍品,却又使之遭受“种种风险”。他抱怨,“天公重正义”,为什么却对自己创造之物如此残忍(第228—232行)。“看来上天怀恨下界情种”这句话之后,是将上帝比作将鱼钩装上诱饵、让鱼儿都趋之若狂的渔翁。但如果是情人上了钩得到了爱,却是“不幸”,即使钓丝断了,那钩上的尖刺也将使他永久承受“创伤”(第236—244行)。

在使用鱼和诱饵的比喻之后,说话者聚焦在一枚“饰针”上。这“饰针”美得让眼见之人欲望偾张而致癫狂,但占有它却带来迷失和“双重的伤感”(第255行)。他努力为自己的困境做出合理化的解释,认为错不在饰针,而在制造饰针的匠人和垂涎饰针的傻瓜。接着,他宣称他的情人恰如一枚饰针,美得让他疯狂,除非获得她的恩泽。他认为错不在她,错在创造貌美如她的“匠人”，错在他自己是一个“贪婪者”，是一个“妄图高攀”的傻瓜（第261—271行）。

在该诗的最后部分，乔叟再一次将自己和马尔斯的语气融合，再一次向读者说话。他首先向“天下闻名的英勇武士们”发出恳求，恳请他们同情他的困境，勿视之为玩笑，而以他们的“慈悲之心”哀他所哀（第272—279行）。接着，他恳请女士们心怀“怜悯”，提醒她们有理由为她们正在“蒙难”的主后的命运哀伤（第283，286行）。在最后几行诗句里，他恳请“情人们”安慰他们，对这位女士“一表至诚”，“因为她一贯行善，她是尊荣之母”（第280—298行）。

随着诗节的展开，乔叟逐渐从宫廷爱情的传统语言转到一系列更深层次的让人苦恼的问题。诗中的说话者是马尔斯，效果并不和谐，但其语言的强烈性和直接性都指向一种可能，即诗人乔装成马尔斯，提出自己一直在思考的问题，表达自己对身处相似困境的人们的同理心。

《马尔斯怨诗》在很多方面独具一格，但与乔叟的众多主要作品亦有共鸣之处。例如，诗中提及在圣瓦伦丁日这天“鸟儿”在啼唱，这让人想起《百鸟议会》；而天各一方的情人的故事让人想起很多其他作品，特别是《特洛伊罗斯与克瑞西达》。[1]尽管它们的情景和语言都很相似，但作为这些诗歌创作基础的作品之间的差异可谓天地之别：薄伽丘的长篇浪漫史诗和奥维德的揭露马尔斯和维娜丝私通的故事。[2]但是，奥维德的这个古老的故事已被大幅度改写：费白斯取代伏尔甘（Vulcan），成为侵入者；维娜丝抛下马尔斯，向默格雷寻求庇护，而没有上演情人双双逃离的老故事。情人们满口宫廷爱情语言，却像天体一般移动。但是，在《特洛伊

1 可参看乔叟在《声誉之宫》和《百鸟议会》里使用鸟的语言做掩盖表达自己的观点，其他例子还包括《扈从的故事》、《修女院教士的故事》和《伙食采购人的故事》。对《特洛伊罗斯与克瑞西达》与《马尔斯怨诗》的相似性的研究有：Wolfgang Clemen, *Chaucer's Early Poetry*, trans. C. A. M. Sym, London: Methuen, 1963; Neil C. Hultin, "Anti-Courtly Elements in Chaucer's *Complaint of Mars*," *Annuale Mediaevale*, 96, 1968, pp. 58–75; John P. McCall, *Chaucer among the Gods: Poetics of Classical Myth*, University Park: Pennsylvania UP, 1979; David Anderson, "Theban History in Chaucer's *Troilus*," *Studies in the Age of Chaucer*, 4, 1982, pp. 109–133, esp. pp. 127–128。

2 在奥维德讲述的马尔斯和维娜丝的爱情故事里，太阳看到了这一对私通的人躺在一起，就告知了伏尔甘，后者用一张网将他们逮住。其他被叫来的诸神看到此景乐不可支，这对恋人于是被迫逃离。参见：Ovid, *Metamorphoses*, trans. Frank Justus Miller, 2 vols., Loeb Classical Library, Cambridge: Harvard UP, 1976, 4, 171–195; *Ars Ama toria*, 2, 562–592。

罗斯与克瑞西达》里所有七个天体都被直接或者间接提及，而在《马尔斯怨诗》里只包括四个，却都是主要角色：被抛弃的情人、女士、侵入者和新"朋友"。[1] 两首诗都多次提及四月，但在《特洛伊罗斯与克瑞西达》里，它们标志着爱情故事持续的三年时间（第三卷第 360 行，第五卷第 8—11 行），而在《马尔斯怨诗》里，它们与马尔斯和维娜丝维系三个月的爱情相关（开始于二月十四日圣瓦伦丁日，结束于五月中旬）。然而，情人分手的不同原因——在《特洛伊罗斯与克瑞西达》里是特洛伊城的毁灭，在《马尔斯怨诗》里是嫉妒的费白斯的闯入——分别指向诗人在前一首诗对于政治问题、在后一首诗对于个人问题的关切。但是，马尔斯向他的武士同伴发出同情他的困境的提醒，这与诗人在早些时候向情人们发出同情特洛伊罗斯的诉求相呼应，似乎再一次将两首诗联系起来。在这两首诗里，乔叟传递了深陷无法摆脱的困境中的人之感受。在这两首诗里，他似乎在谈论一个已经结束但未被忘却的当代事件。此外，出现在两首诗里的底比斯素材不仅将两首诗联系起来，而且强化了它们不同的侧重点：《特洛伊罗斯与克瑞西达》突出个人和政治问题，而《马尔斯怨诗》突出个人问题。[2] 例如，在前一首诗里，特洛伊王子失去情人与特洛伊城遭毁

1 关于与人物关系相关的星相学术语，可参看：*The Riverside Chaucer*, pp. 1079–1080。例如，"眼睛"（chere），第 42 行；"相互眷念"（loking），第 51 行；"后宫"（paleyes），第 54，79，82，107，145 行；"途径"（tour），第 113 行；"马车"（chevache），第 144 行。引用的星相学典故可参见：J. C. Eade, *The Forgotten Sky: A Guide to Astrology in English Literature*, Oxford: Clarendon P, 1984, pp. 53–85, esp. p. 82; J. D. North, *Chaucer's Universe*, Oxford: Oxford UP, 1988, pp. 263, 304–323。关于马尔斯和维娜丝三个月的情事与天体运动的类比，可以参见：Johnstone Parr and Nancy Ann Holtz, "The Astronomy-Astrology in Chaucer's *The Complaint of Mars*," *Chaucer Review*, 15, 1981, pp. 255–266。这些研究都总结说，乔叟用非常精确的笔触描绘了 1385 年 2 月 14 日至 5 月初真实发生的天体运动。

2 关于乔叟在《特洛伊罗斯与克瑞西达》里使用底比斯故事的研究，可以参见：David Anderson, "Theban History in Chaucer's *Troilus*," *Studies in the Age of Chaucer*, 4, 1982, pp. 109–133, n. 4, chap. III。他指出，特洛伊罗斯送给克瑞西达，后者又转赠戴沃密得的"饰针"，让人想起底比斯的胸针（第 127—128 页）。也可参见：Paul M. Clogan, "Theban Scenes in Chaucer's *Troilus*," *Medievalia et Humanistica*, ns 12, 1984, pp. 167–185。还可参见《特洛伊罗斯与克瑞西达》与《马尔斯怨诗》的类比段落：第二卷第 81—112 行，第五卷第 1450—1521 行；第 245—271 行。关于底比斯的胸针的故事，特别是哈耳摩尼亚（Harmonia）的带来厄运的项链和它与底比斯的关系，可以参见：*Metamorphoses*, 3. 132, 4. 563–663; Statius, *Thebaid*, trans. J. H. Mozley, Loeb Classical Library, 2 vols., London, 1967, 2. 265–305。如斯塔提乌斯所述，伏尔甘发现马尔斯和维娜丝的私通后，过了一代人的时间，在他们的女儿哈耳摩尼亚的新婚之日给了她一串有毒的项链，从而复了仇。

灭这两个事件密切相关，底比斯故事强化了与政治的相关性；而在《马尔斯怨诗》里，马尔斯失去维娜丝和饰针的丢失这两个事件之间的联系突出了个人的而非政治的意蕴。特洛伊和底比斯的故事属于远古的过去这一事实意味着故事的结局早已注定。诗人处理故事的方式的不同使他可以呈现一个略微不同的伪装模式，使他既能让人们回忆一个特定的事件，又能掩藏情人们的身份。在这两首诗里，他在大胆与谨慎、讽刺与同情以及参与与疏离之间寻找平衡，不着痕迹地传递自己的观点。这两首诗都是诗人喜好间接反思当时形势的好例子，但只有在《特洛伊罗斯与克瑞西达》里他深入地探讨了政治形势和人际关系。

谁是说话者的问题一直是乔叟诗歌中的一大难题，在语气前后大跨度变化的《马尔斯怨诗》里尤其如此。但同在《特洛伊罗斯与克瑞西达》中一样，这里诗人自己使用不同的伪装，并使用某种伪装对某类宫廷受众说话。在"前引"（Proem）、连接"本事"（Story）与"怨曲"（Complaint）的那个诗节以及他熟练引导读者反应的最后三个诗节里，诗人的存在尤为明显，而整首诗可以看作是一篇延伸的、结构复杂的讲话，恳求众人接受已经发生的一段关系。

尽管学者和评论家们对《马尔斯怨诗》的解读各异，但我认为，愿意承认它的时事性使得我们能够对它的特别之处做出解释：看似不协调的因素、语气的转变、托辞的复杂模式以及最后对怜悯的诉求。除此之外，该诗自始至终都在暗示牵涉到王室的情形——这激发起人们强烈的情感和相互对立的观点。根据当时的情形看，最可能指涉的是刚特的约翰的女儿伊丽莎白的事情。1380 年，伊丽莎白与彭布罗克伯爵订婚，但随后与约翰·霍兰爵士发生了私情。[1]1386 年 4 月，东窗事发，在刚特的安排

1 对于这些评论的总结可以参见：*The Riverside Chaucer*, pp. 1078–1082; Nancy Dean, "Chaucer's *Complaint*, a Genre Descended from *Heroides*," *Comparative Literature*, 19, 1967, pp. 19–27; James Dean, "Mars the Exegete in Chaucer's *Complaint of Mars*," *Comparative Literature*, 41, 1989, pp. 128 ff; Carolynn Van Dyke, "The Lyric Planet: Chaucer's Construction of Subjectivity in the *Complaint of Mars*," *Chaucer Review*, 31, 1996, pp. 164–172。关于乔叟诗作折射当时的男女关系，可参见：George H. Cowling, *Chaucer*, London: Methuen, 1927, pp. 60–64; Margaret Galway, "Chaucer's Sovereign Lady: A Study of the Prologue to the *Legend* and Related Poems," *Modern Language Review*, 33, 1938, p. 183; Sydney Armitage-Smith, *John of Gaunt*, New York: Barnes and Noble, 1964, p. 459; Rodney Merrill, "Chaucer's Broche of Thebes: The Unity of *The Complaint of Mars* and *The Complaint of Venus*," *Literary Monographs*, 5, 1973, pp. 3–61。詹姆斯·温姆萨特（转下页）

下，之前的订婚失效，伊丽莎白被迅速嫁给了霍兰。注意，这首诗和这个事件之间存在千丝万缕的联系，例如，其中被弃的情人承认，虽然女士的离去带来痛苦，却不应该责备她，是他自己高攀了。此外，说话者恳求读者对女士“一表至诚”，这使人很容易就联想到《维娜丝怨诗》，也进一步强调了这首诗与这个历史事件的相似之处。尽管《马尔斯怨诗》存在不和谐之音，但它却是一首极为动人的诗，尤其是当我们想到乔叟一直在写的可能不仅是刚特的约翰的女儿，而且也是他的第一首重要诗作所写的布兰茜公爵夫人的女儿。由此看来，《马尔斯怨诗》是乔叟托辞诗学（poetics of disguise）最清楚、最巧妙的例子之一。

《维娜丝怨诗》与《马尔斯怨诗》有着千丝万缕的关系，但相比而言，它的篇幅要短些，也没有那么扣人心弦。诗里的女士不再是女神或者行星，她的形象更传统，比马尔斯更为表现出无可指责。一开始她坚称无人可以责难她，接着她责怪“嫉妒”的“窥视打听”和“胡乱想象”。[1] 在诗的结尾，乔叟再一次向读者——不是武士、女士和情人们，而是“公主”——致辞，恳求她善意接受“这首怨诗”（第 73 行）。在为这首诗的不足道歉时，他提到自己年老智衰，时光剥夺了他“精雕细琢的能力”（第 76，78 行）。尽管英语中韵脚过少，但他努力学习“格龙生”“一字不苟”的高超技艺（第 82 行）。如此一来，他表面尊从奥通·德·格朗松爵士的写法，实则巧妙地改写了前辈的作品，将说话者的性别由男性改为女性。在这些带有反讽、自嘲的诗行里，乔叟不仅假装无法模仿法国诗坛名师的韵脚，而且把格朗松的传统宫廷爱情三节联韵诗做了一番修改，从而把最后一个部分提供给在主题和时事话题方面更具挑战性的《马尔斯怨诗》。通过使用最后这一策略——对“公主”和法国诗人都表示遵从——乔叟给这首诗画上了句号，读起来像是为更大胆、更引人入胜的《马尔斯怨诗》做出的低调辩护。

（接上页）（James I. Wimsatt, *Chaucer and the Poems of "Ch" in University of Pennsylvania MS Fr15*, Cambridge: D. S. Brewer, 1982, p. 69）提到它与某件时事联系的可能性，但没有提供任何具体证据说明究竟是什么时事。如果说这首诗有什么历史根据的话，它有可能与刚特的约翰的女儿伊丽莎白有关。她 1380 年与彭布罗克伯爵订婚，但与理查德二世的同父异母兄弟约翰·霍兰爵士有私情。刚特发现了这桩事后，伊丽莎白迅速地被安排嫁给了霍兰。可参见：J. D. North, *Chaucer's Universe*, Oxford: Oxford UP, 1988, p. 323。

1 方译本将 ymagenyng（imagining）译为“认定”，由于这里没有诗作里的语境，故译为“胡乱想象”。——译者注此外，不仅是《马尔斯怨诗》和《维娜丝怨诗》，而且《特洛伊罗斯与克瑞西达》可能也与伊丽莎白—彭布罗克—霍兰事件有联系。考虑到乔叟的迂回诗学，不难发现维娜丝和克瑞西达是伊丽莎白的伪装者，马尔斯和特洛伊罗斯是彭布罗克的伪装者，默格雷和戴沃密得是霍兰的伪装者，费白斯和卡尔卡斯是刚特的伪装者。《马尔斯怨诗》就像是从《特洛伊罗斯与克瑞西达》衍生出来的行星—神话的续集，而《维娜丝怨诗》加强了两者之间的关联。在《马尔斯怨诗》和《维娜丝怨诗》里，正如在《特洛伊罗斯与克瑞西达》里一样，乔叟恳请受众向陷入情网的男士表达同情和同感，但是小心谨慎地避免带有责备女士的意味。克瑞西达投靠希腊人没有错，维娜丝作为行星从马尔斯移到默格雷也没有错。但是，随着时间推移，移情别恋变得不那么重要，因为乔叟的关注度在减少。这明显表现在他假装在报道一只鸟儿的啼唱而不是跟随"作者洛列思"，也表现在他把情人们塑造为异教的神和行星而不是特洛伊人。尽管乔叟在创作《特洛伊罗斯与克瑞西达》时毫无疑问在考虑很多其他事情，但是伊丽莎白和两个情人的三角恋情极有可能是其中之一。[1]

同样颇具特色的《乔叟的怨诗致钱囊》是乔叟的怨诗类诗歌中最短的一首，也可能是他创作的最后一首诗。诗人再一次采用宫廷爱情的语言和惯例，向自己的钱囊诉说，仿佛它是一位心爱的女郎。诗人在充满双关语的三个诗节中灵活穿行，巧妙利用"心爱的"、"减轻了分量"和"加重分量"的双重内涵。诗人假装是情人在向远方的女郎倾诉，然后，笔锋一转，添加了一个意味深长、斟词酌句的跋，献给新近加冕的亨利四世。乔叟没有点出国王的名字，而是称他为"我的君王，你威震英伦"。他点明亨利登基称王的合理合法："王位世承"和"人们一致拥护"（第22—24行）。乔叟在表达了"我们心中忧郁"能被清除的希望之后，恳求国王眷顾自己"恳切的下情"。尽管政治情境已经改变，尽管熟悉的词汇添加了新的意涵，乔叟依然依赖君王的眷顾。现在仍然无法断定的是，乔叟在思考自己以及英国的未来时抱有多大的希望或者怀疑，但此诗的巧妙

1 关于《马尔斯怨诗》和《维娜丝怨诗》，可以参见：*The Riverside Chaucer*, pp. 1186–1187。而关于奥通·德·格朗松的《随后的诗》（*Ensuivans Balades*）的文本和乔叟作品中做的一些重要的改变，可以参见：James I. Wimsatt, *Chaucer and the Poems of "Ch" in University of Pennsylvania MS Fr15*, pp. 69–74。维娜丝和马尔斯的关系可以参见：George H. Cowling, *Chaucer*, pp. 60, 110–112; esp. Rodney Merrill, "Chaucer's Broche of Thebes," pp. 8–9。

构思却是确凿无疑的。实质上，那就是将自我嘲讽、道德的严肃性、辛辣与合宜（expediency）这些乔叟诗学的特点以独一无二的方式进行混合。个人与政治思量兼顾，目的严肃但语气轻松，这就是典型的乔叟风格。此外，令人宽慰的是，这份写给布兰茜公爵夫人——她的去世开启了乔叟的诗人生涯——的儿子[1]的诉求获得了迅速的回应：此诗写于1399年9月30日前后，而在1399年10月13日，新王就赐予了他赏金。[2]

在本研究的语境中，乔叟那些波伊提乌式诗作特别有意义。在这些诗里，就像在他的其他诗作里一样，平凡的谚语被用来掩饰诗人对某个政治情境的特指。[3]例如，那开篇便描绘了在某个想象中的过去的"幸福生活"的《往古时代》（*The Former Age*），与其说是诗人怀旧情绪的表达，不如说是谴责他所处时代种种恶习的一种方式。说话者描述往古时代的人们安枕无忧，相互保持着"忠诚"。说话者还补充道，当时没有"横征暴敛"，没有锤出"鳞铠"和板甲，没有"骄矜"、"忌妒"或"贪吝"，也没有贵族或"专制"。他重复"和平"和"良好信念"这样的词语，称君王为"至德"。在最偏离波伊提乌风格的最后一节诗里，开始时提到"淫荡的裘必妥"（Juppiter the lykerous）和建造"高塔"的宁录（Nimrod）（第54—59行）。接着他提到哭泣者和号啕者，最后以令人震惊的三行诗作结："我们的时代里只有贪婪、诡诈、叛逆与嫉妒、下毒、屠杀与种种罪孽行为。"（第61—63行）对裘必妥和宁录的提及让读者想到异教神和异教国王，两者都与无限制行使意志有关，而最后强有力的七个词语指向了在位的英国君王。[4]此外，《往古时代》不仅反映了当时的政治情势，还在主题和用词方面让人想起乔叟的主要作品，例如：在学士和修女院教士的故事

---

1 即亨利四世，他母亲布兰茜是兰开斯特公爵的第一位夫人。——译者注

2 关于《乔叟的怨诗致钱囊》，可参见：Paul Strohm, *Hochon's Arrow: The Social Imagination of Fourteenth Century Texts*, Princeton: Princeton UP, 1992, pp. 75–94。书中指出，乔叟提及亨利四世袭位的三个主要缘由——他赢得胜仗、有继承权和人民拥护——而没有将自己卷入其中。

3 参见：Jane Chance, "Chaucerian Irony in the Boethian Short Poems: The Dramatic Tension between Classical and Christian," *Chaucer Review*, 20, 1986, pp. 235–245; Derek Pearsall, *The Life of Geoffrey Chaucer: A Critical Biography*, Oxford: Blackwell, 1992, pp. 165–168。

4 关于《往古时代》，可以参见：North-Smith, "Chaucer's Etas Prima," *Medium Ævum*, 32, 1963, pp. 117–124; James Dean, "The World Grown Old and Genesis in Middle English Historical Writings," *Speculum*, 57, 1982, pp. 548–568。关于用老生常谈的哲理来暗示对当时社会的不满，可以参见：Ernst Robert Curtius, *European Literature in the Latin Middle Ages*, trans. Willard Trask, New York: Harper and Row, 1953, pp. 94–98。

里，简单的生活与好的道德和好的统治之间的联系；在《扈从的故事》里，对君王和宫廷的反面描写；在《骑士的故事》里对马尔斯神殿的描写中表现的对战争的特别负面的看法；还有“人君霸主”、“专制”、“贪婪”、“犯罪作恶”、“骄矜”、“忌妒”、“贪吝”、“诡诈”和“叛逆”这些词语。

与《往古时代》相似的是更简短的诗歌《背信忘义》（*Lak of Stedfastnesse*），它也采用相似的对比模式：“从前”世界“以信义为重”，“那时一句诺言，就保证履行”；现在，如果有人不善于“玩弄手段”，欺压周围的人，就被认为才气不够大。“真诚受人鄙弃”、“怜悯不再存在，见死也不救”和“利欲熏心”都使人们失去了判断力。在最后一个诗节里，说话者向君王致辞，劝谏他“教导”子民，切勿“贪多无厌”，“拿出你那惩罚罪恶的宝剑”，敬畏神明，尊重法律，“爱真崇信”。在诗的结尾，诗人呼应叠句“而世事全非，因为人们背信忘义”，建议君王“使全国人民都能重归信义”。此诗以较为超然的方式开始，说话者的关注变得越来越具体和迫切，最后以直接向年轻的君王劝谏而结束。例如，“见死也不救”的表述虽然是概说，但诗人也许此时想起了 1388 年的“无情议会”[1]（the Merciless Parliament of 1388）。诗的结尾的诗跋最后几行提到了宝剑以及君王再一次与他的子民紧密结合，令人想起理查德二世继位时按要求所宣之加冕誓言和 1389 年他的恢复统治权。由于没有虚构情节，主要作品里出现的词汇和主题在此诗里获得一种新力量和直接感。在《公爵夫人书》和《特洛伊罗斯与克瑞西达》里描写深刻的失落感，不再单是指涉个人的，而是具有鲜明政治性。此外，诗人亲自直接说出建议，而不是在其他作品中伪装成女士以向情人致辞的方式而给理查德二世建议。理查德二世缺乏的“信义”品质，在其他作品中皆归属女性。[2]

---

1 指的是 1388 年 2 月至 6 月的英国议会期间，理查德二世宫中很多人被定叛国罪的事。——译者注

2 将《背信忘义》看作一个政治评论，可参见：Margaret Schlauch, “Chaucer’s Doctrine of Kings and Tyrants,” *Speculum*, 20, 1945, pp. 133–156; V. J. Scattergood, “Social and Political Issues in Chaucer: An Approach to *Lak of Stedfastnesse*,” *Chaucer Review*, 21, 1987, pp. 469–475; Paul Strohm, *Hochon’s Arrow*, pp. 57–74。关于乔叟作品里反复出现的词“信义”（一种通常出现在女士身上的品质），可参见：《鲁克丽斯传奇》第 1687 行；《安妮丽达与阿塞特》第 81，143 行；及《学士的故事》第四部分第 699，1050，1056 行。关于乔叟向理查德二世劝谏的其他例子，尤可参见《贞女传奇》“前引”F 本第 373 行 /G 本第 353 行，《坎特伯雷故事》（河边版）第一片段第 1747 行和第七片段第 1114 行。

《幸运辩》(*Fortune*)是乔叟的波伊提乌式诗歌中最长的一首,大部分篇幅是"控告人"(Le Pleintif)和"幸运"之间的唇枪舌剑。在第一部分,控告人既抱怨不受"幸运"青睐,又蔑视"幸运"。关于"幸运"对他的"至友"的提醒,他坚称他的"理性"使其能够"辨别敌友",而且像苏格拉底一样,他能够"看破她一切的色泽光辉"。但是,"幸运"坚称是她教他辨别"真实的朋友"和"假献殷勤的人",再一次提醒他记得"至友"(第44,48行)。渐渐地,法律和政治术语的运用在诗中愈发突出:"幸运"嘲弄地问他,是否他将立下他自己的"规约",期望她听他的"调遣",还向他提醒她的"统治"权(regne)(第43—45行)。辩论的最后一部分使用的语言指出:"控告人"是诗人的掩护,他与"幸运"的对话是间接向君王表达诉求的手段。比方说,虽然"控告人"和"幸运"都提到"钱财"和"规律",但只有后者提到"尊严"和"统辖"(第56,60,64,65,72行)。在对"公侯们"的跋词中,说话者要求他们"两人或三人"与"他的至友"帮助"这个人"踏上"比较光明的道路"(第73—79行)。乔叟在创作时脑海里浮现出1390年制定的条例,即规定唯有征得两至三位公爵——兰开斯特公爵、约克公爵和格拉斯特公爵——的同意,国王才能赏赐与分封。认识到这一点是理解这些词句和这首诗的关键。乔叟将对命运的怨叹和与她的辩论这些传统形式结合起来,轮番以"控告人"或"幸运"的身份发言,从而巧妙地将诗歌深化为一篇诉求文。对幸运女神的怨叹从《公爵夫人书》开始就在乔叟的众多作品中出现,但在此诗里,他确立自己的哲学立场,并且间接地寻求帮助。[1]

乔叟的《高贵的品质》(*Gentilesse*)尽管是他创作的波伊提乌式诗作中最短的一首,从主题来讲却是最重要的诗歌之一。它的风格和结构似乎简单、直接,但也有着政治含意。尽管"人类始祖"和"高贵的始祖"最初所指存在模糊之处,但诗歌的其余部分却不存在模糊之处。无论何人,如意欲"高贵",则须热爱"德",戒绝恶行。他应当言而有信,远离"懒

---

1 可参见"控告人"对苏格拉底的呼唤,《幸运辩》第17—22行;做梦人(Dreamer)与黑衣人的对话,《公爵夫人书》第618—650,717—719行。对于"幸运"那能让人"辨别敌友"的"镜头"(第10行)的呼应,可参见《扈从的故事》第132—136行;关于诗人最为广泛地使用对幸运的怨诉的例子,可参见《修道士的故事》,而关于这些怨诉的嘲讽性,可参见《修女院教士的故事》。关于1390年的条例,可参见:J. D. Bilderbeck, "Chaucer's 'Fortune'," *Athenaeum*, 1902, pp. 82-83。

散”。在巧妙地将恶行与世传的“财富”联系起来之后，诗人进一步指出，无人能够将崇高的品质遗赠子孙；“始祖以德为贵”，只有博取他的欢心才能成为他的后世。此外，每一个诗节的最后一行都是“哪怕你戴上了法冠、皇冕或花圈”——诗人忆及教会和国家的统治：主教、国王和皇帝，政治含意明晰。同样明晰的是诗人的提醒：上帝是真正高尚的源泉。“高贵”（gentil）和“高贵的品质”（gentilesse）两词在乔叟的诗歌里反复出现，在《巴思妇人的故事》里（第三组第1109—1170行）尤为重要。诗人以“老妪”的声音说话，铿锵有力地传递出波伊提乌式理念的社会和政治含意，比如“贵人的孩子”、“公爵”和“侯爵”（第1151，1157行）等词的使用等。[1]

在《真理》（*Truth*）这首诗的前三个诗节里，说话者向一个参与宫中事务的人致辞，催促他远离尔虞我诈和“忌妒”，寻求“真理”（sothfastnesse）。他说“这里不是家乡，这里无非一片荒凉”，又说：“出来吧，尘世的旅客！牛羊也出棚住！”这一番轻佻之语之后是三行崇高的诗行：“抬起头，感谢上帝，认清安身处；/ 听你精灵的指引，顺着大路向前去；/ 真理必将拯救你”（第1—21行）。在跋词部分，“阿牛”（Vache）的用典不仅厘清了之前关于牲畜和畜栏的双关表达，也点明了建议是写给他的朋友菲利普·瓦希[2]爵士。乔叟继续将崇高的严肃、良好的建议和戏谑的幽默交织在一起，催促他的朋友向上帝寻求怜悯，然后顺势转到最后一个双关的请求——为了你自己和他人祈求上帝“普济世人”；最后以重复《圣经》用语作结：“真理必将拯救你”（第22—28行；参看《约翰福音》8：32）。尽管人们无法从乔叟的波伊提乌式诗作中挑出其中最重要的一首，但他对“真理”的关注几乎贯穿在他创作的每一个作品的理念里。[3]

---

1 关于乔叟在《学士的故事》里对“高贵的品质”一词的使用，可参见：Mary J. Carruthers, “The Lady, the Swineherd, and Chaucer's Clerk,” *Chaucer Review*, 17, 1983, pp. 221–234, esp. pp. 226, 229。关于“高贵的品质”在《巴思妇人的故事》里的使用，可以参见：Esther C. Quinn, “Chaucer's Arthurian Romance,” *Chaucer Review*, 18, 1984, pp. 211–220, esp. p. 216。

2 Vache，法语意思为“牛”，音译为瓦希。——译者注

3 关于乔叟的诗《真理》，尤其是这首诗与菲利普·瓦希爵士的联系，可以看见：Pearsall, *Life*, pp. 166–167。关于真理这个概念在乔叟作品里的表现，可参见：George Kane, *Liberating Truth: The Concept of Intergrity in Chaucer's Writings*, London: Athlone P, 1980。

与《真理》一样，乔叟的两首书信体诗歌《乔叟的诗跋酬司各根》（*Envoy to Scogan*）和《乔叟的诗跋酬伯克顿》（*Envoy to Bukton*），是向与他自己有很多共同之处的朋友的致辞。尽管《真理》和《乔叟的诗跋酬司各根》两诗相似，但它们的语气和场景都不同。在前者中诗人给出建议，而在后者中他做出请求；前者本质上严肃，而后者戏谑。《乔叟的诗跋酬司各根》以"天上的律令本是亘古常存"作为起始诗行，而后诗人轻松愉快地责怪他的朋友引起"照耀天空的七位神灵"流泪。实际上，维娜丝泪流汹涌，即将把我们淹没，而你，司各根，要承担责任。当你的情人没有表示怜悯时，你便将她舍弃，于是，你亵渎了神灵，触犯了"情场禁令"。正因如此，"爱神"不肯做你的保护人。诗人继续以类似的方式嘲笑他的朋友、他自己以及所有将成为情人的人，尤其是"华发圆脸的老头"。在早先这些逗趣的诗节之外，诗人添加了一个措辞巧妙的请求。他称司各根在"左右逢源的水头跪迎"，而他自己却奄奄一息僻居下游。最后他提到"西塞禄"（Tullius），幽默地提醒他的朋友永不能冒犯爱神。

在《乔叟的诗跋酬伯克顿》里，乔叟再一次将严肃与谐趣结合。诗人从"基督"和"忠诚"转到婚姻的主题，假装自己不敢贬损婚姻。尽管他补充说免得你犯更大错误，"铁链"和"圈套"的使用却很谨慎；同样，他最后的祝愿是："愿上帝给你自由，领略人生真趣；/ 无人甘于忍受奴役的命运。"[1]

尽管两首跋词的创作与《坎特伯雷故事》几乎是同时进行，但它们重复使用了乔叟主要作品里出现过的语词和主题模式。可参看的例子有《乔叟的诗跋酬司各根》里的"照耀天空的七位神灵"、维娜丝、丘比特、"故人"、"爱神"和"左右逢源"，还有《乔叟的诗跋酬伯克顿》里的"基督"、"真理"、"婚姻"、"铁链"、"圈套"、"自由"和"累赘"。

尽管乔叟写的怨诗远比祷告文要多，但这两种诗体在修辞方面是相似的。不仅如此，他的《怨诗——致怜悯》和《向我们的女士的祷告》

1 关于《乔叟的诗跋酬司各根》，可参见：R. T. Lenaghan, "Chaucer's Envoy to Scogan: Uses of Literary Conventions," *Chaucer Review*, 10, 1975, pp. 46–61。关于《乔叟的诗跋酬司各根》和《乔叟的诗跋酬伯克顿》这两首书信体诗歌，可参见：Donald R. Howard, *Chaucer: His Life, His Works, His World*, New York: E. P. Dutton, 1987, pp. 103, 463–466; Pearsall, *Life*, pp. 183–184。

(*Prayer to Our Lady*) 更有显著的相似之处。[1] 两首诗的情境和语言都相似:说话者寻求女士的庇护;前者是被称为"怜悯"的人格化抽象概念,后者是被称为"全能的,全慈的主后"的女性形象。在两首诗里,诗人都将宫廷爱情、宗教、政治和法律的词汇交织使用。

乔叟的《向我们的女士的祷告》曾被当作一个早期的翻译作品,但与法语原本仔细比对后可知,它远不是一个翻译作品。[2] 作品根据纪尧姆·德·德吉尔维尔 (Guillaume de Deguileville) 的《人类生活的朝圣》(*Le Pelerinage de la vie humaine*) 中一首字母顺序祷告文进行创作,但我们的英国诗人将四音步诗行扩展为五音步诗行,将诗节的长度从十二行缩减为八行,让人想到《圣经》的《诗篇》第 119 篇 (Psalm 119) 里的八行诗节。但是,《诗篇》原文聚焦于律法,而乔叟聚焦于充当罪恶的人类和至高无上的律法制定者之间的女性调节人。[3] 此外,诗人以庄严的诗行"全能的,全慈的主后"(Almighty and al merciable queene) 开篇,使自己不仅异于德吉尔维尔和《诗篇》作者,而且背离"全能"是为男性保留的名称这一传统观点。然后,诗人声明,"全人类"(al this world fleeth) 都向她趋奔求援,以"摆脱罪恶"(relees of synne),而他已经"陷入罪孽的迷阵",求她保护以逃出"困境"(第 1—8 行)。第一个诗节所确立的语词和主题模式反复出现,在后续的每一个诗节交织使用:一位强有力而富有同情心的女性为中心人物,说话者念念不忘自己和其他人的恶行,以及对于庇护的需求。"宽恕"(Mercy) 在第一个诗节里被提到两次,随即在整首诗里重

1 尽管《河边版乔叟》像很多其他版本一样,跟着莱德盖特把这首诗也称为《ABC》,约翰·H. 费希尔使用的这一标题却是出现在:MS Peypys 2006, *Prier a Nostre Dame*, p. 673。不过,既然乔叟把德吉尔维尔翻译成英语,选"Prayer to Our Lady"为题似乎更合适。关于这一点,可参见:William A. Quinn, "Chaucer's Problematic *Priere*: *An ABC* as Artifact and Critical Issue," *Studies in the Age of Chaucer*, 23, 2001, pp. 109–141。也可参看:Alfred David, "An ABC and the Style of the Prioress," *Acts of Interpretation: The Text in Its Contexts: Essays on Medieval and Renaissance Literature in Honor of E. Talbot Donaldson*, eds. Mary Carruthers and Elizabeth Kirk, Norman: Pilgrim Books, 1982, pp. 147–157; esp. Georgia Ronan Crampton, "Chaucer's Singular Prayer," *Medium Ævum*, 59, 1990, pp. 191–213; Pearsall, *Life*, p. 83。

2 本文作者对这个作品法语和英语文本的比较,参见:*The Complete Works of Geoffrey Chaucer*, ed. Walter W. Skeat, 2nd ed., 7 vols., Oxford: Oxford UP, 1899–1900, I, pp. 261–271。

3 关于《诗篇》第 119 篇按字母顺序排列诗行的形式,可参见:Ruth ap Roberts, "Letters of the Law," pp. 65–90。

复出现，并且与相关词语“怜悯”和“神恩”（grace）相配合。尽管这些词出现在主要作品里，但它们最常牵涉到的是宫廷求爱。不过在这个语境里“爱”仅被提及一次。[1]“宽恕”、“怜悯”和“神恩”都是宗教词语，带有个人指涉，而“全能的主后”这一用语则建立起政治维度。除了主后被反复提及，此外还有其他表示权力的词语如：“裁判者”（juge）、上帝的“教母”（vicaire）和“女司”（governouresse）（第134，140，141行）。我们还当注意，上帝为她加冕，还根据她的“意志”行事（第143—144行）。[2]

主后的独特性还体现在，她是一位儿子的母亲，而她的儿子是罪恶的人类和天父之间的中介。请注意H诗节里以下的诗行：他在“十字架上”用“他的宝血”写下“他的意愿”，对“天下……悔罪的人”进行“大赦”（general acquitance）（第57—61行）。随后的诗节描绘她在“十字架”下的“悲哀”、他的“苦难”和他们“两人的哀痛”（bothe peynes）（第83行）。她也反复被称为“处女圣母”（virgine）和“光辉的主后”（lady bright）。实际上，她的名字为世界带来光明，她是“盲者之光”（“verray light” to “eyes that been blynde”）。

尽管此诗里主要是语词和主题大量集中地出现，但众多诗节中也包含有乔叟主要作品中常出现的视觉意象。例如，L诗节里，十字架下悲伤的女士意象；在X诗节里，肋部被朗基努斯之剑刺穿、鲜血喷涌而出的“儿子”（第161—162，164行）。在Y诗节里，关注点再一次落在她“儿子”身上——那充当愿意接受死亡的基督之“寓像”（figure）的以撒（Yssac）（第169—172行）。[3]但是，与母子之间亲密无间的关系相对照的是，说话者也在诗行间传递出了对那“震怒”（wroth）的“天父”和“天

1 “宽恕”一词出现在第1，7，24，26，31，36，51，120，133，160，173，182和184行；“不赦免”（no mercy），第3行；“怜悯”（pitee），第68，126，136，137行；“神恩”，第26，32，46，156行；“爱”（love），第71行。

2 她还被称为“天上的主后”（hevenes queen），第24，149行；“宽恕堂上的主后”（queen of miseracorde），第25，35行。关于“宽恕”（miseracorde，法语为miseracordia）一词与加冕誓言之间联系的重要性，可参见：Schlauch, “Chaucer's Doctrine,” p. 155。关于诗句“他将冠冕戴上你的头”（He hath thee corowned in so rial wise，第144行）和乔叟将主后塑造为调停人，可参见：Strohm, *Hochon's Arrow*, p. 176。关于“慰藉之母”（queen of comfort），第77，121行；“良药”（medicine）、“创伤”（wounde）和“痊愈”（hele），第78—80行；“灵魂的医师”（soules leche），第134行；以及“扎伤”（wounded）、“迷失方向”（lost）等，可参见：Dunleavy, “The Wound and the Comforter,” pp. 14, 21–22。

3 关于X诗节，可参见：Quinn, “Chaucer's Problematic Priere,” p. 121。

父的严惩”（Fadres chastisinge）的恐惧（第 52，130 行）。

在接近诗歌的结尾处，她连续被称为“虔心顶礼的圣堂，上帝的所在地”，引导我们进入“天堂的高塔”（hye tour / Of Paradys）的圣母和将会引我们进入“为了悔罪得赦而建起的天宫”（palais that is bilt / To penitents）的圣后（第 145，154—155，183—184 行）。诗人将她与庙宇、高塔、宫廷这些雄伟的建筑联系起来，使人联想到宗教、律法和王室的权力。

这位女性人物的重要性是通过说话者的罪恶感在整首诗中得到强化的。尽管最初提到“全人类”，但是，诗人反复强调的是他自己的“错误”（errour）。不仅如此，诗人将宗教和法律术语交织使用，逐步使个人和政治因素相互关联起来。例如，诗中提到“大判之日”（the grete assise）和“最高审判”（hye justyse），这些都让人想起君王和诗人都要面对的最终审判。说话者认为这个女士有能力避开上帝的“愤怒”（ire），代他向“主人”“说情”（make “pees”）。此时诗人似乎联想到的不只是天堂的王，还有英格兰的王。此外，这位女士被称为“全能的主后”、“裁判者”、“这个世界的教母”、天庭的“女司”，且“将冠冕戴上头”，间接和不可避免地提醒读者，有比君王更强大的力量，君王和他的臣民服从于她。尽管说话者的焦虑首先是用宗教术语表现出来，但它其实不仅与政治情势而且与个人事务有关系。

尽管评论家们已经注意到诗人提及自己的恶行的频繁程度，但是就我所知，没有人认为这与被指控的他的激情（raptus）这一点有关。尽管诗中没有任何一处提到五月这个频繁出现在他的主要作品里的月份，但约有一半的诗节里有词语和短语暗示罪恶、悔恨和忏悔的情感。诗中频繁提及“罪恶”（sinne），也许与“七个恶魔”（sevene）中的任何一个有关，而欲望（lust）很可能是其中最突出的。此外，众多专门的法律术语使人联想到对他的控诉和他后来的“摆脱”（relees）。请注意他对其“意念和行动与禽兽无异”（ben a beste in wil and deed）的承认，“犯了罪”（agilt）和“污浊”（filthe）这些词语的使用，以及他对“源泉专事洗濯灵魂上的罪恶”的暗示（第 45，122，157，178 行）。[1]

1 关于大量的宗教术语，可参见“罪恶”，第 3，18，178 行；“罪该万死”（dampnacioun），第 23，167 行；“求恕”（penitence），第 61，120，147，184 行；“得救”（salvacioun），第 165 行。关于法律术语，可参见“摆脱”，第 3 行；“控诉”（转下页）

乔叟的这篇祷告文总体来说庄重感人，但也展现了他对文字游戏的偏好。这种偏好在诗中多处出现。如开篇诗行“全能的，全慈的主后”在最后的词语“宽恕”（merci able）中得到回应。也包括随后的双关语的使用，比如，如果我们的女士为我们“祈祷”，她将阻止“我们的敌人”捕获他的猎物（第62—64行）。[1] 文字游戏还表现在那轻松愉快、明显是乔叟式的旁白里：她将保护我们，“所需的代价最轻”（for litel hire），“只消口中念着圣母祷词”（for an Ave-Marie or tweye）（第103—104行）。

本研究表明，乔叟的《向我们的女士的祷告》既是向一位女性形象致敬，又在掩饰他强烈感受到的罪孽感——他自己的和其他人的，特别是英格兰在位的君主的。这篇祷告文采用字母顺序诗的形式，这使它与对应的法国作品和《诗篇》第119篇联系起来。不仅如此，本研究更大的兴趣在于展示这些诗对乔叟主要作品中的语言、人物、主题和祈祷文的回应。[2]

尽管本项对于乔叟诗学的研究以探讨他的短诗结尾比较合适，但

（接上页）（accioun），第20行；“（文书）写上”（bille），第59，110行；“大赦”（acquitaunce），第60行；“辩护者”（advocat），第102行；“裁判者”（juge），第134行；“唤进”（adjourne），第158行；“法坛”（bench），第159行。关于法律术语，可参见《河边版乔叟》第1076—1077页。关于诗人将自己的恶行记在心头，请注意这些词：“罪恶”，第3，18行；“错误”，第5，157行；“困惑”（confusioun），第18行；“犯了罪”，第122，178行；“污浊”（filthe），第157行；以及他承认自己“意念和行动与禽兽无异”，第45行。也可参见诗中反复提及的他的忏悔：“悔罪”（penitent），第61行；“求恕”，第120行；“反悔的心”（my soule penitent），第147行；以及“悔罪”（penitents），第184行。

1 英语中 pray 和 prey 发音一致但词意不同，pray 为祈祷，而 prey 为猎物。——译者注

2 祷告词几乎出现在乔叟的所有作品里，祷告的对象则各不相同。例如，在《公爵夫人书》里，阿尔古容妮向裘诺祈祷，诗人嘲弄式地向莫菲斯祷告。在《声誉之宫》里，诗人向“睡眠之神”（the god of slepe）、“耶稣”（Jesus God）、“基督”（Crist）祷告。在《特洛伊罗斯与克瑞西达》和《骑士的故事》里，向星座祈祷。在《律师的故事》里向“基督”（the croys of Crist）、“不死之神”（Immortal God）、“母亲”（mooder）祷告。在《修女院院长的故事》和《第二位修女的故事》的引子里对“基督之母”“马利亚”（mayde bright Marie）祷告。关于《向我们的女士的祷告》与其他乔叟主要作品的多处联系，可参看《百鸟议会》里自然女神作为“女王”，是“高贵温雅的女王”（noble empresse, full of grace），“执行着全能者的意志”（vicaire of the almighty Lord）；在《贞女传奇》“前引”里，阿尔赛丝女王在生气的“爱神”面前保护诗人，以及“禽兽”（beste）一词与《鲁克丽丝传奇》里的强奸相联系；在《第二位修女的故事》里提到的“光明圣洁的女子赛茜丽”（the mayden bright Cecile）、“上帝的儿子”（Goddes Sone）和“真神”（rightful Juge）。

我们并不仅是因为这些短诗而将诗人铭记。它们仅仅略微展现了乔叟创造力的宽广和多才多艺。乔叟的想象世界是如此丰富多彩和变化各异——它们展现在那些梦境中、展现在以遥远的地方和遥远的时代为背景的叙事里——这些作品反映了他的时代和我们的时代,也反映了他自己和我们每个人。

编后记

埃丝特·卡茜尔·奎因(Esther Casier Quinn),毕业于哥伦比亚大学,纽约城市大学亨特学院英文系教授,致力于中世纪英语文学和乔叟研究,主要著作为《杰弗里·乔叟及其托辞诗学》(*Geoffrey Chaucer and the Poetics of Disguise*, 2008)。《另一种风格的乔叟:短诗》("Chaucer in a Different Key: The Short Poems")为该书第五章,系统研究乔叟短诗。本文译自:*Geoffrey Chaucer and the Poetics of Disguise*, New York: UP of America, 2008, pp. 170–218。

声　明

由于条件限制，经过多方努力，本社仍未能与本书部分作品的权利人取得联系，在此恳请权利人予以谅解和支持。相关权利人可随时与本社联系，联系邮箱：rights@yilin.com。我们会立即向权利人补偿相关版权费用。

译林出版社

Notice

The proprietors of some articles in this book could not be reached after numerous attempts and the best efforts of Yilin Press. Please contact us at rights@yilin.com for licensing fees for these pieces. Many thanks for your understanding and support.

Yilin Press, Ltd.

“外国文学学术史研究”书目

第一、二辑

《塞万提斯学术史研究》
《塞万提斯研究文集》
《雨果学术史研究》
《雨果研究文集》
《歌德学术史研究》
《歌德研究文集》
《左拉学术史研究》
《左拉研究文集》
《海明威学术史研究》
《海明威研究文集》
《庞德学术史研究》
《庞德研究文集》
《肖洛霍夫学术史研究》
《肖洛霍夫研究文集》
《普希金学术史研究》
《普希金研究文集》
《康拉德学术史研究》
《康拉德研究文集》
《高尔基学术史研究》
《高尔基研究文集》
《哈代学术史研究》
《哈代研究文集》
《贝娄学术史研究》
《贝娄研究文集》
《狄更斯学术史研究》
《狄更斯研究文集》
《芥川龙之介学术史研究》
《芥川龙之介研究文集》
《菲茨杰拉德学术史研究》
《菲茨杰拉德研究文集》
《茨维塔耶娃学术史研究》
《茨维塔耶娃研究文集》

第三辑

《乔叟学术史研究》
《乔叟研究文集》
《简·奥斯丁学术史研究》
《简·奥斯丁研究文集》
《希伯来经典学术史研究》
《希伯来经典研究文集》
《泰戈尔学术史研究》
《泰戈尔研究文集》
《普鲁斯特学术史研究》
《普鲁斯特研究文集》
《陀思妥耶夫斯基学术史研究》
《陀思妥耶夫斯基研究文集》